国家意志、权威媒体与中医话语
——《人民日报》中医报道研究(1949—1979)

章 林 梁尚华 著

上海大学出版社
·上海·

图书在版编目(CIP)数据

国家意志、权威媒体与中医话语:《人民日报》中医报道研究:1949—1979 / 章林,梁尚华著. -- 上海:上海大学出版社,2025.5
ISBN 978-7-5671-4823-9

Ⅰ. ①国… Ⅱ. ①章… ②梁… Ⅲ. ①《人民日报》-新闻报道-研究-1949-1979②中国医药学-卫生工作-研究-中国-1949-1979 Ⅳ. ①G219.23②R2

中国国家版本馆 CIP 数据核字(2024)第 004948 号

责任编辑 刘 强
封面设计 柯国富
技术编辑 金 鑫 钱宇坤

国家意志、权威媒体与中医话语
——《人民日报》中医报道研究(1949—1979)
章 林 梁尚华 著
上海大学出版社出版发行
(上海市上大路99号 邮政编码200444)
(https://www.shupress.cn 发行热线 021-66135112)
出版人 余 洋
*
南京展望文化发展有限公司排版
江苏凤凰数码印务有限公司印刷 各地新华书店经销
开本 710mm×1000mm 1/16 印张 17.25 字数 291 千字
2025 年 5 月第 1 版 2025 年 5 月第 1 次印刷
ISBN 978-7-5671-4823-9/G・3598 定价 85.00 元

版权所有 侵权必究
如发现本书有印装质量问题请与印刷厂质量科联系
联系电话: 025-57718474

前言
FOREWORD

中医药①是中国古代科学的瑰宝,也是打开中华文明宝库的钥匙,为中华民族繁衍生息作出了巨大贡献,对世界文明进步产生了积极影响。传承创新发展中医药是新时代中国特色社会主义事业的重要内容,是中华民族伟大复兴的大事,对于坚持中西医并重、打造中医药和西医药相互补充协调发展的中国特色卫生健康发展模式,发挥中医药原创优势、推动我国生命科学实现创新突破,弘扬中华优秀传统文化、增强民族自信和文化自信具有重要意义。

关于中医药的话语建构与分析,是中国历史上一道重要政治和文化景观,传媒则是这一过程发生的重要场域。本书从1949—1979年《人民日报》对中医药传承发展问题的传媒再现入手,分析这一阶段不同时期以《人民日报》为核心的传媒关于中医药问题的报道内容,以及在报道过程中所扮演的角色和所采用的话语模式,进一步详述新中国成立后中医药事业的发展历程,探究中医药传承发展历史背后的国家体制、城乡关系、文化观念、国际背景等。

新中国成立后,毛泽东等党和国家领导人高度重视、殷切关怀中医药的发展,一大批中医药知识分子包括名老中医以及西医工作者为中医药事业呕心沥血,广大人民群众对中医药文化的认同度越来越高,这些都为中医药高等教育、人才培养、科学研究等工作的发展消除了障碍,为保障以"为人民服务"为宗旨的

---

① 按照《辞海》第七版的解释,"中国传统医学"为"中国汉族及各少数民族医学的统称","中医学"是其重要组成部分。"中医学"全称"汉族医药学",俗称"中医"。"中医"还可指"从事和掌握中医中药理论知识及技术的医务工作者"。然而在史料和现实生活中,甚至在政策文件、学术文章中,并不这么严谨地区分和使用这些词语。为便于读者更好地理解本书内容,此处略作说明:在本书中,"中医药事业"泛指传承弘扬中国传统医学的相关事业;笔者行文主要是对材料的分析解释或归纳总结,用词用语会因材料的不同而有所变化,但万变不离其宗,无论笔者行文还是所引材料,所称"中医""中医药""祖国医学"等,其本意一般都是指"中国传统医学"。

中西医结合路线的贯彻执行,创造具有中国特色的医学科学体系,作出了极大贡献。本书通过权威媒体视角,进一步了解中国共产党领导发展中医药事业过程中在认识、政策、实践层面的发展进程,探究中国共产党领导发展中医药事业的历史动因、历史特点、历史规律、历史意义、经验教训和未来战略。

回顾历史,展望未来。通过再现党媒关于中医药的一系列论述,我们更能够体会《"健康中国2030"规划纲要》《中医药发展战略规划纲要(2016—2030年)》《中华人民共和国中医药法》《中共中央 国务院关于促进中医药传承创新发展的意见》《关于加快中医药特色发展的若干政策措施》《"十四五"中医药发展规划》等指导新时代中医药工作的战略,更能够领会以习近平同志为核心的党中央关于传承发展中华优秀传统文化、守正创新中医药、以人民为中心、中国式现代化等的重要论述的精髓。

一、研究缘起

(一)权威媒体是了解中医药文化传承创新过程的最佳途径之一

中医药对国家和社会发展的作用体现在政治、经济、社会、文化、教育、外交、安全等众多领域,在不同历史时期和政策背景下,党和国家以及社会大众对中医药政策的制定和执行,对中医药文化的理解和解读等都在变化。现代传播学认为,大众传媒具有强大的舆论张力,其所具有的极强复制能力和表达能力、独特的传播渠道以及对空间的穿透力,使它的影响极为深远。相对于其他传播方式,党媒《人民日报》有关中医药的报道具有即时性、持续性、广泛性、权威性等特点,无疑具有绝对的优势。梳理其有关中医药的论述,是了解中医药文化传承创新发展历程的最佳途径之一。

(二)呈现兼具学术性与可读性的诠释文本

中医药积淀深厚、历史悠久、内涵丰富,诸多社会史、医学史等领域的论著,在叙事方式、研究方向、研究深度广度上,难以满足中医界之外学者或大众读者的需求。中医药理论工作者需要呈现更多兼具学术性、科普性和可读性的图书,让更多人更容易了解中医药的历史和价值。例如,20世纪50年代开始的防治血吸虫运动、60年代开始的农村合作医疗制度在中国广袤城乡大地影响深远，但对大多数人而言，作为祖国医学瑰宝的中医药是如何克服重重困难，发挥独特优势，取得瞩目成绩，还需要通过更多的研究和阐述让国人知晓。党媒语言具有真实可靠、言简意赅、思路清晰、感情色彩鲜明等特点，通过对一系列互相关联的新闻报道的诠释，可以让更多非中医背景的读者在感受中医药博大精深的同时，进一步体会中医药的实用性和时尚性、科学化和现代化。

（三）拾遗补阙，填补一点研究空白

关于中医药的争论从最初的学术、理论，发展到社会、政治、经济和文化等层面，涉及科学化、现代化、标准化、国际化等问题。越来越多的人文社科领域学者从历史学、哲学、社会学、传播学等视角予以阐述，研究热度方兴未艾。以国家社科基金历年的立项来看，众多学科均有体现，单从研究视角而言，以权威媒体为视角，结合国家和社会变迁审视解读中医药的研究，学界还未曾涉足。希望本书可以为有志于中医药人文社科领域研究的学者和同道提供一点借鉴和参考。

（四）研究兴趣驱动

笔者工作于上海中医药大学，学校成立于1956年，是新中国诞生后国家首批建立的中医药高等院校之一，是教育部与地方政府"部市共建"的中医药院校，也是上海市重点建设的高水平大学。学校以建设世界一流中医药大学为目标，坚持"不重其全重其优、不重其大重其特、不重其名重其实"的办学理念，经过近70年的建设和发展，已成为教学水平、科研实力及学科排名等均属国内领先的中医药高等院校。在这样的工作环境下，笔者耳濡目染中医药文化源远流长、博大精深的同时，也时常感到中医药人文社科研究应继续向更高层次、更高水平发展。

二、研究目的与意义

作为党中央的机关报，《人民日报》关于中医药主题的新闻报道数量庞大、题材丰富，毫无疑问对中医药的传播宣传起到了事半功倍的效果。笔者围绕《人民日报》，初步收集整理了1949—1979年间共计1500余篇以中医药为主题的新

闻报道。梳理发现，《人民日报》每年关于中医药的报道数量众多，涵盖政治、经济、文化、社会、科技、教育、外交、安全、卫生等话题；报道标题具有褒义色彩，以及明显的引导性和倾向性；报道内容凸显了非常典型的社会时代背景色彩。对这些新闻报道加以分析，能够较为清晰地呈现党和国家政治生活以及普通民众视野中的中医药的面貌。

（一）存史资政，助推中医药文化在中华大地绽放出新时代光芒

《人民日报》关于中医药的新闻报道，涉及面广，时效性强，对中医药临床疗效、中西医结合路线、中医药高等教育、中医药政策法规、中医药国际化等热点问题有客观、公正和持续的关注。作者有党和国家领导人、卫生行政主管部门负责人、中医界权威专家和社会各界知名人士。对这些观点进行梳理归纳，有助于存史资政，以古鉴今。有关中医药的报道，图文并茂、信息量大、视角各异，作者来自全球，见证了中医药事业和国际关系的发展。丰富的史料不可能使研究处于浅尝辄止的状态。对于海量的新闻报道，本书注重做到三点：用历史的眼光扩大研究的范围，避免研究视野受到报道时间的限制；用系统的整理理顺研究的资料，避免研究思路受到报道内容的制约；用比较研究法来帮助材料的整理与解释，避免分析论述变成对报道的简单铺叙。

通过报道还能感受到一代代中医药人振兴中医药、造福人民的爱国情怀，追求真理、矢志不渝的科学态度，勇于牺牲、义无反顾的崇高品格。缜密梳理这些史料，建立分类数据库，对从事中医药相关研究的学者而言，具有珍贵的参考价值。没有证据只能成悬案，证据不够易生武断，必须能够证实才能奉为定论。期望通过研究，梳理史实，总结经验，尊重规律，进一步畅通中医药事业发展道路，为党和国家医疗卫生政策提供咨询参考。党的十八大以来，在党中央、国务院的高度重视下，中医药发展的顶层设计和制度安排不断完善，但在今后的奋斗历程中，仍然面临重重困难、障碍和不确定因素，有必要对过往经验加以总结，在尊重中医药发展规律的基础上，找准中医药在经济社会发展目标中的落脚处和发力点，从制度机制层面解决中医药传承发展中存在的关键问题，为新时代中医药振兴发展提供遵循。

（二）讲好中医药故事，在民族复兴时代强音中激荡前行

中医药事业的发展与国家战略及大众生活密切相关。新中国成立后，为了推

动中医药的发展,党和国家反复调研论证,颁布了一系列政策法规;各地政府结合实际,涌现出许多保护发展中医药的特色典型案例;民间有过迷信中医、狂热中医、反对中医、取消中医、歧视中医等扑朔迷离的现象。对此,党媒宽广的视野、深邃的分析,为我们提供了科学指引。对媒体话语进行探讨分析,有助于结合国家和社会变迁过程,更为具体地了解中医药这一中华文明的典型代表,从而在全社会形成一种爱护中医药的大环境,推动中医药文化创造性转化创新性发展。

中华民族伟大复兴的必要条件是弘扬中华优秀传统文化。中医药文化具有丰富的人文精神和哲学内涵,其强调的"天人合一""阴阳平衡",体现了中华文化"道法自然""和合致中"的核心智慧,是中华优秀传统文化传承和传播的重要内容和抓手。当前,中医药发展正处于可以大有作为的重要战略机遇期,党媒对中医药的重视和关注,必将激励全体中医人坚定中医药文化自信、民族自信,抓住机遇,乘势而上,切实增强责任感、使命感、紧迫感,为全面推进健康中国建设、实现中华民族伟大复兴的中国梦和共同富裕贡献力量。

(三)促进中医药文化研究与传播,加强中医药话语体系建设

媒体是传播的主力军,国家级媒体机构更是代表了国家在该领域的声音和政策导向。当前,对外传播方面尚缺中医药报道专业媒体,相关英文报道主要集中于《人民日报》《中国日报》《光明日报》《今日中国》等国家级媒体以及新闻网站的英文版上,传播途径还是停留在各种涉外工作活动上,如政府以及中医药组织机构,通过在国内外举办各类学术研讨会宣传中医药文化知识,或通过教育医疗合作、文化交流等工作,扩大中医药文化对国际社会的影响。对内传播方面,中医药传播的机构、媒介、途径等非常之多,但良莠不齐,梳理研究《人民日报》等党媒的相关叙述,能够精准把握其宣传过程中的内在规律和逻辑,为推动国家中医药战略规划设计、促进中医药产业发展、加强以中医药为载体的文明互鉴,提供学术支撑和智力支持。

更进一步而言,快速崛起的中国经济已经成为世界经济持续增长的新引擎。经济大国要有与之相适应的大国文化。中国医学正酝酿一次更大的学术转型,即朝着构建大国学术文化体系的方向迈进。构建中医药话语,讲述中医药故事,介绍中医药经验,传播中医药智慧,并与世界医学开展对话、交流和交融,已成为当下中国中医药学者义不容辞的社会责任。文明的辩证法是哲学的生命线,也是推动科学技术更好地服务于人类发展的重要思维方式。立足中医药未来发

展,选择什么样的价值取向,选择什么样的创新思路,不仅是最显要的现实课题,也是最深层的发展命题。这些命题,呼唤着中国医学界的新开拓、新实践,需要站上文明思维的制高点,努力为人类医学发展奠定更合理、更深邃、更可持续的进步远景。在民族复兴和共同富裕历程中的伟大实践必将为中医药的发展提供、创造更为肥沃的土壤,中国医学新的体系、面貌和不断增强的话语体系也一定会成为世界医学的主流之一。权威媒体关于中医药的论述必将为中医药话语体系的建设提供指导和遵循。

目录 CONTENTS

第一章 关于中医药发展重大问题的思考和解读 ············· 1
一、中医科学化、现代化 ············· 1
 （一）秉承理性态度，客观认识中医 ············· 2
 （二）革新整理中医，走向科学化 ············· 4
 （三）监管研究中药，实现现代化 ············· 5
 （四）重视中医文献和经验，传承医学瑰宝 ············· 8
 （五）利用现代科学方法，实现创新发展 ············· 9
 （六）强调中医药学与中华文明一脉相承 ············· 11
二、学习、整理和研究中医药学遗产 ············· 15
 （一）继承传统医药学的必要性 ············· 16
 （二）如何继承发扬中医药学精华 ············· 17
三、中西医结合路线的必然趋势 ············· 26
 （一）初衷相同，前景光明 ············· 27
 （二）中医理论是中西医结合的根本 ············· 28
 （三）医学科学现代化必然之路 ············· 29
四、中医人才培养重要途径——"师带徒" ············· 31
 （一）师带徒对于提高和发扬中医药学具有重要意义 ············· 33
 （二）师带徒是培养社会主义卫生人才的重要措施 ············· 33
 （三）师带徒的原则和方法 ············· 34
 （四）师带徒具备得天独厚的有利条件 ············· 35
五、全国两会代表关于发展中医药工作的呼吁 ············· 36
 （一）第一届全国人民代表大会第一次会议 ············· 36

（二）第一届全国人民代表大会第二次会议 ……………… 39
　　（三）中国人民政治协商会议第二届全国委员会第一次会议 …… 42
　　（四）中国人民政治协商会议第二届全国委员会第二次会议 …… 43
　　（五）第一届全国人民代表大会第三次会议 ……………… 48
　　（六）中国人民政治协商会议第二届全国委员会第三次会议 …… 49
　　（七）第一届全国人民代表大会第四次会议 ……………… 54
　　（八）第二届全国人民代表大会第一次会议 ……………… 55
　　（九）中国人民政治协商会议第三届全国委员会第一次会议 …… 58
　　（十）中国人民政治协商会议第三届全国委员会第二次会议 …… 60

第二章　社会发展变迁过程中的中医 …………………………… 62
一、积极融入国家政治生活 ………………………………………… 62
　　（一）迅速发展的中医队伍 ……………………………………… 62
　　（二）中医知识分子地位的演变 ………………………………… 64
二、党领导发展中医药事业的经验教训 …………………………… 80
　　（一）歧视和取消中医是唯心主义思想的体现 ………………… 81
　　（二）百花齐放百家争鸣后的大胆批评 ………………………… 85
　　（三）革命卫生思想下的中西医结合路线 ……………………… 91
　　（四）澄清是非问题、路线问题，坚持中西医结合 …………… 96
三、中医药领域的群众卫生运动："访贤采风"和"农村合作医疗制度"
　　……………………………………………………………………… 98
　　（一）具有深远意义的中医药群众性卫生运动 ………………… 99
　　（二）中医药领域的"访贤采风" ……………………………… 103
　　（三）农村合作医疗制度 ………………………………………… 115
四、中医药在重大社会疫情血吸虫病防治中的贡献 ……………… 117
　　（一）防控形势严峻的血吸虫病 ………………………………… 118
　　（二）传统中医药的独特优势 …………………………………… 120
五、文学艺术作品中的中医药 ……………………………………… 131
　　（一）诗与歌 ……………………………………………………… 131
　　（二）话剧 ………………………………………………………… 133
　　（三）报告文学 …………………………………………………… 135

（四）电影 ………………………………………………………………… 145

第三章　中医药瑰宝的媒体意义构建及其临床疗效宣扬 ……………… 147
　一、中医药独具美誉——遗产·宝库·宝藏·珍宝 ………………… 147
　　（一）中医药的媒体社会意义构建 …………………………………… 148
　　（二）中医药学何以成为伟大宝库 …………………………………… 152
　二、中医临床经验与独特疗效宣传 ……………………………………… 155
　　（一）各有所长的临床疗法介绍 ……………………………………… 156
　　（二）典型临床疗法的媒体意义赋予——以针灸为代表 …………… 163

第四章　中医药科普宣传、科学研究、人才培养与国际化历程 ……… 172
　一、中医药科普宣传 ……………………………………………………… 172
　　（一）解读中草药功效 ………………………………………………… 173
　　（二）阐释经典中医诊断方法 ………………………………………… 174
　　（三）介绍常见病病因病种症状、中医药典籍记载及中医干预
　　　　　方法 ……………………………………………………………… 175
　　（四）诠释中医学理论体系 …………………………………………… 176
　　（五）宣扬中医健康养生疗法 ………………………………………… 176
　二、中医药科学研究 ……………………………………………………… 177
　　（一）蓬勃发展的中医药科研和学术组织 …………………………… 177
　　（二）服务国家和人民的中医药科学研究战略 ……………………… 180
　三、中医药人才培养 ……………………………………………………… 186
　　（一）步履维艰的中医学高等教育 …………………………………… 188
　　（二）支撑高等教育的进修班、进修学校、研究班、学习班 ……… 189
　　（三）继承中医药学遗产的重要举措——师带徒 …………………… 192
　四、中医药国际化 ………………………………………………………… 195
　　（一）外国政要与卫生主管部门的认可 ……………………………… 196
　　（二）见证国际友情的中国医疗队 …………………………………… 200
　　（三）国际学习班热潮 ………………………………………………… 207
　　（四）国际友人中医治疗 ……………………………………………… 210
　　（五）学术与临床研究国际化 ………………………………………… 211

第五章　砥砺前行的中西医结合之路 ………………………………… 216
一、中西医团结合作宗旨——为人民服务 ……………………………… 217
　（一）全国卫生行政会议：将中国人民保健事业担负起来 ……… 217
　（二）卫生部首次中医座谈会：团结改造中医　为人民服务 …… 217
　（三）第一届全国卫生会议：明确三大原则　首先解决立场问题
　　　 …………………………………………………………………… 218
　（四）《关于医药界的团结互助学习的决定》：加强团结　从实际
　　　 需求出发 ………………………………………………………… 220
　（五）第二届全国卫生会议：三大原则发展为四大原则　人民导
　　　 向更突出 ………………………………………………………… 222
　（六）第三届全国卫生行政会议：纠正偏差　坚决贯彻党的中医
　　　 政策坚持为人民服务的宗旨 …………………………………… 222
　（七）以中医问题为中心的批判：坚持党中央初衷和人民利益 … 229
二、中西医结合关键——西学中 ………………………………………… 230
　（一）有组织地开展西医全面系统学习中医 …………………… 230
　（二）追求中医药工作又快又好发展 …………………………… 239
　（三）"六·二六"指示后的新高潮 ……………………………… 251
　（四）中西医结合迈向科学化现代化 …………………………… 253

结语 …………………………………………………………………… 260

第一章

关于中医药发展重大问题的思考和解读

新中国成立后,党中央高度重视发展中医药,推动中西医结合工作,从党和国家领导人关于中医药的论述,以及党中央关于中医药的政策指示可见一斑。很多中西医界知名人士,以及文化、历史和哲学等领域的专家也有关于传承发展中医药的真知灼见。这些文章绝大多数都涉及中医药领域的重点难点问题,或为学术性的长篇论述,或为全国两会上的建言献策。对广大读者而言,这些内容成为认识、了解中医药的重要途径,甚至有读者来信告知《人民日报》编辑部,希望看到更多的中医药类学术文章。例如"江苏省中医院常俊来信说,他在报纸上很少看到有关中医、中药方面的学术文章,报纸对中医工作情况的报道也不够。他希望编辑部注意到这一问题,让祖国的医学遗产在报纸上发出它的光芒"[①]。

一、中医科学化、现代化

关于中医是否科学的辩论由来已久。中医在医学、文化等领域均受到挑战。近代以来,随着帝国主义的文化侵略,中医被戴上"不科学""落后"的帽子。新中国成立后,尽管党中央反复强调继承和发扬祖国医学,但有关中医是否科学的辩论并未戛然而止。在党和国家高层会议和报纸杂志上,在人们日常生活的闲谈以及具体的医疗实践中,辩论一直延续。

有些人认为,中医的确有许多知其然而不知其所以然的地方,还可能有

---

① 《希望看到有关中医的文章》,《人民日报》,1956年8月21日,第8版。

不少错误的认识，也有许多不及西医的地方，甚至有迷信的成分。但是不能因此认为中医学术就不是一门科学。西医同样有知其然而不知其所以然的地方，有不明了和错误的东西，并且有不少比不上中医的地方，当然同样不能因此而说西医不科学。许多人认为：中西医各有所长，也各有缺点，正像其他一切自然科学一样，不能说对于自然界一切秘密和规律已经完全正确地认识；对一切自然现象都能解释清楚，每门自然科学都是在不断发展着的。因此中西医需要并举，需要结合，需要互相学习，共同提高。西医是建立在现代科学技术的基础上的，这是中医所缺乏的，因此总结和提高中医学术经验，必须有西医参加，所以今天特别需要掌握现代科学技术的西医来学习中医。①

这在当时是一种比较具有代表性的观点。公众在讨论中医时，不可避免地会涉及西医，论述的关键问题是：中医是否与西医一样建立在现代科学基础之上？如何从现代科学的角度认识中医？尽管今天对这一问题的认识已达成共识，但从当时实际情况来看，的确客观存在中医是伪科学甚至不科学的论调。为了从根本上溯本清源，以正视听，《人民日报》专门聚焦如何科学地认识中医，如何整理、研究祖国医学遗产，促进中医现代化和科学化等主题进行报道。

（一）秉承理性态度，客观认识中医

如何从科学的角度来认识中医，以及探讨科学框架下的中西医之间的关系，很多专家给予了专业解读。时任北京市中医学会副主席潘兆鹏以自身学医行医的经历，呼吁中医应当科学化。

> 我学中医，虽然曾按一定的程序来读书，来佐诊，但弄不清所以然的地方很多。举过去一个研究的例子来说明："脉学"是中医诊断上不可少的部分。但如果追求脉的发源，在中医有关脉学的书籍中告诉我们的是："十二经中，皆有动脉，独取寸口，以决人的生死顺逆。""血脉者，如环之无端。"在

---

① 吕新初：《中医科学不科学？——一场由来已久的辩论》，《人民日报》，1958年12月26日，第6版。

一般概念上讲是有一些道理。但是脉为什么跳呢？在李濒湖四言举要上讲："脉乃血脉，气血之先；血之隧道，气息应焉！"

我们从中医书上，去找脉的发源、脉的跳动，得不到很具体很明确的回答。我们要钻研这个问题，不能不对科学的医学作一次探讨，才知道心脏与血压的关系，才知道动脉与静脉的不同，才知道大循环的状况。

潘兆鹏认为，对于中医，只要保持理性的态度，就能逐渐从科学的角度发展中医。他从三个方面进一步阐述了理由：

（一）从旧的经验基础上学习新的科学。中医医学在数千年来无数次自觉或不自觉的尝试中，自然地累积了许多医理与经验，可是它还包含许多反科学的成分。因此，接受科学真理是必要的：一方面要打破它特有的玄学推想部分；一方面要接受新的医学知识来充实它，提高它。……

（二）整理中医医学，发挥实事求是精神。中医学术内容，不可否认的是有些蕴藏可贵的地方，我们如果要去追求这种医学价值，需要好好整理一次旧医学。要以客观的、科学的态度，发挥实事求是的精神。……不要把问题看错，也不要把问题看得近似与模糊。……

（三）应该接受批判。不怕批判，只有经过批判才能进步，才能发展。批判时要注意拿实际事例来作对照、比较，发觉出什么地方有错误，研究出正确的结论。……

潘兆鹏还特别强调，所有科学是从不断的批判中进步的，在科学化的道路上，中医也应当不畏批判，加强自身的团结。随着新中国的成立，中医开始走向新的发展道路，任职于北京市中医学会的潘兆鹏非常了解中医内部团结组织的重要性，认为中医自身的团结组织是走向科学的必经之路。"我们第一就要团结组织起来。有了组织，才能集体研究学习，才能提高一步，才能不至于在学术、经验、诊断上永远落后，才能进步、观摩、钻研，才能认识科学，接近科学，了解科学，走上科学的道路。"[①]

---

① 潘兆鹏：《中医要走上科学的道路》，《人民日报》，1950年7月25日，第5版。

(二) 革新整理中医,走向科学化

1951年11月3日,行医20余年的老中医王易门[①]发表《整顿中国医学的建议》一文。文章着重阐述了三个互相关联的问题,回答了整顿中医并走向科学化道路的原因、原则和具体方法路径。

第一,为什么要整顿中医？王易门认为,提出整顿中医的主要原因在于,中医具有悠久的历史和丰富的经验,以及独特的理论内涵,但长期混乱、缺乏整理等现实困境成为严重阻碍中医科学化的桎梏。所以,中医亟须整顿机构,培养人才,认真整理中医理论和学术。"中医虽有悠久的历史和丰富的经验,但缺乏科学的整理,故应力求革新、走向科学化。中医医师程度不齐确是事实；但试问连教学的机构都还没有,谁去管训练？程度何由得齐？这样无组织、无系统、无机构、毫无依附,长期散乱,就不能革新。中医难学难教,百科兼治,分工不明,这也是事实。业不专不能精,这是学术停滞不进的一个重要原因。所以革新整理中医就更为重要。"

第二,坚持中西医结合原则。尽管中西医两种医学的基本理论不同,治疗方法不一,但两者的目的都是治病救人,不应背道而驰,而应共同前进,最后合而为一。在坚持中西医结合原则基础上,建议按三个步骤开展工作："一是平等发展；二是互相攻错各舍其短；三是互取所长合力发展。"

第三,如何整理中医学？王易门认为,整顿中医学是一项综合工程,千头万绪,困难重重,当务之急首先应在"加紧整理中医学术""扩大设立中医研究院""在条件允许时设立中医医院"等三个方面进行推动。他对最为重要的"加紧整理中医学术"工作提出进一步要求："第一,统一理论。中医宗派很多,各凭方技,不重视基本原理,所以统一理论,是唯一切要的工作。诊断大纲、治疗方法,都要按科学系统加以整理。第二,分科研究。研究的办法是每人要求专门化。这样分科越细,研究的结果越精,进步的速度越快。第三,有计划地从事著作。原有的旧医书,是很少适合目前需要的。著作的体例条理需要切实计划,合于实用,使之可以作教学资料,也可供临床备考。著作计划务求周密,选定资料

[①] 王易门(1894—1968),河北深泽人。26岁开始在家乡行医,颇得患者好评。37岁迁京行医,以儿、内、妇科为主。1953年11月在京参加华北中医实验所,1954年10月调中医研究院,1959年任中医研究院内外科研究所儿科主任。(中国中医研究院主编：《中国中医研究院人物志(第1辑)》,北京：中医古籍出版社,1995年,第56页)

务求审慎。"①

1953年6月中南区召开了第一届中医代表会议，时任中南行政委员会副主席陈铭枢、中央人民政府卫生部副部长徐运北、中南行政委员会卫生局局长齐仲桓都着重指出整理中医学术的重要意义："中医有悠久的历史、丰富的经验，中医学术也有一定的科学内容。各地卫生行政干部应认真地加强团结中医工作，帮助中医努力学习，进一步提高学术水平。"中南行政委员会文化教育委员会副主任潘梓年指出："我们要以对待祖国宝贵遗产的态度，严肃地对待中医医学，帮助中医学术的整理和提高。"②齐仲桓强调，在整理中医学术问题上，应先从整理中医经验着手，在此基础上做进一步研究。新中国成立初期，关于中医学术的整理任务迫在眉睫，但受限于客观条件，短期内成效不足，随着整体工作的逐渐开展，在后期取得了一系列成果。

(三) 监管研究中药，实现现代化

1953年8月26日，时任卫生部中医研究院中药研究所药理室副主任朱颜③发表《我对于中药研究工作的几点意见》一文。该文是新中国成立后《人民日报》刊登的第一篇关于中药研究的报道。与中医相比，关于中药问题的探讨见诸《人民日报》的时间明显滞后。朱颜认为，国人对于中药的药理现象和治疗效用的认识，是从长期的实践中获得的，中药治疗效果明显，只是中药药理还没有完全得到科学证明。"例如，在三四千年前我们的祖先用来治疗气喘的麻黄和治疗疟疾的常山，在近代科学医学中仍占有一定的地位。有些中药在没有得到科学的证明以前，其临床应用似乎是荒诞不经的。例如，在七世纪时，人们已用猪肝、羊肝来治疗夜盲，用羊靥(甲状腺)来治疗瘿气(甲状腺肿大)等。在没有发现和证明维生素和内分泌素疗法以前，这些经验治疗法往往蒙着极其怪诞的色彩，直到现代才得到科学的证明。"

---

① 王易门：《整顿中国医学的建议》，《人民日报》，1951年11月3日，第3版。
② 《中南区召开第一届中医代表会议 着重讨论组织和发挥中医力量、整理中医学术及中医进修问题》，《人民日报》，1953年7月2日，第3版。
③ 朱颜(1913—1972)，浙江金华人。1950年毕业于第四军医大学。历任北京中医进修学校教育主任，卫生部中医研究院中药研究所药理室副主任，西苑医院内科血液病研究室主任，卫生部药典委员会委员、医学科学委员会委员。他对中药药理及用中药治疗再生障碍性贫血有较深研究，著有《中药的药理与应用》《日用中药常识》《中医学术研究》《中国古代医学的成就》等。《中医大辞典》编辑委员会编：《中医大辞典·医史文献分册(试用本)》，北京：人民卫生出版社，1981年，第66页。

朱颜着重强调应加大对中药的研究和发展，并对将中医和中药截然分开、忽视中医给药法、不注重使用中药的综合效果、缺乏对植物性中药的了解、与临床脱节等不科学现象，提出建设性意见：

第一，研究中药应重视中医的医疗经验。无论在过去或现在，有许多人对我国的医学遗产采取了极不正确的态度。他们认为，中药是有价值的，但中医没有价值。他们把中医和中药截然分开了。这种认识是不对的。中医在使用中药上，有其独到的经验。如果完全离开中医的经验来研究中药，就不能很好地发掘祖国医药的遗产。……

第二，研究中药应注意中医的给药法。在中医的药物疗法里，有许多方法的治疗效果并不是由药物直接产生的。在研究中药时，我们应当注意这一点。如果单纯地从研究药物本身着手，有时候得不到预期的效果。……

第三，研究中药应考虑合并使用后的综合效果。一般地说，现代从事药理学工作者都比较重视分析研究，其目的在于找寻某种纯粹化合物及其某一原子基团和生物组织细胞间的相互影响关系。在研究中药时，也应采取这种方法。即先从某种中药中提出其纯粹成分，然后进行药理研究，从药物本质上去认识其对生物所起的作用，这是非常重要的。但是，必须知道，中药在治疗上所起的效应决不完全是某一样生药或其中某一种单纯化合物所具有的药理作用的表现，而常常是许多种不同成分同时作用于生物体所引起的反应现象的总和。因每一种生药往往含有多种成分，所以即使只应用一样生药，在效果上也具有多种化学成分的复方意义。因此，研究中药时首先应重视某一生药或某一处方的总的效用，然后再分析研究其组成成分的个别作用及其相互间的关系，以便进一步了解各个组成成分在总效用中的重要性。……

第四，研究植物性中药，应当注意了解原植物。大部分中药都是植物，研究时必须了解这些药用植物的形态、品种及是否霉烂等情况，否则会使我们枉费时间和精力。……

第五，研究中药必须结合临床实用。研究中药的目的是为了临床应用，因此在研究时必须和临床实用密切结合起来。过去中药研究工作多停留在实验室的试验阶段，不注意临床应用，所以在药物化学、药理学上虽有不少的成就，但在临床实用的充实和改进方面，作用就显得不大了。今后的研究

工作必须首先服从临床需要,有目的、有重点、有计划地来进行。……①

中药与中医有不可分割的联系,中医的发展离不开中药,关于中药研究的论述,为中医药事业的发展提供了科学参考和依据。

1954年11月2日,《人民日报》刊登了第一篇关于综合管理和研究中药的报道——《加强对中药的管理和研究工作》。虽未署名具体作者,但从其第一版的位置及详细缜密的论述来看,足见其重要性。

评论首先明确,中药的作用得到国内外公认,"在我国广大劳动人民中是很有威信的,全国用中药治病的约占总人口百分之八十。外国医学界对我国生药也很重视,认真进行研究,取得了不少成果。许多中药的显著功效,不但为长期的临床经验所证明,而且为现代科学研究的结论所证明"。

同时,指出了中药生产、加工、销售和研究过程中存在的问题,主要原因在于卫生部门和有关方面对中药和对中医一样没有加以重视,从而导致影响中医药整体事业科学化、现代化最为要紧的两个问题:

第一,中药生产、销售缺乏领导和监管,中药数量经常供不应求,价格不断暴涨,贵重药品以劣代优、以假代真、投机倒把等现象十分严重,极大限制了人民购服中药的能力,影响了中医业务的发展。价格暴涨方面,"根据重庆、上海、广州等地十一种主要药材的不完全统计,如一九五〇年平均价格为一〇〇,一九五二年就上涨到一四三,一九五四年上涨到三五六。根据天津中药市场的调查,从一九五〇年六月到一九五三年二月,在二十多种主要药材中,药价上涨一倍至六倍的有十五种,上涨七倍的有四种,上涨九倍、十二倍、十八倍的各一种"②。关于中药生产问题,直到1958年10月,国务院作出"关于发展中药材生产问题的指示",强调"实行就地生产、就地供应的方针,是发展中药材生产解决中药材供应问题的根本办法""积极地有步骤地变野生动、植物药材为家养家种,是发展中药材生产和解决中药材供应问题的另一项带有根本性的措施""在安排中药材生产的同时,各级人民委员会还必须加强对中药材经营工作的领导"③。针对该指示的评论文章《发展中药材生产的锁钥》指出"中药材的生产和经营是有关整理、继承、发扬祖国医药遗产的重大问题,它影响广大群众的健康和收入,涉及地区之

---

① 朱颜:《我对于中药研究工作的几点意见》,《人民日报》,1953年8月26日,第3版。
② 《加强对中药的管理和研究工作》,《人民日报》,1954年11月2日,第1版。
③ 《国务院关于发展中药材生产问题的指示》,《人民日报》,1958年11月6日,第7版。

间、城乡之间以及许多部门之间的关系"①。

第二,对于中药的科学研究态度、心理以及方法不正确,将中药研究与中医研究主观割裂,认为中药值得研究,而中医却不值得研究,致使整个研究工作严重滞后,难以使中药的疗效得到科学的理论说明,无法保证处方用药的准确性。"过去研究中药往往不从实际疗效出发,忽视中医处方用药的特点和复杂性,只用简单的分析、化验的方法来判断它有无价值,结果对某些有显著疗效的中药,也轻率地加以否定。这是轻视中药的错误心理的具体表现。也有些人……忽视从中医的用药方法来研究中药的重要性,忽视临床经验的重要性,忽视吸收中医参加研究工作的必要性。他们只在试验管里用功夫,结果就无法全面认识中药的作用和价值。"②

在中药领域,除了以上两个问题,还有论述对私营中药商领域存在的严重假冒伪劣问题进行了严厉批评,"这不仅对人民的生命安全和身体健康有着很直接的影响,而且也障碍着祖国医学遗产的继续改进提高和发扬"③。由于新中国成立前"没有统一的中药标准规格,药商中以假冒真、以劣充优的现象很普遍",为了提高医疗效果和改善中药的生产供应及管理,并为进一步研究中药工作奠定基础,1955年底,中国药学会中药整理委员会举行了多次中药标准规格座谈会,最终制定了33种常用中药标准规格,60种常用中药的标准规格④。

(四)重视中医文献和经验,传承医学瑰宝

《正确地对待中国医学遗产》一文于1953年8月26日见报。该文来源于《人民日报》编辑部组织召开的一次中医药问题座谈会,王药雨、董德懋、谢海洲、申芝塘、刘国声、龙伯坚、张作舟、哈玉民、周梦白、朱琏、孟昭威、朱颜等著名中医药学专家参与座谈会。

讨论过程中,大家首先肯定了中医药学在学术上有着合乎科学的内容,并得到了临床的实践证明,但同时指出,中国医药学术偏重经验,在临床方面还缺乏科学的准确性。主要原因之一是没有认真整理中医经验和学术文献,没有形成现代化的医学科学理论。"中医师在治疗中往往只知其然,而不知其所以然;治

---

① 《发展中药材生产的锁钥》,《人民日报》,1958年11月6日,第7版。
② 《加强对中药的管理和研究工作》,《人民日报》,1954年11月2日,第1版。
③ 陈鼓:《对私营中药商要严加管理和教育》,《人民日报》,1955年2月27日,第6版。
④ 《中国药学会制定三十三种常用中药的初步标准规格》,《人民日报》,1955年10月19日,第3版。

好了病,却说不出道理究竟在哪里。这是因为中国医药学术在发展过程中,受了客观条件和科学理论水平的限制,人们未能很好地有系统地总结已有的经验,并把它提高到医学科学理论上来;只是用'五行六气'一类的说法来解释。这是中国医学的最大弱点。因此,我们应当根据实践和现代医学科学来批判其不合科学的部分,接受其合乎科学的部分。"

大家一致认为,应当组织具有一定科学素养的人员对中国医药学术进行研究,努力寻找科学理论根据,同时,有领导地、有重点地对中医特色医疗方法进行推广使用。并就如何整理中医经验和学术文献发表具体意见:

> 第一,整理中医的经验。……对于我们说来,直接经验最为可贵,因为它是"活"的经验,它具有现实的意义——实用价值。……合理而有效地处理这些"活"的经验,乃是整理医学遗产工作中的主要内容。任何一个中医师都不可能掌握全部医疗经验……因此,应该用各种方法把一切好的经验集中起来,加以整理。但是,在中医"活"的经验中,也有许多是效果不确或竟无效的。要把这些直接医疗经验集中起来加以整理,并肯定其有效的部分和否定其无效的部分,最有效的办法是临床观察。……如果能有重点地做临床研究,一定会有成绩的。……
>
> 第二,整理中国医药学术文献。这是一种极为繁杂的工作。因为中国医药学术的旧有文献,虽然很丰富,但都是分散的……在目前我们只能有重点地加以整理。此外,还应当征集散在民间的单方和经验疗法,有重点地加以整理,把它作为进一步研究的参考资料。因为这些都是一向未被重视的宝贵经验。①

(五) 利用现代科学方法,实现创新发展

中医药学是一个伟大的宝库,为了把宝库的宝一个个发掘出来,当务之急是努力用现代科学方法包括现代医学方法,对中医药学加以整理提高。因此,运用一定的科研手段和技术方法是必不可少的。1979 年 12 月 20 日至 1980 年 1 月 4 日,全国医学辩证法讲习会召开,代表们对如何利用现代科学方法挖掘中医药

---

① 王药雨、董德懋、谢海洲等:《正确对待中国医学遗产》,《人民日报》,1953 年 8 月 26 日,第 3 版。

学瑰宝进行了详细深入的阐述。主要内容包括：

第一，中医理论的重大突破需要运用现代科学，包括现代医学方法进行研究，取得科学论证，从中找出规律。"祖国医药学是几千年来人们和疾病作斗争的经验总结，特别是中医理论，尽管有某些主观、推理成分，但总的说，它包含有朴素的辩证唯物论思想和整体观念，直到今天，仍然指导着人们的临床实践，有些西医治不好的病，中医可以治好。但是，由于历史条件的限制，中医中药的许多宝，还没有被真正发掘出来。比如阴、阳、表、里、寒、热、虚、实，在人体内究竟有哪些客观指标？中药的药理作用如何？人们服用以后，在身体内起了哪些物理的、化学的变化？在国内外享有盛誉的中西医结合小夹板治疗骨折，在临床上取得了新疗效，创造了新方法，但这种新方法的机理如何？断了的骨头怎么愈合的？破骨细胞和成骨细胞怎么成长？所有这些，都需要运用现代科学，包括现代医学方法进行大量实验研究，取得科学数据，从中找出规律，这样，中医理论才能取得重大突破。"

第二，借助现代科学的同时，还需要特别重视名老中医经验，更好地传承中医精华。"在用现代科学，包括现代医学研究祖国医学的同时，还要抓紧整理古典医学文献，给老中医配备助手，总结、出版著名老中医的经验，把祖国医学的精华很好地继承下来，并在继承中不断完善、充实。不抓紧继承工作，用现代科学研究祖国医学就是一句空话。"

第三，针对一些担心和怀疑，强调运用现代科学，包括现代医学研究中医药学，必然能够有所作为。"祖国医学源远流长，在许多方面包含着现代科学真理的闪光。肇始于《内经》并在以后历代得到发展的'血瘀'理论，同现代'血液流变学'的理论，在基本要点上，就有许多相似之处。祖国医学认为在人体正常情况下，血在脉中循环状态是'如水之流'，而在出现'血瘀症'时，则表现为'血凝而不行''血瘀滞不行'等等。现代'血液流变学'测定人体在正常条件下，血液的流动性和粘度保持一定的水平，而在某些病理条件下，血液粘度可发生明显异常。有学者用'活血化瘀'药物，对血液粘度异常的四十种疾病患者进行治疗，患者在症状改善的同时，血液粘度异常的情况亦有所改善。这说明祖国医学中的'血瘀'理论和现代'血液流变学'中关于'血液粘度异常'的理论是一致的。……由此可见，两千多年前就已提出的'血瘀'理论，可以说是近二三十年才产生的'血液流变学'的萌芽和胚胎；'血液流变学'想要追溯自己今天发生和发展的历史，也不得不回到'血瘀'理论那里去。"

第四,中医药学中许多被斥之为"糟粕"而予以抛弃的东西,随着现代科学和现代医学科学的发展,正在得到验证、发扬,重新焕发其生命力。"比如气功疗法本来是祖国医学的组成部分,它认为人的生、长、壮、老、死是'气'生长衰退的结果,治疗疾病就要调理气血,以恢复其正常状态。这种看法和做法,长期以来,被有些人斥之为搞'封建迷信',玩'魔术'。可是,近些年,一些医学科学工作者和自然科学工作者共同协作,通过现代物理学、电子学、生物物理学等等多学科的研究,对练功有素者放出来的'外气'进行探测,初步表明,'外气'包括次声、红外、静电、磁等等信息。气功治疗疾病,正是通过信息,调整机体的不平衡状态。这说明'气'确实是客观存在的物质。过去被人们斥之为'虚无缥缈''不可捉摸'的阴阳学说,现在也有人用自然科学的知识和方法,初步找到它在人体内是有物质基础的。这些研究工作,不仅给祖国医学的某些理论找到了科学根据,也丰富了现代医学科学的内容。"

第五,朴素的辩证法并不等于科学的辩证法,中医药学和现代科学也不能等同起来。"有人看到祖国医学包含有现代科学的萌芽,就自满自足,甚至故步自封起来,这对于发展、提高祖国医学也是不利的。"认为中西医具有各自不同的理论体系,各有所长,应当走相互结合、相互促进的路线。

第六,用现代科学,包括现代医学研究提高中医药学,是前无古人的事业,研究中医理论,更是艰巨的、长期的任务,不可能一蹴而就。"上海、广州、四川有一些热心于中西医结合的老年、中年专家,从分子生物学的角度,探求中医关于肾本质、阴阳学说、脾胃学说的理论,花了十几年、二十几年的时间,才找到了一点点苗头。有一位老专家对记者说:'我的研究工作,不是我们这一代人能完成的,我们只是'育苗''铺路',我们的子孙后代一定会扶植它开花结果。'这种'育苗''铺路'的精神和高瞻远瞩的眼光,不仅研究中医理论的医学科学工作者应该具备,有关的卫生行政领导也应该具备。具备了这种精神,才能更好地按照医学科学规律领导医学科学。"[1]

(六) 强调中医药学与中华文明一脉相承

中医药学与中华文明一脉相承,源远流长,博大精深,包含着深邃的文化、哲学思想。普通群众和一般知识分子(包括西医)对深厚的中医理论很难深刻理

---

[1] 缪宜琴:《用现代科学方法整理、提高祖国医学》,《人民日报》,1980年3月10日,第4版。

解。以当时广泛开展的西医学习中医工作为例,学习工作中,很多西医都遇到理论上的困难,从而产生消极情绪。例如,"阴阳五行学说是科学的呢？是形而上学的呢？是唯心的呢？是唯物的呢？"①很难理解,再加上阴阳、表里、寒热、虚实等临床辨证的应用方法,以及温、补、清、消、和、汗、吐、下等治疗方法,给学习者带来不少困难。

在对理论进行科学解读的过程中,除了中医药学专家,还有一些历史、哲学等领域的著名学者发表见解,对于学习、研究和传播中医理论起到积极推动作用。例如,著名历史学家、哲学家,北京大学任继愈教授于1956年5月25日发表了《从〈内经〉看中医的理论基础》一文,成为《人民日报》第一篇非中医学背景专家介绍中医理论的文章。

中医药学起源于中华民族几千年的文化传统,对普通大众,甚至广大医学工作者(尤以西医为主)而言,如何通过文献阅读达到初步认识了解中医理论的目的,并非易事。任继愈借助经典医书《黄帝内经》,从三个方面对中医理论的起源及其治疗原则进行了条理清晰、深入浅出的阐述。

第一,从医书之祖《黄帝内经》出发,回顾中国古代哲学史,分析了《黄帝内经》中所蕴藏的唯物主义思想,主张《黄帝内经》的理论基础和古代阴阳五行学派密切相关,并为中医药学提供了基础理论。"《黄帝内经》是汉初编纂的一部医学全书,是世界上最早的成系统的医学巨作,它总结了周秦以来的医疗经验。所有的中国医学著作,从《伤寒论》起,都是在《内经》已有的基础上逐渐丰富完善起来的,所以历代的中医学者称它为'医书之祖'。几千年来公认《内经》为'医书之祖'倒不仅是由于它的时代最早,而是由于它提供了一套中国医学的理论和医疗原则。《内经》在中国医学史上的不朽的地位,恰如《孙子兵法》在中国军事思想史上的不朽的地位一样。"

文中指出,在受过现代医学教育的人们看来,《黄帝内经》中的阴阳、五行、精、气等观念是很难接受的,认为中医所讲的道理有些玄虚,觉得中医学讲阴阳五行不科学。为了说明这一问题,文章进一步回溯了中国古代哲学史发展历程,认为"中国古代哲学史和世界哲学史一样,也是在两条不同的哲学路线斗争中发展起来的",阴阳、五行、精、气这些概念正是中国古代阴阳五行学派所提倡的概

---

① 《在政协第二届全国委员会第三次全体会议上的发言 更好地组织西医学习中医 韩蓬台的发言》,《人民日报》,1957年3月18日,第3版。

念,而阴阳五行学派的出现,标志着中国唯物主义哲学得到了进一步的发展。为了证明此观点,作者进一步解释:"《内经》首先根据当时素朴的唯物主义的世界观,指出:'夫五运阴阳者,天地之道也,万物之纲纪、变化之父母、生杀之本始、神明之府(作者按:即精神的寄居所)也。'(《内经》:天元纪大论)《内经》在这里正确地指出人类身体活动、精神作用、生命现象是整个自然界的一部分。它从自然规律的统一性这一唯物主义世界观的前提出发来认识生理和疾病现象。在五行观念的支配下,《内经》把人类的五脏、五官、五情,以及五味都和五行配合起来,比如木代表肝,火代表心,土代表胃,水代表肾,金代表肺。《内经》还根据医疗经验,指出五脏之间有互相制约互相辅助的关系。金可以克木,意味着肺部有病,会影响到肝脏和血液的正常。《内经》也还利用'五行'的观念,把人类的身体器官和它的作用看成统一的整体。因此,中医所谓'胃',其实不仅限于容纳食物的胃脏,它也指人们的消化系统,还指人身的消化作用。这样,采用了更广泛的、象征意义的'土'来代表胃的器官和功能就方便些。古代中医对其他内脏的看法也是如此。"

第二,中医药学运用阴阳五行之气说明病理和生理,蕴藏着天人合一、整体统一、对立平衡等朴素唯物主义因素和辩证法思想,表面看来玄虚,其实具有合理内核。其理论基础在于:

一方面,中国古代医学提倡天人合一,认为人是自然的一部分,主张按照自然规律认识病理和生理现象,如果违反自然规律,"邪气"就会入体。"五脏十二节皆通天气"。根据自然规律统一的原则,《内经》认为,顺着自然界的规律,就不会生病,违反了就会生病以至死亡。《内经》说:'阴阳四时者,万物之终始也,死生之本也。逆之则灾害生,从之则苛疾不起。'(《内经》:四气调神大论)如果违反四时的变化,就会生病:'数犯此(作者按:此即四时、阴阳)者,则邪气伤人。此寿命之本也。……顺之则阳气固,虽有贼邪,弗能害也。'(《内经》:生气通天论)"对于"邪气",作者解释说,"中国古代医学已意识到自然界有一种不利于人类身体的极细微的物质,他们称作'邪气',有时也叫'四时不正之气'。……古人不知道有细菌,但中医根据长期丰富的经验,推测到某种危害身体的不是鬼神的作祟而是某种物质性的'邪气',这一观点在当时是科学性的假设。中医还指出,只要身体健康,抵抗力强("阳气固"),就可以避免邪气的侵害。由于中医正确地掌握了这一观点,因而在医疗观点、保健理论方面也经常采用增强病人的体质的措施,使病者'阳气固',来抵抗疾病。中药中有许多药物并不是有治疗作用（像一些"滋阴""养卫"的药品特别多），却有防病的作用，这在世界医学中是一特色。这种以增强体质来抵抗疾病的治疗观点，和它的自然观是分不开的"。

另一方面，中国古代医学具有辩证法思想，主张阴阳二气的对立平衡状态，如果不能维持正常的对立平衡，就会生病。"中国古代医学是以阴阳五行的唯物主义哲学作为理论基础的，它一方面具有素朴的唯物主义因素，一方面也具有辩证法思想。中国古代医学认为自然界和自然界中的每一个具体的事物都有它的阴阳对立的两方面。事物就是在阴阳对立的矛盾中存在着。中医认为：阴阳二气的两种势力在人的身体内，如果能够维持正常的对立平衡状态，人就健康；如果不能维持正常的对立平衡状态，人就会生病。所以说：'阴平阳秘，精神乃治；阴阳离决，精气乃绝。'（《内经》：生气通天论）又说：'阴不胜其阳，则脉流薄〔迫〕疾〔急〕，并乃狂；阳不胜其阴，则五脏气争，九窍不通。'（《内经》：生气通天论）根据阴阳二气对立平衡的原则，从《内经》开始，就奠立了把疾病分为太阳、阳明、少阳、太阴、少阴、厥阴六种类型。《伤寒论》基本上是按照这种观点继续发展和丰富起来的。"同时指出，尽管中医提倡体内阴阳二气的对立平衡，但是由于古代科学的局限性，古代医家对人类的内脏及肢体结构的认识还不能达到精密无误的程度，因此有些地方对病理现象的解释不能令人满意。

此外，中国古代医学主张整体观念，正确地指出了人类生理的器官部位是相互影响、相互联系的整体。五行、五脏都是一个整体，有相生相克的作用和互相关联的影响。"比如中医认为肝脏发生了阴阳失调的现象，就会影响到眼睛的视力，会影响到消化的不正常，也会影响到情绪容易激动等等。其他部门各器官也是这样。""中国古代医学在二千多年前，就已指出生理现象和心理现象是互相联系的。《内经》中曾说过：肝脏的活动和愤怒的情绪相关联（"怒伤肝"）；心脏的活动和喜悦的情绪相关联（"喜伤心"）；脾脏的活动和思虑作用相关联（"思伤脾"）；肺脏的活动和忧郁的情绪相关联（"忧伤肺"）；肾脏的活动和恐惧的情绪相关联（"恐伤肾"）（以上见《内经》：阴阳应象大论及其他各篇）。现代科学业已证明人类心理活动是由于人类的分析器官受到外界刺激引起的大脑皮质的兴奋和抑制作用。心理活动和呼吸、消化、循环各个系统有内在的联系。由于科学的局限性，中国古代医学没有能够完全正确地说明这种关系。中国古代医学经常从整体的观点出发，所以反对孤立地认识问题的思想方法，所以对疾病和健康的关系也是联系来看的。因此，中国医学常把保健放在第一位，而把药物治疗放在次要的地位。"

第三,由于古代辩证法和科学技术发展的局限性,应当与时俱进、科学看待中医理论发展史上的基础理论和治疗思想。"自然现象、生命现象、病理现象是复杂的,远在二千多年以前的科学理论决不可能圆满地、深刻地认识这些规律,所以《内经》中也不免夹杂着许多不科学、神秘主义的成分。有些问题,当时的科学水平不能做出正确的解释,而勉强解释时,必然陷于牵强附会的错误。这些缺点都是无可隐瞒的。""中国古代医学的第一部经典著作《内经》,它的贡献不仅在于提供了治疗的方法,还在于建立了具有素朴唯物主义和自发辩证观点的医学理论,这种理论保证了中国古代医学从世界观上和唯心主义的巫术、迷信截然分开。同时,中国医学的理论的某些弱点、缺点也隐伏在这里。因为古代的唯物主义和古代的辩证法思想还不足以完全说明自然界,中间还缺少一段自然科学发展的过程。它的唯物主义还很粗糙,不能区分生理、生命和自然界其他现象的本质区别,它的辩证法思想也夹杂着笼统、混淆的弱点。这就妨碍了它进一步的发展。在今天,学习中医的人,固然要努力学习中医的医疗技术,学习中医的理论;但在掌握了中医的医疗技术,研究了中医理论中合理的内核的时候,还要努力学习自然科学和辩证唯物主义,以补救在长期停滞的旧时代中国医学所具有的弱点。只有这样,才能为进一步用现代先进的医学理论来予以整理改造打下基础。"[1]

中医理论在发展过程中,通过不断借鉴、吸收、融合中国古代丰富的哲学、人学、佛学、道学、儒学及诸子百家的精华,形成了具有鲜明传统文化特征的理论体系,历经千年传承而不衰。该文对于初步了解中医理论体系,消除对于中医理论体系的误解,正确对待中医理论存在的客观局限性,以及如何以客观、科学的现代科学视角认识中医,具有积极的指导意义。

二、学习、整理和研究中医药学遗产

中医药学遗产浩瀚如烟,对其进行辨章学术,考镜源流,对于推动中医药学的传承创新发展意义非凡。新中国成立初期,百废待兴,尽管诸多名老中医反复

---

[1] 任继愈:《从〈内经〉看中医的理论基础》,《人民日报》,1956年5月25日,第3版。

呼吁学习、整理、研究中医药学遗产,但统一组织的工作却明显滞后。以国家层面的中医药研究机构为例,由卫生部领导的中医研究院直到1954年11月开始筹备,1955年12月才正式建成①。

(一) 继承传统医药学的必要性

时任中医研究院院长鲁之俊②指出,由于中医药学偏重于经验,有的论述还不够完善、解释不透彻等客观现实,要求广大中医药工作者加以认真学习和整理,用现代科学方法加以说明,更好地发扬祖国文化遗产,丰富现代医学科学,提高医疗技术水平,更好地为人民保健事业服务。对于如何实现这一目的,鲁之俊指出,"要继承和发扬这份宝贵遗产,关键在于西医学习中医。这是中央早就指示过的。掌握了一定的现代医学理论、有临床经验的西医,只要对中医学术有了认识,能够虚心诚恳地向中医学习,经过长期的中西医合作,就一定能够做出成绩"③。

时任卫生部副部长傅连暲④结合卫生部中医卫生工作,对如何加强对中医的学习,也认为最重要的是明确学习目的。他指出,要将学习中医的目的上升到整理、研究祖国医学遗产,用科学知识提高中医,发扬中医,进而为人民健康服务的高度。"首先,学习的目的性在一些同志的思想上还不够很明确。认识的不明确,主要表现在没有把学习中医看成是研究、整理祖国医学遗产的问题,因而学习的自觉性还不够。……我们学习中医的目的,就是学习和整理祖国医学的遗产,用今天的科学知识来提高它、发扬它。这一任务的完成,需要中西医的密切合作,共同努力,特别需要具有现代科学知识的西医积极参加。只有这样才能使我国固有的医药知识得到发展,并提高到现代的科学水平。这就是党所以号召我们学习中医的目的。"⑤

---

① 《中医研究院即将开幕》,《人民日报》,1955年12月7日,第3版。
② 鲁之俊(1911—1999),黎川县中田乡人。外科学和针灸学家。新中国成立后,曾任卫生部中医研究院院长、卫生部医学科学技术委员会副主任、北京中医学院院长、中医学会副会长、中国针灸学会会长等,为中国中医研究院名誉院长、第三届全国人大代表、世界针灸学会荣誉主席。(中华中医药学会编著:《中华中医药学会史》,上海:上海交通大学出版社,2008年,第309页)
③ 鲁之俊:《认真学习和研究祖国的医学》,《人民日报》,1955年8月24日,第3版。
④ 傅连暲(1894—1968),福建长汀人。新中国成立后,曾任卫生部副部长、中国人民解放军总后勤部副部长、中华医学会会长等,为中国人民政治协商会议全国委员会常务委员。(雷州师专中共党史教研组编:《中共党史人物资料》,福州:福建师范大学出版社,1982年,第222页)
⑤ 傅连暲:《积极领导和组织西医学习中医》,《人民日报》,1955年11月30日,第3版。

客观而言，之所以高度强调学习、整理和研究中医药学遗产是一项战略任务，并呼吁广大中医药工作者积极努力，与当时存在的两种不利于中医药事业发展的偏见密切相关。一种是对待中医采取轻视、歧视的民族虚无主义的态度，盲目地认为中医不科学，认为没有继承的必要，对中医加以全盘否定；另一种是只看到中医的精华，认为中医尽善尽美，看不到中医由于历史条件的限制，未能和现代科学的发展相结合，有其不合理的地方，忽视运用现代科学方法进行整理研究。

1958年11月18日，《中共中央对卫生部党组关于组织西医离职学习中医班总结报告的批示》中明确指出"中国医药学是我国人民几千年来同疾病作斗争的总结。它包含着中国人民同疾病作斗争的丰富经验和理论知识，它是一个伟大的宝库，必须继续努力发掘，并加以提高。我们必须组织力量认真地学习、研究，加以整理"[1]。1959年1月25日，《人民日报》发表社论《认真贯彻党的中医政策》[2]，进一步强调，我国的医药学家应把整理研究中医药学遗产当作自己的责任，并对现代医学作出新的贡献，努力发展我国有独创性的医药学派。运用现代科学方法整理研究中医药学遗产，是贯彻执行党的中医政策，发展我国医药科学的关键所在，也是广大中医药工作者义不容辞的责任和担当。在阐明学习中医的第一要义是提高、发扬中医，为人民健康服务的基础上，对于如何学习和研究，党中央也有具体考虑。

（二）如何继承发扬中医药学精华

随着党的中医政策的贯彻落实，中西医之间的团结合作大大加强，学习应用中医药的热情更为高涨，中医药宝贵经验得到更为普遍的重视。卫生部也认为，"这种重视祖国医药的新的趋势，几乎遍及全国，因此目前提出认真研究整理祖国医药遗产的工作，是时候了"[3]。大好形势之下，进一步明确了关于中医药研究的重点以及研究途径和方法，以期少走弯路，达到事半功倍的效果。

1. 对中医的研究

《中共中央对卫生部党组关于组织西医离职学习中医班总结报告的批示》发

---

[1]《中共中央把卫生部党组报告批示各省市区党委 组织西医学习中医是件大事 凡是有条件的，都应该办西医离职学习中医的学习班》，《人民日报》，1958年11月20日，第1版。
[2]《认真贯彻党的中医政策》，《人民日报》，1959年1月25日，第1版。
[3] 钱信忠：《认真研究整理祖国医药遗产》，《人民日报》，1959年3月26日，第6版。

布后不久,1959年3月,时任卫生部副部长钱信忠①专门探讨了研究和整理中医药学遗产的问题,结合当时客观条件和科学水平,就具体研究内容、研究方法和要求进行了分析。《认真研究整理祖国医药遗产》一文为广大处于中医药热潮中的卫生工作者以及卫生行政管理部门提供了科学指导,为研究和整理中医药学遗产指明了主要方向和路径,从而避免毫无意义甚至违背科学的研究整理工作。文章指出:

> 第一,研究中医对某些疾病有特殊疗效的治疗方法中的作用和机制问题。这类疾病的原因,已为现代科学所证实,如阑尾炎、结石、聋哑、小儿麻痹、血栓闭塞性脉管炎、骨折、脱臼、软组织损伤和晚期血吸虫病等。对这类病的治疗方法,中西医之间有很大差异,甚至完全相反。因此在这方面有重点地进行一些理论性的研究,会给医学上提出许多新问题,既能提高祖国医学,又能充实现代医学,这是十分重要的。
>
> 第二,总结中医对某些疾病临床治疗的经验和规律。这类疾病的病因,还没有完全为现代科学所证实,如肿瘤、高血压、放射病、肝硬化、慢性肾炎等,目前都是很难根治的疾病,而中西医都有一定的疗效,有的病中医的疗效比较显著,但也不稳定。所以,我们有必要对这类疾病认真地作临床观察,进行病案讨论和科学分析,寻找治疗规律,并配合病因和病理机制的研究,以提高它们的疗效。
>
> 第三,经络学说和针灸的研究。经络学说是我国医学家在长期的医疗实践中观察到的人体同疾病进行斗争的现象的综合,即从俞穴的主治作用,归纳到病理反映和生理现象。经络与诊断和治疗的关系都很密切;经络学说是祖国医学理论基础之一。而针灸俞穴与经络的关系更为密切。要阐明针灸对许多疾病和症状,如关节炎、神经痛、喘息、阑尾炎、休克、疼痛、麻痹、放射性反应等,有迅速而确实的疗效,我们可以应用现代生理、病理学,尤其是电生理和病理生理学等方法,结合经络学说,进行针灸俞穴的生理和病理机制的研究。

---

① 钱信忠(1911—2009),上海人。新中国成立后,曾任总后勤部卫生部副部长兼军事医学科学院院长、卫生部副部长、部长兼党组书记,中国红十字会总会会长,中华医学会会长,国家计划生育委员会主任兼党组书记,为中共十二大代表,第三、第五、第六届全国人大代表,第五届全国人大常委会委员,中国人民政治协商会议第一届全体会议代表。(《中华人民共和国年鉴》编辑部:《中华人民共和国年鉴(2010)》总第30期,北京:中华人民共和国年鉴社,2010年,第976页)

2. 对中药的研究

中医与中药具有密不可分的关系。对于如何加强对中药的研究,钱信忠着重强调:

> 第一,沿用现代植物药研究的方法,对已知有显著疗效的草味药进行研究,进行化学分析和生理鉴定,阐明它们的生理和药理作用。经过药物化学、药物生理的研究,可能发现新的有效药品,为我国新药的发明创造开辟道路。特效药目前陆续在临床中被证实的已经不下几十种。它们也是祖国医药学中的伟大宝库,我们应该积极地进行研究。
>
> 第二,方剂(包括民间验方和秘方)的综合性研究。……我们对于有效的方剂,应该采取谨慎的态度,不要用追求每一味药效的方法,进行分割式的研究;要通过临床的周密的观察,并应用辨症论治和方剂组成的原则,结合现代诊断和治疗方法进行研究。对病例的观察,要有一个周密的计划,把观察记载资料尽量做到适合科学研究的要求。……几年来,各地的临床经验已经证实了应用某些方剂的规律性。如果中西医密切合作,进一步研究和总结临床中成功的和失败的经验,方剂组成的规律是可以找寻到的。这需要把临床应用的有效方剂,根据不同症状、不同病程、不同流行病学的特点、不同的病人等条件,进行综合分析,寻找它们的一般规律性和特殊情况的应变方法。
>
> 第三,药用植物的栽培、引种的研究。……药材的栽培和引种,特别是南药北移或北药南移,由于自然条件、培植方法的变化,必然会使药材生长、有效成分受到影响,所以需要进行一系列的研究。我国有丰富的药用植物,每味药的产地、形态、品种、性味、效用的鉴定,以及炮制、贮藏等,都有研究的必要。……

3. 整理验方、秘方和病案、著作等中医药文献

切实有效的民间验方、秘方,有价值的病案,有意义的医学著作,也是中医药学遗产的重要组成部分,也应当加以认真整理和研究。对于如何开展这项工作,钱信忠认为:

第一,成立专门组织,在去伪存真的基础上整理验方、秘方。"一般经验认为可以这样进行:先从较有效用、民间流传较久、已为当地人民所欢迎的单方和秘方着手,采取访问和调查的方法,初步了解民间流传范围、使用方法和成效,以及

当地人民对它的反应等;然后分别对待,逐步整理,必要时可以举行座谈会讨论,分析药性,收集可靠的资料和论据;经过初步的编辑和整理,去伪存真,再进行实验性的整理。但用于病人则必须慎重,不能取得单方、秘方后,不加调查,随便使用。各省、市卫生部门为慎重起见,可以组织整理单方、秘方的委员会或小组,领导这一工作。对已经收集起来的原始资料,要妥为收藏,其中可能有很多宝贵的遗产,绝不应该草率从事,轻易否定,造成损失。"

第二,结合临床案例和经验,整理有价值的病案。"对有价值的病案,进行科学分析,是一件有意义的工作,从中可以发现规律,吸取教训,提出问题,以便为科学研究或进一步临床观察提供资料。整理的方法可以和目前学习中医、总结临床经验结合起来,由各医疗单位自行组织。"

第三,利用科学方法对传统医学著作进行语译和编辑整理。"这是整理祖国医药遗产中的一个重要课题。""目前有些中医院校和中医研究单位已经进行了一些这方面的工作。语译和编写,都必须对祖国医学有正确的理解,要避免牵强附会,译意过实,以误传误,贬低了祖国医学真正的价值和宝贵经验。沿用现代医学的语汇死搬硬套,固然不妥,但也不能完全抛弃现代自然科学和社会科学的知识。必要时可以采用对照和比拟说明的办法,使读者容易领会,又不致误解。关于辨症论治、方剂配伍法则,最好能整理和语译兼顾,使初学者更容易入门。"[1]

中医文献是中医药学的基石,是传承思想、承载文化、阐述理论、指导实践的伟大宝库,更是科研创新的不竭源泉。对中医文献加强整理研究,得到中医界专家一致认可。1979年5月26日,著名中医教育家,时任北京中医学院教授任应秋[2]发表《中医文献急待整理》一文,强烈呼吁整理中医文献。

首先,任应秋以《黄帝内经》《伤寒论》《本草纲目》为例,认为中医文献非常丰富,是构成中国医药学伟大宝库的主要内容之一。"据一九七八年医药图书馆会议统计,全国共有各种医药图书一万余种。数量之大,门类之多,远非世界其他国家医药文化所可比拟。如闻名于中外的《黄帝内经》,包括《灵枢》和《素问》各有八十一篇,早在二千年以前,便分别从脏腑、经络、病机、病症、诊法、辨证、治

---

[1] 钱信忠:《认真研究整理祖国医药遗产》,《人民日报》,1959年3月26日,第6版。
[2] 任应秋(1914—1984),重庆江津人。著名中医学家,北京中医学院教授。新中国成立初期,在重庆中医学校任教并兼任教务主任。1957年调至北京中医学院任教并兼任教务主任,医古文、医史、中医各家学说教研室主任,中医系主任等,为第五、第六届全国政协委员,农工民主党中央委员,全国中医学会副会长,中华医学会常务理事等。(左国庆主编:《重庆名医名方》,重庆:重庆出版社,2013年,第37页)

则、针灸、方药、养生等等方面,对人体生理活动、病理变化,以及诊断治疗的方法,结合当时自然科学的成就,作了比较系统、全面的综合叙述。它不仅总结了秦汉以前的医疗经验,而且把医疗经验和保健的原则提高到朴素唯物主义哲学原则的高度,并以自发的辩证法观点同形而上学的医疗观点作斗争,为祖国医学奠定了比较坚实可靠的理论基础。现在中医运用的传统的基础理论,仍以它为主要依据,用以指导临床实践。约成书于公元一九六—二〇四年的《伤寒论》十卷,通过对伤寒病的治疗,总结出用'六经辨证'的一整套辨证论治规律,大大提高了医疗效率,成为一部理论结合实践的不朽名著。约成书于一五七八年的《本草纲目》五十二卷,共载药一千八百九十二种,分十六部,共六十二类,被译成朝、日、拉丁、英、法、德等多种文版,流行于全世界。仅从这几部具有代表性的中医文献来看,其内容的丰富多彩,便可概见了。"

其次,任应秋指出,新中国成立后,尽管中医文献整理的重要性都已知晓,但实际工作却不尽人意,面临文献流失、废弃,专业人才匮乏等困境,亟须加快整理。"中医文献是很有价值的,应该进行整理。可是,建国已三十年,中医文献的整理工作,可说是基本上没有动起来,而具有整理工作能力的老专家却相继去世,现在已没有多少人。特别是本身是中医而又具有训诂学知识的,目前已成空白。这些年培养出来的年青中医,对于中医文献知之甚少。例如去年中医研究院和北京中医学院招了第一期研究生班,这批研究生来班学习以前,没有一个通读过《内经》。根据他们现有水平来看,要读懂《内经》还有不少困难。如果再不重视,我估计十年以后,要想对中医文献进行整理,就会更加困难。"

另外,任应秋呼吁应尽快成立中医文献出版委员会,筹设中医出版机构,对中医文献整理工作加强指导和规划。"最近,《医学百科全书祖国医学分册》编委会,为整理中医文献问题,曾举行一次老中医和部分西学中人员参加的座谈会,大家一致要求卫生部应立即成立中医文献出版委员会,聘请对中医文献素有研究的专家组成,并相应地筹设中医出版机构,专门从事整理出版中医文献的领导和组织工作,订出近期和远期的规划,有步骤地把这一工作开展起来。"①

古籍是中华优秀传统文化的重要载体。2022 年 4 月,中共中央办公厅、国务院办公厅印发了《关于推进新时代古籍工作的意见》,明确做好古籍工作,把祖国宝贵的文化遗产保护好、传承好、发展好,对赓续中华文脉、弘扬民族精神、增

---

① 任应秋:《中医文献急待整理》,《人民日报》,1979 年 5 月 26 日,第 3 版。

强国家文化软实力,建设社会主义文化强国具有重要意义。作为中医文献的重要组成部分,对中医古籍的整理研究刻不容缓。

4. 整理继承发扬名老中医经验

1978年11月,为认真落实中医政策,努力发掘中医药学的伟大宝库,卫生部和《人民日报》邀请北京部分著名老中医和西医学中医有成就的同志召开了座谈会。会上,王文鼎[①]、岳美中[②]、赵炳南[③]等名老中医积极呼吁做好名老中医经验的整理继承发扬工作。

王文鼎指出,中医药学宝库中有精华也有糟粕,应当加以认真辨别,对中医学术理论进行深入研究,尤其需要从名老中医的临床和学术经验中予以挖掘。"祖国医药学是一个伟大的宝库,其中有精华(这是主要的),也有糟粕。我们就是要取其精华,去其糟粕。我们一定要认真学习,继承前人书本上的经验和现有老中医的经验,总结研究中医的理论。中医的许多学术理论还不够系统,还说不明白,需要我们发掘、整理和研究。"

岳美中认为,名老中医的临床经验是中医药学伟大宝库重要组成之一,如果不及时总结整理,将造成难以估量的损失。"中国医药学这个伟大的宝库包括三大部分:一是祖国医药学文献;二是老中医的临床经验;三是流传于民间的单方验方。""许多老中医不但继承了前人的经验,而且各有独创,这是宝库的重要组成部分,应该组织力量进行总结和整理。""学问的积累和发展好比一场接力赛,如果我们不重视中医文献和老中医经验的发掘整理,并努力培养中医新生力量,将造成不可弥补的损失!"

赵炳南强调,中医是一门实践性很强的学问,对于临床过程中的经验和道

---

① 王文鼎(1894—1979),重庆江津人。1956年就职于中国中医研究院,从事中医科研和临床工作,为发展中医事业提出过许多宝贵意见和建议。曾任卫生部顾问、中华医学会理事、中华全国中医学会筹委会副主任等,为四川省人大代表、全国人大代表、政协第五届全国委员会常务委员。(杨殿兴:《川派中医药源流与发展》,北京:中国中医药出版社,2016年,第296页)

② 岳美中(1900—1982),河北滦县人。新中国成立后,历任中医研究院西苑医院内科主任及研究生班主任、教授,中华全国中医学会副会长,中华医学会副会长,政协第五届全国委员会医药卫生组副组长,为第五届全国人大代表。对仲景学说有较高造诣。(高希言、朱平生、田力:《中医大辞典》,太原:山西科学技术出版社,2017年,第728页)

③ 赵炳南(1899—1984),山东德州人。中国农工民主党党员,著名中医皮肤外科专家。曾任中华全国中医学会第一届理事会副会长,国家科委中医专业组成员,北京中医学会名誉理事长,北京中医医院副院长,北京市中医研究所所长,北京第二医学院中医系教授、主任医师等,为第四、第五、第六届全国人大代表。(中华中医药学会编著:《中华中医药学会史》,上海:上海交通大学出版社,2008年,第302页)

理,需要用现代科学加以研究整理,尤其应加强对名老中医临床经验("绝招")的总结。"祖国医学包括内科、外科、妇科、儿科、骨科、眼科、耳鼻喉科、针灸科、按摩科以及气功、法医等临床各科。就是在皮肤科方面,也有取之不尽,用之不竭的丰富经验。这些珍贵遗产需要中医和西医团结合作,共同发掘提高。现在还有人认为中医'不科学',这是错误的。中医讲辨证论治,就是科学。实践是检验真理的唯一标准,中医能够治好很多病,其中有些还是目前西医治不好的病。尽管中医有些道理说得不明白,欠妥当,但不能因此就说它不科学,而应该用现代科学知识和方法进行研究整理,并发扬光大。""我国有不少著名老中医,各人都有一手'绝招',但是,这些'绝招'很多没有留下来,十分可惜。希望卫生部门的领导采取紧急措施,为老中医配备得力助手,把他们的经验整理保留下来,哪怕是一点一滴,也要聚沙成塔。"①

近年来,党和国家一系列政策高度重视名医名师学术经验的传承。《"健康中国2030"规划纲要》将弘扬当代名老中医药专家学术思想和临床诊疗经验,作为推进中医药继承创新的关键举措。《中医药发展战略规划纲要(2016—2030年)》强调,到2030年中医药科技水平显著提高,基本形成一支由百名国医大师、万名中医名师、百万中医师、千万职业技能人员组成的中医药人才队伍,为此,要进一步加强名老中医药专家传承工作室建设,全面系统继承当代名老中医药专家学术思想和临床诊疗经验。《中共中央 国务院关于促进中医药传承创新发展的意见》在关于促进中医药传承与开放创新发展的要求中,进一步强调加快推进名老中医学术经验的活态传承。《关于加快中医药特色发展的若干政策措施》在关于坚持发展中医药师承教育的论述中,强调长期坚持推进名老中医药专家学术经验继承、优秀中医临床人才研修、传承工作室建设等项目,持续创新全国老中医药专家学术经验继承工作。

5. 研究途径和方法

时任卫生部副部长徐运北②提出应当努力运用正确的研究方法,拓宽研究途径。"在百花齐放、百家争鸣的方针的指导下,整理研究祖国医药学的具体途

---

① 《认真落实中医政策 努力发掘祖国医药学的伟大宝库 卫生部和本报邀请首都部分著名老中医和西医学中医有成就的同志座谈纪要》,《人民日报》,1978年11月25日,第4版。
② 徐运北(1914—2018),山东聊城人。新中国成立后,历任中共贵州省委副书记、卫生部副部长等,为第六、第七届全国人大常委会委员。(国家行政学院编著:《中华人民共和国政府机构五十年》,北京:党建读物出版社,2000年,第288页)

径也是多种多样,极为广阔的。例如:中西医团结合作,广泛地总结临床经验,从一种病到多种病,从一个科到各个科,逐步总结出新的治疗方法和形成新的学说;或者,从若干重大医学理论问题入手,对针灸作用、经络、脏象、辨证论治等进行整理研究;或者运用现代自然科学如物理学、化学等方面的新成果,对祖国医药学进行研究;广大中医更可总结疗效,整理中医文献,收集整理单方、验方和各种诊治方法;以及根据中药方剂的特点,认真进行中药的整理研究工作等。在整理研究祖国医药学的同时,还应大力发展现代医学,加强基础医学理论的研究,掌握尖端科学技术。此外,可能还有其他途径。总之,要通过多种多样的途径,密切配合,积极进行。"除了广阔的研究途径,还要有正确的工作方法。"医药科学研究工作的方法,应该贯彻理论与实践相结合,综合与分析相结合,重点分工与协调合作相结合的原则。"①

2021年8月8日《人民日报》刊发的一篇综述习近平总书记关于健康中国的重要论述的文章中指出:

> 中医药学是中国古代科学的瑰宝,也是打开中华文明宝库的钥匙。
> 习近平总书记高度重视中医药工作,经常运用中医药理论和术语阐释大政方针,围绕中医药事业发展发表了一系列重要论述,为中医药守正创新、传承发展指明了方向。
> 2015年12月18日,习近平总书记在致中国中医科学院成立60周年的贺信中指出:"当前,中医药振兴发展迎来天时、地利、人和的大好时机,希望广大中医药工作者增强民族自信,勇攀医学高峰,深入发掘中医药宝库中的精华,充分发挥中医药的独特优势,推进中医药现代化,推动中医药走向世界,切实把中医药这一祖先留给我们的宝贵财富继承好、发展好、利用好,在建设健康中国、实现中国梦的伟大征程中谱写新的篇章。"
> 2016年2月3日,习近平总书记在江西南昌考察时指出:"中医药是中华民族的瑰宝,一定要保护好、发掘好、发展好、传承好。所有制药企业都要增强质量意识,社会责任意识,努力研制和生产质优价廉疗效好的药品,坚决杜绝假冒伪劣,为推进全民健康多作贡献。"
> 2016年8月19日,习近平总书记在全国卫生与健康大会上指出:"我

---

① 徐运北:《中西医团结合作,努力发展我国医药科学》,《人民日报》,1961年2月10日,第7版。

们要把老祖宗留给我们的中医药宝库保护好、传承好、发展好，坚持古为今用，努力实现中医药健康养生文化的创造性转化、创新性发展，使之与现代健康理念相融相通，服务于人民健康。"

习近平总书记强调："要发挥中医药在治未病、重大疾病治疗、疾病康复中的重要作用，建立健全中医药法规，建立健全中医药发展的政策举措，建立健全中医药管理体系，建立健全适合中医药发展的评价体系、标准体系，加强中医古籍、传统知识和诊疗技术的保护、抢救、整理，推进中医药科技创新，加强中医药对外交流合作，力争在重大疾病防治方面有所突破。"

2018年10月22日，习近平总书记在广东珠海横琴新区粤澳合作中医药科技产业园考察时指出："中医药学是中华文明的瑰宝。要深入发掘中医药宝库中的精华，推进产学研一体化，推进中医药产业化、现代化，让中医药走向世界。"

2019年，习近平总书记对中医药工作作出重要指示指出："中医药学包含着中华民族几千年的健康养生理念及其实践经验，是中华文明的一个瑰宝，凝聚着中国人民和中华民族的博大智慧。新中国成立以来，我国中医药事业取得显著成就，为增进人民健康作出了重要贡献。"

习近平总书记强调："要遵循中医药发展规律，传承精华，守正创新，加快推进中医药现代化、产业化，坚持中西医并重，推动中医药和西医药相互补充、协调发展，推动中医药事业和产业高质量发展，推动中医药走向世界，充分发挥中医药防病治病的独特优势和作用，为建设健康中国、实现中华民族伟大复兴的中国梦贡献力量。"

中西医结合、中西药并用，是新冠肺炎疫情防控的一大特点，也是中医药传承精华、守正创新的生动实践。

"这次临床筛选出的'三药三方'，就是在古典医籍的经方基础上化裁而来的。"2020年6月2日，习近平总书记主持召开专家学者座谈会时指出，"要加强研究论证，总结中医药防治疫病的理论和诊疗规律，组织科技攻关，既用好现代评价手段，也要充分尊重几千年的经验，说明白、讲清楚中医药的疗效。要加强古典医籍精华的梳理和挖掘，建设一批科研支撑平台，改革完善中药审评审批机制，促进中药新药研发和产业发展。要加强中医药服务体系建设，提高中医院应急和救治能力。要强化中医药特色人才建设，打造一支高水平的国家中医疫病防治队伍。要深入研究中医药管理体制机制问题,加强对中医药工作的组织领导,推动中西医药相互补充、协调发展"。

2020年9月22日,习近平总书记主持召开教育文化卫生体育领域专家代表座谈会时指出:"要促进中医药传承创新发展,坚持中西医并重和优势互补,建立符合中医药特点的服务体系、服务模式、人才培养模式,发挥中医药的独特优势。"

今年3月6日,习近平总书记看望参加全国政协十三届四次会议的医药卫生界、教育界委员时指出:"要做好中医药守正创新、传承发展工作,建立符合中医药特点的服务体系、服务模式、管理模式、人才培养模式,使传统中医药发扬光大。要科学总结和评估中西药在治疗新冠肺炎方面的效果,用科学的方法说明中药在治疗新冠肺炎中的疗效。"

今年5月12日,习近平总书记在河南南阳调研时指出:"中医药学包含着中华民族几千年的健康养生理念及其实践经验,是中华民族的伟大创造和中国古代科学的瑰宝。要做好守正创新、传承发展工作,积极推进中医药科研和创新,注重用现代科学解读中医药学原理,推动传统中医药和现代科学相结合、相促进,推动中西医药相互补充、协调发展,为人民群众提供更加优质的健康服务。"①

三、中西医结合路线的必然趋势

没有中国共产党的英明决策,就没有中医药及中西医结合事业蓬勃发展的今天。迄今我国开创中西医结合研究已有60余年历史,在科研、医疗、教育、学科建设、为人类医学发展、为中国人民及世界人民健康服务等方面,均取得举世瞩目的成就。其中最为国争光、令国人骄傲者如:"西学中"药学家屠呦呦教授获2015年诺贝尔生理学或医学奖,震惊世界。循证医学研究证明,中西医结合防治疾病的效果显著优于单纯西医或单纯中医。"中西医结合医学"已被国家标准《学科分类与代码》确立为一门独立学科,成为我国在世界首创新学科之一。中西医结合研究堪称中国共产党领导新中国开创的伟大事业之一②。

---

① 汪晓东、张炜、赵梦阳:《为中华民族伟大复兴打下坚实健康基础——习近平总书记关于健康中国重要论述综述》,《人民日报》,2021年8月8日,第1版。

② 陈士奎:《中国共产党与新中国开创中西医结合事业》,《中国中医药报》,2021年6月2日,第3版。

回顾新中国成立后中医药学的发展历程,虽然历经波折,但却始终没有偏离中西医结合这一主线。坚定中西医结合的路线在党中央层面是坚定不移的,在医疗卫生工作者层面是积极践行的,在普通民众层面是家喻户晓的。在中西医结合路线大趋势下,如何实施具体步骤始终是一个新的命题。值得欣慰和令人鼓舞的是,一批有先见之明、对中医药事业充满赤诚热爱的从业者,在实践中始终坚持传承精华,守正创新,在各自领域为中西医结合路线的贯彻执行作出了积极贡献。

(一) 初衷相同,前景光明

针对中西医结合道路上受到的两种思想阻碍,即"有人认为,中医和西医的看病方法、用药等都截然不同,没办法很好地结合;也有人墨守陈规,固执己见,只看自己的长处或'几代家传'的资历,而缺乏科学求实精神,不去探求自己不熟悉的知识",时任天津中医学院附属医院骨科主任叶希贤[1]认为,如果不能首先解决思想认识上的障碍,中西医即使结合在一起,"也是貌合神离,达不到丰富祖国医药学遗产的目的"。"中医和西医的确是两个不同的学派,它们的产生与发展,各有不同的社会背景,但其目的却都是为了治病救人,增强体质,为社会造福;这也正是中西医能够结合的基础。中西医只要结合得好,就能够创造出更好的新学派。因此,我认为人的思想认识和科学求实的态度,是搞好中西医结合的重要因素。"

对于中西医之间存在的客观争论,叶希贤认为,这属于学术争论范畴。他以自身为例,强调学术争论有助于增进中西医之间的相互了解,打开更为广阔的视野,从而提高思想和技术,实现优势互补,提高疗效。"为着一个学术问题,我和西医常常争论得面红耳赤,但却从没有因此而影响我们的合作,反而增进了互相之间的了解。因为,中医和西医本是两个不同的学派,因此,双方在一些问题上持有不同的见解,是很自然的事。也只有通过坦率的自由讨论和科学实践,才会逐步地辨明优劣,去其糟粕,取其精华,提高双方的思想和技术水平。就拿中西医治疗骨折的方法来说吧,在很长一个时期里,西医是采用'固定'的办法,也就

---

[1] 叶希贤(1904—1978),北京人。由师承学得医术后在津门应诊,1953年毕业于天津市中医进修学校第一期学习班,是天津早年著名的中医骨伤科专家,擅长伤科疾患。新中国成立后,历任天津中医学院附属医院正骨科副主任、天津中医学院伤科教研室主任、中医学院第一附属医院骨科主任、天津中医学会理事、第四届市政协委员等。1956年加入中国共产党,曾获全国卫生技术革新先锋称号,受到卫生部嘉奖,先后被评为市级中医药先进工作者、市级劳动模范。多次为党和国家领导人看病治疗,曾为叶剑英、刘少奇等同志做过保健大夫。(张伯礼:《津沽中医名家学术要略(第1辑)》,北京:中国中医药出版社,2008年,第42页)

是以静养为主;将断骨接好,然后用石膏把伤部的上、下关节裹紧,将伤肢吊在牵引架上,一躺就是三五个月,容易使关节失去转动能力,或肌肉萎缩等后遗症。中医则不然,中医主张固定和活动相结合,用整复手法使折骨结合,再用木板夹住伤肢,防止折骨错位,然后让病人作适当的活动,以便舒筋活血,促进生机,使折骨愈合得快。西医通过一个时期的观察和研究,发现了中医固定与活动结合疗法的好处,并探索理论根据,从而承认了中医疗法的优越性,并用现代科学的方法,补充和修正了中医疗法的不足。"①

(二)中医理论是中西医结合的根本

1978年9月,中共中央批示了卫生部党组《关于认真贯彻党的中医政策,解决中医队伍后继乏人问题的报告》,卫生部和《人民日报》随即邀请部分在京的著名老中医和西医学中医有成就的同志,举行了一次非常重要的座谈会。参加座谈会的赵锡武②、赵炳南、魏龙骧③、任应秋、关幼波④、祝谌予⑤、陈可冀⑥等均提

---

① 虞锡圭:《中西医合作挖宝 骨科老中医叶希贤谈对中西医结合的感想》,《人民日报》,1962年2月9日,第2版。
② 赵锡武(1902—1980),河南夏邑人。新中国成立后,曾任中医研究院内外科研究所内科主任、西苑医院研究室主任、中医研究院副院长、中华全国中医学会副会长、卫生部医学科学委员会委员、古典医籍整理委员会主任委员、《中国医学百科全书》编委会副主任委员、全国科学大会主席团成员等,为北京市人大代表、第三届全国政协委员、第三届全国人大代表。(魏连波、叶任高、曾其毅主编:《近现代名中医肾病精华》,沈阳:辽宁科学技术出版社,2014年,第373页)
③ 魏龙骧(1912—1992),河北东光人。新中国成立后,历任北京医院中医科主任、主任医师、学术委员会委员,中华全国中医学会第一届理事会副会长、中国中西医结合研究会第一届理事会顾问等,为国家科委中医专业组成员,卫生部医学科学委员会常委,第五届北京市政协常委,第六、第七届全国政协常委。(中华中医药学会编著:《中华中医药学会史》,上海:上海交通大学出版社,2008年,第305页)
④ 关幼波(1913—2005),北京人。1956年受聘到北京中医医院工作,曾任内科主任、副院长、院顾问等,历任中国中医药学会常务理事、北京中医药学会理事长、北京市科协理事、北京市人民政府医药顾问等,为北京市政协常委。1990年被确定为国家级老中医药专家学术经验继承工作指导老师。被称为"肝病大师",对杂病的治疗亦造诣深广,被誉为"疑难重症的克星"。(王莒生主编:《名老中医经验集(第2集)》,北京:中国中医药出版社,2011年,第17页)
⑤ 祝谌予(1914—1999),北京人。曾任中国协和医科大学教授、北京中医学院教务长、北京协和医院中医科主任、北京中医学院名誉教授、中华全国中西医研究会副理事长、中华全国中医学会理事等,为第七届全国政协委员、第七届北京市政协副主席、农工民主党北京市委员会主任委员。(王世民:《拙医寮散记》,太原:山西科学技术出版社,2017年,第12页)
⑥ 陈可冀,1930年生,福建福州人。1956年奉调中国中医研究院,师从名老中医冉雪峰及岳美中教授,精研中医典籍及国学文化。著名中医及中西医结合专家,第二届国医大师。香港浸会大学及澳门科技大学荣誉博士,中国中医科学院首席研究员及终身研究员,主任医师,博士生导师,中国科学院院士。(国家中医药管理局编:《国医大师印象——第二届国医大师风采》,北京:中国中医药出版社,2015年,第147页)

出了诸多真知灼见。

时任首都医院中医科主任的祝谌予强调,中西医结合不能完全以西医的理论为标准来衡量中医,对待中西医的态度都应该是批判接受。"现在中西医结合工作中有一种倾向,就是以西医的理论为标准,符合的就认为是对的,不符合的就认为不对。这是一种否定、抛弃中医理论的错误倾向。中西医都是科学,都不能停止在现有水平上,都要发展、提高。对中医理论要批判地接受,对西医理论也要批判地接受。否定、抛弃中医理论,'废医存药',中西医结合就会走向死胡同。"

时任中医研究院西苑医院副院长、内科主任陈可冀认为,中西医之间的结合属于一种全新的创造,是将祖国传统医学精华与现代医学科学和技术紧密结合的创造。这种结合的前景光明,目的在于产生一种源自中西医又高于中西医的新医药学。"中西医结合,创造我国统一的新医学新药学,创造源于中西医,高于中西医的成果,绝不是办不到的,也绝不是和医学科学现代化相矛盾的。但要真正做到,首先要把中医中药的学术精华继承下来,还要用现代医学和现代自然科学,予以整理和提高。""我们西医学习中医的同志,现在才只是在祖国医药学这个伟大宝库的表层捡到了点好东西,还远远没有把其中大量的宝藏真正发掘出来。我们的中西医结合工作不少是比较初级的,还没有真正融汇在一起。我们一定要把中西医结合的步子迈得大一些。"[①]

(三)医学科学现代化必然之路

1979年4月19日,《人民日报》刊登时评《医学科学现代化要坚持中西医结合的道路》。评论以卫生部召开的中西医结合座谈会的意见为参考,再次重申医学科学现代化必然要走中西医结合道路的观点。从具体观点和主要内容来看,文章旗帜鲜明地反映了党和国家坚持中西医结合路线的政策。

文章开头提出一个关键的问题,即尽管党中央号召中西医结合,但在实际工作过程中,经常出现消极结合、放弃结合甚至反对结合等现象。"在卫生部最近召开的中西医结合座谈上,代表们反映了一些值得注意的情况:近来有些医院举办中西医结合学术会议,参加者寥寥无几;很多西学中的同志学完以后弃而不

[①]《认真落实中医政策 努力发掘祖国医药学的伟大宝库 卫生部和本报邀请首都部分著名老中医和西医学中医有成就的同志座谈纪要》,《人民日报》,1978年11月25日,第4版。

用；过去有些主治医师学中医争先恐后，现在却推来让去。"评论指出，之所以如此，有政策方面的原因，也有工作上的问题，但归根结底是由于思想认识的不一致导致。正是由于思想认识上的错误，严重阻碍着中西医结合工作的开展。错误认识具体表现为：在提倡医学科学现代化的当下，研究传统的中医中药是向两千年前倒退；中医具有临床经验，但没有理论；中药是好的，中医不行；中医理论虚无缥缈，不可捉摸；等等。对此，作者引用了卫生部中西医结合座谈会上与会代表的观点进行了驳斥，重点就我国医学科学化坚持中西医结合路线的应有之义进行阐述：

第一，中国传统医药宝库具有丰富的思想和经验，不能完全以现代医学标准予以衡量，更不能将研究中医中药同现代化对立起来，因为很多现代的临床实践证明，尊重、重视中医药的中西医结合才是有意义有价值的结合。"中医中药，在中医的总体思想中，有许多合理的东西，它虽'古'，但并不落后。现代医学发展的不少'热门'，都可以从祖国医学中找到根据。""当然，这决不是说祖国医学和近代医学完全是一回事。祖国医药学中合理的思想，具有朴素的辩证唯物论的特点。正因为它是朴素的，所以它在某些具体内容上难免精华与糟粕并存，需要我们按照毛主席关于取其精华、去其糟粕的思想加以发掘、整理。近二十多年的实践证明：中、西医专家凡是结合自己的临床实践，研究祖国医学，吸取其精华的，都有所前进。"

第二，中医和中药不可偏废其一，坚持以中医理论为基础，认识挖掘中医药学这个伟大宝库。"毛主席早就指出，'中国医药学是一个伟大的宝库'。宝在何处？宝就在中医基础理论。有些西医治不好的病，中医能治好，就跟中医理论指导有很大关系。""离开中医理论孤立地谈论中药，企图废医存药，不仅治不好病，还会把宝丢掉。由于历史条件的限制，中医理论在古代不可能得到科学的验证，拿不出科学的数据。但我们不能因此就武断地把它说成'虚无缥缈''不可捉摸'的东西。""科学总是在不断发展的。我们对暂时还没有认识的东西，不应该轻易地否定或抛弃它。随着现代科学特别是边缘科学的发展，中医理论必将越来越多得到科学验证。"

第三，发展中医药学、实行中西医结合同实现医学科学现代化并不矛盾。"正因为有些同志对中医药学存在着糊涂看法，就把发展祖国医药学、实行中西医结合同实现医学科学现代(化)对立起来，说什么现在要实现医学科学现代化，哪里顾得上研究中医中药和中西医结合工作？中西医结合难上难，国外的医学科学已经先进了，引进过来，岂不省事！持这种看法的同志对于引进、留学特别感兴趣，但对发展中医中药、中西医结合工作，始终是嘴上说说，纸上写写，或者是你吹你的号，我唱我的调，不积极创造条件予以扶植。""实现中国的医学科学现代化，当然需要引进国外先进的科学技术和装备，学习人家的长处，但引进和学习一定要结合中国的实际。"

第四，走中西医结合道路就是走具有中国特色的、符合广大民众需求的医学发展道路。"中国医学科学的现代化要有中国的特点，要走中国式的道路。这个特点，就是我们有历史悠久并在长期医疗实践中行之有效、深受人民欢迎的祖国医药学。""我们既要认真学习现（代）化医学科学技术，努力发展和提高现代医学科学技术水平，也要努力继承和发扬祖国医药学遗产，运用近代科学知识和方法，研究、整理祖国医药学，把它提高到现代化科学的水平，并在中西医共同发展、互相结合的过程中，取长补短，逐步达到融会贯通。""这个统一的新医学、新药学既有高度现代化的水平，又有鲜明的民族特色，是古代没有，外国没有，我们独有的。这个统一的新医学、新药学，就是我国医学科学现代化的根本标志。"①

四、中医人才培养重要途径——"师带徒"

1956年，卫生部决定在全国开展中医师带徒工作，将此视为继承祖国医学遗产的一个重要措施，并要求各地卫生行政部门把这项工作列为中心任务之一②。全国范围内中医师带徒工作得到进一步重视。1957年5月27日，著名中医专家、卫生部中医顾问秦伯未③在《人民日报》发表长文《学习历代中医带徒弟的精神和方法》，结合中国历代经验，对师带徒的优势、方法、原则、意义及当下需要克服的思想和有利条件，进行了详细介绍和深刻阐述。在此基础上，建议将师

---

① 《医学科学现代化要坚持中西医结合的道路》，《人民日报》，1979年4月19日，第3版。
② 《继承祖国医学遗产的重要措施 卫生部将组织西医全面学习中医》，《人民日报》，1956年5月9日，第1版。
③ 秦伯未（1901—1970），上海人。毕生致力于中医教育和临床实践，业医50余年，著述颇丰。其著作涉及中医基础理论和临床多方面，尤其对《黄帝内经》进行了深入研究。临床方面，对温热病、肝病、血液病、心脏疾患、溃疡病等的治疗，颇多见解。为当代中医学术的发展作出了贡献。新中国成立后，曾任上海市第十一人民医院中医内科主任、卫生部中医顾问、中华医学会副会长、全国药典编纂委员会委员等，为全国第二、第三、第四届政协委员。（张怀琼主编：《海派中医流派传略图录》，上海：上海科学技术出版社，2018年，第338页）

带徒这一人才培养途径作为推动中医药事业整体发展的重要步骤。

近年来,党和国家也愈加重视师带徒中医人才培养模式。2018年,国家中医药管理局发布《关于深化中医药师承教育的指导意见》,强调中医药师承教育是独具特色、符合中医药人才成长和学术传承规律的教育模式,是中医药人才培养的重要途径。发展中医药师承教育,对发挥中医药特色优势、加强中医药人才队伍建设、提高中医药学术水平和服务能力具有重要意义,是传承发展中医药事业,服务健康中国建设的战略之举。一些中医药专家也在中医药人才培养模式上大力提倡注重院校教育与师承教育相结合。"中医药师承教育是独具特色、符合中医药人才成长和学术传承规律的教育模式,是中医药传承发展和人才培养的主要形式,具有师徒关系紧密、教学方式灵活、注重个性专长、突出实践技能等特点,符合中医药人才成长规律,对传承中医药文化、传播中医药理念、发挥中医药特色优势具有不可替代的作用。同时应看到,传统师承教育不同程度存在着学习内容与形式不明确、质量良莠不齐、人才培养效率较低的问题,不能很好地满足中医药快速发展的需要。院校教育有助于中医思维体系的建立,有利于中医药与现代知识的结合。中医药院校要强化医科教协同,将院校教育与师承教育相结合,把传统教育的精髓融入现代教育体系,强化中医药基础理论教学,加强多层次师承教育项目,扩大师带徒范围和数量,建立早跟师、早临床学习制度,将师承教育贯穿临床实践教学全过程,着力培养青年学生的中医药学思维和临床实践能力,促进中医药传承创新发展。"[①]

从中医药发展历程来看,中医药教育源于师承教育。师承教育是中医药传承过程中不可或缺的重要环节。2021年,教育部公布《关于政协第十三届全国委员会第四次会议第3170号(教育类205号)提案答复的函》(教高提案〔2021〕128号),对《关于中医院校举办以师承教育为主的"高徒班"的提案》进行答复。答复称,"中医师承教育是保证中医药学术与临床经验传承的最重要途径","鼓励有条件的中医药院校开设中医师承班,支持中医药院校推进师承教育与院校教育、毕业后教育、继续教育相结合的人才培养模式改革,提高中医药人才培养质量"[②]。这也充分说明师承教育与本科院校教育相结合的中医药人才培养模

---

① 黄璐琦:《遵循中医药人才成长规律 大力培育中医药特色人才》《促进中医药传承创新发展(学术圆桌)》,《人民日报》,2021年4月28日,第15版。
② 教育部官网,http://www.moe.gov.cn/jyb_xxgk/xxgk_jyta/jyta_gaojiaosi/202111/t20211104_577634.html。

式将逐渐走向常态化。2022年3月,国务院办公厅发布的《"十四五"中医药发展规划》,在主要任务"(三)建设高素质中医药人才队伍"中,明确提出"强化中医思维培养,建立早跟师、早临床学习制度,将师承教育贯穿临床实践教学全过程""构建符合中医药特点的人才培养模式,发展中医药师承教育,建立高年资中医医师带徒制度,与职称评审、评优评先等挂钩,持续推进全国名老中医药专家传承工作室、全国基层名老中医药专家传承工作室建设"①。

(一) 师带徒对于提高和发扬中医药学具有重要意义

师带徒是中国传统教育的方法之一,在古代中医培养过程中,除了家传,主要是靠名医的传授,师带徒不仅是经验和学术的传授,对于提高和发扬中医药学也具有重要意义。秦伯未在《学习历代中医带徒弟的精神和方法》一文中指出:"过去中医的培养,除了一部分家传的以外,主要是靠名医互相传授。通过师徒的亲切关系,老师把学问和经验传授给徒弟,再由徒弟辗转传授给别人,造就了更多更高明的人才。一般人都熟悉,扁鹊的老师是长桑君,张仲景的老师是张伯祖。后来,扁鹊的徒弟有子阳、子豹、子容、子明、子游、子越、阳仪等七人;张仲景也带领了杜度和卫泛两个徒弟。特别是扁鹊,在接受了长桑君的指导以后,对于切脉法有很大发展。到了东晋,王叔和写成了《脉经》,流传到朝鲜、日本、阿拉伯和印度,对世界医学有过巨大的贡献。张仲景是一个已经懂得医学的人,经过张伯祖的教育,加强了临床实践的认识,又苦心钻研了病案和药方,写成《伤寒论》和《杂病论》,一直流传到现在,成为医家必读的经典著作。这说明,中医培养徒弟不光是把个人的学术传授给下一代,还包含提高和发扬的意义。"可见,历代的中医师带徒方式,其意义不仅在于传授,更重要的是在传授过程中的传承和发扬。实践证明,这种独特的人才培养方式对于提高和发扬中医药学具有极其重要的意义。

(二) 师带徒是培养社会主义卫生人才的重要措施

秦伯未还特别强调,师带徒这一人才培养模式与院校教育等其他培养方式并不矛盾,其是培养社会主义卫生人才的重要措施。"二千年来,我国医学的发

---

① 《国务院办公厅关于印发"十四五"中医药发展规划的通知》(国办发〔2022〕5号),国务院官网,https://www.gov.cn/zhengce/zhengceku/2022-03/29/content_568225.htm。

展,是和历代中医带徒弟的工作分不开的。因此,党和政府鼓励中医带徒弟,是十分正确的措施。有人认为既然要开办中医学院和中医学校,并且正在组织中医进修班和组织西医全面学习中医,何必还要采用旧式的带徒弟的方式呢。这种看法是不够全面的。随着社会主义建设事业的发展,人民对于卫生保健的要求越来越高。就目前医务工作者的数量来看,无论如何赶不上客观的需要。如果光靠医学院校培养,数量既少,时间也不允许。中医多数散布在辽阔的农村,一向得到广大农民的信任,以现有五十万中医计算,假设一位中医师能带一个徒弟,几年内就可增加一倍生力军。因此,中医带徒弟的方法同开办学校是没有冲突的。"

(三) 师带徒的原则和方法

秦伯未认为师徒双方都要有诚意且必须在自愿的基础上结合。"学生希望得到满意的老师,老师也想得到合式的学生,所以,师徒的结合必须在自愿的原则上,才能建立起很好的关系。金元时代李东垣羡慕张元素的医学,情愿以千金作为贽敬,张元素接受他的诚意,也诚恳地把他教会了;朱丹溪为了寻师,曾经渡过钱塘江,到苏州,到镇江,再到南昌,最后又回到杭州,方才认识罗知悌。罗知悌本来是个怕麻烦的人,见到朱丹溪却很高兴,并且把本领都教给了他。《史记》上也有一段故事:公乘阳庆的医术非常高明,年纪已有七十多岁,没有儿子可以继承他的医学。后来遇到淳于意,看他对于医学很有兴趣,就无条件地把许多验方教给了他。这里可以看到,前人师徒之间是非常敬爱的,特别是公乘阳庆认识了医学是治病救人的学问,应该传给后人,为广大人民服务,不肯把它带到泥土中去,这种精神是值得现代中医医师学习的。"

此外,在教学过程中,老师良好的教学方法和学生谦虚的学习态度,也是提升学习效果不可缺少的条件。"在老师方面,罗知悌教朱丹溪是用刘河间、张子和、李东垣的医书,叫他先从理论上钻研。罗知悌还把三个人的学说加以发挥和综合,使朱丹溪都能消化吸收。扁鹊带徒弟的方法是领他们一同会诊,如医疗虢太子的时候,扁鹊说明病情以后,就叫子阳扎针,子豹做熨法和调剂。从这些例子来看,前人教徒弟是注重理论与实践相结合,并且是非常认真指导学生的。在学生方面,滑伯仁曾经写成《十四经发挥》一书,至今推为针灸科的名著。滑伯仁起初跟王居中学内科,为了提高技术,又向高洞阳学习针法。清代叶天士自小跟他父亲叶阳生学医,十四岁的时候父亲逝世,感到知识浅薄,就向他的师兄朱某继续学习。后来,他听到哪一位医生善治哪一种疾病,他就前去请教,前后请教了十七位老师,把他们的长处都学来了。这又说明了学生要学好,需要用功;除了老师教授以外,还有赖自觉的进修和虚心领教。"对于具体教学过程中的方法,秦伯未认为,师徒之间的讨论交流非常重要。"中医带徒弟,经常由师徒间提出问题,互相解答,在先前称作问题,相等于现在的讨论。"通过讨论达到教学相长的效果。"宋代庞安常的父亲是世医,曾把脉书教庞安常,庞安常认为不够,私下里再学扁鹊等人的脉书,他父亲考查他的学问的时候,同他互相辩论。总之,过去中医带徒弟,虽然没有指出具体的教学方法,然而从上述事实,可以看出他们是从理论学习到临床实习,并且通过讨论的方式,完成其学习过程的。"①

(四) 师带徒具备得天独厚的有利条件

1956年5月初,卫生部发布《继承祖国医学遗产的重要措施 卫生部将组织西医全面学习中医》的指示,其中一项重要决定就是在全国开展中医师带徒工作。这一指示为全面开展中医师带徒工作创造了得天独厚的条件。"卫生部负责人说,今后应该鼓励中医带徒弟,计划在七年内通过这种方式培养出数十万新生的中医力量。这是继承祖国医学遗产的一个重要措施。各地卫生行政部门要把这项工作列为中心任务之一,在教学上要给予具体领导和帮助。"②在这样的大好形势下,师带徒工作取得快速发展。"现在带徒弟比过去带徒弟的条件要好:一、老师们的思想觉悟都有提高,认识到教育下一代是他们的光荣任务;二、在向科学进军和发扬祖国医学遗产的号召下,有些人愿意并且有决心学习祖国医学;三、现在的教学法比以前有了很大的改进;四、教学和参考书籍比以前要多得多;五、有联合诊所和中医团体的协助。此外,特别要指出的是,有党和各级卫生行政部门的切实领导,任何困难都可以克服。"③

近年来,在充分借鉴发扬师带徒基础上的师承教育模式越来越得到重视。诸多中医药院校的教改实验班中涌现出"铁涛班"等以国医大师命名的班级,逐步探索出一条中医药师承教育和院校教育相结合的改革之路。长春中医药大学开设"任继学教改实验班",浙江中医药大学开设"何任班",广州中医药大学开设"铁涛班""国维班",成都中医药大学开设"刘敏如班"等,都是以国医大师命名的

---

① 秦伯未:《学习历代中医带徒弟的精神和方法》,《人民日报》,1956年5月27日,第3版。
② 《继承祖国医学遗产的重要措施 卫生部将组织西医全面学习中医》,《人民日报》,1956年5月9日,第1版。
③ 秦伯未:《学习历代中医带徒弟的精神和方法》,《人民日报》,1956年5月27日,第3版。

中医实验班,旨在鼓励学子们传承大师精神,刻苦钻研、勤奋学习,早日成为优秀的中医药人才。这是将院校教育与师承教育结合的一种创新,是做好活态传承的重要举措。2020年,教育部、国家卫生健康委、国家中医药管理局联合印发《关于深化医教协同进一步推动中医药教育改革与高质量发展的实施意见》(教高〔2020〕6号),提出建立早跟师、早临床学习制度。推进早跟师、早临床教学模式和方法改革,将师承教育贯穿临床实践教学全过程,明确师承指导教师,增加跟师学习时间①。在师承教育和院校教育的结合上,这些中医实验班无疑走在了全国前列。

五、全国两会代表关于发展中医药工作的呼吁

新中国成立后,很多医药卫生界的行政领导,医术精湛、医德高尚的中西医专家,以及部分非医药卫生界人士等,利用参加全国两会的机遇,对传承发展中医药,推动中西医结合工作进行呼吁。以1949—1959年间为例,议题主要涉及中医药路线方针、人才培养、教育教学、临床科研、学术整理与研究等,在一系列建言献策中,最为核心的观点是,反对轻视、歧视和排斥中医的态度,强调中西医团结合作,创造祖国新医学,为社会主义现代化和广大人民群众生命健康服务。两会代表的呼吁,有力地推动了中医药事业的发展。

(一)第一届全国人民代表大会第一次会议

萧龙友②:发扬光大祖国医学,创办中医大学和中医医院。

> 我本人愿追随中西医同人,将我祖国宝贵文化遗产,结合科学从中整理,使我国有数千年临床经验的医学达到发扬光大的地步,使我国广大的劳动者人人都能享受保健的权利。其办法,我主张必须同时创办中医大学和

---

① 教育部官网,http://www.moe.gov.cn/srcsite/A08/moe_740/s3864/202012/t20201223_507186.html.
② 萧龙友(1870—1960),名方骏,字龙友,别号息翁,四川三台人。20世纪20年代被称为京城"四大名医"之一。曾任中医研究院学术委员、名誉院长、中央文史馆馆员等,为第一、第二届全国人大代表。(潘秋平:《话说国医(北京卷)》,郑州:河南科学技术出版社,2017年,第106页)

中医医院，俾使学习和临床同时互有经验，否则不易收到良好效用。①

萧龙友是第一位在全国人民代表大会上提出设立中医高等院校、培养中医人才提案的代表。1956年，国家采纳了他的提案，在北京、上海、广州、成都成立首批四所中医学院。

诸福棠[②]：中西医相互团结学习，建立一个新中国统一的、具有近代科学性且具有民族特点的医学体系。

> 对于中医中药的精华部分，做出广泛而且深入的研究。我相信中西医紧密团结之后，一定会发扬和光大祖国的文化遗产，建立一个新中国统一的、具有近代科学性并且具有民族特点的医学体系。③

郭沫若：杜绝轻视、歧视甚至排斥中医的态度，中西医相互学习，取长补短，共同进步，为人民的保健事业作出更大贡献。

> 中国的医药知识有几千年的历史，它是我国人民在长久的年代中有效地同疾病和创伤作斗争的实践经验的积累，它对于中国各民族的生存和发展有巨大的贡献。毫无疑问，我国固有的医药知识，是我们伟大祖国的一份很可宝贵的文化遗产，直到现在它仍然有很大的实用价值和科学研究的价值，它早已引起了许多外国医学家的注意。但是，几年以来我们却忽视了这一方面的工作，在卫生部门中某些负责同志甚至认为中医落后，是"封建医"，应该淘汰和消灭，因而在实际工作中对于中医采取了轻视、歧视甚至排斥的态度。这种错误的思想和做法，极大地影响了对我国医药遗产的研究和发扬，影响了中医和西医的团结，影响了整个人民保健事业的发展。这是

---

① 《在第一届全国人民代表大会第一次会议上 代表们关于宪法草案和报告的发言（之一）》，《人民日报》，1954年9月17日，第2版。

② 诸福棠（1899—1994），江苏无锡人。中国儿科学的奠基人，毕生致力于儿童保健、儿童营养和儿科医疗工作，培养了几代儿科医务人员。主编了中国第一部大型儿科教科书《实用儿科学》。1956年当选为中国科学院首批生物学部委员。曾任中国医学科学院儿科研究所所长、北京市儿童医院院长、北京市儿童医院名誉院长等。（周川：《中国近现代高等教育人物辞典》，福州：福建教育出版社，2018年，第557页）

③ 《在第一届全国人民代表大会第一次会议上 代表们关于宪法草案和报告的发言（之四）》，《人民日报》，1954年9月18日，第3版。

一个带有方针性的错误。今后,我们必须努力纠正这个错误,端正对中国医药文化的认识,正确地执行团结中西医的政策,号召和组织中西医相互学习,取长补短,共同进步,为人民的保健事业作出更大的贡献。①

李德全②:纠正轻视、歧视和排斥中医的观点和做法,团结中西医的关键是要发动和组织西医学习和研究祖国医学遗产。

> 团结中西医,号召中西医互相学习,是必须贯彻的一项原则。现在主要的问题是要立即纠正一切轻视、歧视和排斥中医的观点和做法,改善中医工作,团结和发挥中医的力量。当前的关键是要发动和组织西医学习和研究中国医学遗产,在中西医的合作下,使中国医学遗产得到系统的整理和发扬。③

周泽昭④:医务卫生工作者要学习中医历史,研究中医学术,关心中医业务,从思想上去认识团结中西医方针的重要性和正确性,并有计划有步骤地加以贯彻。

> 我国现有六万万多人口,医药卫生事业的负担很重,而主观力量很小,因此,每个医务工作者应当坚决响应中国共产党的号召,做好中西医团结工作,以便共同去满足人民的需要和提高人民的体质。因此希望我们具有近代科学知识的医务卫生工作者首先伸出手来,学习中医历史,研究中医学术,关心中医业务。……为了全中国人民的健康福利,为了正确对待祖国文化遗产,为了发展和提高我国的医学科学,我们所有的医务工作者,不论行政干部或技术专家,都要从思想上去认识团结中西医方针的重要性和正确

---

① 《在第一届全国人民代表大会第一次会议上 代表们关于宪法草案和报告的发言(之二)》,《人民日报》,1954年9月24日,第4版。
② 李德全(1896—1972),北京人。著名爱国人士冯玉祥的夫人,中华人民共和国卫生部第一任部长。(王爱枝主编:《数风流人物——毛泽东与民主人士的交往》,太原:山西人民出版社,2014年,第92页)
③ 《在第一届全国人民代表大会第一次会议上 代表们关于宪法草案和报告的发言(之三)》,《人民日报》,1954年9月25日,第2版。
④ 周泽昭(1901—1990),重庆江津人。著名医学家,外科专家。曾任第一军医大学校长、北京医院院长、重庆医学院院长兼重庆外科医院院长,为第五届中华外科学会主任委员、中华医学会常务理事、《中华外科杂志》总编。1955年当选为中国科学院生物学部委员。为全国人大代表、全国政协特邀委员。(周川:《中国近现代高等教育人物辞典》,福州:福建教育出版社,2018年,第427页)

性,并且有计划有步骤地加以贯彻。①

(二) 第一届全国人民代表大会第二次会议

周恩来:创办中医研究院,培养中医人才。

1955 年 7 月,在全国人民代表大会第二次会议上,周恩来总理作了关于第一届全国人民代表大会第一次会议提案办理情形的书面报告,针对代表们提案中建议培养中医人才的问题指出:"经有关部门研究后,认为目前由于中医师资和中医教材都存在一定的困难,已决定先办一中医研究院,在院中培养讲授中医课程的师资和编纂教材的人才,以便在高等医学院、校中增加中医课程,培养中医人才。"②

黄家驷③:人民卫生事业的发展依赖于中西医的团结工作,新生力量的培养工作和干部的提高工作。

根据会上李富春副总理关于发展国民经济的第一个五年计划的报告和国务院提出的第一个五年计划草案中有关人民卫生事业的内容,黄家驷提出:"我们医务工作者一方面是无限兴奋地看到人民卫生事业的新的发展,一方面更觉得我们责任的重大。"认为医务工作者要重点做好三个方面的工作:

> 第一,我们必须做好中西医的团结工作。一九五七年我国医师的人数共为三十九万人,但其中中医师三十二万四千人,而受过医学院校训练的医师只有六万六千人。单依靠六万六千个医师来保障二千五百二十四万个职工和五亿多的农村人口和城市人口的健康是不可能的,但加上三十二万四千个中医师就成为一个雄厚的医学队伍。近年来,遵循着毛主席发扬祖国医学、西医学习中医的指示,有些大城市已设有中医院,不少的医院设立了中医

---

① 《在第一届全国人民代表大会第一次会议上 代表们关于宪法草案和报告的发言(之七)》,《人民日报》,1954 年 9 月 26 日,第 3 版。
② 《关于全国人民代表大会第一次会议提案办理情形 周总理向第二次会议提出报告》,《人民日报》,1955 年 7 月 29 日,第 1 版。
③ 黄家驷(1906—1984),江西玉山人。中国著名的胸心外科学家、医学教育家,中国科学院院士,中国心胸外科学和生物学工程学的奠基人之一。曾任中国科学技术协会副主席、中国医学科学院名誉院长、中国首都医科大学名誉校长,为第一、第二、第三、第四届全国人大代表,第五、第六届全国政协委员。(周川:《中国近现代高等教育人物辞典》,福州:福建教育出版社,2018 年,第 574 页)

部,更多的医院建立了中西医会诊的制度。西医学习中医的初步结果已经证明了不少的中医方法是有科学根据而且行之有效的。中西医必须进一步地团结,相互学习。祖国医学的发扬光大,也就保障了广大劳动人民健康。①

第二,必须做好新生力量的培养工作。在这五年内,我国有二万六千六百个高等医药院校毕业生,而在一九五七年还有五万四千八百个在校学生。这是一批强大的力量。这批新生力量必须培养为德才兼备、体魄健全,既能掌握现代科学知识,又有马列主义世界观的人民卫生干部和医务人员。培养这批新生力量,固然是高等医药院校教师的责任,也是全体医务人员的责任。……

第三,必须做好现有干部的提高工作。开展科学研究工作,提高现有干部的科学水平,是当前的迫切任务。……摆在我们面前的任务是艰巨的,但是只要我们能努力地提高自己的科学水平和政治水平,大力培养新生力量,做好中西医的大团结,我们有信心能胜利地完成第一个五年计划中医务工作者的伟大任务。②

李德全:各级卫生部门要认真研究和贯彻党的中医政策,对待中医工作要做认真的政治领导和业务领导。

"过去中央卫生部在许多工作上存在严重的缺点和错误,中医问题是一个显著的例子。中国目前还有约几十万的中医,是卫生队伍中一支巨大的力量,是关系着六亿人口保健事业的极为重要的问题。""可是在卫生部门中却有些负责人认为中医'不科学',对中医实行排挤和歧视的政策,违反了中国共产党对中医的政策。"李德全在发言中列举了过去几年卫生部在中医工作中犯的错误,"过去中央卫生部曾错误地制定了许多条例和办法,如《中医师暂行条例》《医师、中医师、牙医师、药师考试办法》《中医进修学校及进修班的规定》等,经过这些法令的限制,使中医的合理地位,大大地受到了限制"。以进修为例,"所谓进修又主要是讲的西医课程,考试亦是出的西医题目,大多数中医当然很难望有出路了"。进而指出,造成这些错误的主要原因,"则是由于卫生部某些领导人对党和政府的

---

① 《在第一届全国人民代表大会第二次会议上的发言(之一)》,《人民日报》,1955年7月31日,第3版。前半段所谈数据为至1957年的规划目标。
② 《在第一届全国人民代表大会第二次会议上的发言(之一)》,《人民日报》,1955年7月31日,第3版。

方针政策没有认真地研究和贯彻,缺乏政治,而又自以为是,不尊重党中央和毛主席的领导,因而就不能作认真的政治领导和业务领导"①。

林枫②:坚持党中央团结中西医的指示,中西医相互学习,共同进步,更好地为人民的保健事业服务,为社会主义建设服务。

时任国务院第二办公室主任的林枫代表在文教工作中的交流发言中重点指出:"今后必须认真贯彻中央指示,更好地做好团结中西医的工作。中医有丰富的经验,应该整理和提高;西医有现代科学知识的基础,应该虚心地向中医学习,并帮助他们整理和提高。这样,他们互相学习,共同进步,就能更好地为人民的保健事业服务,为祖国的社会主义建设服务。"③

沈德建④:重视和加强中医科学研究和临床诊疗工作,团结中西医,创造一个古今统一、中外统一的医学,为国民经济发展和人民健康需求乃至全人类健康作出贡献。

沈德建坦言,为了实现中西医结合的艰巨任务,除了党和政府的重视和政策,中西医之间的协作一定要认真细致、紧密团结。"从古典到科学,从博大到精微,这一系列的中国医学的工作,换一句话说,就是从整理到提高。这正是过去多年全国中医师的普遍要求,也就是中国学术界从来没有过的极伟大的事业。人民政府对于中医的正确政策,将动员全国中医师共同参加这种伟大的事业。每一个中医师当然感觉到无限兴奋和无限光荣。但工作是非常细致的非常复杂的而且非常艰难的,特别是从整理到提高这一系列的工作过程,必将随时出现学术上许多问题不易解决的困难,由于过去中医师学习环境所形成的条件限制,今后必须亲密地靠拢以科学为基础的西医,多从西医学习,多得西医帮助,才可以

---

① 《在第一届全国人民代表大会第二次会议上的发言(之二)》,《人民日报》,1955 年 7 月 30 日,第 3 版。

② 林枫(1906—1977),原名郑永孝,黑龙江望奎人。1954 年 4 月至 1956 年 9 月任中共中央副秘书长。1954 年 9 月当选为第一届全国人大常委会委员。新中国成立初期,调中央工作,曾任中共中央东北地区工作部部长,中共中央副秘书长,国务院文教办主任,中央党校校长、党委书记等,为第二、第三届全国人大常委会副委员长。(浙江省中共党史学会、浙江现代革命历史文化研究基地编:《红色名人印迹》,北京:中共党史出版社,2014 年,第 202—203 页)

③ 《在第一届全国人民代表大会第二次会议上的发言(之一)》,《人民日报》,1955 年 7 月 25 日,第 2 版。

④ 沈德建(1897—1975),湖南长沙人。新中国成立后,曾任卫生部顾问,为第一届全国人大代表。(尹中卿主编:《全国人民代表大会及其常务委员会大事记(1954—2004)》,北京:中国民主法制出版社,2005 年,第 1009 页)

完成这个光荣而重大的任务,才可以创造一个古今统一、中外统一的医学,才可以使中国医学对人类将有更大的贡献。"①

(三) 中国人民政治协商会议第二届全国委员会第一次会议

施今墨②:号召中医群体珍惜机遇,加倍努力,服务国家和人民。

名医施今墨感言,新中国成立后,中医的政治地位获得了极大提高,广大中医工作者要珍惜来之不易的机遇,团结一致,服务国家和人民。"我这次能够参加中国人民政治协商会议,固然使我个人感到无限地光荣,但是这光荣绝不是给我个人的,而是给予新中国全体中医的。""解放后,在政府重视祖国医学遗产政策下,使中医得到了指导、联系和组织,因而全国的中医能有更多的机会发挥主动性和积极性。""目前许多医院都设立了中医门诊部。我个人就参加了协和、北京等医院中医部门的工作。在全国各地,也有不少中医,都自动地把自己的祖传秘方公开了。这种行动说明新中国的中医,由于受到政府的鼓励和帮助,都认识到自己已经是国家的主人,自己的技能是应该充分提供出来,为国家和人民服务的。中医的思想水平提高了,中医今后一定要加倍努力,掌握科学知识,把自己的技能更好地贡献给国家和人民。"③

承淡庵④:中医是祖国宝贵的医学遗产,中西医要共同负荷起保护人民健康的光荣任务。

关于新中国成立后党和国家对中医的重视和尊重,承淡庵同样很有感触,呼吁中西医团结一致,为人民服务。"我不止一次听到中央首长关于发挥中医学术的功能,以加强卫生保健工作的号召。我们知道:针灸学术早在我国远古时代,就已经有了。在解放以前的反动派统治时期,由于他们的腐化、昏庸,科学技术

---

① 《在第一届全国人民代表大会第二次会议上的发言(之二)》,《人民日报》,1955年7月30日,第3版。

② 施今墨(1881—1969),原名毓黔,浙江杭州人。中国近代中医临床家、教育家、改革家,"北京四大名医"之一。医术高超,活人无数,也治愈了民间的许多疑难重症。毕生致力于中医药事业的发展,提倡中西医结合,培养了许多中医人才,为中医药事业作出突出贡献,在国内外享有很高的声望。(潘秋平:《话说国医(北京卷)》,郑州:河南科学技术出版社,2017年,第108页)

③ 《在中国人民政治协商会议第二届全国委员会第一次全体会议上的发言》,《人民日报》,1954年12月23日,第2版。

④ 承淡庵(1893—1957),江苏江阴人。家世业医,精于针灸。1954年当选为江苏省人大代表、全国政协委员,曾任江苏省中医学校校长等。(徐恒泽、赵京生主编:《名医针刺经验用典》,北京:科学技术文献出版社,2005年,第1页)

得不到发展,祖国宝贵的医学遗产——中医,特别如像针灸,更一贯是受到鄙视和束缚。解放以后,党和政府发出重视中医的号召,扭转了人们对中医的认识;加以政府广泛开展人民保健工作,普遍地设置联合诊所、卫生站,使中医和西医共同负荷起保护人民健康的光荣任务。"①

(四)中国人民政治协商会议第二届全国委员会第二次会议

冉雪峰②:继承发扬祖国医学,为社会主义建设服务,加强中西医团结,从加强领导、科学研究、医院学校建设等方面做好全面规划。

冉雪峰怀着对中医深厚的感情,希望广大中医群体认真做好继承和发扬工作,加强中西医团结,为社会主义建设服务。"直到现今,中医仍为整个医疗保健事业中不可缺少的部分。""我们国家的社会主义建设,日益高涨,各方面事业,都要配合总的发展趋势。继承和发扬祖国医学遗产,也是为社会主义建设服务。一定要中西医团结,对事实各尽所能,对学理各尽所知,共奋发担负起这一有历史性艰巨光荣的任务。"此外,冉雪峰认为当前和今后中医工作很重要的一项任务是做好全面规划。重点从三个方面着手:"要加强领导,提高现有中医的政治与技术水平,俾能随时代的进化而进化;大力做好中医药研究工作,普遍展开中医向西医学习、西医向中医学习,重心尤放在西医向中医学习上;增设中医医院,推广临床实验,开办中医学校,培养后备力量,充分发挥中医潜力,以便为工农业生产发展更好地服务。"③

李聪甫④:注意克服中医内部存在的保守思想和骄傲思想。

中医内部存在的保守思想和骄傲思想是阻碍中医发展的绊脚石。"保守思想方面:一种是墨守成规,满足现状;另一种是钻研有志,信心不坚。大部分中医都犯了这个毛病……大大地阻碍了我们的进步。""自从党提出'贯彻对待中医

---

① 《在中国人民政治协商会议第二届全国委员会第一次全体会议上的发言》,《人民日报》,1954 年 12 月 27 日,第 2 版。

② 冉雪峰(1879—1963),四川巫山人。出身医药世家,著名医学家、中医教育家。1955 年 11 月奉调入京,就职于中医研究院,任学术委员会副主任委员。曾任中华医学会总会常务理事,为全国政协第二、第三届委员。(杨殿兴:《中华医药史话——诗情 画意 墨韵》,北京:中国中医药出版社,2016 年,第 231 页)

③ 《在中国人民政治协商会议第二届全国委员会第二次全体会议上的发言 冉雪峰的发言》,《人民日报》,1956 年 2 月 4 日,第 5 版。

④ 李聪甫(1905—1990),湖北黄梅人。多年从事李东垣脾胃理论的研究与探索,倡导"形神学说为指导、脾胃学说为枢纽"的整体论,在中医人才的培养、中医文献的整理研究方面卓有贡献。曾任卫生部医学科学委员会委员、中华全国中医学会常务理事等,为第三届全国人大代表,第二、第五届全国政协委员。(魏连波、叶任高、曾其毅主编:《近现代名中医肾病精华》,沈阳:辽宁科学技术出版社,2014 年,第 376 页)

的正确政策'以后,特别是号召'西医学习中医',号召'团结中西医'共同为'继承和发扬祖国医学遗产'而努力,是具有医学历史的重要意义的。某些中医,仍然不了解党对中医的政策,产生了自高自大、骄傲自满、以为中医是完全'无瑕可指'的错误看法。个别西医同志,情绪也有些波动,产生以为要丢掉西医来学习落后中医的片面看法。这些思想问题,还不能说是彻底澄清了。原因是没有明确认识西医学习中医的关键问题,是为了帮助中医改进和提高,从而丰富现代医学的科学内容的精神实质。"①

吴佩衡②：中西医之间应相互虚心学习、交流经验,共同发掘祖国医学遗产,为社会主义建设而奋斗。

> 我们全国中医同志都应该发挥高度的爱国主义与国际主义精神,在中西医的团结上要发挥主动性和积极性,……要很好总结自己的学识经验,坚决反对骄傲自满,反对保守思想,要毫无保留地与西医同志互相交流。我们中医虽然具有五千多年丰富宝贵的实践经验,但是还缺乏现代的科学基础,所以我们中医也要向西医同志虚心地学习、交流经验,共同发掘祖国医学文化遗产,为祖国社会主义保健事业而努力,为建设祖国社会主义社会而奋斗。③

简仁南④：中西医团结一致、互相交流,共同挖掘中国医学宝藏,使中国医学发扬光大。

> 就中医人数来看,中医则有30多万人,西医不过7万人。中医普遍深入在每个乡村角落,和广大农民群众有密切结合。中医是一个雄厚的医学

---

① 《在中国人民政治协商会议第二届全国委员会第二次全体会议上的发言 李聪甫的发言》,《人民日报》,1956年2月6日,第8版。

② 吴佩衡(1888—1971),名钟权,四川会理人。中医火神派重要传承人之一,云南中医学院首任院长。曾任云南中医进修学校副校长、云南中医药学校校长、云南中医学院院长等。(尤虎、苏克雷、熊兴江编著：《历代名医经方一剂起疴录》,北京：中国中医药出版社,2016年,第340页)

③ 《在中国人民政治协商会议第二届全国委员会第二次全体会议上的发言 吴佩衡的发言》,《人民日报》,1956年2月6日,第7版。

④ 简仁南(1893—1969),台湾台南人。曾赴日本留学,从事病理学和法医学研究。新中国成立后,曾任大连医师学会副会长、大连医学院解剖学教授等,为第二届全国政协委员。1956年出席全国政协会议期间,受到毛泽东等党和国家领导人的亲切接见。(张福更主编、大连市中山区地方志编纂委员会编：《中山区志》,北京：方志出版社,2002年,第529页)

队伍,仍为整个医疗保健事业中不可缺少的部分。在农业合作化发展的今日,对于卫生保健事业,预防治疗,消灭疾病,所担起的责任是重大的。我认为,我们要很好地遵循着毛主席发扬祖国医学、西医学习中医的指示。我们西医应向中医学习,挖掘中国医学的宝藏,中西医互相交流学术经验,各尽所能,各尽所知,团结一致,汇通化合,使中国医学发扬光大,为建设祖国的社会主义服务,为保障广大农民的健康服务。①

石筱山②:继承发扬祖国医药遗产是一件具有历史意义的艰巨伟大光荣的任务,鼓励中医同道团结一致,为祖国和人民服务。

……党正确地指出,要发掘、发扬、整理祖国文化遗产——中医中药。那个时候我们对这个贤明的措施,多么感动。因此,在团结中西医的原则之下,一定要为统一医目标而奋斗,能够更好地为广大人民服务。但是发扬整理文化遗产的工作,是一件具有历史意义的艰巨伟大光荣的任务,也是我们必须要争取完成的任务。……我希望全国50多万中医同道团结起来,这,祖国医学的一支强大生力军,为祖国社会主义建设中的保健事业发挥个人的力量吧!③

刘瑞华④:成立专科研究所,并在专家资源方面吸收中医参加工作。

耳鼻喉科医生刘瑞华建议在国家经济建设和科学研究进入高潮的时候,应该在条件成熟时尽可能地成立专科研究所,并在专家资源方面吸收中医参加工

---

① 《在中国人民政治协商会议第二届全国委员会第二次全体会议上的发言 简仁南的发言》,《人民日报》,1956年2月9日,第7版。
② 石筱山(1904—1964),原名瑞昌,字晓侯,江苏无锡人。著名骨科专家,早年学医于上海神州中医专门学校,后随父石晓山从医,在继承家传伤科经验基础上,努力钻研,医术日精,以善治骨折伤痛远近闻名,创石氏伤科一大流派。曾任上海市卫生局伤科顾问、上海第一医学院伤科顾问、华东医学院伤科顾问、中华医学会理事、上海市中医学会副主任委员兼伤科学会主任委员等,为中国人民政治协商会议第二、第三届全国委员会委员。(韦以宗主编:《中国骨伤科学辞典》,北京:中国中医药出版社,2001年,第72页)
③ 《在中国人民政治协商会议第二届全国委员会第二次全体会议上的发言 石筱山的发言》,《人民日报》,1956年2月9日,第6版。
④ 刘瑞华(1892—1963),天津人。医学博士,耳鼻喉科专家,毕生从事耳鼻喉科的教学、研究和医疗工作,尤长于耳科疾病的诊治。1915年先后赴美国、奥地利进修学习,1919年进入北平协和医学堂耳鼻咽喉科任助教,1930年负责耳鼻咽喉科工作。新中国成立后,曾任北京市耳鼻喉科医院研究室主任、北京市耳鼻喉科研究所所长、中华医学会耳鼻喉科学会名誉主任、《中华耳鼻咽喉科杂志》主编等。(王康久主编、北京卫生志编纂委员会编:《北京卫生志》,北京:北京科学技术出版社,2001年,第628页)

作。"个人是一个耳鼻咽喉科医务工作者,我认为只要加上主观努力,在国内现有的耳鼻咽喉科事业的基础上,就有可能成立研究所,在其他科系也许具备有更好的条件。因此成立各科研究所的时机并不是没有到来。同时在照顾地区工作需要的情况下,专家适当调配,集中使用,吸收中医参加工作……"①

郭可明②:坚决贯彻党的中医政策,积极发挥中医力量,整理和提高祖国医学遗产。

郭可明表达了坚决贯彻党的中医政策,整理和提高祖国医学遗产的坚定信念。"团结中西医,为人民服务,是毛主席早在数十年前即已明确指示的一项卫生工作方针,是党和人民政府的一项重要政策。坚决贯彻党的政策,积极发挥中医力量,整理和提高我国医学文化遗产,借以丰富现代医学科学,保障人民健康,是一项极为重要的艰巨任务。"③

陆琦④:摒弃轻视中医的思想,加强对中医的学习和研究,为祖国医学科学增光添彩。

陆琦以自己作为西医反而用中医治疗痔瘘的经验和心理,总结了中医的疗效和优势,号召大家摒弃轻视中医的思想,并加强对中医的学习和研究,为祖国医学科学增光添彩。"我是个学外科的西医,外科病中痔疮是习见的普遍疾病之一……后来我学习中医治痔疗法,将一个流传民间的中医治痔验方,加以整理,辅以西医器械,成为'内痔插药疗法'。结果疗效甚高……在我临床十余年中,治愈率约达80%。""解放后,在历次伟大的社会改革运动影响下,我认识到自己应该为人民保健事业作更多的贡献,1953年主动向人民政府表示了自己

---

① 《在中国人民政治协商会议第二届全国委员会第二次全体会议上的发言 刘瑞华的发言》,《人民日报》,1956年2月10日,第6版。

② 郭可明(1902—1968),字大德,河北正定人。出身中医世家,是我国著名中医温病学家,擅长治疗烈性传染病"流行性乙型脑炎"。新中国成立后,曾任石家庄传染病医院主任医师、石家庄人民医院中医科主任等。(河北省政协文史资料委员会、河北省档案局编:《毛泽东与河北(下)》,石家庄:河北人民出版社,2006年,第337—338页)

③ 《在中国人民政治协商会议第二届全国委员会第二次全体会议上的发言 郭可明的发言》,《人民日报》,1956年2月11日,第8版。

④ 陆琦(1920—2023),浙江温州人。1956年首创"内痔插药疗法",获国家卫生部表彰和奖励。1978年成功研制出痔疮套扎技术,开创了痔疮手术不用刀的新里程。他一生致力于肛肠疾病诊疗水平的提高,创造了许多的药方和治疗技术,为无数患者带去福音,受到前国家卫生部部长崔月犁题字"痔科元老"。他是我国痔科事业的开拓者,对我国痔科的发展作出了重大贡献。(田建利、程晓英:《浙江大学医学院附属第一医院肛肠科奠基人 医博肛肠连锁医院创始人 陆琦教授学术思想传承研讨暨百岁华诞庆典将于7月28日在杭州召开》,《中国肛肠病杂志》,2019年第6期)

的态度,不久,便得到政府的重视和培养,指派医学界有学术地位的同志帮助我,指导我在浙江医学院第二医院进行实验,总结经验与缺点,使'内痔插药疗法'技术上很快地得到提高和发展。根据1954年3月至1955年6月,用这种方法治疗痔疮的115个患者中,结果109人痊愈,6人有进步。治愈率高达94.8%。"①

吴棹仙②:总结中医在治疗某些特殊疾病过程中的独特疗效。

吴棹仙以自己学习中医10年、行医40年的经验,有感于我国小儿麻疹及乙型脑炎引起的高死亡率以及对西医治疗方式(先抽脊髓)的不认可,阐述了中医在治疗这两种特殊病情上的方法以及良好疗效。他希望以此说明祖国医学遗产的重要性。

> 小儿麻疹是在母腹中秉受来的胎毒,普通称为传染病,恐温度过高,往往用消炎药品以致麻疹不能出齐,或开窗通空气加受风寒,以致胎毒不能外出还返于内,多成不治之症。中医治小儿麻疹,在新出未齐点时先用发表药(加味升麻葛根汤),在未齐点时,发热虽重亦不能用退烧药。现(先)点三天四天,手心足心都现齐了,才可以见证治证。如麻疹胸背虽见,手未过肘,足未过膝,最当小心照料,谨慎风寒。忌用太凉性药及重镇药收敛药,如有错误,往往造成回毒死亡之害。我治麻疹多年,麻子回毒救治有一经验方,用黑向日葵壳二个,煮好乘热熨之,用干手巾拭之,注重熨手足心寒凉处,如胸背皆回,则全体皆熨之,陆续熨,陆续拭干,谨慎风寒,如手足心出现则不虑矣。此救治小儿麻子回毒之特效方也。
>
> 再说小儿暑痫证(一名急惊风——新名乙型脑炎),每年夏至节后,小儿多此病,乃暑热入心,上熏于脑,遂成搐搦掣颤反引窜视之证。过去医院先抽脊髓,往往造成脑炎死亡之害。中医用清心清胃之药,十全八九。如清营汤、紫雪丹,清心之正法也。肝气旺者用清热镇惊汤,脑炎重者用石膏清胃热,此中医治小儿暑痫之经验良方也。外有小儿吐泻之后,手足寒,搐搦不甚,目微上视或鼻准亦寒,此漫脾风也。当用温中补脾汤与急惊风成为反比例,慎不可用

---

① 《在中国人民政治协商会议第二届全国委员会第二次全体会议上的发言 陆琦的发言》,《人民日报》,1956年2月11日,第8版。

② 吴棹仙(1892—1976),四川巴县人。1954年后,先后任重庆中医进修学校教师,重庆市第一、第二中医院院长,成都中医学院医经教研室兼针灸教研室主任。著有《子午流注说难》《灵枢经浅注》等。1956年,以"特邀代表"身份参加全国政协二届二次全会,将其珍藏多年的《子午流注环周图》献给毛主席。(杨殿兴:《川派中医药源流与发展》,北京:中国中医药出版社,2016年,第124页)

凉性药。如错用之,则随手杀人,医之罪也。1955年,我新任重庆第一中医院院长之职,暑天收小儿暑痫证13人,皆未抽脊髓,用清营汤等方治愈12人。①

魏曦②：重视中医力量,加强中西医团结,消灭传染病。

广大的农村中住着占全国总人口的80%的农民,他们的生活、劳动在未组织起来以前是分散的。合作化以后,人数比较集中的场所必将逐渐增多(例如托儿所、学校、大的集会处所等)。一般地说卫生情况必将好转。但传播传染病的机会也将随着增多一些,一切可能因人口集中而易于传染的传染病,今后都可能增加传播的机会,过去在农村很少发生的病今后也可能要发生了。……但只要在党的领导下全面规划,集中大家的力量,从各有关方面进行配合,是可以达到消灭它们的目的的。特别需要指出,在城市和农村中还有大量的中医,只要中西医紧密地团结起来,完成规划中要求在7年内消灭几种传染病的任务是完全可能的。③

(五) 第一届全国人民代表大会第三次会议

叶熙春④：中医的发展离不开中药,强调加强对中药的监督和管理。

时任浙江省卫生厅副厅长叶熙春回顾了浙江省中医药工作,在总结成绩经验的基础上也指出了问题:"西医学习中医,未能全面展开,对私人开业中医未能帮助积极组织其共同走上工作岗位,对中药管理缺乏具体领导,严重地阻

---

① 《在中国人民政治协商会议第二届全国委员会第二次全体会议上的发言 吴棹先的发言》,《人民日报》,1956年2月11日,第8版。

② 魏曦(1903—1989),湖南岳阳人。我国微生态学的奠基人,对我国生物制品事业的创建与发展作出了重要贡献。1955当选为中国科学院生物地学部委员。新中国成立后,曾任中国医学科学院流行病学微生物学研究所所长、名誉所长等,为中国民主同盟第二、第三、第四届中央委员会委员,第五届中央委员会顾问,第二、第三届全国人大代表,第六届全国政协委员。(周川:《中国近现代高等教育人物辞典》,福州：福建教育出版社,2018年,第681页)

③ 《在中国人民政治协商会议第二届全国委员会第二次全体会议上的发言 魏曦的发言》,《人民日报》,1956年2月13日,第6版。

④ 叶熙春(1881—1968),浙江慈溪人。精通内科、妇科,对外感时症、内伤虚痨、痰饮、臌胀诸病均有独到之处,蜚声浙北。新中国成立后,曾任浙江省卫生厅副厅长,为浙江省第一届人大代表,第一、第二、第三届全国人大代表。(朱德明编:《杭州医药文化图谱》,杭州：浙江古籍出版社,2013年,第163页)

碍了中医潜在力量的发挥。"此外,重点就如何加强中药管理,发挥中医力量进行了阐述,认为经常出现的"药荒"问题,主要是由于"家庭药农种植积极性不高;野生药材的种植采摘受限;许多药品尤其是贵重药材面临断种危险;药材流通环节阻塞"等①。

（六）中国人民政治协商会议第二届全国委员会第三次会议

周建人②：坚定党团结中西医的政策,相互学习,促进发展。

时任民进中央副主席周建人在发言中指出,在中西医的问题上,要坚定党团结中西医的政策。"还有中西医的问题。在解放前,中医、西医是互相对立的。""各国的药典里都载有本国产的有效药品。中国亦有特效药本来毫不为奇。只是在旧中国,近代科学很落后,当然中医里也缺乏近代科学的基础和根据。但中医的医疗方法上亦有它的特具的见解……我相信经过中西医互相学习,吸取两方面的长处,加上现代科学,予以提高,一定能给医学前进一步,是可以肯定的。这种进步也是与党的领导分不开的。"③

冉雪峰：中医历史源远流长,蕴藏着丰富的文化和哲学思想,除了学习中医基础知识,更重要的是从文化、学理、学术的层面全面了解中医。

> 中医是中国广大人民自己的医,与人民亲密结合,为人民与疾病作斗争的武器,有四五千年永久有效的历史,六万万人口冠全球优美的成绩,由长期临床事实经验体合而来,故能反映出中国天时、地理、气候、风俗、习惯。用以治疗中国广大人民疾病恰恰适合;且可活用原则,通于无穷,故在疗效上,常治他医所不能治的病,为世界医学中一种的特殊医学。
>
> ……西医学习中医,要在学术根本上着眼,若单注意经验,惟记诵一药一方一病,自以为简便实在,其实囿于局部小成,那是与中西医学术真正化

---

① 《在第一届全国人民代表大会第三次会议上的发言 更好地发挥中医中药的作用 叶熙春代表的发言》,《人民日报》,1956年6月29日,第4版。

② 周建人(1888—1984),浙江绍兴人。新中国成立后,曾任中央人民政府出版总署副署长、高等教育部副部长、浙江省人民政府副主席、浙江省省长,为第一、第二届全国人大常务委员会委员和第三、第四、第五届全国人大常委会副委员长,第二、第三、第四届全国政协常委和第五、第六届全国政协副主席,民进中央副主席。(周川：《中国近现代高等教育人物辞典》,福州：福建教育出版社,2018年,第428页)

③ 《在政协第二届全国委员会第三次全体会议上的发言 科学技术不能离开党的领导 周建人的发言》,《人民日报》,1957年3月8日,第2版。

合上,起不了好大作用的。而且西医学习中医,不是仅懂些中医基本学识,要全懂得中医基本学识,并要全懂得中医学术基本的精神,方能证入中医学理的最深层。①

姚克方②:秉承取精华去糟粕的原则,科学地学习和研究中医。

姚克方在阐述卫生工作中团结中西医的方针时强调,祖国医学遗产的发扬,首先应着重总结经验、整理文献,秉承取精华去糟粕的原则,紧密团结中西医,科学地学习和研究。"在批判了轻视歧视中医的思想后,宗派主义情绪基本上已趋肃清,绝大部分西医认识到祖国医学遗产对医学已起和将要起到的作用。在西医学习中医的号召下,大部分西医积极地争取参加学习。但今后如何更好地加强团结,发扬祖国医学遗产还值得进一步研究。发扬祖国医学遗产,根据'弃其糟粕,取其精华'的原则,似应先从总结经验、整理文献着手,似不应'全面接受',而应从'系统学习'的基础上和中西医配合的原则下来进行。"③

赵树屏④、秦伯未:"加强对中医的领导和帮助;注意培养中医师资和新生力量,重视研究工作;更多地钻研前人文献和现代医学理论,加强中医之间和中西医之间的团结、合作。"

对于如何加强对中医的领导和帮助,赵树屏、秦伯未提出,"中医的思想在党和政府的教育和关怀之下也大大转变了。他们都响应了政府号召,有的已经放弃了私人开业,有的争取走向集体道路"。"在繁忙的业务之外,还挤出时间来完成了预防和其他任务。然而,不少地区至今仍是只有使用,很少照顾,领导帮助不够,停留在自流状态。甚至有些地方严格贷款,限制设立药柜等。这种'既要马儿好,又要马儿不吃草'的做法,已经在医务界中引起部分不良的影响。我们认为联合诊所等在相当长的时期内还有它一定的作用,目前卫生部门加强对联

---

① 《在政协第二届全国委员会第三次全体会议上的发言 我国医学勃兴的佳兆 冉雪峰谈西医学》,《人民日报》,1957年3月14日,第4版。

② 姚克方(1899—1973),浙江湖州人。新中国成立后,曾任中华医学会副会长、湖北省卫生厅厅长,为第一届全国政治协商会议代表,第二、第三、第四届全国政协委员。(刘国铭主编:《中国国民党百年人物全书(下)》,北京:团结出版社,2005年,第1790页)

③ 《在政协第二届全国委员会第三次全体会议上的发言 地方卫生工作要赶上客观发展的需要 姚克方的发言》,《人民日报》,1957年3月16日,第4版。

④ 赵树屏(1891—1957),江苏武进人。清太医院医官赵云卿长子。新中国成立后,创办《中医杂志》,曾任北京中医学会主任委员,为第二届全国政协委员。(潘秋平:《话说国医(北京卷)》,郑州:河南科学技术出版社,2017年,第104页)

合诊所等组织的领导,予以适当的照顾是必要的。最低限度:要不单纯使用,参加公共劳动,给予适当的报酬;条件较差和十分困难的酌予补助;为了业务上便利,应该允许设立药柜,准其收取规定的合法利润。"

在呼吁注意培养中医师资和新生力量,加强研究工作时强调,"为了更好地继承和发挥祖国医学,必须培养新生力量和重视研究工作,加强中西医之间的密切合作。为了加强中医的学习和中西医的相互学习,这就必须解决一个极其重要的中医师资问题。从目前来说,中医的师资是缺乏的,质量也比较差,虽然有不少饱学的老先生,毕竟少数,要他们拿出一套尽善尽美的教学方法还有困难。因而必须重视中医师资的培养。我们认为:研究工作必须强调重视老先生们,从他们手里吸取更多的活的经验。师资的培养应该注意四五十岁的中医师们,他们具有相当的学识和经验,有的还受过新的教育。如能把他们组织起来,进行短期训练,就可事半功倍。这项工作,可以委托四所中医学院或各地的中医学校(进修学校)来做,并且作为长期任务"。

在提及关于加强团结合作,钻研中医文献和现代医学理论,促进祖国医学发展时指出,"祖国医学是有丰富内容的,但必须加以系统地发掘和整理。我们就还要更多地钻研前人文献,也要参考现代医学科学理论,使自己不断地充实和提高,把我国医学在原有基础上发扬光大"。"今后必须加强我们中医间密切团结,做好中西医间整个医务界的密切团结,发挥互助协作的精神,为人民健康事业,向科学进军而携手前进。"[1]

韩蓬台[2]:克服西学中过程中西医群体的思想障碍和消极心态,解决学习困难。

韩蓬台对西学中工作提出较为全面的意见,包括西医群体的思想障碍和消极心态,学习过程中遇到的困难等,并对学习工作提出了较为可行的建议:一是"领导上应加强西医学中医的领导,尤其是学习思想的领导,更希望在提高质量的前提下,使西医们完全自愿地参加学习。在时间上,在图书上,在奖励制度上,均予以大力的支持,待有了收获,再由点及面地推广,并及时地互相介绍学习经

---

[1] 《在政协第二届全国委员会第三次全体会议上的发言 充分发挥中医的作用 赵树屏、秦伯未的联合发言》,《人民日报》,1957年3月18日,第3版。

[2] 韩蓬台(1904—1966),山东盐山人。新中国成立后,曾任辽东省立医院院长、沈阳医学院第一附属医院副院长,为辽宁省第一、第二届政协常务委员、副主席,第二届全国政协委员。(于永敏编著:《辽宁医学人物志》,沈阳:辽沈书社出版社,1990年,第250页)

验,展开讨论"。二是"在学习方法上希望由浅而深,由易到难,以免得初学时钻之弥坚,结果畏难而退。中医老师们对于学习要点,及中医学术的关键问题,希望不断地发表,以便学者有所遵循,引导学习的积极性"。三是"在学习过程中,首先总结经验,肯定疗效再进一步进行生理、病理、药理、生化的研究,由实践提高到理论。这样对高等院校(医学院)中医教研组必须加强。但疗效必须慎重发表,以避免由于不切实际的报道,影响了学习者的信心"。四是"吸收一部分高中毕业生,交给中医前辈们带一些徒弟,以壮大医务工作的阵营"①。

石筱山:消除成见,加强中西医团结,相互尊重借鉴,坦诚相待,共同保持发扬祖国医学遗产的整体性。

石筱山结合自身的临床和学术经验谈到三个重要问题:

第一,针对中医群体中存在的学术派别之分,以及各执己见相互排挤的现象,呼吁消除成见,加强团结,共同保持发扬祖国医学遗产的整体性。"解放以前,中医学术是不易统一的,你有你一套,我有我一套,于是产生了所谓'医经家''经方家''时方家''中西汇通家'。虽然'四家'各有其优点的一面,然而总(终)究倾轧攻讦的机会较多。在偏(片)面发挥的情况下自身也暴露了不少弱点。""解放后……中医铁树开花,重又抬头,中医过去的不少好处陆续在发掘出来,而历史条件所造成的'四家'不免有些夹杂其间。因此,中医内部不但理论上有争执,临症时就更多差别。中医过去是一盘散沙,同时又将被淘汰,自然不觉得你说你有理,我说我有理究竟哪一个是对或不对;于今在同一目标下,就产生了各搞各的不能一致,病态百出影响了中医内部的团结。虽然也知道各执己见、互相排斥是错误的,毕竟这种错误至多停留在认识阶段,没有推前一步,这是大大地辜负了党对中医的关心。做一个中医的我太觉置身无地了,为此,要求全体中医界必须消除成见,不可割断任何一个环节,全面地来温习祖先交给我们的许多遗产,使祖国医学破镜重圆不再分裂,保持它的完整性。"

第二,针对中西医交流学习和研究过程中的实际困难,提倡应当相互尊重,借鉴对方的优势,坦诚相待,共同克服困难,推动医学发展。"中医固有的学术,目前西医尚未具备的,中医应尽自己所能充实地介绍,如伤科内伤的处理和它的理论基础怎样,何以一千多年前已有,至今还存在,并已深入民间,我已在上海第

---

① 《在政协第二届全国委员会第三次全体会议上的发言 更好地组织西医学习中医 韩蓬台的发言》,《人民日报》,1957年3月18日,第3版。

一医学院陆续作过很多次的推荐,给西医同道参考,备其未备,希望西医同道考虑接受或批判。""中医没有而西医所具备的技术,如 X 光摄片,在骨折脱臼发生的复杂情况下,如确有必要,可以借重 X 光摄片帮助诊断,也是备其未备,为了对人民健康负责,我想是可以的,但应该注意的不要滥用中医所未备的技术,反致造成浪费。""中医有西医也有,而可以结合,或通过研究可以结合的,如伤科中应用骨骼等的名称和部位,如中医叫颧骨,西医也叫颧骨,不用说明,就知道是一样的。"

第三,针对医疗中"自己不掏腰包,浪费公家钱钞,有些病人糟蹋中药"的不良现象,号召节约使用中药。"中药是中医所掌握治病救命的有效武器。随着国家经济建设的发展,广大人民的生活已逐步提高,于是中药的消耗量也颇惊人。""我们中医也要自己善于掌握,尽量把不必要用的中药节省下来。"①

施今墨:设立以研究中医学理为主的研究机构;以现代科学研究阐明祖国医学原理,创造性地发扬祖国医学,达到国际水平。

名医施今墨提出了具有国际视野和前瞻性的建议,希望在中国科学院专门设立研究中医学理的研究机构。认为在党和政府以及人民群众的努力下,几年来发掘了祖国医学宝藏,显示了无限光明的远景。"为了实现这种远景,就必须研究祖国医学的科学性原理","用现代科学研究并阐明祖国医学的生理学及病理生理学,使之创造性地发扬祖国医学,达到国际水平而成为中国独特医学理论体系"。

首先,指出中医与西医是两种不同的理论体系,对认为具有几千年历史的中医只有经验没有理论的观点进行了批判,认为导致该错误观点的主要原因是缺乏对中医学理的研究。其次,对于一些认为1955年已经成立中医研究院,没有必要再另设中医学理研究所的观点,施今墨据理力争,认为中医学理研究所和中医研究院的研究方向和侧重点不同。此外,针对中医内部理论不一、缺乏统一和说服力的现实,强调必须通过彻底的科学研究,才能使中医内部得到信服。最后,施今墨指出,为了响应党和国家向科学进军的号召,中医学理研究刻不容缓,不能满足于现有的中医研究院,必须将中医学理研究纳入中国科学院系统之内。"众所共知,凡属科学的研究工作,皆集中于中国科学院,院内设有数十个研究所,其中不少为研究祖国遗产的,祖国医学既已公认为祖国遗产之一,却被摈诸中国科学院系统之外。既然如此,却又何必在院内设置一二闲散学部委员?""我

---

① 《在政协第二届全国委员会第三次全体会议上的发言 消除成见更好地为人民健康服务 石筱山的发言》,《人民日报》,1957年3月22日,第2版。

们断不能认为有了中医研究院,即可引为满足,加以推诿。因为两者研究的目的不同,已如前述。""我们为了发扬祖国遗留下来的宝贵产物,使之在现实具体工作之外,成为中国所特有的医学理论体系,就应当在中国科学院内设立专门研究的机构——中医学理研究所。"①

(七)第一届全国人民代表大会第四次会议

叶熙春:改进西医学习中医具体措施,加强中药材管理,做好中医师带徒工作全面规划,加强对中医药治疗血吸虫病研究的组织领导。

叶熙春结合浙江省卫生工作经验,针对中医中药工作谈了四点意见:一是西学中学习班开办以来,除脱产学习已得到一定的成绩和收获外,对在职学习方面,还普遍存在着一些问题,出现难以继续坚持下去的情况,进而提出改进措施:"(1)西医学习中医应完全采取自愿参加,不能强求一律普遍地学,对不愿继续学习者,可同意其自动退出,以节省人力物力,并保持一定的质量。(2)在职学习,一律改为脱产学习,使学习时间有保证,在学习中可以集中精力,努力钻研。(3)学习方法与步骤,应从浅入深,由易到难,循序渐进,同时在理论学习中,必须安排一定时间,使中西医能在临床上的密切合作,做到逐步联系实际,从而树立学习信心。在教师方面除聘请有一定理论水平和临床经验的中医师专职担任外,每一种功课应由一人主讲到底,以求得前后一致,易于理解。"二是鉴于药材种植、生产和销售等环境过程中的体制制度问题,建议将浙江省中药工作尽快划归卫生部门领导。三是中医师带徒工作并不是一件简单的工作,而是一项系统复杂的过程,应当做好全面规划,重视质量。四是加强对中医中药治疗血吸虫病的组织领导,以充分发挥中医力量,在已经取得经验的基础上,进一步钻研和发掘②。

王文鼎:彻底清除歧视中医的思想,大力推进西学中工作,加大对中医院校的领导。"歧视中医的思想开始扭转,但谬误言论仍存在",建议卫生部党组织彻底清除错误思想影响,"西医学习中医工作需要考虑到两种学术体系的特点,才能顺利推行","四所中医学院既经开办,即应加强领导"③。

---

① 《在政协第二届全国委员会第三次全体会议上的发言 用现代科学方法研究祖国医学 施今墨建议在中国科学院内建立专门机构》,《人民日报》,1957年3月25日,第11版。
② 《在第一届全国人民代表大会第四次会议上的发言 改进中医中药工作 叶熙春的发言》,《人民日报》,1957年7月8日,第6版。
③ 《在第一届全国人民代表大会第四次会议上的发言 党的中医政策是完全正确的 卫生部执行这个政策有毛病 王文鼎的发言》,《人民日报》,1957年7月18日,第12版。

王淑贞①、林巧稚②、何碧辉③、俞霭峰④：加强关于中医药避孕作用的科学研究。

"过去避孕的科学研究工作做得是很不够的。现有的避孕方法虽然有效，但是尚不够简便。这些问题都亟须大力研究，才能逐步求得解决。""同时，对中医认为有效的药剂及古方等也应积极进行研究，从科学上证实其效果，以便更好地推广。"⑤

（八）第二届全国人民代表大会第一次会议

程门雪⑥：中医教育必须坚持党的教育方针和贯彻党的中医政策。

时任上海中医学院（现上海中医药大学）院长、著名中医程门雪结合党的中医政策和上海中医学院的教学工作，提出自己的体会。

> 上海中医学院从无到有，过去在教学上存在教学脱离政治，理论脱离实际，专在文字上兜圈子，对于前人宝贵的经验，却继承得不够。同时教师中

---

① 王淑贞（1899—1991），江苏吴县人。新中国成立后，曾任上海第一医学院教授兼附属妇产科医院院长、卫生部科学委员会委员、中华医学会理事暨妇产科分会副主任委员、《中华妇产科杂志》副总编辑，为全国人大代表、全国政协委员。（周川：《中国近现代高等教育人物辞典》，福州：福建教育出版社，2018年，第54页）

② 林巧稚（1901—1983），福建厦门人。中国妇产科学的主要开拓者、奠基人之一，中国科学院学部委员。新中国成立后，曾任中国医学科学院副院长、中国协和医科大学副校长、中华医学会副会长、中华医学会妇产学会主任委员、《中华妇产科》杂志总编辑、世界卫生组织医学研究顾问委员会顾问等。（周川：《中国近现代高等教育人物辞典》，福州：福建教育出版社，2018年，第395页）

③ 何碧辉（1904—1994），福建厦门人。著名妇产科学家和医学教育家。新中国成立后，曾任华东军区医院妇产科主任、南京军区南京总医院副院长、中国人民解放军医学科学学术委员会荣誉委员、全军妇产科专业组组长、《解放军医学》编委，中华医学会妇产科学会理事、江苏省科协副主席等，为第一至第五届全国人大代表。（厦门市地方志编纂委员会编：《厦门市志》第5册，北京：方志出版社，2004年，第3884页）

④ 俞霭峰（1910—1991），浙江宁波人。著名妇产科学家和医学教育家。新中国成立后，曾任中华医学会妇产科学会副理事长、卫生部医学科学委员会委员，世界卫生组织妇婴卫生委员会顾问，天津市计划生育研究所所长、名誉所长等，为第一至第六届全国人大代表、第三至第六届全国人大常务委员会委员。（中国妇女管理干部学院编：《古今中外女名人辞典》，北京：中国广播电视出版社，1989年，第536页。《俞霭峰同志逝世》，《人民日报》，1991年6月16日，第4版）

⑤ 《在第一届全国人民代表大会第四次会议上的发言 妇产科大夫王淑贞、林巧稚、何碧辉、俞霭峰对于实行计划生育的意见》，《人民日报》，1957年7月20日，第12版。

⑥ 程门雪（1902—1972），江西婺源人。知名中医学术思想家、中医临床家、中医教育家。毕生致力于中医临床和教学工作。专长中医内科，对伤寒、温病学说有深邃的理论造诣。新中国成立后，曾任上海中医学院（上海中医药大学前身）首任院长、上海市第十一人民医院中医内科主任、市卫生局中医顾问、市中医学会主任委员，《辞海》中医学科主编，中共中央血吸虫病防治领导小组中医中药组组长，卫生部科学委员会委员，为第二、第三届全国人大代表。（张怀琼主编：《海派中医流派传略图录》，上海：上海科学技术出版社，2018年，第4页）

存在门户之见，不能取长补短，互相学习，因此在学术讨论中，不能百家争鸣，集体备课搞不起来，教学方法各搞一套。教学计划不切实际，每周上课时数在四十学时左右，学生负担过重。

  这些情况在整风运动中，被充分地揭发出来。在党的领导下，布置了现场室，把教学计划、大纲、教材、教学中的各种规章制度、教研组的规划等，都拿出来与群众见面，就地鸣放、就地辩论，开展批评与自我批评。先后举行专题辩论三十余次，小组讨论二百余次，使大部分教师在思想上有所提高，认识到中医教学必须坚持党的教育方针和贯彻党的中医政策。在这样新的思想基础上，师生提出了六千多条建议，为教学建设奠定了基础。

  经过大鸣大放、大争大辩，教学部门和教学工作，出现了新的局面。首先教师肯定了党能够领导中医教学工作，能够领导办好中医学院。其次，拟订出了一套比较切合实际的、完整的教学计划，合理安排了各门课程的教学时数。……第三，提倡敢想敢说敢做，发扬破除迷信，大胆创造、大胆革新的精神，打破门户之见，进行了教学大纲和教材的编写工作，在较短时间内，发挥集体力量，编写出医学史、本草、方剂、伤寒、瘟病、外科、诊断、内科杂病等八种教学大纲和部分教材。第四，开始遵循百家争鸣的方针，进行集体备课，相互观摩，交流经验。第五，根据理论联系实际的方针，实行了教学与临床工作相结合、教育与生产劳动相结合。[①]

颜福庆[②]、沈克非[③]、王淑贞、胡懋廉[④]：医学教育必须贯彻党的教育方针，加强西医学习中医工作，大力开展医学科学研究。
  当时任职于上海市第一医学院的西医领域专家颜福庆（公共卫生学）、沈克

[①]《在第二届全国人民代表大会第一次会议上的发言 贯彻党的教育方针的几点体会 程门雪代表的发言》，《人民日报》，1959年4月27日，第9版。

[②] 颜福庆（1882—1970），福建厦门人。新中国成立后，曾任上海第一医学院副院长、中华医学会副会长，为全国政协委员、全国人大代表。（周川：《中国近现代高等教育人物辞典》，福州：福建教育出版社，2018年，第667—668页）

[③] 沈克非（1898—1972），浙江嵊县人。中国外科学先驱之一。新中国成立后，曾任中国人民解放军医学科学院副院长、上海第一医学院副院长、中山医院院长，为全国人大代表。（张学良口述，张之丙、张之宇访谈，《张学良口述历史》编辑委员会整理：《张学良口述历史（访谈实录）》，北京：当代中国出版社，2014年，第226页）

[④] 胡懋廉（1899—1971），天津人。新中国成立后，曾任中华医学会理事、中华医学会耳鼻喉科学会副理事长、上海耳鼻喉科学会主任委员、上海市第一人民医院院长、上海第一医学院副院长，为第三届全国政协委员、第三届全国人大代表、第一至第五届上海市人大代表。（《中国科学家辞典》编委会编纂：《中国科学家辞典》现代第3分册，济南：山东科学技术出版社，1984年，第304页）

非(外科学)、王淑贞(妇产科学)、胡懋廉(耳鼻喉科科学)根据全国和上海市的医学教学和卫生工作规划要求,对1959年医学领域中的工作提出建设性思考。主要内容包括:一是"坚决贯彻党的教育方针,巩固教育革命的胜利"。二是"继续学习中医"。"在去年群众性学习运动的基础上,我们认为仍须组织部分教师和医师完全脱产或半脱产学习。一致要求逐步掌握中医的基础理论知识和各专科常见疾病的治疗方法。在教学中,一方面开设中医课进行系统教学,另一方面在各门西医课内可以逐步加入学习中医的心得和体会。"三是"大力开展科学研究工作"。"在中医中药研究方面,首先加强中西医的密切合作,共同研究中医中药的临床疗效。对有疗效的方案,进行科学分析,并进一步研究其'为什么有疗效'的机制问题。我们认为,对暂时还不能用现代科学阐明机制的临床疗效,绝不应轻易加以否定;对虽有初步疗效,但不够成熟的临床经验,也不应过早地做出结论予以肯定。"四是"继续改进医院工作"。五是"继续组织全体师生员工开展经常和突击相结合的除七害、讲卫生的爱国运动"[1]。

白希清[2]、吴英恺[3]、沈其震[4]、吴桓兴[5]、黄家驷、吴执中[6]、诸福棠、林巧稚、

---

[1]《在第二届全国人民代表大会第一次会议上的发言 努力贯彻党的教育方针 颜福庆、沈克非、王淑贞代表 胡懋廉委员的联合发言》,《人民日报》,1959年4月29日,第10版。

[2] 白希清(1904—1997),辽宁新民人。著名病理学家。新中国成立后,历任中央卫生研究院副院长,中国医学科学院副院长、党委副书记、书记,中华医学会会长、党组书记,为第一、第二、第三届全国人大代表,第四、第五、第六届全国政协委员,卫生部第二、第三届全国科技委员会副主任委员兼秘书长,国务院环境保护领导小组顾问,国家科学技术委员会医学专业组副组长,中国医学科学院学术委员会副主任委员。(中国科学家辞典编委会:《中国科学家传略辞典》现代第3辑,中国科学家辞典编委会,1982年,第929—930页)

[3] 吴英恺(1910—2003),辽宁新民人。中国胸心血管外科和心血管流行学奠基人之一,1955年当选为中国科学院学部委员。新中国成立后,曾任北京协和医学院外科系主任,中国医学科学院阜外医院院长、心血管病研究所所长,北京市心肺血管医疗研究中心主任,《中华外科》杂志主编,国际外科学会副会长,为第一至第三届全国人大代表,第五和第六届全国政协委员。(费滨海编撰:《院士春秋》第2卷,上海:东方出版中心,2007年,第100页)

[4] 沈其震(1906—1993),湖南长沙人。1955年当选为中国科学院生物学学部委员。新中国成立后,曾任中国医学科学院院长、中国农工民主党中央副主席,为第一至第三届全国人大代表、第五和第六届全国政协委员。(中国新四军和华中抗日根据地研究会编:《人物辞典·新四军和华中抗日根据地》(上),北京:中共党史出版社,2016年,第523—524页)

[5] 吴桓兴(1912—1986),广东梅县人。著名医学教授,中国肿瘤学奠基人之一。新中国成立后,曾任中国医学科学院肿瘤研究所肿瘤医院院长,为第五届全国政协常委,第三、第四、第五届全国人大代表,第六届全国人大常委,全国侨联副主席,中国癌症研究基金会主席,中国抗癌协会主席。(梅县地方志办公室、梅县地方志学会编:《梅县客家杰出人物》,2007年,第270页)

[6] 吴执中(1906—1980),辽宁新民人。中国职业医学奠基人。新中国成立后,曾任中国医学科学院劳动卫生研究所副所长,为第二、第三届全国人大代表,第五届全国政协委员,中国民主同盟中央委员,中华医学会理事。(铁木尔·达瓦买提主编:《中国少数民族文化大辞典(东北、内蒙古地区卷)》,北京:民族出版社,1997年,第416页)

魏曦：加强中西医的团结协作，重视科学研究。

这些西医界的专家认为，"一九五八年医学科学研究工作跃进的另一重要标志是中医中药的研究和发扬"，鼓励开展群众性的科学研究工作，列举了中国医学科学院1958年医学科研方面所做出的成就，并号召加强中西医的团结协作，争取在1959年实现更大科研突破①。

叶熙春：加强中西医团结，开展中医药科学研究。

在之前提议基础上，叶熙春再次强调应当加强中西医之间的团结，共同努力，做好中医药的现代科学研究。"为了保障人民健康，加速社会主义建设，中医必须鼓足干劲，力争上游，加强中西医之间的团结合作，同西医互相学习各取其所长，各补其所短，积极搞好临床治疗，开展中医药的科学研究，进一步提高医疗效果。帮助西医学习中医，不虚夸，不保守，把自己所有的经验全部教给西医。"②

（九）中国人民政治协商会议第三届全国委员会第一次会议

秦伯未：整理和发扬祖国医学是一项艰巨的任务，中医同道们必须负起更大的责任来完成这具有历史意义的光荣任务。

"整理和发扬祖国医学是一项艰巨的任务，中医同道们必须负起更大的责任来完成这具有历史意义的光荣任务。我愿意提出如下几点意见，与同道们商榷和共勉之。"一是在党的政策下，中医人应当更加注重政治学习，摈弃自高自大的心理，力争又红又专。二是在传承发展中医事业的道路上，要着重加强优秀中医师资力量的培养。三是提醒中医同道，要有理论自信，在掌握中医基础理论的基础上开展研究。四是中医人数及相关设备、资源尚不能满足社会需求，应当克服困难、加强资源整合，加大培养力度③。

张孝骞④：学习中医是西医的光荣任务，有助于提高业务职能和技能水平。

---

① 《医学科学跃进再跃进 白希清、吴英恺、黄家驷、沈其震、吴桓兴、诸福棠、吴执中、林巧稚、魏曦代表的联合发言》，《人民日报》，1959年4月29日，第11版。
② 《在第二届全国人民代表大会第一次会议上的发言 浙江医药卫生事业大有进展 叶熙春代表的发言》，《人民日报》，1959年5月6日，第9版。
③ 《在中国人民政治协商会议第三届全国委员会第一次会议上的发言 谈谈中医工作 秦伯未委员的发言》，《人民日报》，1959年4月28日，第16版。
④ 张孝骞（1897—1987），湖南长沙人。内科专家、医学教育家、中国消化病学的奠基人。毕生致力于临床医学、医学科学研究和医学教育工作。中国科学院学部委员。新中国成立后，曾任湘雅医学院院长、中国协和医科大学副校长、中华医学会常务理事、中国消化学会名誉主任委员。（费滨海编撰：《院士春秋》（第2卷），上海：东方出版中心，2007年，第124页）

中国消化病学的奠基人张孝骞认为中医是中国传统文化遗产,积累了几千年来的宝贵经验,非常值得广大西医认真学习。"祖国医学积累了劳动人民几千年来同疾病作斗争的宝贵经验,是我国丰富文化遗产的一部分,是一个伟大的宝库。""现在,全国掀起了一个西医学习中医热潮,出现了中西医之间的空前大团结。""西医学习中医,而且可以大大提高西医的业务水平,这不只是因为学会中医以后有了两条腿走路,同样重要的是,通过掌握中医可以补西医之短。祖国医学有很细致准确的临证观察,特别是四诊八纲、辨证论治等法则,以及灵活而又严谨的治疗方法,这都可以作为从事西医业务的参考。西医学会了这些原则以后,会能够更好地运用原有的西医知识。"①

蒲辅周②、杜自明③、高凤桐④、赵锡武、冉雪峰:继承和发扬祖国医学遗产是中西医的共同责任,当务之急是培养中医新生力量。

> 继承发扬祖国医学,是中西医共同的责任。周总理在报告中指示我们,"应当团结中西医,组织他们共同为人民卫生事业服务,共同发扬祖国医学遗产和发展医药科学",这是我们今后工作的方向。……
> 在继承和发扬祖国医学的工作中,培养新生力量是一个很重要的问题。因此,我们必须按照党的指示,办好中医学院、中医专科学校,和西医脱产学习中医的研究班,及时总结经验交流推广。必须尽一切可能,毫无保留地带好徒弟,这是我们老一辈中医的光荣任务,我们一定要努力完成,使新生力量迅速成长,加强中医研究工作的队伍,为加强中西医合流,创造中国新医

---

① 《在中国人民政治协商会议第三届全国委员会第一次会议上的发言 学习中医是西医的光荣任务 张孝骞委员的发言》,《人民日报》,1959年5月5日,第15版。
② 蒲辅周(1888—1975),四川梓潼人。出身中医世家。1955年奉调中医研究院,开展科研、教学和医疗工作。1965年任中医研究院副院长,曾任中华医学会常务理事,为第三、第四届全国政协常委,第四届全国人大代表,农工民主党中央委员。长期从事中医临床、教学和科研工作,精于内、妇、儿科,尤擅治热病,是我国当代著名中医药学家。(谭波:《国医启蒙系列 中医史上的那些人与事儿》,北京:中国医药科技出版社,2018年,第150页)
③ 杜自明(1877—1961),四川成都人。新中国成立后,曾任中医研究院骨科老中医,北京广安门医院骨伤科医师,四川医学院特级教师,为第三届全国政协委员等。(施杞:《中医药畅销书选粹 当代骨伤百家方技精华》(第2版),北京:中国中医药出版社,2012年,第189页)
④ 高凤桐(1877—1962),北京人。新中国成立后,曾任中医研究院针灸经络研究所副所长,为北京市第一届人大代表,第三届全国政协委员等。安徽中医学院、上海中医学院编著:《针灸学辞典》,上海:上海科学技术出版社,1987年,第507页。

学派打下良好基础。①

（十）中国人民政治协商会议第三届全国委员会第二次会议

秦伯未：中西医的团结合作是中医研究工作的关键问题，中医理论、文献的整理和提高是中医科学研究的重要任务。

秦伯未强调："祖国医学是丰富多彩的，它蕴藏着丰富的经验和理论知识，是一个'伟大的宝库'。但受过去历史条件的限制，在对疾病的观察和分析上不可避免有些缺点，把它提高到现代科学水平，就需要用现代科学的知识和方法加以补充修正。另一方面，祖国医学有其独特的理论体系，其中具有大量的科学性的精华，必须把这些精华吸收起来，使我国现代的医学科学知识更加丰富，对现代医学作出更多的创造性的贡献。由此可见，加强中西医的团结合作，是中医研究工作的关键问题。"

秦伯未还结合工作体验强调中西医结合对于开展中医研究工作的重要性。"从我亲身所体验的来说，中西医真诚合作，正确地对待中医研究中的一些问题，可使工作效率大大提高，收获愈加丰富。如我参加北京中医学院附属医院和中国医学科学院皮肤性病研究所合作治疗'脊髓痨'的研究工作中，尽管只治疗了几十病例，而西医们通过实际临床效果的观察作出了正确的分析，他们肯定这些病人症候的好转，是中医中药的疗效，不是由于大部分病人曾经在两年内注射过青霉素的疗效。他们的分析是：一、所有服中药的病例都有很快的疗效，这在青霉素治疗上是不常见的；二、不用中药的二例，虽然也在二年内用过青霉素，不显进步；三、一例用中药以前从未用过青霉素，这次也未合用青霉素，同样获得明显的临床进步；四、有四例虽然在青霉素治疗中曾有些临床进步，但在中药治疗前已有很长一段时期不再更好转，这次用中药后又见明显好转等。可以看出，西医们反复对照来进一步肯定中医疗效，对于中医研究何等重视！""我深深体会到加强中西医团结亲密合作，是更好地为人民服务的关键，也是做好祖国医学遗产研究整理工作的关键。"

---

① 《在中国人民政治协商会议第三届全国委员会第一次会议上的发言 中医西医携手并进 创造我国医药学派 蒲辅周、杜自明、赵锡武、冉雪峰、高凤桐委员的联合发言》，《人民日报》，1959年5月5日，第15版。

此外,认为中医研究必须重视中医理论,中医向来运用理论来指导实践,离开了原有理论基础无法治病,更谈不上中医研究。"当前中医的科学研究,包含的面相当广,整理提高是其中的重要任务。比如:中医文献浩如烟海,各有特长,但在今天培养新生力量的时候,需要成套的新教材,即由北京、上海、广州、成都、南京五个中医学院分任编写。最近我参加了这批中医教材的审查会议,感觉到在发展过程方面,是以新的观点与新的语言来写的,是以前所没有的。做到了整理提高的初步工作,为今后科学性更高的更完备的教材打下了基础,并对今后教学、医疗、研究的发展创造了有利的条件。又如:研究和医疗是有密切联系的,科学研究是提高医疗质量的重要措施,同样一切为了病人。所以在临床上收到疗效,必须随时总结,使之提高,把分散的经验汇集起来,使之配搭成套。从而推广应用,坚持下去,乘胜追击,就成为中医的一套有效的治疗规律,并可不断提供科学研究的新课题。此外,如继承总结老中医的经验,搜集秘方验方加以整理,也是当前重要任务之一。"[①]

近代以来,中西医之间长期存在争论,不仅仅是学术之争,同时也是发展权利之争,更是地位之争。在长期争取权益过程中,中医药行业得以进一步团结自省,中医药事业也得以持续传承发展,这与新中国成立以来一大批真正关心、爱护和支持中医药事业的两会代表的积极呼吁密切相关。作为国家医药卫生整体事业的一部分,如何发展中医药成为代表们长期关注的热点,并得到党和国家的全力支持和认可。2019年是中医药工作发展进程中极不平凡的一年,《中共中央 国务院关于促进中医药传承创新发展的意见》印发,国务院召开新中国成立后第一次全国中医药大会,习近平总书记作出重要指示。"中医药振兴发展迎来了天时、地利、人和的大好机遇。机遇来之不易,未来更需努力。今年(2020)是中央《意见》和全国中医药大会精神的'贯彻落实年',是'十三五'中医药发展规划收官之年,是'十四五'中医药发展规划谋划编制之年。'贯彻落实年'里,如何让中央《意见》和大会精神落到实地,转化为振兴发展中医药的不竭动力,成为今年两会代表委员们热议的话题。"[②]随着国家的发展和中医药事业的进步,每年的两会代表之声中,都有很多关于中医药科学化、现代化、国际化的高质量提案。

---

① 《树雄心 攀高峰 大搞中医研究工作 秦伯未委员的发言》,《人民日报》,1960年4月8日,第20版。

② 黄蓓:《同心抓贯彻落实 携手促振兴发展》,《中国中医药报》,2020年6月1日,第1版。

第二章

社会发展变迁过程中的中医

在党中央的高度重视下,新中国成立后中医药事业得到快速发展,中医药知识分子的地位和待遇也得到前所未有的提高。他们怀着对党和人民以及祖国传统医学的真挚情怀,积极投入爱国卫生运动、农村合作医疗、社会公众卫生安全,以及中医药人才培养、科学研究等实践中,与国家社会发展变迁同呼吸共命运,为人民健康作出积极贡献。他们的不懈努力和坚持作为,是对轻视甚至歧视中医药的声音的有力回击,得到党和国家的高度认可,赢得人民群众的赞誉。

一、积极融入国家政治生活

20世纪以来,"取消中医""怀疑中医"的声音从未消停,中医药多次面临边缘化、非法化境遇,中医药群体地位堪忧。新中国成立后,中医药群体的命运发生了翻天覆地的变化,最先参与、感受到变化的是这一群体中的知识分子。党的知识分子政策颁布以后,在党中央的高度重视、各地积极贯彻推动以及广大中医药知识分子的积极呼吁和努力下,中医药事业取得了极大发展。尽管在特殊时期曾受到不公正待遇,但最终在党和政府的高度重视和关心下,他们又满怀热情重新走上岗位,为社会主义现代化建设而奉献。

(一) 迅速发展的中医队伍

1950年5月底,北京市中医学会正式成立,时任卫生部副部长贺诚在讲话中指出,为了解决新中国严峻的医疗卫生问题,"只依靠现有的二万个西医是不够的……摆在面前的任务,就必须二万西医和几十万中医团结起来共同合作互相协助"①。中医人数具体多少没有提及。

1950年6月17日,在人民政协全国委员会第二次会议上,郭沫若作了关于全国文教工作的报告,在"二、全国文教建设工作的概况"之"(二)卫生方面"中指出:"全国正式医师约为一万八千人,中医人数则远超于西医,但也无统计。"②

1951年5月,卫生部发布的《关于医药界的团结互助学习的决定》中指出:"据不完全的统计,全国由正规医学校毕业的西医不足二万人,而中医有几十万人。"③

1954年9月,第一届全国人民代表大会第一次会议上,周恩来总理在政府工作报告中指出:"我国有几十万中医散布在全国广大的农村和城市。"④

1955年7月,时任卫生部部长李德全在第一届全国人民代表大会第二次会上指出:"中国目前还有约几十万的中医,是卫生队伍中一支巨大的力量。"⑤

1955年12月,任小风在《批判贺诚同志在对待中医的政策上的错误》一文中指出:"我国有中医五十万。"⑥

1956年1月31日,郭沫若在中国人民政治协商会议第二届全国委员会第二次全体会议上作了题为《在社会主义革命高潮中知识分子的使命》的报告,指出:"从事卫生工作的人,应该在几十万中医和几万西医加强团结和相互学习的基础上,做好城市厂矿卫生工作,实现《全国农业发展纲要》的要求。"⑦

1956年2月,简仁南在中国人民政治协商会议第二届全国委员会第二次全体会议上指出:"就中医人数来看,中医则有30多万人,西医不过7万人。"⑧石筱山指出:"我希望全国50多万中医同道团结起来。"⑨2月10日,《人民日报》登载

---

① 贺诚:《中西医团结与中医的进修问题 五月三十日在北京市中医学会成立会讲》,《人民日报》,1950年6月13日,第5版。
② 郭沫若:《关于文化教育工作的报告 一九五零年六月十七日在人民政协全国委员会第二次会议上的报告》,《人民日报》,1950年6月20日,第1版。
③ 《中央人民政府卫生部关于医药界的团结互助学习的决定》,《人民日报》,1951年5月19日,第1版。
④ 周恩来:《政府工作报告(之二)》,《人民日报》,1954年9月24日,第2版。
⑤ 《在第一届全国人民代表大会第二次会议上的发言(之二)》,《人民日报》,1955年7月30日,第3版。
⑥ 任小风:《批判贺诚同志在对待中医的政策上的错误》,《人民日报》,1955年12月20日,第3版。
⑦ 郭沫若:《在社会主义革命高潮中知识分子的使命》,《人民日报》,1956年2月1日,第2版。
⑧ 《在中国人民政治协商会议第二届全国委员会第二次全体会议上的发言 简仁南的发言》,《人民日报》,1956年2月9日,第7版。
⑨ 《在中国人民政治协商会议第二届全国委员会第二次全体会议上的发言 石筱山的发言》,《人民日报》,1956年2月9日,第6版。

了《新华社补正》,纠正了之前简仁南关于中医人数的提法:"'简仁南的发言'(见2月9日本报第七版)文……13段一、二行'中医则有30多万'改为'中医有50多万'。"①

可见,关于新中国成立初期的中医人数,比较可信的数据是50万人左右。由于党中央的重视,各地中医人才发展速度非常之快。以浙江省为例,全省的中医队伍由新中国成立初期的8 000余人,到1959年发展到18 000余人(含中药人员)②。仅1958—1960年,全省中医队伍便由13 101人增加到15 468人,其中中药人员由3 795人增加到4 888人③。

1966—1976年间,中医发展受到限制,但之后的中医药事业发展重新迎来春天。至1978年底,据国家统计局统计,中医人数在25万人左右。"一九七八年……全国专业卫生技术人员共有二百四十六万人,比上年增长百分之五点三。其中,中医二十五万人,西医师三十五万人,西医士四十二万人。"④1980年,据国家统计局统计,"一九七九年……全国专业卫生技术人员共有二百六十四万二千人,比上年增长百分之七点二。其中,中医二十五万八千人,西医师三十九万五千人,西医士四十三万五千人"⑤。

从以上数据可见,新中国成立后的30年间,中医队伍最多时达到50万人,最少时亦有25万人左右⑥。排除特殊时期的影响因素,在党中央的重视下,中医队伍总体上呈现平稳发展态势。

(二)中医知识分子地位的演变

1956年1月,党中央召开关于知识分子问题的会议,周恩来在《关于知识分子问题的报告》中对知识分子的思想政治状况做了说明。从报告具体内容来看,

---

① 《新华社补正》,《人民日报》,1956年2月10日,第8版。
② 《在第二届全国人民代表大会第一次会议上的发言 浙江医药卫生事业大有进展 叶熙春代表的发言》,《人民日报》,1959年5月6日,第9版。
③ 《中医西医由合作到合流 叶熙春代表谈浙江中医工作的成就》,《人民日报》,1960年4月14日,第17版。
④ 《中华人民共和国国家统计局关于一九七八年国民经济计划执行结果的公报》,《人民日报》,1979年6月28日,第2版。
⑤ 《中华人民共和国国家统计局关于一九七九年国民经济计划执行结果的公报》,《人民日报》,1980年5月1日,第2版。
⑥ 这一数据也是目前得到公认的。参见张伯礼总主编:《百年中医史》,上海:上海科学技术出版社,2016年,第351页。

一部分中医药从业人员尽管被纳入知识分子范围,但由于他们并未在国家事业单位机关工作,因此与"一部分戏曲艺人"等被视为"不属于国家工作人员范围的知识分子"。在阐述解决生活待遇问题时,报告指出,对于这一部分不属于国家工作人员范围的知识分子,鉴于目前收入比较少,需要"主管部门另行设法解决"①。同月,郭沫若在中国人民政治协商会议第二届全国委员会第二次全体会议上的报告《在社会主义革命高潮中知识分子的使命》中指出,时代在向知识分子召唤,号召各条战线广大知识分子为社会主义服务,包括中医群体。"从事卫生工作的人,应该在几十万中医和几万西医加强团结和相互学习的基础上,做好城市厂矿卫生工作,实现《全国农业发展纲要》的要求。"②从实际情况来看,党的知识分子政策落实以后,尽管在一开始没有明确兼顾所有中医知识分子,但很快得以纠正。

1. 从被忽视到被团结,积极性空前

各地在制定知识分子工作纲要过程中,也充分考虑了中医群体,尤其是条件较好的地区。以上海市为例,上海市委在制定1956—1957年知识分子工作纲要时,对包括中医在内的知识分子,从多方面予以重视,指出"应该切实建立各级党组织、国家机关工作人员和知识分子互相信任、互相接近的同志关系,经常关心并积极支持知识分子的科学研究和业务活动",并从组织机构、培养方案等方面制定具体政策,涉及中医方面的内容包括:一是建立中医文献馆。"为了充分提供科学研究的参考资料,纲要规定从今年上半年开始先后筹建哲学、社会科学图书馆,医学图书馆及中医文献研究馆各一所。"二是筹建专业医药卫生书籍出版社。"筹建科学技术书籍出版社、医药卫生书籍出版社、影印外文书籍的影印书籍出版社、科学教育挂图出版社和音乐出版社。"三是成立中医进修学院和中医研究院上海分院。"今年还要成立中医进修学院,开始筹建中医研究院上海分院,在1957年建成。"四是重视开展师带徒计划。"全市各有关部门应从今年开始,以著名的老专家每人带5个至10个徒弟的办法,分别制定培养和提高助理研究员、讲师、医师、工程师、作家等2年、7年、12年计划。"③

自党中央召开关于知识分子问题会议以来,各地知识分子的积极性空前高涨,中医队伍亦是如此。上海市一部分中医重视学习的热情还得到市委宣传部

---

① 周恩来:《关于知识分子问题的报告(之二)》,《人民日报》,1956年1月30日,第2版。
② 郭沫若:《在社会主义革命高潮中知识分子的使命》,《人民日报》,1956年2月1日,第2版。
③ 《中共上海市委制定上海市知识分子工作纲要》,《人民日报》,1956年3月13日,第3版。

的关注。广大知识分子积极性空前高涨起来,在学习和工作中都呈现了诸多新气象。"各高等学校、科学研究机关的学术研究空气日益增长,大家都在积极地拟订科学研究规划和个人的进修计划,召开科学讨论会。平时分散的哲学、社会科学的研究力量,也开始组织起来。图书馆中读书的人数也大为增多,借阅科学技术图书挤得要排队。少数中医也打开了搁置很久的书箱,温读医书。"①

2. 从普通身份到党和国家机关代表,政治和社会地位显著提高

在重视对待高级知识分子的政策中,一些优秀的中医工作者被党组织吸收,成为光荣的共产党员。还有一些当选为各级政协委员或人大代表。例如,上海市在1956年1—3月间,共有110名高级知识分子加入中国共产党,其中有4名中医②。

1956年7月1日党的生日当天,《人民日报》刊发《社会主义高潮中党的队伍不断壮大 全国大批高级知识分子入党》一文。"从今年年初到'七一'前夕,各地有大批优秀的知识分子加入中国共产党。"其中特别提到著名中医赵锡武的入党事迹。"这些新入党的优秀知识分子中,……北京市著名中医赵锡武等许多科学家、工程师、教授、医师和文艺界人士。"③此后,关于中医高级知识分子加入中国共产党的事迹经常可见,例如名老中医冯德瑜④和叶希贤⑤。

中医知识分子参加各地各级人大代表和政协委员的事迹也频繁见诸报端。1956年,"在中国人民政治协商会议广东省第一届委员会常务委员会最近通过增选的一百名委员中",包括"番禺县七十九岁的著名老中医庾荫棠"⑥。1954—1958年间,河北省有1 868名中医被选为各级人大代表和政协委员⑦。江苏省各市县中医当人大代表、政协委员者498人⑧。宁夏回族自治区宁朔县医院中医

---

① 石西民:《中共上海市委改善了对知识分子的工作》,《人民日报》,1956年5月23日,第3版。
② 《北京上海一批高级知识分子入党》,《人民日报》,1956年3月20日,第3版。
③ 《社会主义高潮中党的队伍不断壮大 全国大批高级知识分子入党》,《人民日报》,1956年7月1日,第4版。
④ 《许多城市加强建党工作 大批优秀工人入党 不少高级知识分子被吸收加入党的队伍》,《人民日报》,1959年1月9日,第1版。
⑤ 虞锡圭:《中西医合作挖宝 骨科老中医叶希贤谈对中西医结合的感想》,《人民日报》,1962年2月9日,第2版。
⑥ 《人民政协广东省、广州市委员会增选大批高级知识分子和港澳工商界人士为委员》,《人民日报》,1956年4月1日,第3版。
⑦ 孙祖年:《发动群众发掘祖国医学宝库 河北省开展中医工作十大运动成绩卓著》,《人民日报》,1958年11月24日,第6版。
⑧ 《在中国人民政治协商会议第三届全国委员会第一次会议上的发言 中西医合作开发祖国医学宝藏 叶橘泉委员的发言》,《人民日报》,1959年4月30日,第15版。

陈敬甫回顾了由于党的中医政策和对知识分子的重视，自己能够顺利学习成长并当选自治区人大代表的经历。"就拿我这个被旧社会所遗弃的人来说，在党的培养教育下，1952年曾出席过西北卫生工作者模范会议，又到甘肃省中医进修学校学习，后来又被选为宁朔县人民委员会的委员，使自己的政治和业务不断得到提高。这次成立宁夏回族自治区时，又被各族人民选为人民代表，这是我有生以来最高兴的一件大喜事。我是宁朔医院的中医大夫，今后一定要更加鼓足干劲，在团结友爱的民族大家庭里，贡献一切力量！"①

还有关于中医界人士被评为全国先进工作者的报道。例如，北京市中医医院副院长赵炳南②、潮阳县人民医院副院长中医钟少卿③、上海中医学院内科教研组组长黄文东④、山东中医学院院长刘惠民⑤、南京中医学院附属医院内科主治医师沙星垣⑥、苏州中医专科学校教师叶孝曾⑦等。

此外，也有不少中医界人士应邀出席全国社会主义建设先进代表大会。例如，1959年出席"全国工业、交通运输、基本建设、财贸方面的社会主义建设先进集体和先进生产者代表大会"的名单中，就有不少中医界人士作为特邀代表，包括中医研究院中医师赵锡武、中医研究院针灸研究所医师李志明、中医研究院附属医院内科医师吕维柏、中医研究院内外科研究所医师陈可冀、中医研究院附属医院护士常立身、中医研究院编审室医师王荣和、中医研究院附属医院针灸科主任黄竹斋、中医研究院中药研究所助理研究员谢宗万、北京中医学院内科副主任张志纯、北京中医学院中药学教研组组长颜正华、北京市中医医院内科大夫王鸿士、成都中医学院针灸教研组组长蒲相澄、南京市中医院痔科主任丁泽民、合肥市人民医院中医师黄建太、长春市医院中医师边延龄、浙江中医院外科副主任医

---

① 陈敬甫：《中医的喜悦》，《人民日报》，1958年10月24日，第7版。
② 《代表总数六千零六十六人，其中：先进单位代表三千零九十二人，先进工作者二千七百一十四人，特邀代表二百六十人（之八）》，《人民日报》，1960年6月13日，第12版。
③ 《代表总数六千零六十六人，其中：先进单位代表三千零九十二人，先进工作者二千七百一十四人，特邀代表二百六十人（之三）》，《人民日报》，1960年6月13日，第10版。
④ 《代表总数六千零六十六人，其中：先进单位代表三千零九十二人，先进工作者二千七百一十四人，特邀代表二百六十人（之四）》，《人民日报》，1960年6月13日，第10版。
⑤ 《代表总数六千零六十六人，其中：先进单位代表三千零九十二人，先进工作者二千七百一十四人，特邀代表二百六十人（之一）》，《人民日报》，1960年6月13日，第10版。
⑥ 《出席全国教育和文化、卫生、体育、新闻方面社会主义建设先进单位和先进工作者代表大会代表名单（之二）》，《人民日报》，1960年6月14日，第9版。
⑦ 《出席全国教育和文化、卫生、体育、新闻方面社会主义建设先进单位和先进工作者代表大会代表名单（之一）》，《人民日报》，1960年6月14日，第9版。

师李伦、西安市中医医院副院长李棣如、湖南省立中医院内科副主任言庚孚、贵州省人民医院中医师彭显光等①。

随着中医药事业的发展,很多中医系统单位和个人在科技、卫生等领域获得高级别奖项。例如,在北京市公共卫生局举行的"1956年年终发奖大会,会上有医疗、卫生防疫和保健机构等六十五个单位和一千二百二十二名优秀医务人员受到了奖励"。其中,北京市中医医院、中央皮肤性病研究所的中医顾问、中医师赵炳南获特等奖②。1978年召开的全国医药卫生科学大会上,骨伤科老中医林如高获得全国医药卫生科学大会授予的优秀科技成果奖状③。1979年,国家科委批准公布了15项发明创造奖,其中,卫生部中医研究院中药研究所、山东省中医药研究所、云南省药物研究所以及中国科学院生物物理研究所、上海有机化学研究所,以及广州中医学院发明的抗疟新药——青蒿素的制造获二等发明奖④。1979年10月25日,《人民日报》报道了我国最早的复方升炼剂"龟龄集"获得国家质量奖的事迹⑤。

3. 从专业技术到管理岗位,全方位推动中医药事业发展

自1954年卫生部纠正歧视中医错误观点以来,全国有很多中医知识分子参加到医疗卫生、教育科研等工作岗位,总计1万多名。各地政府管理部门还为他们的学术研究、生活条件等予以细心关照。对此,《人民日报》进行了积极关注,进一步体现党中央对中医群体的高度重视。"现在全国已有一万多个中医师在各类公立医疗、教育机关和政府卫生部门中担任着医疗、医学教育和卫生行政工作。各地有学术经验的老中医大多被政府卫生部门聘请到负责的工作岗位上。上海市的著名中医章次公和秦伯未已来北京担任卫生部的中医顾问。北京市的著名中医施今墨和袁鹤侪现在都是北京医院的顾问;八十六岁的老中医萧龙友也结束了他的私人诊务,政府负担了他的全部生活费用,让他在安静的条件下专门从事中医学术的研究工作。其他如天津市的陆观虎、赵奇凡,武汉市的陆继

---

① 《出席全国工业、交通运输、基本建设、财贸方面社会主义建设先进集体和先进生产者代表大会代表名单 特邀代表》,《人民日报》,1959年11月7日,第9版。

② 《北京市奖励优秀医务工作者》,《人民日报》,1957年1月31日,第6版。

③ 任凤生、蔡清河:《医林一棵不老松——访著名骨伤科中医、九旬老人林如高》,《人民日报》,1978年11月21日,第4版。

④ 《国家科委召开发明评选委员会第三次会议审查批准 十五项发明创造获得发明奖》,《人民日报》,1979年10月15日,第4版。

⑤ 杨巨奎:《"龟龄集"是怎样获得国家质量奖的》,《人民日报》,1979年10月25日,第3版。

韩、蒋玉伯,重庆市的吴棹仙、张锡君、胡光慈,西安市的景莘农、王新午等都分别担任了当地中医院院长、中医进修学校校长、中医门诊部和大医院的中医科主任等职务。"①还有很多担任了政府卫生部门领导干部。"据不完全统计,全国已有十二个省(市)吸收中医担任卫生厅(局)的副厅(局)长。"②

据国家统计局在《关于1955年度国民经济计划执行结果的公报》中公布,1955年参加事业单位工作的中医人数也有了大幅度增加。"1955年中医的力量有了进一步的发挥,已经参加到公立和联合性质卫生事业机构中工作的中医师达到9万人,比较1954年增加了27%。"③据卫生部部长李德全报告,1957年"各医疗机构吸收中医参加工作约二万九千余人(其中卫生部门二万一千人,其他部门约八千人)"④。另据《人民日报》国内资料组文章,截至1957年,在联合中医医院(80余家)、联合诊所(5万余个)、农业保健站(约1万个)等医疗机构中工作的中医约有20万人⑤。

1958年11月,全国中医药工作会议⑥和《中共中央对卫生部党组关于组织西医离职学习中医班总结报告的批示》⑦,进一步加速了中医药事业的发展。"这几年中,中医力量也有进一步的发挥。卫生行政部门吸收了中医参加工作。许多西医医院聘请中医参加医疗工作或设立中医科目。""这几年来中医的社会地位有很大提高,许多中医被推选为全国和地方的人民代表和政协代表。"⑧"陕西省一万六千多中医都已进行了妥善的安排。"⑨"江苏省中医有一万七千四百零六人,参加国家医疗机构工作者有一千二百人。"⑩山东省"被吸收到公立医疗

---

① 《一万多中医师参加医疗和教育机关工作》,《人民日报》,1956年5月12日,第3版。
② 《我国中医事业空前发展》,《人民日报》,1957年9月12日,第3版。
③ 《中华人民共和国国家统计局关于1955年度国民经济计划执行结果的公报》,《人民日报》,1956年6月15日,第2版。
④ 《在第一届全国人民代表大会第四次会议上的发言 卫生工作离不开党的领导 李德全的发言》,《人民日报》,1957年7月12日,第4版。
⑤ 《我国中医事业空前发展》,《人民日报》,1957年9月12日,第3版。
⑥ 《进一步贯彻党的中医政策 全国中医中药工作会议开幕》,《人民日报》,1958年11月18日,第6版。
⑦ 《中共中央把卫生部党组报告批示各省市区党委 组织西医学习中医是件大事 凡是有条件的,都应该办西医离职学习中医的学习班》,《人民日报》,1958年11月20日,第1版。
⑧ 《党的中医政策的伟大胜利 中医工作有重大改进 中医宝库引起广泛重视》,《人民日报》,1958年12月6日,第6版。
⑨ 《在中国人民政治协商会议第三届全国委员会第一次会议上的发言 谈谈中医工作 秦伯未委员的发言》,《人民日报》,1959年4月28日,第16版。
⑩ 《在中国人民政治协商会议第三届全国委员会第一次会议上的发言 中西医合作开发祖国医学宝藏 叶橘泉委员的发言》,《人民日报》,1959年4月30日,第15版。

机构的中医中药人员已有一千八百八十九名"①。

在党的中医政策影响下,各地农村基层中医群体也发挥了至关重要的作用,促进了农村基层中医药事业的发展,保障了广大人民群众的健康。以贵州省普安县中营人民公社为例,该社代表蔡金明在谈到人民公社取得生产、卫生双丰收的主要体会时,提出了五点主要经验,包括"加强党的领导,坚持政治挂帅""广泛开展卫生宣传,充分发动群众""卫生为生产、生产讲卫生""组成医疗卫生网,健全卫生制度""充分发挥中医在除害灭病运动中的作用"。在谈到中医作用的发挥以及该社如何采取具体措施充分推动中医的发展时指出:"公社党委认真贯彻执行了党的中医政策,将全社五十八位中医,全部吸收到各级卫生机构中工作,并妥善地解决了工资报酬;经常召集开会,了解他们的意见和要求,加强了对他们的领导。为了提高他们的政治觉悟和业务水平,1959 年选派十一名中医到县红专卫校学习。对其他卫生人员,进行团结中医的教育,以充分发挥中医和民间医的积极性。几年来,他们献出了一千多个秘验方,其中痢疾汤不但疗效显著,并能起到预防作用,如 1959 年由于广泛地服用,使痢疾的发病率从 1958 年的 1‰ 下降到 0.1‰。在公社范围内普遍采用了民间验方和针灸来防治疾病,用中药制成灭鼠、杀蛆、灭蚊等药物一百余种。公社医院三个中医,在半年内就治疗了二百六十多个病人,为国家节约了八百多元的医药费,其中苗族中医杨正芳献出了六十多个秘方,并大胆革新,试制成功中草药方剂五十四种,治好了一百多个病人。全社其他卫生人员现在不但能熟练地用针灸治疗疾病,还能使用十到三十个草药方剂治疗疾病。"②

关于农村人民公社基层的卫生工作以及中医药事业的发展,时任卫生部副部长徐运北在题为《做好农村人民公社的卫生工作》的讲话中提到五个方面的要求,包括"加强公社卫生组织建设""公共卫生院、所的主要任务""培养新生力量,提高技术水平""推行集体保健医疗制度""依靠党的领导,全力为生产服务"。在阐述"培养新生力量,提高技术水平"时特别强调通过办学校、带徒弟、组织进修等方面,促进基层中医力量的发展③。

在各地人民公社建立的卫生院中,设立中医科室成为发挥中医作用的重要

---

① 《在第二届全国人民代表大会第一次会议上的发言 祖国医药宝库藏珍无数 刘惠民代表谈山东中医中药工作的成就》,《人民日报》,1959 年 5 月 8 日,第 11 版。
② 蔡金明:《决心赶上太阳村》,《人民日报》,1960 年 6 月 10 日,第 12 版。
③ 徐运北:《做好农村人民公社的卫生工作》,《人民日报》,1960 年 6 月 15 日,第 4 版。

举措。例如,广州市建立一批城市人民公社后,基层卫生组织更加健全,城市卫生面貌发生新的变化。"广州市的三十一个城市人民公社中,现在已有十八个建立了卫生院;有的还建立了卫生所或地段医师工作站;在街道和各基层单位建立了七百七十多个红十字卫生站。这些公社卫生院、卫生所及地段医师工作站共拥有医务和行政人员二千多人。卫生院里一般都设有内、牙、妇产、中医、正骨、针灸等科,有的还建立了妇幼保健院和口腔疾病防治所。"①

到1968年,全国农村普遍开始实行合作医疗制度,中医药在农村基层的作用得到进一步发挥,有效地支撑了农村合作医疗制度的开展,推动了中西医结合路线的实施,保障了广大人民群众的生命健康。

4. 从日常工作到重要仪式,得到党和国家领导高度重视

在传统文化观念中,仪式的重要性至关重要,参加追悼会等重要仪式的领导级别,可以反映对当事人及其事业的认可度。1957年11月23日,时任中国人民政治协商会议全国委员会委员、著名中医孔伯华因病逝世,《人民日报》以《著名中医孔伯华先生公祭在京举行》为题进行了详细报道。"二十七日上午,孔伯华先生治丧委员会在北京嘉兴寺举行公祭。参加公祭的有中国人民政治协商会议全国委员会副主席彭真、秘书长邢西萍、常务委员马叙伦、彭泽民、吴晗、卢汉、陈其尤和部分在京委员,卫生部副部长傅连暲,北京市副市长王昆仑,医务界人士施今墨、袁鹤侪以及孔伯华先生生前好友二百余人。同日下午,中国人民政治协商会议全国委员会主席、国务院总理周恩来亲往孔伯华先生寓所吊唁。"②

众多党和国家领导人,以及医界先驱参加公祭仪式,包括周恩来、彭真、马叙伦、彭泽民、吴晗、卢汉、陈其尤、傅连暲、王昆仑、施今墨、袁鹤侪等。对全体中医人以及读者而言,能感受到党和国家对中医药事业高度重视,尽管孔伯华担任全国政协委员,但新闻标题并未突出这一职务,而是着重强调他是著名中医。

1961年11月15日,时任全国政协委员、卫生部中医研究院内外科研究所骨伤科名专家杜自明③逝世,《人民日报》于11月17日登载了讣告,遗体告别仪

---

① 《健全基层卫生组织 推动医疗预防工作 广州城市卫生面貌焕然一新》,《人民日报》,1961年1月17日,第4版。

② 《著名中医孔伯华先生公祭在京举行》,《人民日报》,1955年11月28日,第1版。

③ 杜自明(1877—1961),四川成都人。中医正骨专家,曾任四川医学院特级医师。1902年起行医,专治跌打损伤。1949年任成渝铁路工程局特级医师,后又聘为四川医学院特级医师,1956年应中国中医研究院聘请赴北京广安门医院骨伤科任职。(施杞著:《中医药畅销书选粹 当代骨伤百家方技精华》(第2版),北京:中国中医药出版社,2012年,第189页)

式上,"周恩来总理亲视入殓,向杜自明先生遗体告别"①。

1975年4月29日,时任第四届全国人民代表大会代表、中国人民政治协商会议第四届全国委员会常务委员、中共中医研究院委员会委员、著名老中医蒲辅周逝世。党和国家领导人周恩来、聂荣臻、张鼎丞、蔡畅,人大常委会、国务院、政协全国委员会、中共中央统战部、卫生部、中国人民解放军后勤部卫生部、中国农工民主党中央委员会、中国医学科学院、中医研究院、中华医学会、北京市卫生局送了花圈。时任卫生部部长刘湘屏主持追悼会,中医研究院负责人鲁之俊致悼词。悼词中说:"蒲辅周同志工作勤勤恳恳,生活艰苦朴素,对病人极端负责,技术上精益求精,无保留地传授医学经验,为促进中西医结合,增强中西医团结,为继承和发扬祖国医药学遗产,创造我国的新医药学作出了贡献。"②充分体现了党和国家对蒲辅周生平及对中医事业所作贡献的肯定。

1979年3月,时任政协第五届全国委员会常务委员、卫生部顾问、中华医学会理事、中医学会筹备委员会副主任、著名老中医、中国共产党党员王文鼎逝世。卫生部部长钱信忠主持追悼会,副部长王伟致悼词。"邓小平、李先念、聂荣臻、陈慕华、李井泉、宋任穷、康克清等同志送了花圈。政协全国委员会、中央组织部、中央统战部、卫生部、中共四川省委和省革委会、中共江津地委、中共江津县委和县革委会等单位也送了花圈。参加追悼会的有政协全国委员会、卫生部等有关单位的领导同志,医学界著名人士,王文鼎同志的生前友好,以及群众代表共五百多人。"③党和国家领导人的出席,真诚地表达了对老中医生平的高度肯定和尊重,以及对中医药事业的重视。

联欢会同样如此,能够与党和国家领导人共同参加联欢活动是一种特殊荣誉。很多中医专家与科学界知名人士共同受邀参加党和国家领导出席的联欢活动。1962年12月27日,中华医学会和全国政协联合举办新年联欢晚会,"首都一百一十多位著名的中西医学专家在政协礼堂欢度了一个愉快的夜晚,庆祝他们一年来辛勤劳动的成果,满怀信心地迎接1963年新年。周恩来总理、彭真副委员长和陆定一副总理等,也参加了他们的联欢晚会"。"参加晚会的专家,有八十多岁的老专家、上海第一医学院院长颜福庆,胸外科专家黄家驷,妇产科专家

---

① 《政协全国委员会委员杜自明逝世》,《人民日报》,1961年11月17日,第2版。
② 《全国人大代表、政协全国委员会常务委员蒲辅周同志追悼会在京举行》,《人民日报》,1975年5月11日,第3版。
③ 《王文鼎同志追悼会在京举行》,《人民日报》,1979年4月15日,第3版。

林巧稚,热带病专家钟惠澜,内科专家张孝骞,刚从海外归来的病理专家侯宝璋,以及著名的老中医浦(蒲)辅周和唐亮臣等"①。

1963年1月26日,全国科学技术协会举办联欢晚会,中共中央副主席刘少奇以及党的其他领导人邓小平、董必武、彭真、李富春、谭震林、陆定一、陈伯达、康生、薄一波、杨尚昆等,接见了一百多位著名的科学家。"被接见的自然科学家中,有在科学部门担任领导职务的水稻专家丁颖、地理学家竺可桢、物理学家吴有训、小麦专家金善宝、数学家华罗庚、原子核物理学家钱三强、力学家钱学森、胸腔外科专家黄家驷以及老中医蒲辅周、青年科学工作者邓稼先、孙超和新近回国的病理学家侯宝璋等。"②

1963年1月29日,在上海市科学技术委员会举行的科学技术工作会议上,周恩来总理和上海市长接见了各方面专家50多人,包括著名中医程门雪③。

1963年2月1日,北京300多位医药卫生工作者在人民大会堂联欢,欢度新春佳节。中共中央政治局候补委员、书记处书记、国务院副总理陆定一,中央书记处候补书记杨尚昆等到会同大家欢度春节。参加联欢的有著名老中医蒲辅周、秦伯未、徐季含等④。

1979年1月20日,中国农工民主党中央委员会和政协全国委员会医药卫生组在全国政协礼堂联合举行春节联欢会。近200名医药卫生、文教、科技界人士在联欢会上欢聚一堂。北京中医学院(现北京中医药大学)教授任应秋作为代表在会上讲话,指出"我们医务工作者尤其是民主党派成员",一定要"把整理提高祖国医药学的工作推向前进。……为实现'四化'出力"⑤。

与国家发展关键领域的知名人士一同受到邀请,是对中医知识分子的莫大重视。

5. 从困难挫折到改革开放,加快建设发展中医药事业

1977年9月,中共中央发出召开全国科学大会的通知,广纳人才,发展科学技术。

---

① 《首都中西医学专家举行新年联欢晚会》,《人民日报》,1962年12月28日,第2版。
② 《刘少奇邓小平等同志接见著名的科学家 同首都科学界人士以及他们的亲人共度春节》,《人民日报》,1963年1月27日,第1版。
③ 《在上海市举行的科学技术工作会议上周恩来阐述科学现代化的重大意义》,《人民日报》,1963年1月31日,第1版。
④ 《首都医药卫生工作者新春联欢》,《人民日报》,1963年2月2日,第1版。
⑤ 《为祖国社会主义现代化大显身手 农工民主党中央和全国政协医药卫生组联合举行春节联欢会》,《人民日报》,1979年1月22日,第4版。

1978年3月18日,全国科学大会召开。各地科学技术工作者、知识分子积极拥护党中央的政策,为祖国科学事业服务。中医界也积极建言献策、推荐人才。"在中国科学院收到的群众来信中,有很大一部分是向国家推荐人才的。有的人在信中写道:作为中国人民的一员,岂能视国家之急需人才而不顾?表示要积极地去发现人才,向国家推荐。四川省有几位医务人员,发现了一位八十多岁的民间老中医医道高明,便写信要求中国科学院派人总结这位老中医的经验。"①还有老中医为了庆祝大会的召开,积极献方献礼,表达他们对繁荣社会主义科学事业,实现科学技术现代化的心愿。"山东省济南市一位老中医,向大会献出了他祖传四代、又经过他几十年行医经验加以补充的著作《痔瘘全科》。"他在信中说,"我是七十多岁的人了,又患有冠心病,行动不便,但我也和大家的心情一样","誓为发展祖国的医学事业奋斗终生"②。1978年3月22日,《人民日报》专门刊登了参加全国科学大会代表,陕西省中医研究所针麻原理研究室负责人赵建础的事迹。赵建础从1953年开始协助老师朱玉龙研究电针疗法,1955年以来,开始发表关于针刺及针刺镇痛的论文,引起重视,到1978年,共计发表31篇论文③。作为中医界的代表,参加全国科学大会是一项很高的荣誉。中医界的同志也和其他科学战线上的奋斗者一样攀登科学高峰。

与此同时,曾受到不公正对待的中医知识分子也在党和政府的关心下,重新走上岗位,为社会主义现代化建设而奉献。

成都中医学院有中医、中药教师170多名,一部分人在"文革"中受到冲击,拨乱反正之后,成都中医学院党委十分重视对这一批知识分子落实政策问题。为了加快发展,传承发展被耽搁的中医药事业,学校积极鼓励和支持有专长的老中医总结经验,著书立说。"老中医中自己有写作能力的,给予写作时间和方便;年老体衰,自己不能写的,就由他们口授,组织人笔录,帮助整理。学校还抽出教师正式成立一个老中医经验整理小组,有计划地开展了这项工作。"④

重庆市有中医、中药人员3600多名,其中55岁以上的老中医700多人,"打倒'四人帮'以后,在市委的统一部署下,各单位十分重视发挥老中医的作用,并

---

① 《中共中央发出通知 全国科学大会十八日召开》,《人民日报》,1978年3月12日,第1版。
② 《亿万人民的心愿 全国科学大会收到大批热情洋溢的信件电报和各种献礼》,《人民日报》,1978年3月23日,第1版。
③ 王钟人:《攀登路上 记全国科学大会代表赵建础研究针刺镇痛原理的事迹》,《人民日报》,1978年3月22日,第4版。
④ 《实事求是 落实政策 解放干部》,《人民日报》,1978年6月9日,第2版。

采取多种形式,做好老中医学术经验的继承和整理工作","中共重庆市委主要领导同志经常过问、关心中医工作,督促各级卫生部门和医疗、科研单位认真落实党的中医政策,调动了中医中药人员的积极性","今年全市第一次提拔了二十五名有丰富实践经验的中医担任主任、副主任中医师、主治医师、中药师的职务。一些单位还为年老体弱的老中医配备了助手或学徒。对十四名著名老中医,各单位专门订出计划,做好继承工作。市中医研究所已经整理出老中医经验约七十万字,并编印成册"①。

辽宁省卫生局和各级卫生行政部门,在省委和各级党委的领导下,认真贯彻落实党的中医政策,做了大量工作。

第一,联系实际揭批"四人帮",为受迫害的老中医昭雪平反。许多单位认真清理了"四人帮"制造的大批冤案、错案、假案,给一些受迫害的中医中药人员平反,为被免职、罢官的人恢复了职务,安排使用不当的重新安排了工作。辽宁中医学院召开了两次平反、昭雪大会,为四十七名受迫害的老中医、老教师平反,恢复名誉。

第二,恢复和建立中医医院和科研机构,为中医中药人员"立庙"。过去被"四人帮"拆散了的县、市中医院,绝大多数得到了恢复,目前全省已有市级中医院八所,县、区级中医院二十二所。辽宁省中医研究所也已决定成立,正在筹建。

第三,对被驱赶下放的中医中药人员,给予妥善安置。经省革委会批准,省卫生局、劳动局共同下达文件,决定对一九六四年以来,特别是在"四人帮"横行时被驱赶下放的原集体所有制单位的中医中药人员,就地就近安排工作,恢复原工资待遇。少数学有专长的中医,根据工作需要,也可调回城市医疗机构。现在,全省已妥善安置中医四千余人。

第四,有计划地培养中医药新生力量。为了尽快发展中医药队伍,解决后继乏人的问题,除积极办好辽宁中医学院并在部分中等卫校设中医药班,扩大招生名额外,经省革委会批准,省卫生局、劳动局共同下达文件,决定今年招收五百二十名中医药学员。主要从参加高考未被录取的高中生里择优录取,在同等条件下优先照顾老中医、老中药师的子女。学员入学后,分别

---

① 《重庆市委认真落实党的中医政策》,《人民日报》,1978年11月3日,第3版。

由各市、地采取集中上课学理论,分散跟师学经验的方法,系统学习中医药理论知识,努力继承老师的学术经验。

第五,狠抓继承总结著名老中医的学术经验。这项工作现在刚刚开始,各市、县普遍对著名老中医、老药剂师进行了调查摸底,组织力量安排继承。其中锦州地区对全地区一百五十五名五十岁以上的老中医、老中药师进行了调查摸底,并选出基础较好的青壮年中医和学习中医的西医成立了三十八个继承小组,专职进行继承工作。

第六,开展学术活动,组织函授教育,提高在职中医药人员的业务技术水平。省中医学会刚刚成立,就在本溪市召开了全省儿科学术经验交流会,系统地总结交流了本溪儿科著名中医赵圣谕老大夫的独特经验。辽宁中医学院还举办了中医函授教育,全省约有数万名基层中医药人员和赤脚医生参加学习,许多公社都建立了辅导站,配有兼职的辅导员,定期集中上课,进行辅导,深受广大基层医务人员的欢迎。①

1978年6月,全国医药卫生科学大会胜利召开。大会确定了医学科学技术现代化的总目标:"要在本世纪内初步形成我国统一的新医学新药学,使我国整个医学科学技术进入当时的世界先进水平,并有一批重要项目居于领先地位。"为了实现这个总目标,社论指出,很重要的一个环节就是坚持中西医结合,并要求刻不容缓地抓紧著名老中医的继承工作,落实党的中医政策,要求各级党委、卫生行政部门和广大医务人员高度重视中西医结合问题,并把它贯彻到科研、临床、医学教育、医院建设等各项工作中去。要认真解决名老中医在工作和生活方面存在的困难,充分显示党和国家对中医药事业的高度重视②。

本次会议是新中国成立后卫生战线上一次规模空前的盛会。1978年11月,《人民日报》再发社论《大力加快发展中医中药事业》。社论的背景是,当年9月,党中央56号文件转发了卫生部党组《关于认真贯彻党的中医政策,解决中医队伍后继乏人问题的报告》,并作了重要批示③。为持续发展中医药事业,

---

① 卫生部中医局调查组:《要认真落实党的中医政策——粉碎"四人帮"以来辽宁省中医工作和中西医结合工作情况的调查报告》,《人民日报》,1978年8月6日,第2版。
② 《保障八亿人民健康兴旺的大事(社论)》,《人民日报》,1978年6月16日,第3版。
③ 《中共中央批转卫生部关于解决中医后继乏人问题的报告 要求各级党委高度重视中医中药工作》,《人民日报》,1978年11月2日,第1版。

解决中医队伍后继乏人的问题,充分调动广大中医药人员的积极性,加快中西医结合的步伐,以适应新时期总任务的需要,卫生部提出了八条建议报告。党中央批示强调:"在发展西医队伍的同时,必须大力加快发展中医中药事业,特别是要为中医创造良好的发展与提高的物质条件,抓紧解决中医队伍后继乏人的问题。"从报告和社论的内容来看,党中央对中医人才队伍建设的重视达到新的高度①。

在党中央大力加快发展中医药事业的全新背景下,一批名老中医积极呼吁尽快解决一些历史遗留问题,认真落实党的知识分子政策。

时任中医研究院副院长、著名老中医赵锡武指出:"有些单位的领导,口头上说要搞中西医结合,却不重视中医的继承、发展,甚至认为应该由西医代替中医,这怎么谈得上中西医结合呢? 有些单位的领导,口头上也说要重视中医,但是在医务人员的晋升、评级、调资工作中,却采取歧视中医的做法,这怎么能调动中医的积极性呢? 在政治待遇和物质待遇上,务必做到中西医一视同仁。"

时任中国红十字会副会长、著名老中医魏龙骧说:"党中央的文件,实在是挽救中医事业的'及时雨''续命汤'。现在的问题是,要坚决贯彻中央的批示。我担心贯彻起来还有阻力。"并提出具体建议:"一、组织广大中、西医药卫生人员,特别是各级卫生部门的领导干部,认真地重新学习党的中医政策。二、切实转变领导思想和作风。卫生部领导同志要深入基层,了解情况,解决问题,总结经验。下去时,不仅要找那里的领导人谈,更要直接找群众谈。三、要赏罚分明,抓几个典型,表扬好的,批评坏的,以此教育大家。"

时任北京中医学院各家学说教研室主任、著名老中医任应秋说:"我们中医学院贯彻党的知识分子政策,做了一些工作,但不甚得力。""我想,党的知识分子政策不认真落实,怎么能调动起广大中医的积极性!"

时任北京中医医院内科副主任、著名老中医关幼波指出:"解决中医队伍后继乏人的问题,是当前最迫切的一件事。现在有的人不愿学中医,有的人学了中医以后也不愿搞中医,有的西医学了中医也不愿搞中西医结合。这个问题不解决,怎么能发展中医队伍? 中西医的政治、物质待遇应该一律平等。有贡献的中医和西医学中医的人员,也应该破格提拔。"

时任北京中医医院党委副书记、北京中医学校校长姜超指出:"北京市仅有

---

① 《大力加快发展中医中药事业(社论)》,《人民日报》,1978年11月2日,第2版。

一所市属中医学校,从建校到现在二十多年,几次被迫停办,只办了三个中医专科班,毕业生一百三十名左右。""这种不重视中医教育事业的状况,应当坚决改变。"姜超建议:"一、抓紧现有青年中医的基本功训练和基础课补习。学习课程以中医四部经典著作为主,并指导临床实践,使之在四五年内,成长为具有一定中医理论和临床实践经验的中医;二、对已有十年左右临床经验的中年中医师,根据个人志愿和特长,择优录取一部分研究生或师资进修生,通过一到二年的培训,使之成为比较精通中医理论和有临床经验的高水平的中医骨干,或补充壮大中医院校师资队伍;三、部、局等各级领导要提供良好的物质条件,建立或扩大中医院校和中医研究机构。"①

此外,为认真贯彻党的中医政策,全国各地投入更多精力,进一步调动广大中医药人员的积极性,并加紧充分发挥名老中医的作用,做好整理和继承名老中医经验工作,通过各种人才培养方式,解决中医队伍后继乏人的问题。例如,中医研究院认真落实党的中医政策,分别授予14名中医药人员以教授、副教授、研究员、副研究员的学衔。同时,提升47人为助理研究员,提升和恢复92人为科室正副主任。"这十四名教授、副教授、研究员和副研究员,大部分从事科研、医疗、教学工作长达四五十年,具有较坚实的中医药基础理论知识、较丰富的临床经验和教学经验,有较好的医疗技术特长和独特的见解,其中不少是老中医。如党的十一大代表、著名老中医赵锡武教授……五届人大代表、著名老中医岳美中教授……还有老中医、儿科研究员赵心波、皮肤科研究员朱仁康、心血管研究室副研究员郭士魁等,都有较高的造诣和经验。"一些西医学中医、中西医结合做出成绩的中年大夫,也分别被授予学衔。例如"中药药理室研究员章荣烈,五届人大代表、眼科副研究员唐由之,泌尿科副研究员刘尤方,心血管研究室副研究员陈可冀等"。"为了解决中医队伍后继乏人问题,研究院还建立了七个老中医经验研究室,选派一部分具有一定中医基础理论,从事较长临床工作,西医学中医的技术骨干当助手。有的研究室已开始有计划地整理老中医医案,或把老中医的理论运用到临床中去,通过实践、观察、检验、总结老中医的经验。此外,还开办了中医研究生班,从全国各地招收了五十名研究生"②。除了对具有学校教育经历的中医知识分子予以职称学历重视以外,还有地区对没有教育经

---

① 《认真落实中医政策 努力发掘祖国医药学的伟大宝库 卫生部和本报邀请首都部分著名老中医和西医学中医有成就的同志座谈纪要》,《人民日报》,1978年11月25日,第4版。
② 《中医研究院认真落实中医政策》,《人民日报》,1978年11月24日,第2版。

历的老中医破格提升。例如,1979年2月,辽宁中医学院破格提拔老药工傅宝庆为副教授①。

在高度重视中医队伍职称学历的同时,许多地区结合实际情况,筹划良策,充实加强中医队伍。例如,山东省卫生局从集体所有制单位和闲散在社会上的中医药人员中,选拔了1500名有真才实学的人员,充实和加强各级中医队伍。"这项选择中医药人才的工作,由省卫生局统一组织,采取全省统一考核,择优录取的办法进行。全省各地报名应试的有一万八千多人。经过严格选拔录取的这批中医药人员,都有一定的中医基础理论知识和病例分析能力、熟悉中药方剂,有临床经验,能够独立工作。其中从事本专业工作二十年以上的有九十八名。"②吉林省辽源市将退休退职的老中医请回医院带徒弟,使他们多年积累的临床经验和医疗技术能够传下来③。天津鼓励老中医带子女学医,老中医子女学医期间算本单位正式职工,且享受学徒待遇④。这些种种保护和促进措施,为中医知识分子重新迎来了春天。

中医药事业的发展,人才培养是关键,高素质的中医药人才更加关键。关于中医药人才的现状,据《2018年我国卫生健康事业发展统计公报》数据显示,2018年末,全国卫生人员总数达1230万人,而全国中医药卫生人员总数只有71.5万人,占比只有5.8%。近年来,中医药人才队伍建设取得长足进步,从业人员数量与结构得到改善,中医服务总量持续上升,但仍存在高质量供给不够、特色不突出等问题。面对很长一段时间以来社会对中医药人才中医特色不鲜明,以及中医"西化"的困惑,坚持人才培养要以"中医"为主题的呼吁越来越高。对此,有专家指出,在中西医结合的道路上,中医药高等院校的人才培养还是要坚持中医特色。南京中医药大学教授、江苏省名老中医周仲瑛表示:"中、西医两种医学各有专攻,也各有特色,二者不是替代关系,也不是从属关系。当前我们中医院校的人才培养强调要中西医结合,但我还是主张要围绕发展中医这个主题,以培养中医药高级人才为目的,提升他们的临床实践能力,发挥中医优势来解决临床实际问题,为中医的延续和发展起到承前启后的作用。中医的振兴不是哪一代人能够完成的,如果我们后继无人,培养出来的都是自我否定派,把中医淡

---

① 《老药工傅宝庆提升为副教授》,《人民日报》,1979年2月19日,第4版。
② 《山东选拔一批中医药人员加强中医队伍》,《人民日报》,1979年11月30日,第4版。
③ 《把退职退休老中医请回医院带徒弟》,《人民日报》,1979年2月19日,第4版。
④ 《天津老艺人老中医带子女学艺学医》,《人民日报》,1980年1月22日,第3版。

化了、西化了,是没有出路的。"①很多年前,就有专家指出,如果淡化中医教育过程中的中医特色,"不从中医药高等教育的理念、课程设置、学生来源上进行深刻的反思、调整,不仅难以培养出真正精通中医药的高级人才,也许还会不断培养出中医药的'掘墓人'"②。

"2021年颁布实施的《关于加快中医药特色发展的若干政策措施》针对中医药人才发展的制度短板和弱项,完善了顶层设计,强调夯实中医药人才基础,提高中医药教育整体水平,坚持发展中医药师承教育,加强中医药人才评价和激励。建立符合中医药特点的人才培养模式,须遵循中医药人才成长规律,注重中医药经典理论和中医药临床实践、现代教育方式和传统教育方式相结合,大力培育中医药特色人才。"③政策措施的实施为新时代高素质中医药人才的培养提供了遵循和指导。

二、党领导发展中医药事业的经验教训

新中国成立初期,中国共产党制定了支持发展中医药的方针,但是由于对中医药的认识存在分歧,导致政策执行出现偏差。关于中医药认识分歧的实质是中医药要不要保护和传承的问题,以及改造中医药的目的是最终消灭中医药还是创造中国新医学的问题。因此,是否保护中医药、为什么要改造中医药是两种认识分歧的根本所在。针对关于中医药的不同认识,中国共产党运用批评和思想斗争的方法,将全党的思想统一到保护和改造中医、发展中国新医学的思想上来,使新中国制定的方针政策得到贯彻和执行。

媒体对这一过程中的突出事件非常关注。如何对待中医成为资产阶级和无产阶级思想的试金石,进而成为资本主义和社会主义路线之争的焦点之一,并于一定时期达到高峰。媒体报道内容注重从马克思主义基本原理与中华优秀传统文化相结合,与中国社会实际相结合的角度加以论述,对党和国家中医政策的贯彻落实、中医药行业自我价值的提升、社会大众中医药文化意识的增强等,均产

---

① 薛洪汇、张宗明:《现代中医教育不该再彷徨》,《健康报》,2016年6月8日,第5版。
② 毛嘉陵:《中医药大学新生先从文化教育开始》,《中国中医药报》,2011年8月26日,第3版。
③ 黄璐琦:《遵循中医药人才成长规律 大力培育中医药特色人才》,《人民日报》,2021年4月28日,第15版。

生了重要影响,对当时、当下乃至今后的中医药事业影响深远。

(一) 歧视和取消中医是唯心主义思想的体现

1955 年 5 月开始,全国掀起批判"胡风反革命集团"运动。6 月 2 日,《人民日报》刊登了河南省新乡专区中医进修班主任柴干的来信:"'关于胡风反党集团的第二批材料'公布后,我是越读越愤恨,实在不能再缄默了。我们中医人员,在过去反动统治时代,是不过问也不得过问国家大事的。自从来了共产党,把我们当成脑力劳动者看待,成立了进修班,叫我们学习,我提高了政治觉悟,眼睛明亮了,分清了是非黑白,认清了敌我。因此,我对胡风这样反动可恶的敌人,是十二万分痛恨的。""我们对于胡风这样的人民蟊贼,是非清除他不可的。我完全拥护中国文学艺术界联合会主席团和中国作家协会主席团联席扩大会议的决议,我并以一个中医工作者的身份,要求政府对死硬的反革命分子予以严厉的法律制裁。"①柴干成为第一个在《人民日报》发声表态反右的中医界人士。

1955 年 5 月召开的全国文化教育工作会议上,按照新的方针政策进一步修订了发展国民经济第一个五年计划草案中的文化教育部分。其间,以中医问题为中心,重点深入开展了对卫生部个别领导人的思想批判。会议将批判的重点直接指向卫生部领导,"几年来卫生部对中医问题采取了错误的政策,是卫生部门工作中一项极为严重的方针性的错误"②。7 月,时任国务院第二办公室主任林枫在第一届全国人民代表大会第二次会上专门指出,"卫生部某些负责同志歧视和消灭中医的思想,就是资产阶级错误思想的表现"。认为这种对待中医的思想和政策"违背党中央和毛主席团结中西医的指示","他们不仅在理论上错误地将医学当作社会的上层建筑,特别是他们抹煞了中医中药几千年来在我国保健事业上巨大的实际作用。他们盲目崇拜资本主义文化,鄙视民族文化遗产,对中医抱着严重的粗暴的宗派主义态度。尤其严重的,是党中央和毛主席一再指出这种方针性的错误后,他们在实际工作中仍然没有根本的改变。最近召开的全国文教工作会议对上述错误思想,进行了严肃的批判,这是完全必要的"。为了杜绝这种轻视、歧视中医的现象,进一步指出要认真贯彻党中央的指示,在此基础上做好中西医的团结工作。"今后必须认真贯彻中央指示,更好地

---

① 《把人民的蟊贼清除出去》,《人民日报》,1955 年 6 月 2 日,第 3 版。
② 《全国文化教育工作会议闭幕》,《人民日报》,1955 年 6 月 12 日,第 1 版。

做好团结中西医的工作。……更好地为人民的保健事业服务,为祖国的社会主义建设服务。"①时任卫生部副部长李德全代表卫生部门做了批判与自我批判,将中医问题视为卫生部门工作中的典型问题。"过去中央卫生部在许多工作上存在严重的缺点和错误,中医问题是一个显著的例子。……卫生部门中却有些负责人认为中医'不科学',对中医实行排挤和歧视的政策,违反了中国共产党对中医的政策。"并直言不讳说到错误根源在于资产阶级思想。"这些错误乃是一种卑劣的资产阶级思想在卫生部门中的反映。"②

此后,批判的矛头集中到具体的个人,首先遭到批评的是王斌。《人民日报》对此也进行了详细报道。事件大致起因和经过如下:

自1950年第一卷第九期开始,王斌在东北人民政府机关刊物《东北卫生》上,以东北人民政府卫生部部长的名义,发表了自己在东北第四次卫生会议上所作的报告《在一定的政治经济基础上产生一定的医药卫生组织形式与思想作风》。见刊之后,《东北卫生》又发表评论号召东北卫生工作者广泛学习,报告内容长期被视为东北人民政府的卫生工作指导方针,并在全国其他省份流传,甚至成为其他省份卫生部门工作人员的学习材料。林枫在第一届全国人民代表大会第二次会上提到"某些负责同志歧视和消灭中医的思想"③,实际上就是指王斌。从1955年2月4日开始,全国最具影响的卫生行业报、卫生部机关报《健康报》发表文章《批判王斌歧视轻视中医的资产阶级思想》,紧接着,卫生部又组织一些省市卫生部门负责人、中西医等撰写了40多篇文章,和各地卫生工作者一起,对王斌进行了严厉批评。3月21日,《健康报》再以《积极参加批判王斌轻视中医的思想斗争》为题发表长篇通讯,号召卫生工作者关心并参加这个斗争。同时,卫生部于3月23日通知各地卫生部门继续开展对王斌歧视、排斥中医的资产阶级思想的批判。"《健康报》对王斌错误思想的批判,引起了文化科学界和社会各方面的注意,特别是教育了广大的卫生工作者,使他们深刻认识到批判资产阶级思想、学习马克思列宁主义和党的政策的重要性,并鼓舞了他们的学习热情。到七月底为止,《健康报》已收到了关于参加这次批判王斌思想、揭发类似的错误思

---

① 《在第一届全国人民代表大会第二次会议上的发言(之一)》,《人民日报》,1955年7月25日,第2版。
② 《在第一届全国人民代表大会第二次会议上的发言(之二)》,《人民日报》,1955年7月30日,第3版。
③ 《在第一届全国人民代表大会第二次会议上的发言(之一)》,《人民日报》,1955年7月25日,第2版。

想、积极学习中医政策、说明学习中医的重要性的来稿六百多件以及许多读者来信。《中华医学杂志》《中医杂志》《上海中医药》以及哈尔滨医科大学等校刊都转载了《健康报》发表的某些论文。《科学通报》《文史哲》《中级医刊》和中国医科大学等校刊也都发表了批判王斌思想的文章。江苏、四川、甘肃、广东、广西、山东、山西和北京、武汉、上海、重庆、南昌等省市卫生部门，都因此而进一步展开了中医政策的学习。中华医学会总会和上海、重庆、成都、长春、西安、南宁等地分会，都组织会员进行了座谈讨论。很多医药卫生工作者通过这个思想批判提高了自己的认识；有的人并已开始联系工作，检查思想，改进工作。"①

1955年8月22日，《人民日报》再发两篇社论，进一步表达了对该问题的态度。"王斌荒谬地把中医和中医学术看得一钱不值。他认为，中医学术是'封建医学'，因而应当随着封建社会的消灭而消灭，他完全抹杀中医在保护人民健康方面的作用。""王斌歪曲党的团结中西医的政策……提出了各种消灭中医的方法。""这些言论和主张，可以说是卫生部门中相当普遍地存在着的轻视、歧视和否定祖国文化遗产的可耻的资产阶级思想的集中的表现。"②

另一篇社论指出王斌否定中医理论主要表现在，"中医没有实际治病的效力"，"他们（中医）都是不合格的，他们只能在农民面前起到精神上有医生治疗的安慰作用"；"中医不科学"，"中医以'科学知识来衡量，都是不合格的'；人民相信中医，那是因为'缺乏科学知识'的缘故；'从单纯科学医学来看，取消他们是为了人民'"；"中医是'封建社会'的'封建医''封建医学'，应当随着封建社会的消灭而消灭"③。

以上关于王斌思想的批判起到了纠正歧视中医思想，巩固中医政策的作用。

一方面，使得"轻视、歧视中医的思想就是典型的资产阶级思想"进一步在党内达成共识。党中央之所以如此集中精力加以批判，实则是扭转工作作风和思想的有力举措。在全国各条战线反对资产阶级思想、巩固社会主义建设成果之际，对王斌在医学和卫生工作中的资产阶级思想所开展的批判，也是改进医学和卫生部门工作以适应社会主义建设的一个重要举措。通过对王斌的批判，可以从思想战略层面巩固党的中医政策，避免误入歧途。

---

① 朱锡莹：《健康报批判王斌在中医问题上的错误思想》，《人民日报》，1955年8月22日，第3版。
② 朱锡莹：《健康报批判王斌在中医问题上的错误思想》，《人民日报》，1955年8月22日，第3版。
③ 龚育之、李佩珊：《批判王斌在医学和卫生工作中的资产阶级思想》，《人民日报》，1955年8月22日，第3版。

另一方面，王斌并非普通国家工作人员，而是曾担任卫生部副部长、东北人民政府卫生部部长的领导，评论认为其丧失了共产党员的立场，其言论与党中央"团结中西医"的政策相违背，不仅荒谬，而且对党倾心关注的中医工作，以及广大中医工作者的情感，是极大的伤害，使党在广大中医工作者中的威信受到破坏，严重影响中医力量的发挥。作为党媒的《人民日报》对此强烈谴责，一定程度上能够挽回消极负面影响，也显示了党对保护、发展中医，执行"团结中西医"方针的坚定性。评论中介绍了全国各地批判错误思想的做法，并强调以此为鉴，吸取教训，以正视听，鼓励大家对西医学习中医、发扬祖国医学充满信心和力量。

不久之后，又掀起了批判卫生部副部长的浪潮。1955年11月19日，时任卫生部副部长贺诚在《人民日报》刊发《检查我在卫生工作中的错误思想》一文。在贺诚自我批判之前，该篇通讯的"编者按"直接点明了贺诚在中医工作上所犯的思想和道路错误，措辞严厉。"贺诚同志在担任卫生部副部长工作期间，违背了党中央和毛泽东同志团结中西医的指示，否定中医的实际作用，鄙视祖国文化遗产，坚持限制和排斥中医的错误思想，对中医抱着卑鄙恶劣的宗派主义态度，使卫生工作遭受不小损失。"

自我批判的最后，贺诚表态："我愿意在这里公开揭露自己的错误思想以及在卫生工作上所造成的恶果，引为深刻的教训。""我愿接受批评和指责，我从揭露和批判我的错误思想中，使我们都能共同地警觉起来，清除资产阶级思想的影响，给人民保健事业开辟更广阔的前途。""今后必须严格地在党的领导和监督下，以老老实实的科学态度，勤勤恳恳的工作作风，力戒任何虚夸和骄傲，在伟大的社会主义建设事业中尽自己一分责任。"①

当时，将不重视中医、看不起中医的思想当作资产阶级思想，并不是卫生战线的特有现象。1955年3月，中共中央发出《关于宣传唯物主义思想批判资产阶级唯心主义思想的指示》，以一场偶然的对俞平伯和"新红学"的批判为契机，在全国进行思想文化战线总动员，强调在各个学术领域中对资产阶级唯心主义思想的"代表人物"进行批判，一场迅速波及全国范围的思想文化领域批判运动，由学术领域扩大到政治领域，并很快延伸到其他许多领域，在医药卫生界的贺诚受多种综合因素的作用，也难免受到影响。

---

① 贺诚：《检查我在卫生工作中的错误思想》，《人民日报》，1955年11月19日，第3版。

对于诸如此类的批判,应该客观视之。在意识形态层面,直接将忽视中医、不重视中医的思想当作资产阶级思想进行政治批评,自然已被历史证明是不科学的。但是,在批判过程中,对新中国成立后的中医工作进行了反思并提出团结中西医的许多意见和建议,一定程度上推动了中医工作的开展。

(二)百花齐放百家争鸣后的大胆批评

1956年4月,毛泽东在中共中央政治局扩大会议上提出在科学文化工作中实行"百花齐放,百家争鸣"的方针,即艺术问题上"百花齐放",学术问题上"百家争鸣"。5月,又在最高国务会议上正式提出"双百"方针。"双百"方针成为反右的前奏。

1956年5月26日,应时任中国科学院院长和中国文学艺术界联合会主席郭沫若邀请,中宣部部长、中央人民政府文教委员会副主任陆定一在一次专门讲话中,对文教工作中如何看待中医问题上的"双百"方针作出指示。陆定一强调,对于包括医学在内的自然科学,有自身的发展规律,本身没有阶级性,"它们同社会制度的关系,仅仅在于:在不好的社会制度之下,这些科学要发展得慢些,在较好的社会制度下就能发展得快些。这些本来是在理论上早已解决了的问题。因此,在某一种医学学说上,生物学或其他自然科学的学说上,贴上什么'封建''资本主义''社会主义''无产阶级''资产阶级'之类的阶级标签……就是错误的"。例如说什么"中医是封建医,西医是资本主义医","巴甫洛夫的学说是社会主义的","米丘林的学说是社会主义的","孟德尔—莫尔根的遗传学是资本主义的"之类。强调要正确对待"政治观点问题"与"学术思想问题"[①]。

"双百"方针提出的第二年,1957年2月27日,毛泽东作了《关于正确处理人民内部矛盾的讲话》,进一步强调,"双百"方针是促进艺术发展和科学进步的方针,是促进我国社会主义文化繁荣的方针。随后,各条战线普遍开展了广泛的讨论、座谈,探讨如何贯彻"双百"方针,医药卫生界同样如此。

以卫生部和中华医学会为代表,组织了多次座谈会,很多专家对卫生部的工作作风和思路及其对中医工作的推动情况,大胆开展批评,进行热烈争论。

---

① 陆定一:《百花齐放,百家争鸣——一九五六年五月二十六日在怀仁堂的讲话》,《人民日报》,1956年6月13日,第2版。

1957年5月4—5日,在卫生部邀请北京各医学科学研究机构、各高等医学院校和各大医院的专家、教授举行的座谈会上,卫生部部长李德全,副部长徐运北、崔义田、张凯等参加。会上,首都医药卫生界人士认为卫生部存在严重的官僚主义现象。具体体现在[①]:

第一,忽视了"预防为主"的方向,导致只看病,不防病,病人越看越多。金宝善[②]提及,"我们从城市到乡村,都是医疗事业发展很大,预防工作发展很少。整个医学教育也如此。卫生部教育司司长写文章就是整篇谈医疗,没有谈到预防。只看病,不防病,病人就越来越多了"。叶恭绍[③]指出,"1957年北京市的卫生工作人员是三万二千人,其中防疫工作人员不超过一千人。有的地方盖了大医院,因为没有医师一年两年还不能开诊,而防疫站却连站址都没有"。严镜清[④]批评道,"卫生部下达经费指标时,总是有八个字'照顾一般,保证重点'。重点是医疗,一保证,对所谓一般的预防就可以照顾也可以不照顾了"。

第二,未将卫生工作完全建立在医学科学基础之上,缺乏从科学上推动和监察卫生工作的思路。金宝善建议,"卫生工作的领导人员一定要把科学家拉过来和他们一起办事,不要让他们只处于从旁建议的地位"。周金黄[⑤]、杨思孚[⑥]强调,"卫生部门急需要把科学工作委员会或学术委员会健全起来,使这种组织有职有权,真正对卫生工作从科学上起一些推动和监察作用"。

[①]《只看病,不防病,病人越来越多! 中医研究院积压大批人才没有事做 首都医药卫生界人士批判卫生部的官僚主义》,《人民日报》,1957年5月6日,第2版。

[②] 金宝善(1893—1984),浙江绍兴人。新中国成立后,曾任卫生部参事室主任,1954年任北京医学院卫生系主任兼保健组织学教研室主任、一级教授,兼任中国红十字会常务理事、中华医学会常务理事、《中华卫生杂志》主编,我国公共卫生学家,近代卫生防疫事业的奠基者之一。(李盛平主编:《中国近代人名大辞典》,北京:中国国际广播出版社,1989年,第457页)

[③] 叶恭绍(1908—1998),广东番禺人。新中国成立后,历任北京妇婴保健所所长,北京师范大学教授、北京医学院教授、卫生系副主任,北京医科大学儿童青海年卫生研究所名誉所长,中华医学会常务理事,为第六、第七届全国政协常委等。(中国人民政协辞典编撰委员会:《中国人民政协辞典》,北京:中共中央党校出版社,1990年,第495页)

[④] 严镜清(1905—2005),浙江宁波人。公共卫生学家。新中国成立后,历任北京市卫生局首任局长、中央医药卫生委员会副主任、中国红十字总会理事,为农工党第九届中央常委,第五、第六届全国政协委员。(秦国生、胡治安主编:《中国民主党派历史、政纲、人物》,济南:山东人民出版社,1990年,第661页)

[⑤] 周金黄(1909—1999),湖北黄冈人。我国药理学研究奠基人,曾主持和参与筹建中国生理科学会、中国药理学会、中国药理学会抗炎免疫专业委员会等,为第四、第五届全国人大代表。(胡运钊主编、湖北年鉴编辑委员会编:《湖北年鉴2000》(总第12卷),武汉:湖北年鉴社,2000年,第574页)

[⑥] 杨思孚(1908—1978),北京人。我国著名的营养学家。新中国成立后,历任中国医学科学院营养学系研究员兼系主任、中华医学会和国粮食部特别顾问、中国生理科学会常务理事等。(张宇舟主编:《中国当代医学家荟萃》(第3卷),长春:吉林科学技术出版社,1989年,第364页)

第三，积压人才，未能完全发挥专家作用。在中医研究院工作的西医沈谦和中医龙伯坚[①]等指出，"中医研究院现在积压着大批中西医人才，没有事做，什么研究都没有展开，既不像研究机构，又不像教育机构，也不像医疗机构，许多人悠悠岁月，简直像养老院；并且人为地制造许多中西医之间的宗派情绪；在学术工作上也有用行政命令和一家独鸣的情况"。

第四，对效果未有确定的医疗经验的宣传采取了不正确方式，造成损失。专家们认为，对效果并未确定的医疗经验做过早的不正确宣传，给卫生工作和人民群众造成了许多损失，但卫生行政部门并未注意纠正。

5月5日，在时任中华医学会会长傅连暲主持的中华医学会常务理事扩大会议上，20多位各科医学专家结合医学会的实际工作讨论了"正确地处理人民内部矛盾"的问题。金宝善在谈到中医问题时指出，"祖国医学遗产中肯定地有许多精华，今天我们应把它作为文化遗产来研究、学习，不能作为现代医学科学来接受，不能讲有疗效就是科学"。同时，他谨慎地提出，"卫生部提出过中医治疗流行性乙型脑炎的疗效在90%以上，这个定论太早了些"[②]。

5月13日和15日的上午，卫生部邀请了北京医学院、中国协和医学院、中国医学科学院、医学科学委员会等单位的60多位教授、专家座谈医学教育和医学科学研究工作。主要意见包括：

第一，医学教育中存在严重的质和量的矛盾，主要原因在于卫生部的主观主义、官僚主义。

第二，呼吁延长学制、精简课程，让学生学会独立思考，让医学教育后继有人。"培养人才首先要打基础，毕业后的专科进修那只是盖楼房而不是打基础，基础不好，楼就盖不成。许多教授认为中医课开得太早，未经整理的中医经验，学生难分精华糟粕，费了时间，效果并不好。""把祖国医学作为历史知识教给学生是必需的，但中医内经等著作不一定要学生去学。至于总结出来的有效经验可以摆在不同科目里讲。"

第三，把优秀的毕业生分配去当助教，给教师以进修的机会。

[①] 龙伯坚(1901—1983)，湖南长沙人。先世为长沙望族。受家学渊源影响，自幼爱好诗文。后因西学东渐，改攻医学，1923年毕业于湖南湘雅医学院。1953年调任北京担任中央卫生研究院中国医药研究所所长。1958年从中医研究院调至中国医学科学院工作。(中国中医研究院主编：《中国中医研究院人物志》(第1辑)，北京：中医古籍出版社，1995年，第86页)

[②] 安仲皇：《座谈"正确地处理人民内部矛盾"北京医学家提出了一些尖锐的矛盾》，《人民日报》，1957年5月7日，第7版。

第四，卫生部筹建高等中医院校过程不慎重。"去年办了四个中医学院，别的三个我不清楚，北京的校舍设备都是借用的，教师又是东拼西凑，一个大学为什么这样匆忙地办起来呢？试问办中医学院的目的是什么？假若说为了传授中医经验，由中医带徒就可以了，假若说为了总结、研究、整理中医经验，高中学生未必能行。"

第五，卫生部非常不重视科学研究工作[①]。

5月20日，为听取各方面对中医工作的意见，卫生部再次专门邀请17位中西医学专家举行座谈。专家一致认为，自从批判了歧视和排斥中医的错误做法以后，中医工作有了很大的改进，但是由于中央卫生部门还没有从思想上真正重视中医工作，导致很难取得实质性进步。

第一，对中医工作仍停留在表面上和主观愿望上，没有很好地研究贯彻中医政策。王伯岳[②]提及，"几年来，卫生部门吸收了几万中医工作，但这些中医是否安排得当，卫生部不得而知"，"现在中医没有自己的组织，没有一份全国性的刊物，连争鸣和反映思想情况的地方都很难找。在中医机构里少有中医的高级负责人"。董德懋[③]指出，"卫生部很少广泛地同中医商量中医工作，商量的时候，也多半是已成事实。西医学中医本是极重要的工作，但很少设专职干部教授中医课，以致教学质量不高，但卫生部门很少主动解决这些问题。中医学院的教学问题很少征求更多中医的意见"。还有专家强调，"卫生部不敢过问北京中医传习授徒中的问题，正说明卫生部对中医工作重视不够"。

第二，没有很好地领导中医研究院工作。"中医研究院的同志来自四面八方，每个人都想贡献自己的一得，但是，两年来，谁也不清楚研究院的方针、任务是什么，以致一些有丰富经验的老中医专家，每天只是给高级干部看病。许多中医专家也有同样的意见。"

[①]《医学教育和医学科学研究工作中的问题——医学界六十多位教授、专家发表意见》，《人民日报》，1957年5月16日，第6版。

[②] 王伯岳（1912—1987），四川成都人。三代世医以儿科著称。自1955年随父王朴诚，由成都调到北京中国中医研究院工作。历任中国中医研究院学部委员、儿科研究室主任、研究员，卫生部药典委员会委员，中华全国中医学会儿科专业委员会首届主任委员，为中国农工民主党中央委员、第六届全国政协委员。（俞景茂：《儿科各家学说及应用》，北京：中国中医药出版社，2017年，第154页）

[③] 董德懋（1912—2002），北京人。新中国成立后，历任中华医学会理事、中华儿科学会常务理事、中华全国中医学会常务理事、中国针灸学会副会长、中华全国中医学会北京分会副会长、人民卫生出版社中医图书编委副主任、广安门医院内科主任等。（上海中医学院主编：《中医年鉴1986》，北京：人民卫生出版社，1987年，第418页）

第三,未尽一切可能扶持中医,大量培养中年中医,让他们接受和继承老一辈中医的经验。

此外,西医专家针对西学中问题也发表了意见。"卫生部在发动西医学习中医的过程中,只强调了西医学习中医,没有提出中医也要学习西医;放松了对中医的思想政治教育;只强调发扬中医方面科学的东西,而对其中不科学的东西批判不够;而且,在领导方式上存在问题,致使中西医不能团结得很好。"例如,"对中医科学的方法,我们应该提倡,应该学习;对于不太科学甚至是不科学的方法,还是不提为好。过去卫生部以搞政治运动的方式来发动西医研究,同时还强调西医学中医,但不准西医发问";"中西医团结比以前好,但是仍然是貌合神离,同床异梦。西医不敢对中医讲话,怕戴'帽子'"[①]。

5月17日、22日、29日,中华医学会总会分别召开了三次医学主题工作座谈会,30多位药学工作者畅谈了药学工作中的问题。卫生部部长李德全,副部长徐运北、崔义田出席座谈会。许多人批评了卫生部重医不重药的领导思想,并就药政工作、药学教育、药房工作、药品检验、药学研究等提出批评和意见。例如,卫生部药品检验所解崇璋提及,"卫生部里,没有懂药的人做药政领导工作,具有七年以上工作经验的药学干部可以说没有。卫生部制订的1956年—1957年卫生工作规划中对药政工作、药学研究、药房工作的发展以及药学人才的培养等都提得不具体或只字未提","很多应做的工作没有做。例如,哪些药品是提倡使用的、哪些是淘汰的,生产哪些品种、进口哪些品种,卫生部都没有过问或没有计划","药政工作中只有一个麻醉药管理条例,其他的管理条例就没有,结果各地有各自的管理条例,这地方严,那地方松,造成工作中的困难"。时任中国药学会总会理事长、北京医学院药学系主任薛愚提及,"有人说药政司是卫生部中最薄弱的一环,要改变轻药的思想首先要加强药政工作"。中医研究院中药研究所冉小峰指出,"目前的中药研究在组织上、方法上是上不了天、下不了地的空中楼阁状态,中药研究所就是这样的典型,他认为中药研究首先应在原有的基础上整理,在整理的基础上重点地研究。中药研究所的方向是应保留的保留,应协调的协调"[②]。

[①]《重视中医,改进中医工作 卫生部邀请中西医学专家座谈》,《人民日报》,1957年5月21日,第7版。

[②] 安仲皇:《卫生部重医不重药 药学工作者提出批评和意见》,《人民日报》,1957年6月4日,第7版。

除了座谈会上的发言,还有专家在《人民日报》上秉笔直书,对新中国成立后的卫生工作,特别是中医工作进行反思和批评。以北京医学院卫生系主任、公共卫生学专家金宝善为例,1957年6月5日,《人民日报》刊登其《行政领导同专家要结合起来》一文。文中提及,新中国成立后,几年来在人民健康事业上的成就是巨大的、史无前例的,但是由于卫生行政部门在执行政策上有重要的缺点和错误,给包括中医在内的卫生事业带来一定损失。造成损失的主要原因在于"主观主义和宗派主义"①。在随即召开的第一届全国人民代表大会第四次会议上②,众多中医领域的领导和专家对党中央的中医工作总体上予以肯定的同时,畅所欲言提出很多实际存在的问题。例如叶熙春③、萧龙友④、王文鼎⑤等代表认为,1955年批判贺诚以来的中医工作,成绩是基本的,缺点和错误是次要的,轻视、歧视、排斥和打击中医的思想开始有了扭转,中医的政治地位提高了,中医的积极性有了进一步的发挥。但是,"双百"方针提出以后,"特别是在最近时期党提出整风,请党外人士帮助整风后,从报纸上或座谈会中经常地可以看到或听到一些使人痛心的谬误言论"。例如"中医理论是不科学的""中医有疗效也不科学""高中毕业生学中医是误人子弟""中医政策矫枉过正了,把中医抬得太高了","甚至还有人说'贺诚做的是对的,只是激烈了些',甚至更有人说团结中西医太不恰当"。鉴于这些言论,他们认为是资产阶级思想在卫生界的抬头,建议卫生部党组织彻底清除不正确对待中医的思想影响。"建议卫生部门党的组织应在整风中进行补课,从党内到党外,应当逐步彻底清除资产阶级错误思想。亡羊补牢,犹未为晚。"⑥

随着运动的发展,一批医学界,包括中医界内从事医学教育、医学科学研究、临床医疗和卫生行政部门的知识分子,在实际工作中遭遇了重大挫折。医学发展上的具体建议本身属于科学,但是在当时局势下,很难得到有效控制。1958

---

① 金宝善:《行政领导同专家要结合起来》,《人民日报》,1957年6月5日,第3版。
② 会议于1957年6月26日至7月15日举行。
③ 《在第一届全国人民代表大会第四次会议上的发言 改进中医中药工作 叶熙春的发言》,1957年7月8日,第6版。
④ 《在第一届全国人民代表大会第四次会议上的发言 一个老中医几十年寤寐以求的愿望相继实现了 萧龙友的发言》,1957年7月12日,第10版。
⑤ 《在第一届全国人民代表大会第四次会议上的发言 党的中医政策是完全正确的 卫生部执行这个政策有毛病 王文鼎的发言》,《人民日报》,1957年7月18日,第12版。
⑥ 《在第一届全国人民代表大会第四次会议上的发言 党的中医政策是完全正确的 卫生部执行这个政策有毛病 王文鼎的发言》,《人民日报》,1957年7月18日,第12版。

年11月,全国中医药工作会议及时召开,仍然继续强调,"卫生工作中同样存在着无产阶级和资产阶级之间的两条道路的斗争,要不要团结中西医、继承发扬祖国医学遗产,是这个斗争的重要内容之一。在这个问题上,我们同资产阶级的医药专家长期有分歧,今后更广泛更深入地开展中医中药工作,必须加强党的领导,深入地批判资产阶级思想,继续大张旗鼓地宣传党的中医政策,普遍展开中医中药的群众运动,更好地发挥中医中药为生产服务的作用"①。

(三) 革命卫生思想下的中西医结合路线

1965年1月19日,卫生部起草了《关于城市组织巡回医疗队下农村配合社会主义教育运动进行防病治病工作的报告》。1月21日,毛泽东给予"同意照办"的批示。1月27日,党中央批转了卫生部党组关于组织巡回医疗队下农村问题的报告;2月6日,向全国转发了卫生部党组给毛泽东的报告和毛泽东的批示,指出:"这是卫生工作面向工农兵必须走的道路,希遵照执行,并在实践中注意总结经验。"卫生部又接连发出三个通知,分别是1965年1月31日《关于组织农村巡回医疗有关问题的通知》、2月12日《关于认真做好城市组织巡回医疗队下农村的通知》、3月13日《关于巡回医疗队应下到农村问题的通知》。截至1965年4月14日,全国共组织了1521个医疗队,参加巡回医疗的医务人员达18690人②。中医群体也是重要的参与力量,很多知名中医参加了巡回医疗队,成效显著。例如,"在北京市郊区一些公社里,叶心清、朱颜、赵炳南、郗需龄等著名老中医和钟惠澜、范秉哲、张晓楼等西医专家,都设点应诊,或者巡回医疗。北京市中医医院、中医研究院、北京医学院、北京市同仁医院的巡回医疗队的医生,治疗了不少病人";"上海医务界组成的三十二个医疗队分两批先后到达上海市郊嘉定、松江、上海、奉贤、金山、青浦等县人民公社、生产队和市区工厂","有著名老中医程门雪、内科专家黄铭新、流行病学专家苏德隆等参加的第二批医疗队,大部分在嘉定县农村结合巡回医疗开展血吸虫病防治工作"③。

1965年五一国际劳动节期间,卫生部向全国各地农村巡回医疗队发出慰问

---

① 《大破资产阶级的医药权威 开展中医中药的群众运动 张际春在中医中药会议上号召大力发扬祖国医学遗产》,《人民日报》,1958年11月28日,第6版。
② 曾雪兰:《乡村赤脚医生群体研究(1965—1985)——以北京市郊为中心》,中共中央党校博士学位论文,2018年,第31—34页。
③ 《参加巡回医疗队 促进思想革命化 全国各地许多著名中西医学专家等组成二百多个巡回医疗队到农村、牧区和林区为保护劳动人民健康服务,受到群众欢迎》,《人民日报》,1965年4月5日,第2版。

信,"号召他们高举毛泽东思想红旗,坚持面向工农兵方向,更好地为人民健康服务"①。6月26日,毛泽东发出口头指示("六·二六"指示),卫生工作的重点开始全面转移到农村。医疗卫生队的工作进一步向纵深发展。许多参与这项工作的人都认为解决了自己的思想认识问题。例如,中医研究院农村巡回医疗队队长、中医研究院中医叶心清畅谈了思想改造过程。"我是参加中医研究院组织的农村巡回医疗队到北京郊区顺义县进行巡回医疗的。……通过实践,使我进一步亲身体会到,组织巡回医疗队下农村,适应农村人民的需要,更重要的是促进了我们的思想改造,对于促进医务工作人员的革命化有着深远的意义。……我要求每年有机会下农村工作,以便很好地向贫下中农学习,培养阶级感情,锻炼与改造自己,更多地为贫下中农服务。"②

1965年8月5日,卫生部邀请了第一批参加医疗队有关人员座谈怎样加强农村卫生工作问题。"参加这次座谈会的有中国医学科学院、北京医学院、中医研究院、北京医院、同仁医院、友谊医院和北京中医医院的巡回医疗队正副队长黄家驷、叶恭绍、朱颜、邓家栋、徐荫祥、钟惠澜和郗霈龄,以及张孝骞、林巧稚、周华康、李洪迥等各科专家教授三十多人。"会上的共识是:"农村是卫生工作者的广阔天地,农民占全国人口的大多数,我们的医院、医学教育、医学科学研究都必须进行改革,面向广大农村,为五亿农民服务。"③时任中医研究院农村巡回医疗队副队长、中医研究院内科研究所第二研究室主任朱颜提及,"这次参加中医研究院组织的农村巡回医疗队到顺义县几个公社开展巡回医疗工作,是一个具体为贫下中农服务、更好地改造自己的好机会。……培养和增强了对劳动人民的阶级感情,初步树立了阶级、群众、生产三大观点"④。11日,卫生部又邀请出席全国农村医学教育会议的农村基层卫生工作人员,再次就"如何面向农村,更好地为五亿农民服务,为农业生产服务的问题"进行了座谈⑤。

---

① 《卫生部"五一"节写信勉励农村巡回医疗队医务人员高举毛泽东思想红旗更好地为人民健康服务》,《人民日报》,1965年5月6日,第2版。

② 叶心清:《为贫下中农服务,更好地改造自己》,《人民日报》,1965年7月22日,第5版。

③ 《农民占全国人口的大多数,我们的医院、医学教育、医学科学研究都要进行改革,为五亿农民服务 卫生工作必须面向农村 首都参加巡回医疗队的专家教授座谈实践体会》,《人民日报》,1965年8月5日,第1版。

④ 朱颜:《在农村抢救危重病人的体会》,《人民日报》,1965年10月11日,第3版。

⑤ 《更好地为五亿农民服务为农业生产服务 必须大批培养半农半医医生和不脱产卫生员 县医院要彻底革命化,面向农村,办得适合农民需要 卫生部邀请农村基层卫生工作人员座谈实践经验》,《人民日报》,1965年8月12日,第1版。

农村巡回医疗队的目的就是走卫生战线革命化道路,充分发动医务战线力量,并加强思想政治教育,帮助他们树立全心全意为广大农民服务的思想,为农业生产服务,做又红又专、又会劳动又会治病的农村卫生工作者。新闻报道标题中频繁出现"为人民服务""革命""农村"等用语也凸显了这一初衷。例如,《采取革命措施,破除洋教条旧框框的束缚 大茅山培养一批新型农村医务人员》[①]《更好地为五亿农民服务为农业生产服务 必须大批培养半农半医医生和不脱产卫生员 县医院要彻底革命化,面向农村,办得适合农民需要 卫生部邀请农村基层卫生工作人员座谈实践经验》[②]《欢迎医疗队到农村去 要求医疗队到农村去》[③]等。

1965年9月3日,卫生部党委作了《关于把卫生工作重点放到农村的报告》,9月21日,党中央批转了报告。报告指出,"面向工农兵,是社会主义卫生工作的根本方针。我国80%以上的人口是农民,如果不认真解决广大农民的医药卫生问题,社会主义卫生工作的方针就会落空。必须把卫生工作的重点放在农村,认真组织城市卫生人员到农村去,为农民服务,培养农村卫生人员,建立和健全农村基层卫生组织,有计划有步骤地解决农村医药卫生问题"[④]。至此,"六·二六"指示中要求的"把卫生工作的重点放到农村去"的方针正式得到确立,卫生工作的重点由城市全面转向农村,中医药事业进一步扎根中国广袤农村土地。

在此过程中,还开展了政治与业务关系的大讨论。讨论的重点就是用毛泽东革命卫生思想武装自己,坚持走团结中西医的路线。例如,1966年2月,卫生部组织召开首都医药卫生界学习毛主席著作的座谈会,重点讨论"知识分子应该带着什么问题学习毛主席著作,怎样才能学好毛主席著作"。中央书记处书记、文化部部长陆定一出席并讲话,核心观点是,"医药卫生部门要做好工作,必须思想过硬,技术过硬。思想过硬是技术过硬的基础。要做到思想过硬,就要突出政治,用毛泽东思想挂帅"。

[①]《采取革命措施,破除洋教条旧框框的束缚 大茅山培养一批新型农村医务人员》,《人民日报》,1965年8月13日,第1版。

[②]《更好地为五亿农民服务为农业生产服务 必须大批培养半农半医医生和不脱产卫生员 县医院要彻底革命化,面向农村,办得适合农民需要 卫生部邀请农村基层卫生工作人员座谈实践经验》,《人民日报》,1965年8月12日,第1版。

[③] 卢国瑞、崔玉海:《欢迎医疗队到农村去 要求医疗队到农村去》,《人民日报》,1965年8月24日,第3版。

[④] 曾雪兰:《乡村赤脚医生群体研究(1965—1985)——以北京市郊为中心》,中共中央党校博士学位论文,2018年,第33页。

《人民日报》当日第一版分六个部分详细报道了座谈会。其中一个部分主题是"毛泽东思想挽救了祖国医学,把中西医引导到共同为革命医学事业服务的道路上"。蒲辅周、陈邦贤、张孝骞等老专家发表了关于革命医学事业道路上中西医问题的看法。"八十高龄的著名老中医蒲辅周在书面发言中满腔热情地歌颂毛泽东思想。他说,党的关于团结中西医、继承和发扬祖国医学遗产的中医政策,是毛泽东思想在医学方面的重要体现。是毛泽东思想挽救了在旧中国濒于绝境的祖国医学,把中西医引导到团结合作、到(取)长补短、共同为革命的医学事业服务的道路上。现在,毛主席著作已经是他每天不可缺少的精神食粮。他每天都要用'学—思—改'的学用结合的方法学习毛主席著作。他说他要这样'活到老,学到老,改造到老',要遵照毛主席的指示,同西医团结合作,研究出方便、有效、花钱少的医疗方法,为五亿农民服务。七十八岁的中医研究院医史研究室副主任陈邦贤每天坚持自学毛主席著作。他说,他学了毛主席著作以后,觉得自己越活越年青了,他要用毛主席的唯物史观修改过去写的医学史,让医学史的研究为无产阶级政治服务,为贯彻党的中医政策服务。"①

在探讨如何继承和发扬中医药学遗产问题时,强调必须加强西医学习中医的工作。《人民日报》特别使用"西医必须坚持学习中医"这一高度肯定、铿锵有力的话语作为新闻标题②。此后,各地医药卫生部门以毛泽东思想为武器,深入开展了一场关于政治与业务关系的大讨论,进一步针对医药卫生部门存在的资产阶级思想进行批判和斗争。"必须反对重业务、轻政治的各种错误观点,坚决突出政治,同各种各样的资产阶级思想进行斗争。""突出政治,就是突出毛泽东思想。党中央、毛主席关于把卫生工作的重点放到农村的指示,党的中医政策,关于预防为主、防治结合和卫生工作必须与群众运动相结合等各项卫生工作的方针政策,都是毛泽东思想在卫生工作方面的重要体现。卫生部门要突出政治,就应当认真地贯彻党的这些方针、政策"③。可见,卫生部希望通过政治工作会议,统一思想,确保卫生工作沿着正确的政治方向前进。

---

① 《只有解决了"为谁服务"方向问题,才能解决好"怎样服务"方法问题 知识分子学毛主席著作先要斗倒"我"字 首都医药卫生人员热烈讨论怎样学好毛主席著作的问题》,《人民日报》,1966年2月26日,第1版。

② 《打开祖国医学宝库为我国和世界人民服务 西医必须坚持学习中医 北京三百多名西医座谈继承和发扬祖国医药学遗产问题》,《人民日报》,1966年3月7日,第1版。

③ 《卫生部政治工作会议强调开展政治与业务关系大讨论的重大意义 确保卫生工作沿着无产阶级政治方向前进》,《人民日报》,1966年4月14日,第1版。

在革命卫生路线影响下,进一步开展了对"排斥中医""消灭中医"的全面批判。1966年4月16日,《北京日报》刊登关于批判《燕山夜话》和《三家村札记》的文章。中医界也有人对邓拓的《燕山夜话》发表意见,将其作品中所提到的中药方视为"政治药方","是影射我们党的,把我们党比作痰迷心窍、神志不清的病人来辱骂","是一株反党反社会主义的大毒草。其中《专治"健忘症"》一文尤为恶毒,是邓拓怀着刻骨的仇恨,向我们伟大的党、伟大的领袖毛主席发射的一支毒箭"[①],措辞相当激烈。

1966年5月16日,首都医药卫生工作者专门举行座谈会,中医西医界人士对邓拓进行了深刻批判。"揭开了'三家村'黑店掌柜邓拓以写'医药卫生'知识为名,行反党反社会主义之实的画皮。""邓拓写这样一些'医学'小品,是出于关心人民健康,传播医药卫生知识吗?完全不是。这些文章谈医学是假,谈政治是真,介绍卫生常识是虚,反党反社会主义是实,都是反党反社会主义的毒草。"文章认为,新中国医药卫生事业的成就是任何人也抹杀不了的,中医在旧中国到处受到排斥、歧视,是党的中医政策使中医得到新生。新中国成立后,各地成立中医医院、中医学院、中医研究院等医疗、教学和科研机构,培养了大批中医人才,使中医药得到继承和发扬。各地用中西医结合的方法,治好了许多疑难病症,并取得了许多重大的医学研究成果。邓拓书中的内容很自然地被视为"对社会主义建设成就的咒骂、诬蔑"[②]。

1969年,针对"排斥中医""消灭中医"的批判进一步趋向高潮。《坚决走社会主义道路》[③]《中国医药学是一个伟大的宝库》[④]等文章的发表,反映了这一趋势。1975年6月26日,"六·二六"指示发布十周年之际,《人民日报》于第一版刊发文章《在毛主席"六·二六"光辉指示指引下合作医疗遍地开花 百万赤脚医生茁壮成长》,高度评价"合作医疗"与"赤脚医生"。文章认为,"合作医疗"和"赤脚医生"是新生社会产物,在"贯彻执行毛主席提出的中西医结合和'预防为主'的方针"上发挥了不可替代的作用,"对于贯彻执行毛主席的革命卫生路线,在上层建筑领域对资产阶级实行全面专政有着重要意义","广大赤脚医生决心

---

① 柯雪帆、刘嘉湘:《阴险毒辣的反党"药方"》,《人民日报》,1966年5月14日,第2版。
② 《首都医药卫生工作者揭开邓拓的画皮 借介绍"卫生知识"之名行反党反社会主义之实》,《人民日报》,1966年5月20日,第4版。
③ 邵立文:《坚决走社会主义道路》,《人民日报》,1969年9月25日,第4版。
④ 广东省惠阳专区卫生战线革命委员会:《中国医药学是一个伟大的宝库》,《人民日报》,1969年9月25日,第4版。

继续发扬艰苦奋斗的作风,更加自觉地抵制资产阶级思想的侵蚀,坚持无产阶级专政下的继续革命,为继续推进卫生革命,在医疗卫生领域里巩固无产阶级专政而奋斗"①。

随着批判的深入,尽管产生了一些非理性的行为,造成负面影响,但是坚持党的中医政策、坚持中西医结合就是坚持毛泽东革命卫生路线、践行全心全意为人民服务宗旨的理念深深根植于广大医务工作者的内心。"两条路线、两种思想的斗争十分激烈,每前进一步都要经过斗争。是坚持中西医结合方向,还是崇洋迷外,继续在西方资产阶级的后面爬行,就是斗争的一个重要方面。""十二年来的实践使我们深深体会到,中西医结合是卫生革命的重要组成部分。"②

(四) 澄清是非问题、路线问题,坚持中西医结合

1977年8月,卫生部组织召开了全国各省、市、自治区卫生局局长会议和中西医结合规划工作座谈会,这是1976年之后首次召开的全国性卫生工作会议。会上,对1949—1976年间的卫生路线和成绩予以肯定,并对卫生路线造成的破坏进行了批判。此次会议具有重大意义:

一方面,全面总结评价了新中国成立后的卫生工作,其间虽然有"修正主义"路线的干扰,但卫生战线的成绩还是主要的。澄清了是非,调动了广大医药卫生工作者的积极性,能够确保几亿人民的健康。

另一方面,进一步树立"中西医结合"路线的权威,并制定《全国中西医结合工作十年发展规划》,为全力推动中西医结合工作提供了政治保障。"会议认为,搞不搞中西医结合,是真搞还是假搞,是真拥护还是假拥护,这是关系到执行不执行毛主席革命卫生路线的大是大非问题。卫生战线的各级领导干部要在思想上认识上解决这个问题,不能等闲视之。"

此外,在确定"中西医结合"路线的前提下,对如何开展具体工作给予具体指导意见。要求"各地卫生部门都要在各级党委的领导下,认真贯彻党的中医政策,在'努力发掘'上狠下功夫,继承祖国医药学遗产,做好中医古典文献的整理研究和出版工作;要加强中西医团结,积极提倡西医学习中医,发展壮大中医队伍和中西医结合的队伍,积极建设中西医结合基地;要大力加强对中医药学理论

---

① 《在毛主席"六·二六"光辉指示指引下合作医疗遍地开花 百万赤脚医生茁壮成长》,《人民日报》,1975年6月26日,第1版。

② 吴咸中:《端正方向路线 坚持中西医结合》,《人民日报》,1975年8月16日,第4版。

和现代医学科学基础理论的研究,力争在本世纪末实现毛主席关于创造我国统一的新医学新药学的伟大理想"①。

对于今后的卫生路线,以及中西医结合的工作如何开展,卫生部于1977年10月31日在《人民日报》发表评论文章《沿着毛主席的革命卫生路线奋勇前进》,重点从政治原则和思想路线的角度,解答了为什么要继续沿着毛泽东革命卫生路线前进这一关键问题。核心观点是,坚持中西医结合的卫生路线,归根到底就是解决卫生工作为什么人服务和如何服务的问题。"'为什么人的问题,是一个根本的问题,原则的问题。'无产阶级和资产阶级之间的斗争,反映在卫生战线,集中表现在是为绝大多数人服务还是为少数人服务这样一个问题上。面向工农兵,为绝大多数人服务,是毛主席革命卫生路线的核心,这是完全、彻底地为人民服务的思想在卫生工作方面的体现。"②强调这一认识的出发点在于,各地在贯彻落实党的中医政策上虽然做了大量的工作,形势发生了可喜的变化,但是之前的路线是非和思想是非,还必须进一步澄清,将人们从之前的影响下彻底解放出来。各地也确实在观念转变、实际工作过程中逐渐取得了共识,推动了中医工作的继续发展。以辽宁省为例,1978年8月6日,卫生部在辽宁省调查的基础上发表了重要文章,具有代表意义。文章主要内容如下③:

第一,"对于中医药学是一个伟大的宝库,必须有一个坚定正确的认识"。"'中国医药学是一个伟大的宝库,应当努力发掘,加以提高。'这是伟大领袖毛主席的重要指示。……但是长期以来,对于中国医药学究竟是不是一个伟大的宝库,应不应当努力发掘,加以提高,认识上始终存在着分歧。……各地卫生部门,应当通过揭批'四人帮'的第三战役,肃清民族虚无主义的流毒,不是在口头上,而是在实际上,彻底解决相信不相信伟大宝库的问题,这是做好中医工作和搞好中西医结合的关键所在。"

第二,"在现阶段,中医药队伍还要不要发展?这也是必须澄清的一个重大问题"。"为了更好地坚持中西医结合的道路,继承发扬我国医药学遗产,创造我国统一的新医学新药学,不仅西医的队伍要发展,中医的队伍也要发展,不

---

① 《全国卫生局长会议和中西医结合规划工作座谈会表达决心 准确地完整地贯彻执行毛主席革命卫生路线》,《人民日报》,1977年8月20日,第1版。
② 卫生部党组:《沿着毛主席的革命卫生路线奋勇前进》,《人民日报》,1977年10月31日,第2版。
③ 卫生部中医局调查组:《要认真落实党的中医政策——粉碎"四人帮"以来辽宁省中医工作和中西医结合工作情况的调查报告》,《人民日报》,1978年8月6日,第2版。

仅要培养高水平的西医,也要培养高水平的中医,还要积极培养中西医结合的高级医生。"

第三,"中医医院要不要突出中医的特点,要不要以中医药为主?""有些中医院不以中医药为主,不去努力继承、发掘、整理、提高中国的医药学,不去总结提高中医的疗效和理、法、方、药辨证施治的规律,而是轻视或者废弃中医药,搞全盘西化,基本上变成了西医院,失去了举办中医院的特殊意义。""中医院也必须搞好中西医结合,必须应用现代的科学知识、方法整理研究我国的中医和中药,为创造我国统一的新医药学做出贡献。"

第四,"中西医结合是否就是西医诊断加上中药方,或中药西药一起上?中西医结合的标志是什么?""必须以辩证唯物主义思想作指导,团结中西医,运用现代科学的知识和方法,通过广泛实践,把中医中药知识和西医西药知识结合起来,取其精华,弃其糟粕,使之逐步融汇贯通,在医药学的各个领域都能有所突破,创造出具有更高科学水平的新医药学的理论体系,逐步形成我国统一的新医学新药学。"

对以上问题的正确认识,是坚持中医政策,科学发展中医的保障,也是新中国成立后党和国家中医政策能否延续的关键。

三、中医药领域的群众卫生运动:"访贤采风"和"农村合作医疗制度"

新中国成立后,为了迅速完成三大改造,建立社会主义制度,推动各项事业又快又好发展,党和国家在诸多领域和行业的建设发展过程中发动了声势浩大的以"为人民服务"为宗旨的群众运动,中医药领域同样如此,比较具有代表性的是"访贤采风"和"农村合作医疗制度"。

特殊历史时期的中医药领域的群众性卫生运动的展开,其意义突破了单纯的卫生领域,在整个国家和社会的安全、生产和发展过程中,承担了不可或缺的重任,作出了积极贡献。群众卫生运动也并非被动的权宜之计,而是党和政府以战略高度,将广大人民自力更生、艰苦奋斗、爱国主义等优良传统与中医药优势有效结合的科学创举和长久之计。体现了中国共产党始终坚持"为人民服务"的宗旨,高度关怀和重视中医药的情怀和远见。以访贤采风和农村合作医疗制度为中心的群众卫生运动被媒体赋予了积极意义,其价值被构建为:发挥了中医药特色优势,推动了中西医结合路线,歌颂了广大医药卫生工作者高贵品质,赞美了党中央以人民为中心的价值追求。

传承创新发展中医药是新时代中国特色社会主义事业的重要内容,是中华民族伟大复兴的大事,对于坚持中西医并重、打造中医药和西医药相互补充协调发展的特色卫生健康发展模式,发挥中医药原创优势、推动我国生命科学实现创新突破,弘扬中华优秀传统文化、增强民族自信和文化自信具有重要意义。回顾历史、展望未来,通过再现党媒关于中医药的一系列论述,更能够体会习近平总书记关于传承发展中华优秀传统文化,传承精华、守正创新中医药,爱国卫生运动,以及以人民为中心等重要论述的精神。

(一) 具有深远意义的中医药群众性卫生运动

新中国成立前夕,中国共产党就已在多地开展了群众性卫生运动。主要原因是在土改基本完成、封建制度已消灭、武装敌人即将肃清之际,通过加强医疗卫生工作,降低各种疫情的发病率和死亡率,确保人口,支援前线。

新中国成立后,由于中医药力量薄弱,在1949年底人民革命军事委员会组织召开的全国卫生行政会议上,将卫生建设工作方针确定为"以预防为主、治疗为辅"。在该方针指导下,必须要团结一切可以团结的中西医力量,以为人民服务为宗旨,为新中国卫生建设而努力。"要使卫生工作的成就,能普遍深入到每个角落,单靠少数的卫生人员是难以做到的,因此必须使卫生工作,成为广泛的群众运动,使广大人民群众能自觉地参加卫生工作,那种效果是无限量的。"①此后,党领导的群众性卫生运动逐步展开,并在各地取得成效。以当时比较典型的实验区河北涿县为例:1949年10月开始,卫生部派员在涿县开展卫生实验区工作,经过四个半月的工作,卫生部在总结经验时首先强调的就是"再一次肯定了卫生工作必须是群众性运动"。鉴于旧中国的经济和文化落后状况,人口死亡率、群众卫生常识、流行病等不容乐观,任务艰巨,只有"依靠一切组织力量,发动群众,团结改造中西医生……根据现有的文化经济水平,由浅而深、由远而近地广泛开展卫生运动"②。

---

① 新业:《为人民保健事业而努力》,《人民日报》,1950年1月10日,第5版。
② 中央卫生部保健处:《介绍涿县卫生实验区的工作经验》,《人民日报》,1950年4月18日,第5版。

在新中国成立初期各地群众性卫生运动的基础上，整体卫生工作取得了卓越成绩，这一点尤为明显地体现在传染病的防疫和控制上。卫生部在总结经验时指出："传染病完全是可以预防的（以前全国每年死亡人口死于传染病的在半数以上），但必须针对危害最大的传染病及时主动地进行重点预防。有的传染病预防起来并不困难，如种痘，乡村妇女干部、学生、小学教员及其他文教工作者，稍经训练就能做；其他防疫工作也可以在各地组织和训练中医和动员当地西医担任。"在强调疫情可以控制的同时，更强调需要发动群众的力量①。全国层面群众防疫卫生运动于 1950 年 2 月之后得到进一步发展。面对全国各地，尤其是沈阳、北京、天津、上海等大城市接连发生较为严重的疫情，卫生部于 1950 年 2 月 10 日发布了《关于开展军民春季防疫工作给各级人民政府及部队的指示》，强调必须严重警惕和注意疫情，并充分发动当地群众力量，抗击疫情。"过去的经验证明，所有这些疫病，都是可以预防的。只要我们从领导上及早地切实注意，亲自动手组织一切卫生医药力量，发动群众，来进行切实有效的防治，我们就有力量并有把握来扑灭或制止疫病的流行。"

中央要求各级人民政府，各部队，各人民团体以至各地中西医和其他卫生工作人员，应该把这项工作看作当前紧急任务之一，根据各地情况，提出了一系列具体的指导和要求，包括如何广泛动员一切群众力量做好防疫工作。"各疫区及邻近的县以上政府负责同志，应亲自领导，组织包括各方代表人员参加的防疫委员会。动员各种必需与可能的人力物力，向疫病作斗争。""一切卫生工作人员，均应参加政府的防疫工作"，包括数量很大的中医，以及私人开业医药人员。"各县均应尽可能地组织巡回防疫队，平时做深入的卫生宣传及普种牛痘，并帮助进行建立区乡卫生组织，推行卫生运动。凡遇传染病人，应及早发现并诊断，即行就地隔离，进行随时消毒，调查其传染来源，并立即向上级报告，此外对接触者应施行健康隔离，针对发现之传染病进行预防接种。发动一般的清洁卫生运动及环境卫生工作，并注意宣传教育。这样即使有疫病发生，也可能及时扑灭，防止蔓延。"②

"以预防为主、治疗为辅"的卫生工作方针提出后的第三年，党中央在战略层

---

① 《遏止或限制了传染病的发生与流行　全国防疫工作获得巨大成绩》，《人民日报》，1950 年 8 月 16 日，第 3 版。

② 李德全、贺诚：《中央两卫生部指示开展军民春季防疫　各级政府、部队、团体、医务人员应把此项工作看成当前紧急任务之一》，《人民日报》，1950 年 2 月 11 日，第 3 版。

面正式提出卫生工作与群众运动结合的原则。1952年12月,在第二届全国卫生会议上,党中央将"卫生工作与群众运动相结合"进一步补充成为新中国卫生工作的原则之一。在第一届全国卫生会议上提出的"面向工农兵""预防为主""团结中西医"三大原则扩充为四大原则。之所以在战略层面重视卫生工作与群众运动相结合,周恩来在讲话中指出,"一九五二年爱国卫生运动之所以取得这样伟大的成就,主要是依靠了广大人民群众的努力和卫生模范的带头作用","卫生工作必须与群众运动相结合,才能将成绩巩固起来并向前发展。如果卫生工作不与群众运动结合起来,卫生工作'面向工农兵''预防为主''团结中西医'的三大原则,就不可能很好地贯彻。为了保证生产建设与国防建设,为了做好少数民族的卫生工作,都必须发动群众"[1]。

新中国成立初期的群众卫生运动经验在后续的工作中一直有所延续。丰富的卫生实践证明,群众性的卫生运动绝不是一个临时的措施,而是一项具有深远意义的部署。

第一,从新中国建设和安全、生产的角度来看,既是一项严重的对敌斗争任务,也是一项重要的社会改革工作。加强卫生工作是关系到国家建设的一件大事,也是一个繁重的任务。百废待兴之际,要完成这样的任务绝不是卫生机关所能单独胜任的,要想在短时期内改善城市和农村的卫生状况,提高广大人民群众的身体素质和科普素养,必须走群众路线。这一认识在1952年爱国卫生运动之后成为党的卫生工作的根本经验。"经过一九五二年的爱国卫生运动,我们在推行卫生工作方面获得了很多经验,如关于组织检查的经验,关于宣传教育的经验,关于卫生工作与生产及其他当前中心任务结合的经验等等,而最根本的经验是:卫生工作必须与群众运动相结合。爱国卫生运动从开始到现在,为时还不过一年,全国各地卫生状况已经大大地改善了,疾病显著地减少了,许多城市和乡村的面貌已经焕然一新,有些城市出现了夏天无蝇的奇迹。这就是我们发动广大群众推行卫生工作的结果。很明显,如果我们不发动广大群众,如此程度的改进绝不是短短一年时间所能实现的。这就是说,开展群众性卫生运动不仅是粉碎敌人细菌战的可靠的保证,而且是改进我国卫生状况所应取的一条捷径。"[2]

---

[1] 《第二届全国卫生会议闭幕 周总理指示卫生工作要与群众运动相结合 贺诚副部长提出今年继续开展爱国卫生运动的方针与任务》,《人民日报》,1953年1月4日,第1版。

[2] 《卫生工作必须与群众运动相结合》,《人民日报》,1953年1月4日,第1版。

第二，支持了七届三中全会之后的各项运动和国民经济恢复。1953年12月，第三届全国卫生行政会议召开，时任卫生部副部长贺诚总结了爱国卫生运动所取得的成绩，充分肯定了群众卫生运动的意义。"在团结全国卫生人员，开展群众性的爱国卫生运动、实施医疗预防和医学教育工作，为国家经济的恢复和发展服务，并支援伟大的抗美援朝斗争，获得了很大成绩。"①

第三，保证了三大改造后的社会主义制度建设。1956年底，基本完成对农业、手工业和资本主义工商业的社会主义改造，社会主义制度基本建立。1958年5月，党的八大二次会议通过了"鼓足干劲、力争上游、多快好省地建设社会主义"的总路线。全国上下掀起社会主义建设的高潮，群众卫生运动的开展有力地支援了全国如火如荼的生产和建设。1958年12月，李德全在全国农业社会主义建设先进单位代表会上总结道："依靠群众，发动群众，广泛深入地进行宣传教育，破除迷信，大搞群众运动，是运动取得巨大成就的关键。"广泛的群众卫生运动"不仅能改变国家的卫生面貌，而且也能改变人们的思想意识和精神面貌"，"爱国卫生运动的开展，已从增加肥料，减少粮食损耗，提高劳动出勤率和劳动效率，从田增产、人增寿上，显示支援工农业生产和促进国家建设的作用"②。

第四，推进了全国西学中进程。从1958年11月《中共中央对卫生部党组关于组织西医离职学习中医班总结报告的批示》③到1960年4月，"全国已有三十七个西医离职学习中医班，学员达二千三百多人，有三万六千多西医（包括一部分中级医务人员）参加在职学习。西医学习中医，成了声势浩大的群众运动"④。很多老中医也予以高度肯定。著名老中医蒲辅周强调，认真贯彻群众路线，大搞群众运动，是中医工作的根本路线。"中国医药学一向是同人民群众血肉相关的，通过人民群众对疾病作斗争的实践，不断地补充它，发展它。因此，在中医工作中必须贯彻群众路线，把党的中医政策交给群众。""几年来无数事实证明，搞

---

① 《第三届全国卫生行政会议在北京举行 确定今后卫生工作的方针和任务》，《人民日报》，1953年12月31日，第3版。
② 《把爱国卫生运动推向更高的阶段 李德全在全国农业先进单位代表会议上作报告》，《人民日报》，1958年12月31日，第4版。
③ 《中共中央把卫生部党组报告批示各省市区党委 组织西医学习中医是件大事 凡是有条件的，都应该办西医离职学习中医的学习班》，《人民日报》，1958年11月20日，第1版。
④ 《党的中医政策光芒万丈 政协全国委员会张孝骞委员谈一年来学习中医的体会》，《人民日报》，1960年4月6日，第16版。

临床治疗也好,搞中医教育也好,搞科学研究也好,都不是单纯依靠少数人可能完成的。必须在党的领导下,中西医结合、青老结合、医务人员同人民群众结合,只有这样,才能把中医的各项工作多快好省地开展起来。"①

(二) 中医药领域的"访贤采风"

从 20 世纪 50 年代开始,为贯彻党的中医政策,全国各地从上到下开展了一系列群众卫生运动,中医药领域的"访贤采风"运动就是其中之一。这是一场以广大中医药工作者为主体,以服务国家建设和人民健康、传承发扬中医药为目标的运动。从参与其中的主要群体所开展的活动来看,主要包括:广大中医药工作者投入大量精力整理医学典籍中的治病药方,从民间收集整理古方、验方、秘方和偏方,以及各地名老中医、民众自发献方献药。1965 年 6 月 26 日"六·二六"指示发布以后,"访贤采风"运动掀起另一个高潮,以"三土四自"②为重点,有力地支撑了农村合作医疗制度的运行。

1. 古方、秘方和验方的独特功效宣传

由于党中央的高度重视,鼓舞了中医药行业和群体的积极性,进一步明确了服务目标,打破了保守思想。很多中医主动运用家传秘方与验方,自发地为人民服务。各类中医古方、秘方和验方在防御治疗疾病的过程中发挥了积极作用,仅在血吸虫病防治上,据不完全统计,中医贡献出来的药方已经有四百多种,其中对消除病人腹水,减轻肝脾肿大,恢复病人劳动力有显著效果的就有二十多种"③。尤其是在 1956 年 5 月开启的新一轮西学中班④,以及 1958 年后学习中医受到党和政府的进一步关怀和重视,中医群体热情也更加高涨,常有中医人士"献计献宝",为保障人民群众健康、发掘传承中医药遗产贡献力量。

(1) 祖传秘方治疗疟疾

> 临床实验的结果,有 32 个患者已经全部治愈,有的已经有七个多月没有复发。服用这种药粉也没有副作用。"疟疾粉"是四川万县中医周美

---

① 《祖国医学在社会主义制度下大放异彩 蒲辅周委员谈有关中医药的研究情况》,《人民日报》,1960年4月6日,第16版。
② "三土"指土医、土药、土方。"四自"指自采、自种、自制、自用中草药。
③ 《继续努力防治血吸虫病》,《人民日报》,1956年5月28日,第1版。
④ 《继承祖国医学遗产的重要措施 卫生部门将组织西医全面学习中医》,《人民日报》,1956年5月9日,第1版。

礼公开的祖传秘方、卫生部在去年年初曾指定由云南、湖南等地进行临床实验。①

(2) 中医古方、秘方和验方治疗瘰疬、痔瘘和肝腹水

陕西省西安人民医院中医师王锡俸最近一年来根据祖传秘方，采用腐蚀疗法和针灸疗法治疗的五百二十多名瘰疬患者中，已经有五百一十多名痊愈，而且再没有复发现象。西安市中心医院中医师王庆林用祖传秘方治疗痔瘘时，首先进行简单的切除瘘管手术，再敷上化腐生肌散等药物，约二十天就可以治好。对痔核病患者，用古炭酸和甘油注射在痔核内的办法治疗，十多天就可以治好。肝硬变腹水也是一种很难治的病，西安市中医医院沈反白在最近五个月中用十枣汤、消胀丸和消水丹等古方和验方治疗了三十九个病人，其中有九个人已经完全好了，其余的患者病情也大大减轻。②

(3) 祖传秘方治白喉

西安市中医吴湛如采用祖传秘方"白喉散"治疗白喉症有很好的效果。
白喉是一种传染病。吴湛如用牛黄、珍珠、琥珀等十二种中药配成细微粒状的散剂，撒在患处，每天撒二三次，轻的两三天内就可以痊愈，重的五六天内也可以治好。去年年底，西安市传染病院用"白喉散"治疗十八名白喉患者，治愈率达到83%以上。③

(4) 验方治疗麻风病

辽宁省麻疯（风）病院在最近九个月期间，针对全院住院患者372名中的309名的不同情况，分别采用中医文献《医宗金鉴》所载关于治疗麻

---

① 《中药"疟疾粉"治疗效果良好》，《人民日报》，1956年1月10日，第3版。
② 陕西人民广播电台：《西安中医用古方秘方验方治好许多瘰疬痔瘘等病患者》，《人民日报》，1956年4月28日，第3版。
③ 《吴湛如采用祖传秘方治白喉》，《人民日报》，1956年5月3日，第3版。

疯(风)病的几个处方和"苦参散"等五个临床验方,在中医和西医大夫合作下连续进行了治疗。截至三月十五日对患者症状的观察,治疗有效的为99%。①

(5) 祖传秘方治疗血吸虫

安徽省卫生厅最近总结了用中药乌桕树根皮治疗晚期血吸虫病的验方,并且已经在芜湖、徽州等地区试用。这是安徽省宁国县竹峰乡老中医叶成宏公开的祖传七代的验方。

从今年一月到四月,这个验方在宁国县等地经过临床实验,治疗效果良好。晚期血吸虫病患者经过不到一个月的治疗,腹水消失,肝、脾肿缩小,90%以上的患者都恢复了健康。②

"全生腹水丸"是武汉市中医公开的秘方之一。它是由巴豆霜、肉桂、皂矾等药制成的,具有杀虫和消除肿胀的作用。它和中医公开的"大黄䗪虫丸""蟾酥丸""十枣丸"等药方都被认为是治疗血吸虫病的有效药物。③

在当时的医疗条件下,针对血吸虫的秘方发挥着重要作用。

(6) 祖传秘方治疗骨科疾病
西安市中医门诊部正骨科郭汉章医师利用祖传秘方治疗骨科各种疾病。

郭汉章治疗骨科各症用的是祖传秘方,主要有展筋活血散、接骨续筋散、壮筋补骨丹、筋骨疼痛药酒等十六种方剂,并配合接骨手术。他从去年四月参加西安市中医门诊部工作以来,共医治了四百多病人,在三百多骨折、脱臼病人中,有96%都痊愈了。病人痛苦较小,也没有后遗症。

郭汉章医师在1954年,已将他的正骨经验写成了一本书,全部公开了他家相传六世的秘方。④

---

① 《中药治疗麻疯(风)病效果很好》,《人民日报》,1956年5月5日,第3版。
② 《用乌桕树根皮治疗晚期血吸虫病》,《人民日报》,1956年5月10日,第3版。
③ 《发扬祖国医学遗产》,《人民日报》,1956年6月14日,第3版。
④ 西安日报编辑部:《中医治骨科各症的疗效》,《人民日报》,1956年5月20日,第3版。

(7) 祖传秘方治疗破伤风

　　山西医学院附属医院、山西省临汾人民医院、山西省永济卫生院学习和运用中医史传恩治疗破伤风的经验治疗破伤风，治愈率达到97%。①

(8) 民间验方治疗淋巴腺结核

　　鞍山市铁西门诊部医师魏汝贤用一种民间的验方治好了九个患淋巴腺结核的病人。
　　去年春天，魏汝贤的亲戚李殿华患了淋巴腺结核，请很多医生看过，但一直没有治好。有一次，李殿华所在的工地上的一个瓦工告诉他……李殿华拿了这个药方同魏汝贤以及其他几个中医研究后，把这个药方试服了十几天，溃破的地方收口了，两个月以后就完全好了。以后魏汝贤用这个方子又治了八个淋巴腺结核的患者，都得到了显著的效果。②

(9) 祖传秘方治疗小儿乳滞、食积、喘咳、惊风

　　江苏省南通市庆和春药铺的"王氏保赤丸"，是医治小儿乳滞、食积、喘咳、惊风等病的有效良药，创制以来已有60多年的历史，行销江苏、上海、广东、香港等地，是这个药铺传子不传女的"传家宝"。药铺公私合营后，国营药材公司积极帮助开展了代客煎药业务，营业情况有了好转。这个店的负责人王锦之、李慧中受到很大感动，就主动把"王氏保赤丸"的详细处方送给了国营药材公司，让"传家宝"变为"社会宝"，更好地为下一代的健康服务。③

(10) 祖传秘方治疗毒蛇咬伤

　　经南通市中医院整理鉴定，成为最近江苏省南通市中医院整理鉴定了

---

① 倪合一：《中医中药治破伤风疗效达97%》，《人民日报》，1956年6月11日，第3版。
② 《发扬祖国医学遗产》，《人民日报》，1956年6月14日，第3版。
③ 《发扬祖国医学遗产》，《人民日报》，1956年6月14日，第3版。

一种专门治疗蛇毒的特效中药方。这是南通市郊区中医季德胜不久以前公开出来的祖传秘方。

……

这种药是用……制成像普通算盘珠一样大的黑色药饼。

南通市中医院正在进一步研究整理这种药的制法和治疗方法。南通市的有关单位还计划用人工在郊区栽培这些药草。①

2. 全国各地如火如荼的采方、献方活动

全国各地充分发挥中医药行业和群体的主观能动性,有组织地掀起了如火如荼的采方、献方活动。《人民日报》关于采药、献药、献方等事迹的介绍,从具体内容和叙事视角来看,主要目的是宣扬在"把医疗卫生工作的重点放到农村去"和"备战、备荒、为人民"的指示下,各地坚持自力更生、艰苦奋斗、勤俭办医,充分发挥革命精神和创造力,为巩固和发展合作医疗制度,贯彻执行"中西医结合"路线提供了极大支撑。

宁夏回族自治区在1959年2—7月间,"搜集到各种珍贵的中药秘方验方四万六千多件,中医药书八百多册。各地在搜集中医中药时,都以专业医疗干部和群众相结合的方法组成采风队,深入农村、城镇采访。中卫县由十多人组成的采风队,到各公社和生产队边宣传、边搜集,仅一个多月的时间,就搜集到秘方验方二千多件。银川卫生学校师生深入群众采风,三个月内采集秘方验方八千多件"②。

福建各地中医先后献出许多治疗烫伤、火伤和热射昏倒等伤病灵验药方,对治疗高温伤病起了重要作用。"福建省中医研究所针灸研究室主任陈芑洲老医师,在最近献出的一贴治疗火伤的验方,已先后治好了一百多个火伤面占全身10%到40%的病人。厦门市陈焕章老医师献出的七味灵、点眼丹等治疗高温操作热射昏倒的药方,疗效也都达到90%以上。厦门中医院医师林孝德、陈廷煌献出的金黄膏、大麦膏等治疗烫伤的验方,疗程可以比用西药治疗同样烫伤缩短一半。"③

---

① 《治疗毒蛇咬伤有了特效中药方》,《人民日报》,1956年8月1日,第7版。
② 《发掘研究草医草药 降服疾病造福人类 福建召开草医代表会交流采集草药秘方经验 宁夏已搜集各种珍贵中药秘方验方四万多件》,《人民日报》,1959年7月22日,第7版。
③ 《全民炼钢运动中献出治疗火伤验方 福州厦门中医大受赞扬》,《人民日报》,1958年11月20日,第6版。

1960—1961 年,福建各级卫生部门收集到 1 000 多则民间诊断疾病的方法①。

云南中医学院在 1960—1961 年间,采集有效民间验方、单方 200 多种,全院老中医献方 1 580 多个②。从 1961 年初开始,该校师生"在半年多的时间中,拜访了数百名哈尼族、傈僳族、傣族、彝族、苗族等民间医生,以及只懂一方一药的各族农民。……先后搜集验方、单方六百多方,其中内科三百八十六方,外科三十五方,儿科十三方,妇科二百五十四方,五官科九方,同时还发现了二百多种过去各家本草书上尚未记载的中草药。……这些验方和药物经过试验,大部分都有较好的疗效"③。

广州 1958 年"采集民间的单方、验方、秘方共五万多条"④。广州中山医学院在 1958 年"大力开展采风访贤运动,共采方八十七万多条"⑤。广西壮族自治区的"中医、草医献方献宝共二十八万余条"⑥。陕西省采集"秘方、验方三十多万件"⑦。武汉 1959 年春季,"仅在城区就收集了二十四万多验方、秘方、单方,一千多册中医药书籍,四百多手抄本"⑧。贵州省中医研究所从 1957 年开始,"收集了三千多种民间药物的秘方验方,采集了二千多种药物标本"⑨。四川医学院的师生在 1958 年的上山下乡中,"收集到的民间单方、验方和秘方达三万多个,各种中医中药手抄本一百七十七本,采集的药物标本近五千件"⑩。上海第一医学院"采集民间单方秘方二万余张、各种抄本七十八本"⑪。浙江 1959 年

---

① 《福建收集民间诊断方法》,《人民日报》,1961 年 12 月 29 日,第 4 版。
② 《整理临床经验 继承医学遗产 云南中医学院开展学术研究》,《人民日报》,1961 年 5 月 26 日,第 4 版。
③ 《从民族地区的卫生条件和实际情况出发 云南中医学院整理民族医药遗产》,《人民日报》,1961 年 7 月 18 日,第 4 版。
④ 何继宁、杨淑卿:《广州卫生系统党员负责干部认真学习中国医药学》,《人民日报》,1959 年 1 月 20 日,第 6 版。
⑤ 《在第二届全国人民代表大会第一次会议上的发言 贯彻党的教育方针的几点体会 柯麟、梁伯强、谢志光代表谈中山医院去年取得的成绩》,《人民日报》,1959 年 5 月 4 日,第 11 版。
⑥ 《在第二届全国人民代表大会第一次会议上的发言 卫生工作取得了伟大成就 李任仁、黄征、叶培、覃波代表谈广西僮族自治区卫生工作》,《人民日报》,1959 年 5 月 5 日,第 11 版。
⑦ 《在中国人民政治协商会议第三届全国委员会第一次会议上的发言 谈谈中医工作 秦伯未委员的发言》,《人民日报》,1959 年 4 月 28 日,第 16 版。
⑧ 《武汉卫生工作的新面貌 唐午园代表的发言》,《人民日报》,1960 年 4 月 14 日,第 17 版。
⑨ 《文教简讯》,《人民日报》,1962 年 11 月 14 日,第 2 版。
⑩ 《在第二届全国人民代表大会第一次会议上的发言 又红又专的必由之路 刘承钊代表报告四川医学院师生上山下乡的收获》,《人民日报》,1959 年 4 月 25 日,第 10 版。
⑪ 《在第二届全国人民代表大会第一次会议上的发言 努力贯彻党的教育方针 颜福庆、沈克非、王淑贞代表、胡懋廉委员的联合发言》,《人民日报》,1959 年 4 月 29 日,第 10 版。

"采集了一百多万张单方、验方,并已分别进行了整理"①。内蒙古自治区中医(包括汉医和蒙医)献出"各种祖传秘方和验方等三千多件"②。大连铁路医院在1958年底至1959年初的"两三个月中便搜集了六万多个土方、验方,并在临床应用上收到了效果"③。

1958年12月14日,《人民日报》第一版刊登了两篇评论《采集民间药方 发掘中医宝藏》《采百万锦方 为万民造福 各地收集和推广的民间药方有显著疗效》,总结全国范围内的活动概况。评论指出,"党中央为了继承和发扬祖国的医学遗产,早在1954年就明确地指出,中医中药在我国有悠久的历史,是我国人民几千年来同疾病作斗争的极为丰富的经验的积累,对于我国民族的生存和发展有着巨大的贡献,应当努力发掘,加以提高。几年来,各地各级党委为了贯彻党中央的这一指示,在组织西医学习中医理论知识和临床经验的同时,还积极展开了收集民间单方、秘方、验方和医疗技术的工作,并已取得了不少成绩"④。到1957年,全国已有23个省市把收集到的药方分门别类加以审选整理,截至1958年12月,全国各地收集到的药方多达数十万则⑤。评论认为这一运动的主要意义在于,民间药方是与疾病斗争的经验积累,对于民族的生存与发展有着巨大的贡献,并且具有"简单易行,经济方便,便于推广,符合多快好省的精神"的特点,"不可等闲视之",应当从科学的角度认识民间药方,推动中医药的发展。此外,还对具体工作的方式方法,以及如何科学整理研究、积极有效宣传等提出建议:"我国民间的单方、秘方、验方和各种医疗技术浩如渊海,极其丰富,已收集的只不过是其中很小一部分,要一点一滴地把它全部收集起来加以研究整理,还是一个艰巨的历史任务,必须发动广大群众像搜集民歌的采风工作那样,进行群众性的搜集中医民间药方的采风工作。""在工作中对某些一时还不愿意献宝的人,要细心了解他们的思想情况,要耐心加以说服教育,在必要时还应当等待他们提

---

①《中医西医由合作到合流 叶熙春代表谈浙江省中医工作的成就》,《人民日报》,1960年4月14日,第17版。
②《内蒙古认真贯彻中医政策 中医队伍不断扩大 西医离职学习中医》,《人民日报》,1958年12月1日,第6版。
③《跳出一方一剂圈子 掌握中医主要理论 大连铁路医院西医学习中医步步深入》,《人民日报》,1959年7月8日,第6版。
④《采集民间药方 发掘中医宝藏》,《人民日报》,1958年12月14日,第1版。
⑤《采百万锦方 为万民造福 各地收集和推广的民间药方有显著疗效》,《人民日报》,1958年12月14日,第1版。

高觉悟,对这些人采取强迫命令或者简单急躁的办法,都是错误的,因为这样,不只不会有利于搜集民间药方的工作,而反会阻碍这一搜集工作的开展。""凡是献出秘方和医疗特技的人,根据他们对社会主义建设事业的贡献,应该得到各地人民政府在政治上物质上的适当鼓励。其中有些有重要专长的人,还应当使他的知识、技术及时组织传播。对某些人,还要使他参加有关的重要的研究工作。"考虑到民间药方存在某些不确定性,强调对其进行详细的整理、研究和鉴定,在粗存精和去伪存真的基础上做好宣传,倡导"边搜集、边整理、边研究、边推广"①。

与此同时,各地开始对药方进行筛选整理和研究工作。例如,上海在广泛开展采风运动的基础上,根据边搜集边整理研究的精神,积极开展秘方验方的整理研究工作。"今年1月市卫生局曾召开会议,对秘方验方的整理研究工作及时做了布置。目前很多区(县)和单位已出版了验方汇编第一辑,卢湾、蓬莱两区,还刊印了第二、第三辑。在整理研究过程中,一般都以发动群众和组织专门力量相结合,逐层筛选,通过反复研究审选,辑成汇编,交流试用,同时有重点地组织研究实验。"上海市卫生局对直属单位搜集的秘方验方,也组织了专门力量进行整理。"现有五个脱离生产的中医,成立了工作组,先将验方按病分类,除癌肿、高血压、伤科等方子转给肿瘤、高血压、伤科研究所等有关专门研究机构整理外,目前正集中力量,先整理研究防治几种常见传染病,如脑膜炎、痢疾等的方子。"②

采方、献方活动得到卫生部的高度重视。1958年11月召开的全国中医中药工作会议上强调,"要在全国范围内开展采集'百万锦方'运动,发掘中医中药的珍宝,消灭和防止几种为害人民最大的疾病,如血吸虫病、疟疾、钩虫病、丝虫病,以及癌肿、高血压、烫伤、矽肺等"③。到1959年3月,时任卫生部副部长钱信忠指出,"目前已经收集到的验方、秘方,数以千百万计"④。此外,卫生部还专门"向各省、市、自治区卫生厅、局发出关于整理研究推广秘方验方的通知"⑤。

---

① 《采集民间药方 发掘中医宝藏》,《人民日报》,1958年12月14日,第1版。
② 《反复研究 逐层筛选 上海认真整理研究秘方验方》,《人民日报》,1959年6月22日,第6版。
③ 《西医学习中医 采集百万锦方 研究中医中药 为创立祖国的新医学而奋斗 全国中医中药工作会议决定用群众运动全面贯彻中医政策》,1958年12月6日,第6版。
④ 钱信忠:《认真研究整理祖国医药遗产》,《人民日报》,1959年3月26日,第6版。
⑤ 《去粗取精 去伪存真 卫生部要求各地认真研究推广秘方验方》,《人民日报》,1959年6月22日,第6版。

3. "三土四自"运动将献方献药运动推向新高潮

1968 年,全国农村普遍开始实行合作医疗制度。随之开展的群众性草医草药运动,即"三土四自"运动,尽管受社会环境影响,具体的工作形式、规模和方法都有较为明显的时代特征,但却始终没有偏离为人民群众服务的宗旨,保障了广大人民群众的生命健康。

(1) 保障农村合作医疗制度有序运行

在群众性草医草药运动中,全国卫生战线献方献药、采药种药趋向另一个高潮,有效支撑了农村医疗制度,为合作医疗作出积极贡献,支撑了中西医结合路线的贯彻执行。以上海为例:1969 年 4 月至 1970 年 2 月,青浦县新桥公社革委会"在上海中医学院教育革命探索队等有关单位的帮助下,在全公社范围内逐步推广草医草药知识,培训了一批'赤脚医生',发掘了两百多味草药,利用草药为群众防病治病,受到了群众的热烈欢迎。""全公社不但有了一支近百人的采药队伍和二十多名'赤脚医生',而且不少贫下中农也懂得了部分草医草药的知识,他们利用休息时间,采集草药,送到合作医疗站去。有些社员还主动报告草药药源"。新桥公社在推广草药的过程中,还建立了"土药房",显示了优越性:"一是自制中药饮片,有利于解决农村缺医少药的问题。""二是医药结合,方便群众,有利于抓革命促生产。过去医药分家,看了中医,还得上镇抓药,影响了参加集体生产。""三是广泛运用草药,节约经费,有利于巩固和发展合作医疗制度。四是为农村增设了医疗卫生网点。新桥公社有十二个生产大队,过去只有一个药店,抓药很不方便。"①

(2) 鼓励基层人民公社自力更生、勤俭办医

在"三土四自"方针指导下,大到大医院,小到农村卫生院,各地广泛发动群众运动,自力更生、勤俭办医,充分发挥中医药资源优势,在疾病预防、治疗以及克服缺医少药过程中发挥了不可替代的作用。

江苏省仪征县从 1968 年 11 月实行合作医疗后,"第一年自采、自种中草药一万零十四斤,收入一千七百零二元,超过全年统筹经费的百分之十九,结余医疗费百分之二十四","坚持'预防为主'的方针,使发病率比实行合作医疗前下降了百分之四十。在治疗中,我们实现了以中草药治疗为主,一九六九年全年治疗

---

① 《以大批判开路 大力推广中草药 新桥公社坚持思想工作领先,充分利用草药为群众治病,深受欢迎》,《人民日报》,1970 年 2 月 23 日,第 5 版。

病人二千五百八十九人次,采用土方草药和新针疗法的占百分之七十二。大队自办了草药铺,自己加工、制造药材,现有各种中草药五百一十六种,做到一般配方不出队。十二个生产队,队队建立了草药室,有常用药材八九十种;二百四十八户,家家掌握有十种左右的土方草药"①。监利县杨林公社自从办起合作医疗以后,广大群众积极响应号召,"采集中草药四万三千八百多斤,各生产队还利用闲散土地种植中草药四十多亩,用中草药制造成药二百八十多种,其中还有一部分是针剂。现在,公社卫生所和所属各大队的'赤脚医生'临床应用的药品,百分之七十以上是自采、自种、自制的本地中草药。这样,不仅解决了过去湖区缺药的问题,而且大大降低了医疗费用,巩固和发展了合作医疗制度"②。

湖南省麻阳县羊牯脑大队自 1968 年开始实行合作医疗。"全大队二百六十多户贫下中农和社员群众都参加了合作医疗。""中西医结合的道路越走越宽广,群众从不相信中草药,到主动献医献药。近三年来我们共采集各种草药三千多斤,制成注射液以及各种丸、散、膏、丹二百多斤。中草药的使用率由一九六九年的百分之二十五上升到一九七五年的百分之九十。大队合作医疗越来越巩固。"③

河南省商丘宁陵县逻岗公社黄尧大队于 1968 年 12 月开始实行合作医疗。为了解决缺医少药的问题,"放手发动群众,采药献方,开展了草医草药运动","一年多来,这个大队的医药研究小组经过反复试验和临床研究,已把本地出产的草药加工制成丸、膏、散、丹、酊、片共一百六十余种成药,并且还制成了二十五种草药针剂,为群防群治提供了比较可靠的物质保证"④。

山东省平度县青杨公社从 1970 年下半年开始实行合作医疗。公社为解决"重西药、轻中药"的思想,利用土方、土药治病。"两年来,他们共搜集土、单、验方一百多个,使用二千多人次,节约合作医疗费达三百五十余元。"还坚持自采、自种药材,自制药物,解决药源问题。"两年来,这个大队共采、种药材八千七百多斤,除满足自用外,卖给国家八千多斤,价值二千一百余元。当地没有的

---

① 江苏仪征县金桥大队革命委员会:《自力更生 勤俭办医》,《人民日报》,1970 年 3 月 16 日,第 1 版。
② 《监利县杨林公社发动群众采集栽种中草药 湖区卫生面貌变了样》,《人民日报》,1971 年 12 月 25 日,第 3 版。
③ 李春华:《同修正主义卫生路线斗》,《人民日报》,1976 年 4 月 3 日,第 2 版。
④ 商丘地区革委会、宁陵县革委会:《开展土方草药研究,促进群防群治——宁陵县黄尧大队"三结合"医药研究小组的调查报告》,《人民日报》,1970 年 12 月 30 日,第 3 版。

药材,他们还到外地引种。在制药过程中,他们虚心向当地老药工请教,很快地提高了技术。两年来,共制作丸、散、膏、片、酊、针剂等六十一种,节约药费达二百四十余元。"①

新疆维吾尔自治区普遍采用中草药防病、治病,取得了显著成绩。"他们自采、自种、自育的中草药有三百多种,许多社队可以用自采、自育、自制的中草药防治疾病,有效地保证了广大社员的身体健康。""于田县红旗公社三大队维吾尔族贫下中农,半年来采集中草药一百二十多种,自制汤、膏、散、丸和消炎、止血等各种成药几十种。全大队百分之九十以上的常见病、多发病患者,能用中草药治疗,收到了良好的效果。"②

西藏自治区申扎县医务人员,发扬自力更生、艰苦奋斗的精神,利用西藏高原丰富的药材资源,发动群众,大量采挖中(藏)草药,自制药品,对发展边远牧区的医疗卫生事业起了很大作用。"仅一九七四年就采挖中(藏)草药五百多万斤。现在,全县已有三分之二以上的区、社卫生所、室,建立了小土药厂。县卫生院的土药厂生产三百零五种成药,这些自制药品占全县日常用药量的百分之六十八以上,每年为国家节约医药费用七万多元。"③

宁夏回族自治区泾源县兴盛公社上金大队1970年实现了合作医疗。"几年来,他们几乎走遍了泾河源头的山山岭岭,共采中草药一百二十多种,一万三千多斤。此外,他们还自种药材十五亩,近两年收获药材一万多斤。合作医疗站初建立时,总共只有七百八十元的资金,几十种药品,到去年年底,已达到一万一千多元的资金,五百多种中西药品。从一九七二年以后,这个大队基本上没有向社员收过合作医疗基金,成了全县自力更生、勤俭办医的先进典型。"④

河北省万全县新河口公社从1968年底开展合作医疗。"在群防群治的实践中,对二百一十多种土方一一进行了试验,归纳为有效的、疗效不显著的、无效的三类。对于有效的一百二十多个土方,加以肯定和推广;对于疗效不显著的二十多个土方,做了适当的补充;淘汰了无效的七十多个土方。"⑤

---

① 《家底厚也要勤俭办医》,《人民日报》,1972年12月16日,第2版。
② 《新疆推广中草药防病治病取得成绩》,《人民日报》,1971年2月11日,第3版。
③ 《西藏申扎县医务工作者认真学习中(藏)医经验 积极为翻身农奴防病治病》,《人民日报》,1975年7月4日,第4版。
④ 《回族赤脚医生李保仓》,《人民日报》,1975年8月28日,第4版。
⑤ 河北省完全县新河口公社全体赤脚医生:《不断实践,提高土方的疗效》,《人民日报》,1971年2月22日,第3版。

安徽省五河县武桥公社界沟大队从加强对赤脚医生进行思想政治工作着手,进一步巩固了合作医疗。"经过临床试验,对一百一十多个民间土方进行了鉴定,按六十三种疗效好的土方配制成丸、丹、膏、散等中成药;同时积极做好土方的研究和提高工作。"①

江西省德兴县从1968年开始实行合作医疗。"短短三个月,全县就发掘出草药标本八百二十多种,单方、验方一万二千多个。现在,许多中草药知识已为广大群众所掌握。许多干部和社员能认几十种中草药,赤脚医生普遍能认、会用一百多种,全县二百八十多名西医普遍能认、会用上百种中草药。各公社、大队防治疾病用药,中草药占百分之七十以上"。"去年共生产药材六十万斤,除满足本县需要外,还卖给国家十五万斤。各公社、大队还用中草药制成注射液、膏、丸、散、片剂等疗效好的成药五百三十多种。由于中草药成本低,大大节约了医疗经费。"②

山西省沁源县法中公社"医务人员走村串户,收集一百多种偏方、验方、单方、秘方,并且进行分组试验,长期观察疗效。他们以'自力更生''艰苦奋斗'的革命精神,土法上马,群策群力,制成了治疗大骨节病的乌附丸、新乌丸、四位治拐散、松蘑酊和治疗甲状腺肿的昆海丸、黄碘丸、黄夏丸等丸、散、膏、丹二十八种,疗效都比较好"③。

广西省永福县苏桥公社于1969年春开始实施合作医疗。在发动群众献方、采药过程中,"全公社共献出验方一百六十多个,采集中草药二百五十多种、二万六千三百八十斤。为了方便群众服用,各大队赤脚医生在公社卫生院的具体指导下,用中草药制成各种剂型二十多种,制成大量片剂和水剂。四年来共结余合作医疗资金二万多元,减轻了贫下中农的经济负担"④。

福建省上杭县才溪公社从1970年春开始掀起合作医疗的热潮。为了巩固合作医疗制度,才溪公社党组织注意依靠群众,自力更生,勤俭办医。他们充分

---

① 《加强赤脚医生的思想政治工作 五河县界沟大队巩固合作医疗的经验》,《人民日报》,1971年7月22日,第2版。
② 江西省革命委员会、上饶地区革命委员会、新华社记者联合调查组:《医疗卫生工作为多数人服务——江西省德兴县把医疗卫生工作的重点放到农村去的调查报告》,《人民日报》,1971年9月14日,第2版。
③ 《用中草药防治地方病》,《人民日报》,1971年11月16日,第2版。
④ 中共广西永福县苏桥公社委员会:《认真抓好巩固合作医疗的工作》,《人民日报》,1973年4月3日,第3版。

发挥"一根针,一把草"的作用,利用山区资源,积极采集中草药。"许多大队的赤脚医生、卫生员和社员群众相结合,利用农闲,突击上山采药。近两年来,共采集中草药一百九十多种,七万多斤。""各合作医疗站土法上马,办起了土药厂,自制丹、膏、丸、散、剂等七十多种。赤脚医生继承祖国医学遗产,发掘和推广了一百多个民间单方、验方。有的验方疗效高,还流传到外省外地。"①

在各地实践过程中,许多鲜活感人事迹体现在新闻报道中,广大医务工作者被树立为心系人民、医德高尚,认认真真在实践中摸索并向群众虚心学习,最终利用中医药解决人们疾病痛苦的楷模,包括很多"赤脚医生"。这些报道成功地塑造了那个时代广大农村基层医疗卫生人员的品格和风貌。关于这些优秀、典型基层医务人员的宣传报道集中体现了几种情愫:一是鲜明地表达了人民群众对他们的强烈需求和热爱;二是塑造了基层医务人员义无反顾响应党和国家号召,克服各种困难,全心全意为人民服务的高尚形象;三是歌颂人民群众不畏艰难险阻,焕发无穷创造力的精神。

(三) 农村合作医疗制度

我国于 1968 年开始实行合作医疗制度。三级医疗保健网、合作医疗制度以及赤脚医生被认为是中国农村医疗卫生服务的"三大法宝",获得世界银行和世界卫生组织给予高度评价,被誉为以最小投入获得了最大健康收益的中国模式②。尽管到 20 世纪 80 年代初期,随着全国农村普遍实行家庭联产承包责任制,集体经济力量逐渐弱化,建立在此基础上的合作医疗制度也逐渐式微,但在其存在期间,对于农村医疗卫生事业的发展,发挥了应有的历史作用。在这一深刻影响中国广大农村的医疗制度运行过程中,中医药承担了不可或缺的责任,作出了积极贡献。

从 1968 年 12 月开始,《人民日报》开设专栏,对农村合作医疗制度进行广泛深入报道,至 1976 年 8 月结束。第一期是 1968 年 12 月 8 日的《关于农村医疗卫生制度的讨论(一)》③,最后一期是 1976 年 8 月 31 日的《把群众性的医

---

① 《才溪公社干部和社员认真学习毛主席的亲切教导 发扬革命传统 合作医疗越办越好》,《人民日报》,1974 年 6 月 24 日,第 1 版。
② 世界银行:《1993 年世界发展报告:投资于健康》,北京:中国财政经济出版社,1993 年,第 210—211 页。
③ 《关于农村医疗卫生制度的讨论(一)》,《人民日报》,1968 年 12 月 8 日,第 1 版。

疗卫生工作办好——关于农村医疗卫生制度的讨论(一〇七期)》①,共 107 期,每期刊发文章篇数不等。报道的内容和立意主要集中在五个方面:一是对"中医不科学"观点进行强烈批判;二是广泛宣传各地贯彻执行合作医疗制度中的具体经验;三是颂扬党的中西医结合路线,赞美人民群众自力更生艰苦奋斗的精神;四是肯定中医药在预防疾病、节约开支、巩固合作医疗制度中的作用;五是倡导医药卫生工作者树立全心全意为人民服务的思想。

1968 年 12 月 5 日,《深受贫下中农欢迎的合作医疗制度》一文指出,合作医疗制度是一件新事物,并以湖北省长阳县乐园公社为例,总结了四个方面的优点:一是解决了贫下中农看不起病、吃不起药的困难,进一步体现了党和毛主席对贫下中农的亲切关怀。二是使"预防为主"的方针真正落实在行动上。三是进一步发挥了广大贫下中农的阶级友爱精神,调动了社员的积极性,促进了社会主义卫生事业的发展。四是防止了资产阶级思想泛滥,加速了医务人员思想革命化和工作革命化②。类似以上提倡在农村医疗合作制度中充分发挥中医药作用、走中西医合作道路的报道很多,几乎涵盖全国各地。例如关于湖北省麻城县的 96 个公社③、广东省增城县派潭公社④、河南省沁阳县赊湾公社⑤、广西藤县坡头公社⑥、山西省晋城县下村公社⑦、安徽省怀宁县温桥公社⑧、江西省余江县黄庄公社⑨、河南省内黄县石盘屯公社⑩,等等。在一系列关于农村医疗卫生制度的文章中,"中西医合作"始终是最重要的主题之一。例如

---

① 《把群众性的医疗卫生工作办好——关于农村医疗卫生制度的讨论(一〇七期)》,《人民日报》,1976 年 8 月 31 日,第 3 版。
② 宜昌地区革命委员会、长阳县革命委员会、长阳县人民武装部调查组:《深受贫下中农欢迎的合作医疗制度》,《人民日报》,1968 年 12 月 5 日,第 1 版。
③ 麻城县革命委员会调查组、麻城县卫生局革命领导小组:《沿着毛主席的无产阶级卫生路线前进就是胜利——湖北省麻城县实行合作医疗十年的调查报告》,《人民日报》,1969 年 1 月 16 日,第 3 版。
④ 张淦理、张石永:《中医中药疗效好,花钱少》,《人民日报》,1969 年 1 月 20 日,第 2 版。
⑤ 《中医带药下乡 深受群众欢迎》,《人民日报》,1969 年 1 月 26 日,第 3 版。
⑥ 《护安大队贫下中农大办中医草药室》,《人民日报》,1969 年 3 月 1 日,第 4 版。
⑦ 李双锁:《坚定不移地走"赤脚医生"的道路》,《人民日报》,1969 年 3 月 25 日,第 4 版。
⑧ 怀宁县温桥公社硖石大队:《勤俭办医——硖石大队做到合作医疗经费有结余》,《人民日报》,1969 年 5 月 10 日,第 1 版。
⑨ 余江县黄庄公社革委会、上饶专区革委会报道组:《利用零星土地种植草药 邱坊大队依靠自己的力量解决药品不足的困难》,《人民日报》,1969 年 5 月 23 日,第 4 版。
⑩ 河南省内黄县革命委员会、人民武装部通讯组、人民卫生防治院:《穷队怎样办合作医疗?》,《人民日报》,1969 年 5 月 23 日,第 4 版。

《关于农村医疗卫生制度的讨论》专栏第18期、第19期、第20期、第22期、第23期、第25期的栏目名都是《中西医结合 开展群众性的草医草药运动》①。

经过70余年的发展,中医药被定位为独特的卫生资源、潜力巨大的经济资源、具有原创优势的科技资源、优秀的文化资源和重要的生态资源。回顾若干年前的中医药领域的群众卫生运动,更能够体会习近平总书记关于中医药工作的一系列重要论述。当前,中国人口突破14亿人,公共卫生健康事业的艰巨性和复杂性前所未有。超级人口大国的健康保障不能脱离中医药的"简、便、验、廉"优势,一定要清醒认识中医药发展现状,坚持守正创新,坚持"以人民为中心"的发展道路,确保中医药在科学的群众卫生运动中发挥作用和价值。

四、中医药在重大社会疫情血吸虫病防治中的贡献

中医药是中华民族在几千年生产生活实践和与疾病作斗争的过程中逐步形成并不断发展完善的医学科学,为中华民族繁衍昌盛作出了卓越贡献,也对世界文明进步产生了积极影响。特别值得一提的是,中医药在疫情防控中具有独特优势,主要原因"在于中医以辨证论治思想为指导,传承精华、守正创新。中医治疗疫病在古籍中早有记载。在张仲景《伤寒杂病论》、吴又可《温疫论》等经典著作中,就有关于疫病防治的系统阐述和有效方剂。中医认知疫病,以扶正祛邪为法则,注重整体思维,辨证施治,从而调动体内的抗病能力"②。新冠肺炎疫情期间,中医药成为抗疫"中国方案"亮点,为构建人类卫生健康共同体贡献了力量。新中国成立初期,中医药就在以血吸虫为代表的疫情防控中发挥了不可替代的作用,这是中医药文化自信的体现,更是中华民族文化自信的生动实践。

由于新中国成立初期的医疗卫生条件落后,各种疫情和传染病流行,极大危害人民群众的生命安全,最为典型的就是血吸虫病的肆虐。血吸虫病是一种对我国人民危害严重的慢性病,受到党和国家的高度重视。

党和国家最高领导人毛泽东一直关注此项工作,亲自过问,亲自部署,亲自检查,详细调查研究彻底消灭血吸虫病的意见与科学方法。"他一面号召、部署

---

① 《人民日报》,1969年9月19日,第4版;1969年10月18日,第3版;1969年10月31日,第3版;1969年11月21日,第3版;1969年12月4日,第2版;1970年1月19日,第2版。

② 杨彦帆:《发挥好中医药防疫特色优势》,《人民日报》,2021年10月8日,第19版。

和检查这项工作的贯彻执行情况,一面又去向有关专家学者调查研究彻底消灭血吸虫病的意见与科学方法。""1955 年仲夏正当农忙时节,毛主席外出视察工作。……毛主席根据调查到的这些资料,于 1955 年 11 月在杭州召开了中央会议……1956 年 2 月 17 日,毛主席在最高国务会议上发出了'一定要消灭血吸虫病'的战斗号召。1956 年 3 月 3 日,毛主席接到中国科学院水生动物专家秉志 2 月 28 日写给他的信:建议在消灭血吸虫病工作中,对捕获的钉螺应采用火焚的办法,才能永绝后患,土埋灭螺容易复出。毛主席看了非常高兴,当即指示卫生部徐运北同志照办。从此,主席到各地视察时,都要把这项工作当作必须了解和检查的内容。1956 年,毛主席接见了广东省从事血防工作的陈心陶教授,听取了他对防治血吸虫病的意见。1957 年 7 月 7 日,毛主席在上海各界人士座谈会上,又特意向有关专家询问了防治血吸虫病的情况。1958 年,毛主席在安徽视察工作时,专门到省博物馆察看了防治血吸虫病的规划图,查询进展情况,促其实现。"①

实践证明,中医药的独特疗效明显。"如用针灸治疗血吸虫病,几月来,在已治疗的五百多例的初步效果观察,治愈率达百分之七十九,比用西药锑剂治疗的疗效为高。"②面对形势危急的疫情,党和政府以人民利益为出发点,从深入实地调研、成立专门组织、加强科学研究、培养专业干部、开展爱国卫生运动、引导人民群众习惯养成等方面着手,开展全方位的防控,最终取得胜利。但是,受各种因素影响,胜利的取得并非一蹴而就,其间也经历了诸多困难和挫折,教训之一就是没有在第一时间发挥中医的力量。随着疫情防控工作的不断推进,中医药的独特优势愈加明显,并得到党中央的高度重视和广大人民群众的一致认可,对有效遏制病情蔓延发挥了重要作用。

(一) 防控形势严峻的血吸虫病

在影响农村卫生健康状况的一系列病情中,各种传染病尤为严重。"血吸虫病、血丝虫病、钩虫病、黑热病、脑炎病、鼠疫病、疟疾、天花和性病"都是非常常见的③。尤其是血吸虫病,"毫无疑问,无论从流行地区的广泛、感染人数的众多以及对患

---

① 沈同:《回忆主席的一次调研》,《人民日报》,2003 年 12 月 26 日,第 7 版。
② 《在第二届全国人民代表大会第一次会议上的发言 武汉除害灭病工作获得巨大成就 赓午园代表的发言》,《人民日报》,1959 年 4 月 27 日,第 10 版。
③ 《在中国人民政治协商会议第二届全国委员会第二次全体会议上的发言 李德全的发言》,《人民日报》,1956 年 2 月 10 日,第 5 版。

者健康摧残的严重看,其中最主要的是血吸虫病。……所以防治血吸虫病是我们消灭严重危害人民疾病的重点工作"①。

血吸虫病发展的直接结果,不仅使民众的劳动能力下降,而且引起了大批人口的死亡,严重影响新中国的农业生产和国防建设。该病在全国尤其是长江中下游以及江南地区异常严重。"出产水稻地区,正是这种病流行严重的地区。那里的农民要下水种田;妇女们用河水洗衣服,洗菜;小孩子在湖沼边打湖草,放水牛;这是不能不做的劳动。恰恰就在进行这些劳动中,被水里生长着的一种尾幼虫钻进人的皮肤,从此就得了病,发热,拉痢,慢慢地肚子大起来,人就不能劳动了。小孩子得了这个病,发育就会受到严重破坏;妇女得了这个病,就不能生育;青壮年得了这个病的是很多。"②"由于过去反动统治者不顾人民疾苦,这种病害的流行地区遍及长江中下游以及长江以南的12个省、市,大约有1000万人患这种病,约有1万万人直接受到这种病的威胁。其中,又以江苏、浙江、安徽、湖南、湖北、江西6省最为严重。"③以浙江为例,"全省有一百五十多万人患血吸虫病,约有一千多万人直接受到这种病害的威胁。血吸虫病危害严重的地区,田园荒芜,人口渐渐减少。浙江人民受这种病害的威胁不仅地区广,而且年代也久。1951年浙江省卫生厅根据过去的资料和诸暨、开化、昌化、衢县、嘉兴等四十多市、县的调查,血吸虫病在浙江流行已有三百多年。几百年来,由于血吸虫病的蔓延,使占全省50%以上的人民都受到了血吸虫病的威胁"④。"在流行严重地区,人民贫病交迫,家破人亡,田园荒芜、房舍颓废。许多原来人烟稠密、土地肥沃的地方,变成了'十里村庄无人烟,三丈蔓草掩白骨'的凄凉景象。"⑤

20世纪50年代初全国范围内开展的爱国卫生运动,给防治血吸虫病提供了有利条件,得到毛泽东的肯定。看到江西省余江县消灭血吸虫病的报道,毛泽东写下了诗篇《送瘟神》,歌颂消灭血吸虫病的伟大群众运动⑥。但是,受各种因

---

① 《在第一届全国人民代表大会第三次会议上的发言 卫生部长李德全的发言》,《人民日报》,1956年6月19日,第3版。
② 《在中国人民政治协商会议第二届全国委员会第二次全体会议上的发言 李德全的发言》,《人民日报》,1956年2月10日,第5版。
③ 《一定要消灭血吸虫病》,《人民日报》,1956年1月27日,第1版。
④ 屠正峰:《浙江人民防治血吸虫病的斗争》,《人民日报》,1956年10月24日,第7版。
⑤ 《万民欢腾送瘟神 沈其震代表谈血吸虫病防治工作的重大成就》,《人民日报》,1960年4月10日,第13版。
⑥ 《一定要消灭血吸虫病 上海〈文汇报〉〈解放日报〉三月九日社论》,《人民日报》,1970年3月11日,第1版。

素的影响,导致对这一疾病的防治工作并非一开始就很顺利,夺取全面胜利的过程也异常艰辛。"由于血吸虫病流行的地区过去对于防治血吸虫病缺乏全面规划,没有彻底消灭血吸虫病的决心;各级卫生部门对防治血吸虫病也缺乏正确的工作方针,预防和治疗工作没有形成群众性的运动,有用的经验和方法没有很好地总结和推广,科学研究工作缺乏统一领导,中医力量以及中医治疗血吸虫病的经验没有被重视,以致血吸虫病的防治工作收效不大,在某些地区,病情仍然继续蔓延。"①随着防控工作的逐渐推进和深入,中医药独特优势不断体现,最终在党中央的全面领导下,坚持中西医结合路线和群众卫生运动方针,取得了来之不易的胜利。

(二) 传统中医药的独特优势

在党中央的领导下,从成立领导小组、转变工作思想、明确指导原则、落实工作方针、开展科学研究等方面,都强调积极发挥中医药的优势和作用,从而形成全国范围协同推进、成效显著的防控局面。

1. 列入规划、成立指导组、加强科研,政治上保障中医药

(1) 政治上确保中西医结合、土洋结合的防治方针

在新中国第一个五年计划中,针对卫生防疫工作,强调尤其重视吸取中医经验,加强血吸虫的防治。"五年计划中所要求于卫生工作的是十分艰巨的任务。""改善工业卫生的管理,注意农村的卫生工作,对危害人民健康更大的传染病严加管理。关于流行长江一带的血吸虫病的防治工作,最近我们已拟出了今后防治工作的方针和办法,决定在流行地区采取在党和政府的统一领导下发动群众、控制发展、限期消灭的方针。这一工作必须采取预防与治疗相结合的办法;应加强科学研究,吸取中医的经验,推广应用。消灭血吸虫病是一件长期复杂的工作,我们要求各有关部门加以配合和援助。"②根据中央政治局提出的1956—1967年全国农业发展纲要(草案)第26条规定,要在7年或者12年内,在一切可能的地方基本消灭危害人民最严重的疾病的要求,1956年2月,卫生部制定了关于除"四害"和消灭疾病的规划。在消灭疾病方面,血吸虫病、疟疾、流行性乙型脑炎等成为重点。"消灭疾病的规划,首先是关于血吸虫病,根据一年准备、

---

① 《一定要消灭血吸虫病》,《人民日报》,1956年1月27日,第1版。
② 《在第一届全国人民代表大会第二次会议上的发言(之二) 李德全部长的发言》,《人民日报》,1955年7月30日,第3版。

四年战斗、二年扫尾的工作步骤,依其流行程度,分别要求在三到七年内达到基本消灭。"①1957年4月20日,国务院发布《关于消灭血吸虫病的指示》,党中央随即于4月23日发出《中共中央关于保证执行国务院关于消灭血吸虫病指示的通知》②。随后,《一九五六年到一九六七年全国农业发展纲要(修正草案)》将之前"草案"中的7年或12年内改成12年,继续强调加强发挥中医的力量。"从一九五六年起,在十二年内,在一切可能的地方,基本上消灭危害人民最严重的疾病,例如:血吸虫病、天花、鼠疫、疟病、黑热病、钩虫病、血丝虫病、新生儿破伤风和性病。……积极培养医务卫生人员,包括中医在内。"③各地在卫生工作规划和工作方针中,也都强调发挥中医力量消灭血吸虫病。例如,湖北省卫生厅将防治血吸虫病的工作列为全省1955年农村卫生工作的重点之一,4月下旬,召开了全省第一次血吸虫病防治工作会议,确定了"结合生产、动员群众、全面预防、重点治疗、控制发展"的防治工作方针,在1955年的防治工作中,尤其强调发动社会医药力量,特别是中医参加防治工作④。

  1959年提出,在全国一切可能的地方基本消灭血吸虫成为一项光荣的伟大目标和政治任务。在消灭病害的工作中,继续认真贯彻中西医结合、土洋结合、医务人员和群众结合,以及科学研究与防治实践相结合等"两条腿走路"的方针⑤。1968年农村合作医疗制度逐步建立以后,为发挥中医药优势防治血吸虫病创造了更为有利的条件。1970年3月,召开了南方十三个省、市、自治区血吸虫病防治工作会议。会议认真学习了毛泽东对消灭血吸虫病的一系列重要指示,总结了经验,"制订了在较短时期内消灭血吸虫病的规划,并且重建了中共中央南方十三个省、市、自治区血防工作领导小组"⑥。此外,党中央强调中西医结合,提出了"面向工农兵、预防为主、团结中西医、卫生工作与群众运动相结合"的卫生工作指导方针。1954年毛泽东发出的西医学习中医号召,1956年卫生部下发的《关于大力开展西医学习中医的运动》指示,1965年的"六·二六"指示,都

---

① 《卫生部制定除四害和消灭疾病规划》,《人民日报》,1956年2月19日,第3版。
② 沈同:《回忆主席的一次调研》,《人民日报》,2003年12月26日,第7版。
③ 《一九五六年到一九六七年全国农业发展纲要(修正草案)》,《人民日报》,1957年10月26日,第2版。
④ 王肇槐:《湖北省大力防治血吸虫病》,《人民日报》,1955年5月22日,第2版。
⑤ 《争取消灭病害的更大胜利》,《人民日报》,1959年3月20日,第6版。
⑥ 《一定要消灭血吸虫病 上海〈文汇报〉〈解放日报〉三月九日社论》,《人民日报》,1970年3月11日,第1版。

为确保中医参与血吸虫病的防治工作提供了保障。

(2) 成立专家组,加强科研攻关

1955年11月,防治血吸虫病九人小组在党中央的领导下正式成立①。同年11月,召开了华东血吸虫病研究委员会扩大座谈会。"参加会议的有中央卫生研究院等许多有关卫生医疗和卫生研究单位的教授、专家,江苏、浙江、安徽、湖南、湖北、江西等省卫生厅和有关单位的代表,以及江苏省中医院、南京市中医学会、江苏省中医进修学校代表等共五十多人。时任卫生部部长助理齐仲桓和苏联专家鲍尔德列夫、中央卫生研究院副院长白希清也出席了会议。"会议总结了华东血吸虫病研究委员会一年来的科学研究工作,举行了包括15个专题的研究论文报告,对今后的血吸虫病研究工作方向和方法提出具体意见,包括"要继续寻找和研究新的有效治疗药物,特别是加强对中药的研究工作"。齐仲桓、鲍尔德列夫、白希清强调:"必须加强对晚期病人治疗的研究工作和加强中医中药的研究工作,虚心向中医学习。"②为总结全国血吸虫病防治的经验,进一步加强研究和防治工作,中央防治血吸虫病研究委员会于1955年12月成立,当月举行第一次防治会议,对工作进行全面部署,国务院副总理陈毅到会作指示。参加会议的有江苏、浙江、安徽、江西、湖南、上海、武汉等地医学院、血吸虫病防治所和有关研究单位的教授、工作人员和对治疗血吸虫病有经验的中西医等60多人。会议总结了过去几年来各地在防治血吸虫病工作上关于预防、临床、业务研究和中医药方面的科学研究成果,并确定了今后开展防治血吸虫病的科学研究工作方针③。会后,各省市根据中央指示和会议精神,大都召开了防治工作会议,或者疫区人民代表会议和中西医代表会议等,通过这些会议统一了思想,提高了认识,坚定了信心④。

1956年8月,全国血吸虫病治疗工作会议举行,对血吸虫病的锑剂短程疗法和几种中医验方及其疗法,以及有关科学研究的问题作了详尽讨论。与会代

---

① 《在第一届全国人民代表大会第三次会议上的发言 卫生部长李德全的发言》,《人民日报》,1956年6月19日,第3版。"消灭血吸虫病九人小组"和"防治血吸虫病九人小组"的说法,在各类材料中都有,综合来看,宜用后者。

② 包凌云:《华东血吸虫病研究委员会开扩大座谈会 总结过去研究成果,确定了今后研究方向》,《人民日报》,1955年11月29日,第3版。

③ 《中央防治血吸虫病研究委员会成立》,《人民日报》,1956年1月3日,第1版。

④ 《在第一届全国人民代表大会第三次会议上的发言 卫生部长李德全的发言》,《人民日报》,1956年6月19日,第3版。

表就中医药方面研究了 10 个省市提供的验方和针刺疗法①。同年 11 月,中华医学会举行了长达 8 天的全国寄生虫病学术会议,进一步明确防治研究工作的方针和规划。会议指出:"在五大寄生虫病的治疗研究上必须发扬祖国医学遗产,发掘中医中药的宝贵经验,找出更彻底有效的治疗方法。"②

1957 年 4 月,国务院发布关于消灭血吸虫病的指示,内容包括:将消灭血吸虫病视为当前一项严重的政治任务;总结近年防治工作取得的成绩和新的经验;如何开展今后的防治工作;强调加强对防治工作的领导。其中,在治疗上,肯定了中医药在防治工作中的积极作用,同时提出中西医更应该密切合作③。

1964 年 4 月,全国血吸虫病科学研究工作会议在上海召开。会议指出,防治血吸虫病战线上的广大科学技术人员"在治疗方面,现在对慢性、急性和晚期血吸虫病患者,都已经有了一套比较有效的治疗措施,并积累了大量的治疗经验。他们用中西医、内外科结合的综合办法救活了许多过去医生们束手无策的晚期病人,进一步开展了晚期血吸虫病机制的研究"。会上,"代表们分组交流了内科治疗、外科治疗、中医中药和防护、药物等方面的科学研究经验"④。

在防治血吸虫病的科研工作中,各地医药卫生科技人员十分注意发掘中医药宝库,坚持走中西医结合的道路。上海市的医务人员"克服了过去认为用中医中药防治血吸虫病疗效不大的错误观点,坚持实践第一,实行中西医结合。经过反复试验,他们采用先在一定穴位注射一种药剂,然后口服适量西药的办法,提高了治疗效果,减轻了病人的反应,为医治血吸虫病探索了新的途径。浙江省嘉善县第一人民医院的医务人员在治疗晚期血吸虫病人时,针对这类病人一般病程长、病情重、治疗难度高的特点,实行中西药兼用、内外科并重,口服外敷、标本兼治的办法。两年内他们共收治了二百九十多名病人,除有些病人尚需继续治疗外,已有二百四十名恢复或增强了体力,回到了劳动生产第一线。四川、湖北等省在试用中草药防治人、畜血吸虫病方面,也做了许多研究试验,获得一定效果"⑤。

---

① 《全国血吸虫病治疗工作座谈会在上海举行 认为锑剂短程疗法是今后大规模治疗的努力方向》,《人民日报》,1956 年 8 月 10 日,第 1 版。
② 《全国寄生虫病学术会议提出明年基本消灭五大寄生虫病》,《人民日报》,1958 年 11 月 17 日,第 6 版。
③ 《坚决消灭血吸虫病 国务院发出指示》,《人民日报》,1957 年 4 月 24 日,第 7 版。
④ 《全国血吸虫病科学研究工作会议发出新的战斗号召 发扬革命精神加速防治血吸虫病》,《人民日报》,1964 年 4 月 11 日,第 3 版。
⑤ 《毛主席的光辉诗篇〈送瘟神〉正式发表十五年来我国防治血吸虫病科研工作取得新成果》,《人民日报》,1973 年 10 月 3 日,第 3 版。

2. 加强实地调研和经验总结,转变中医药治疗思想

由于存在"根本不承认中医也不考虑中医能治血吸虫病"①等错误思想,党中央花很大力气予以扭转,倡导中西医结合,充分发挥中医药优势,挽救了许多垂危的生命。

1956年1月10日,《人民日报》登载了卫生部部长助理齐仲桓总结血吸虫防治的经验总结。文章指出,在防治血吸虫工作中,要特别注意五个方面的工作:"对药物的医疗效果应该有正确的认识","要积极治疗晚期病人","重视中医的作用","要充分运用各方面的医疗力量","必须注意发动群众"。在阐述"重视中医的作用"时尤其强调要纠正错误思想和观念,重视中医的疗效。"过去几年中各地很少组织中医、采用中药治疗血吸虫病。这种情况在最近一年来已经有了改变,各地开始聘请中医、试用中药治疗血吸虫病。如浙江省试用腹水草,扬州市试用龙虎草,无锡市试用葫芦虫笋,安徽省试用半边莲,都收到了一定的医疗效果。中央卫生研究院华东分院和浙江省卫生实验院试验了士(土)牛膝、野菊花、桔梗、甘逐(遂)等26种中药,也初步取得了体外杀死血吸虫的成效。但是,一些卫生工作人员漠视这些效果,对中医中药仍然将信将疑,有的则片面地要求中医的疗效达到100%。这些错误的观点和做法必须迅速纠正。"②

各地卫生行政部门在防治实践中不断总结经验,采取有效措施,取得积极效果。如血吸虫病流行的苏州专区,采用中西医结合防治的方法,取得了明显成效。

第一,面对苏州专区大量且具一定防疫经验的私人中医,转变单纯依靠国家医疗卫生机构治疗的思想,充分调动私人开业中西医生的积极性,并在当地卫生行政部门统一领导下,为愿意参加防疫工作的私人开业中西医生提供各种支持,尽最大可能壮大防疫队伍,取得了消灭血吸虫病的良好效果。"得病的人很多,光靠血吸虫病防治机构的少数医疗人员来治疗,是不可能的。""苏州专区有中医四千六百多人,西医七百人,护士、化验人员近六百人。可是,专区血吸虫防治工作人员过去长期存在着轻视私人开业医生的思想,没有注意发挥他们的作用。……后来,苏州专区血吸虫病防治所曾用'委托组'的名义,委托部分私人开业医生治疗血吸虫病人,私人开业医生从单纯任务观点出发去完成任务,也没有发挥他们的积极性。根据苏州专区血吸虫病防治所的调查,全专区约有三分之二的私人开

---

① 徐运北:《走消灭血吸虫病的路》,《人民日报》,1958年11月24日,第6版。
② 齐仲桓:《防治血吸虫病工作中的几个问题》,《人民日报》,1956年1月10日,第3版。

业医生分布在血吸虫病流行地区,他们大部分有治疗血吸虫病的经验,和群众保持着经常的联系。从1953年到1955年,苏州专区动员了私人开业医生中70%的力量,他们所治疗的血吸虫病人占专区治疗总数的54.6%,这使大家深刻地认识到,只有发挥私人开业医生的力量,才能彻底消灭血吸虫病。于是在血吸虫病防治站的进一步动员和组织之下,许多私人开业医生参加了血吸虫病的防治工作,并且为提早消灭血吸虫病提供了很多有效的药方。苏州专区在当地卫生行政部门的统一领导下,通过卫生工作者协会、发动私人开业医生组织联合诊所参加血吸虫病的防治工作。全区共组织了356个中西医联合诊所,能单独进行治疗的,由政府帮助他们设立了478张病床,长期接受病人进行治疗;条件较差的,在防治站的协助下,由几个联合诊所各抽调人员组织血吸虫病治疗组进行治疗;医疗器材不足的,主动地供给他们必要的器材设备。"

第二,开设实习班、专业训练班,加强对参与防治的私人中西医生的训练与培训。"专区和各县血吸虫病防治所、站分别举办专业训练班,分批吸收联合诊所和私人开业医生168人参加专业训练班学习","吸收133名私人开业医生以及化验、护理人员参加医院或血吸虫病防治站的临床实习","防治所、站同联合诊所的防治组交换干部,互相签订教学合同,在实际工作中进行互教互学来培养私人开业医生","由防治所、站定期召开有联合诊所负责人参加的专业会议,交流治疗血吸虫病的经验"。通过以上工作努力,取得了明显成效。"很多原来不能治疗血吸虫病的联合诊所现在已能单独治疗,防治血吸虫病的工作有了很大的发展。无锡县1954年和1955年由私人开业医生治疗的二千三百个血吸虫病人,没有发生一个死亡。"

第三,及时召开中西医治疗经验座谈会,成立专门中医治疗组,挖掘中医药防治血吸虫病的潜力。"1955年11月以来,苏州专区血吸虫病防治所还召开了中西医代表会议和各种小型座谈会,交流和总结中医中药治疗血吸虫病的方法和经验。最近,苏州专区血吸虫病防治所专科医院成立了中医组,各县也先后成立了中医治疗血吸虫病的中心组,配合西医广泛进行应用中药治疗血吸虫病的试验,已经取得很大成绩。"通过一系列努力,苏州专区取得了防治血吸虫病工作的重大突破。"从苏州专区各地使用中药治疗的一千三百多个血吸虫病人中,证明有很多种中药可以治疗早期、中期和晚期的血吸虫病。中医中药治疗血吸虫病的巨大效果,有力地批判了那些认为血吸虫病'治无良药'的错误思想。苏州专区血吸虫病防治工作人员努力发掘了许多民间药方,大大提高了对早日消灭血吸虫病的信心。"①

鉴于华东地区血吸虫病的严重性，1955年成立的中医研究院于1956年4月专门派出了血吸虫病工作队到华东血吸虫病流行地区工作。主要工作是总结经验、协助治疗、搜集复方单方及有关中药资料。工作队由中医研究院的针灸、内科、中药三研究所等工作人员组成。他们在华东地区开展3—6个月的中医药治疗和研究工作。"除了担负治疗工作，将着重观察中药、针灸和中药针灸综合疗法对早期和晚期血吸虫病临床症状的治疗效果以及对虫体的影响；还将了解当地治疗血吸虫病用药情况，搜集有效的复方、单方以及有关中药资料，以供研究生药、药理、制剂等参考。"②仅在安徽地区搜集到的中医贡献出的资料和方剂就达数百种。"其中'半边莲''乌桕树根皮''猪耳草''三矾杀虫丸'等方剂，对消除病人腹水、减轻肝脾肿大、恢复病人劳动力有显著效果。"③经过一段时间的防治，华东等地区血吸虫病得到有效控制。尤其在搜集中医中药治疗血吸虫病的经验方面，成绩更为显著。"据不完全统计，中医贡献出来的药方已经有四百多种，其中对消除病人腹水、减轻肝脾肿大、恢复病人劳动力有显著效果的就有二十多种。这些成绩，大大地提高了群众消灭血吸虫病的信心。"④时任卫生部部长李德全对中医药防治血吸虫病的贡献进行了高度评价，"特别值得提出的是许多中医中药治疗方法的发现，到最近为止已发现了400多种治疗血吸虫病的单方、复方，其中有27种业经临床具有很好的疗效，再一次证明我国医学的医疗效果是卓越的，与疾病作斗争的经验是异常丰富的。可以设想，在消灭血吸虫病的斗争中，中医中药将发挥其更伟大的作用"⑤。

1956年12月，中共中央领导的防治血吸虫病的九人小组召开了第三次全国防治血吸虫病会议。会后党中央批转了九人小组拟定的1957年防治工作要点⑥。从1955年11月中央组建防治血吸虫病九人小组、12月成立中央防治血吸虫病研究委员会以来，经过一年多的综合防治工作，取得了重大成绩。1957

---

① 史越峨：《团结私人开业医生防治血吸虫病》，《人民日报》，1956年3月21日，第3版。
② 《中医研究院组织工作队到华东血吸虫病流行地区工作》，《人民日报》，1956年4月30日，第3版。
③ 于明：《安徽开展防治血吸虫病运动》，《人民日报》，1956年12月6日，第7版。
④ 《继续努力防治血吸虫病》，《人民日报》，1956年5月28日，第1版。
⑤ 《在第一届全国人民代表大会第三次会议上的发言 卫生部长李德全的发言》，《人民日报》，1956年6月19日，第3版。
⑥ 《在第一届全国人民代表大会第四次会议上的发言 党和政府对人民健康无限关怀》，《人民日报》，1957年7月21日，第12版。

年1月《人民日报》在头版对过往一年多的工作进行了总结,肯定了中医药的疗效,号召继续努力,夺取最后的胜利,充分显示了党中央的决心和魄力①。

从1958年10月开始,《人民日报》陆续报道华东各地基本消灭血吸虫病的情况。在经验总结方面,均强调了中医药发挥的作用。以江苏为例,从1958年9月起,江苏血吸虫病防治工作取得重大胜利,全省已基本上消灭了血吸虫病。"截至9月底止,全省共治疗血吸虫病患者一百零七万六千一百五十三人,占普查出病人总数的91.3%。全省有螺面积共有四万二千八百九十二万多平方公尺,目前除部分芦滩、草荡等特殊地区外,已在二万八千六百八十平方公尺的内河、芦滩等地区消灭了钉螺,大多数地区已基本上灭光了钉螺。各地采取各种不同形式进行粪便管理,已基本上达到不污染水源和杀灭虫卵的要求。"报道还特别强调在治疗技术和治疗方法上做到百花齐放,创造性地推广群众中的治疗经验。"各地普遍采用夜间治疗、白天生产的方法,解决了生产与治疗的矛盾。震泽县普遍开设了夜医院,并采取夜间小型集中注射,白天回家生产,夜间门诊治疗和上门注射三种办法,大受群众欢迎。各地在治疗方法上,根据病人不同的身体条件大胆地采用了三日疗法、两日疗法、中医疗法等。广大医务工作者深入农村,巡回检查,送药上门,治疗时间短,花费少,大大地加快了消灭血吸虫病的速度。"②

随着防治工作的加强,华东城乡各地防治工作取得可喜成绩,尤其是卫生条件较差的农村地区发生了巨大变化,其间中医药发挥了不可替代的作用,出现了血吸虫病基本消灭之后生产发展、人寿年丰的景象,人民群众的信心和国家的生机活力得到增强。以皖南山区至德县建东乡的变化过程为例:

伤心过往:人亡户绝,一片凄惨。

> 皖南山区至德县的建东乡,三面临湖,境内河渠纵横,湖沼交错,水草丰盛,土地肥沃。……这个乡在明末清初拥有七十一个自然村,一千多户,二千三百多人,由于死亡率的不断上升,人口在逐渐下降。到解放前夕,该乡只剩下三十一个自然村,三百二十八户,一千一百二十四人,绝大部分人被血吸虫病夺去了生命,以致死亡绝户。江窑欧窑两村,五十年前是一个上百

---

① 《彻底地防治血吸虫病》,《人民日报》,1957年1月22日,第1版。
② 《打破各种框框 大搞群众运动 江苏省基本消灭血吸虫病》,《人民日报》,1958年10月5日,第2版。

户拥有四百多人的兴旺村庄,到解放时只剩下二十一户二十二口人,其中并有十五户孤寡。因此,人们叫它"寡妇村"。当时群众中曾经流传着一首悲惨的歌谣:"江窑村、欧窑村,田园荒芜房屋倒,人亡户绝冷清清。"

积极防治:发动群众,改变观念。

1955年为了彻底消灭这一病害,中共至德县委会以这乡为防治重点,设立了防治组,派了医药人员和工作组长期驻在乡里,发动群众,进行综合性的防治工作。在防治工作中,该乡不仅大量消灭了钉螺,而且对粪便和水源加以管理。现在该乡三十一个自然村有集体厕所四十一个,田间厕所六十八个,贮粪窖三十个,四百多户的粪便集中贮存、统一管理使用。全乡新建、改建的集体牛栏三十四座,猪圈大都集中,并组织了三十一人成立七个拾野粪小组,划片包干,专门拣拾野粪。对于牲畜粪采用沤腐和高温堆肥法,来消灭血吸虫卵。现在基本上做到了"道清宅净无野粪,粪便灭卵才下田"。……在个人防护上,现在全乡有70%的农民打绑腿,穿油布袜子下水田生产。该乡农民已人人懂得防治的基本知识。

中医药防治成效:生产发展,人寿年丰。

经过防治组和中医治疗好六百三十八名病人后,现在全乡血吸虫病患者只有一百三十余人,死亡率逐年减少,1954年全乡死亡六十八人,1956年死亡九人,1957年全乡死亡五人,现在全乡有四百十七户,一千四百七十七人,比解放前的1948年增加了几十户,三百五十三人。原来的血吸虫病患者,经过治疗后,大部分人都恢复了健康,愉快地参加了生产。据初步调查,现在有三百二十八人的体力显著提高,能从事田间体力劳动。后垅社社员陈玉榜以前走路都要走走歇歇,前年一年只做了二十七个劳动日,治疗后,去年头十个月中就做了一百三十四个劳动日。这一家往年全靠政府救济,今年再也不要救济了。像这样情况的全乡共有六十七户。

以前,这个乡由于劳力缺乏,每当农忙季节要雇请大批外来帮工。1956年全乡五个社花去一千九百多元的工资。自从治好五百多名病人以后,不但没有雇请临时工,而且生产搞得很好,产量大大提高,1954年粮食平均每亩年产三百六十二斤,1956年增加到五百零七斤,1957年又增加到五百六十五斤,全乡1957年比1956年增产粮食十七万多斤。

今后准备:满怀信心,消灭疾病。

> 现在建东乡人民满怀信心,争取提前实现全国农业发展纲要(修正草案)中关于消灭危害人们最严重疾病的要求,他们争取在1958年内全乡基本上没有血吸虫病人。目前广大群众正在结合着兴修水利、农业生产,采用清沟土埋、铲草皮、火烧、药剂喷杀、水改旱田和辅以人工捕捉等办法,大力歼灭钉螺。他们有决心在今年春季以前,做到在较大自然村周围半华里以内基本上消灭了钉螺,并且实现一个无螺社。①

1958年10月后,关于全国各地消灭血吸虫病的报道,更加频繁见诸《人民日报》,直至血吸虫病基本消灭。这些报道的核心思想和主要内容基本相同,即号召广大医疗工作者在党中央的指导下紧密团结群众,贯彻党中央中西医结合方针,重视发挥中医药在疾病防治工作中的作用。《党的中医政策的伟大胜利 中医工作有重大改进 中医宝库引起广泛重视》一文指出,"在防治那些严重威胁人民健康的疾病方面,中医发挥了很大作用。例如在防治血吸虫病工作中,从1956年到1958年上半年,据不完全统计,中医抢救了十三万四千多个患者,这些病人大多是已经丧失劳动力甚至生命垂危的晚期病人"②。评论文章《一定在几年内消灭危害人民最严重的疾病 中西医合作痛歼瘟神》指出,经过中西医医护人员和广大群众的努力,患者成批地恢复了健康。"血吸虫病曾经流行过的长江两岸及南方的十二个省区的三百二十四个县市,现在已有一百九十多个县市(占流行地区的60%)基本上消灭了血吸虫病。在党中央成立的防治血吸虫病九人小组的直接领导下,经过中西医务人员和广大群众的努力,原有病人成批地恢复了健康。"③《万民欢腾送瘟神 沈其震代表谈血吸虫病防治工作

---

① 周一凡、杨有才:《生产跃进 人寿年丰——记安徽至德县建东乡血吸虫病防治工作的成就》,《人民日报》,1958年1月15日,第7版。
② 《党的中医政策的伟大胜利 中医工作有重大改进 中医宝库引起广泛重视》,《人民日报》,1958年12月6日,第6版。
③ 《一定在几年内消灭危害人民最严重的疾病 中西医合作痛歼瘟神》,《人民日报》,1959年2月13日,第6版。

的重大成就》一文指出,中西医团结合作的加强是取得共同治疗晚期血吸虫病胜利的关键①。

在党中央"面向工农兵、预防为主、团结中西医、卫生工作与群众运动相结合"卫生工作方针的指导下,在广大医疗卫生工作者和人民群众的共同努力下,尤其是在中医药优势和作用的充分发挥下,血吸虫病防治在20世纪50年代末取得了关键性胜利,中医药的作用得到了权威专家的认可。"截至今年(1958年)9月底止,已经治愈病人三百五十多万人,其中今年1月到6月份就治愈二百八十八万人。几年来共灭螺四十七万一千多万平方公尺,占全国有螺面积的57.3%,已进行粪便管理的乡二千七百一十个,占应管乡数的62.9%。防护工作正在变为人民的生活习惯。今年湖南、湖北、江苏、江西、安徽等省有六十多万人到疫区去打湖草,由于防护工作做得好,基本上避免了感染。经过几年来的努力,全国已出现了基本消灭血吸虫病的县市一百七十一个,乡镇二千一百八十三个,福建、江苏二省和上海市已基本上消灭了血吸虫病,更多的消灭血吸虫病的县市和省正在不断涌现出来。"②中国科学院院士、中央卫生研究院原院长沈其震在第二届全国人大二次会议上指出,"血吸虫病的防治工作取得了巨大的成就,治疗了五百二十余万人,达总病人数的78%,其中约有三百六十余万人已经治愈",并强调这"是党的方针政策的胜利"。他分析认为,这也是中西医团结合作的成果:

> ……在1958年一年中就治疗了三百多万人。这在血吸虫病防治研究工作上,是一个巨大的成就。
>
> 随着这个胜利的取得,医学科学工作者,根据党的中西结合,土洋并举,两条腿走路方针,又吹起了向晚期血吸虫病进军的号角,在这个工作上,中西医团结在一起,一切从病人的利益出发,密切结合,取长补短,起到了中西医单独所不能起到的作用。但是,中西医之间,并不是一开始就结合得很好。从分别治疗,到对同一病例先中、后西,或先西、后中,到中西医综合治疗,其间也是有一段思想斗争过程的。到1958年大跃进和1959年初《人民日报》发表《认真贯彻党的中医政策》的社论之后,中西医团结合作大为加

---

① 《万民欢腾送瘟神 沈其震代表谈血吸虫病防治工作的重大成就》,《人民日报》,1960年4月10日,第13版。
② 徐运北:《走消灭血吸虫病的路》,《人民日报》,1958年11月24日,第6版。

强,这才取得了共同治疗晚期血吸虫病的胜利。最近,上海市的中西医在中共上海市委的领导和关怀下,大搞协作,专攻过去认为无法医治的晚期血吸虫病。他们在第一个回合中,就攻下了90%以上的晚期病人,目前他们正在共同研究,准备在短期内攻下这个顽固的堡垒。

五、文学艺术作品中的中医药

中国医学文化博大精深,源远流长,中医药知识常融合在文学作品中,显示出中医药丰富的文化内涵,例如《红楼梦》《西游记》《水浒传》《三国演义》等文学作品中都含有医药典故。新中国成立后,伴随着社会主义建设事业和人民群众日常生活的发展,越来越多的诗歌、电影、小说等文学艺术作品走进大众视野。很多以中医药为题材的作品,从不同层面反映了对党和国家卫生路线的颂扬,对社会主义制度的赞美,对中医药宝库的褒扬,以及关于中医药文化的反思等。这些作品通俗易懂、脍炙人口,故事性可读性强。

《人民日报》关于中医药的报道,成为新中国成立后中医药发展历程的一个缩影,也是了解中医药文化的最佳途径之一,甚至可以视为中医药发展历程的一部小百科全书。挖掘新闻报道所蕴藏的社会意义与价值,能够较为清晰地了解党和国家政治生活以及普通民众视野中的中医药概貌。通过对中医药主题的文学作品的品析,有助于促进广大民众结合国家和社会变迁过程,更加熟悉、热爱中医药这一中华优秀传统文化的典型代表,树立科学观念,助推中医药传承发展,为当下的中医药文化传播工作提供借鉴参考。

(一) 诗与歌

1.《送瘟神》与《十想毛主席》

1958年6月30日,《人民日报》报道了江西省余江县首先消灭了血吸虫病的喜讯。毛泽东看到消息,心情激动不已,以诗言志,欣然命笔,一挥写成两首《送瘟神》七律①。题记中说:"读六月三十日《人民日报》,余江县消灭了血吸虫。浮想联翩,夜不能寐。微风拂煦,旭日临窗。遥望南天,欣然命笔。"第一首写道:

---

① 毛泽东:《送瘟神二首》,《人民日报》,1958年10月3日,第1版。

"绿水青山枉自多,华佗无奈小虫何?千村薜荔人遗矢,万户萧疏鬼唱歌。坐地日行八万里,巡天遥看一千河。牛郎欲问瘟神事,一样悲欢逐逝波。"第二首写道:"春风杨柳万千条,六亿神州尽舜尧。红雨随心翻作浪,青山着意化为桥。天连五岭银锄落,地动三河铁臂摇。借问瘟君欲何往?纸船明烛照天烧。"

中医药在防治血吸虫方面发挥了举足轻重的作用。这是最高领袖直接为人民撰写的作品,虽然在诗文中没有直接点名中医药,但他多次讲话中都强调了对中医药防治血吸虫的重视。这样的作品,可以唤起深受血吸虫病之害的广大群众内心的共鸣,鼓舞人民战胜疾病的信心和决心。

诗歌《十想毛主席》表达了对最高领袖的敬爱,其中的"八想"部分反映了对党中央中西医结合政策的坚决拥护:"八想毛主席,害病想起你,中医西医来诊治,诚心又诚意。"①

诗歌以朴素的语言对国家发展给人民生活带来翻天覆地的变化历程,予以热情颂扬。"中西医结合"作为新中国的卫生工作方针在老百姓心中留下了美好印象。正是在党中央坚强领导下,才能充分发挥中医药优势,贯彻中西医结合路线,保障广大人民群众健康。

2.《赤脚医生向阳花》与《社会主义新事多》

《赤脚医生向阳花》②与《社会主义新事多》③歌颂了20世纪60年代开始的农村合作医疗制度。例如,以歌颂社会主义各项事业欣欣向荣为背景的《社会主义新事多》作品中,特别提到了改变国家医疗卫生面貌的赤脚医生和中西医结合政策:"从前我们穷山窝,生病缺医又少药,如今赤脚医生真正好哇,会打针,会探脉,中医西医来结合,送医送药送温暖哪,哑巴都唱起赞美歌哇。"广大赤脚医生认真贯彻党中央中西医结合政策,不畏艰难,坚持为人民服务的宗旨,为农村合作医疗制度的运行提供了稳固保障,为改变广大农村卫生条件落后面貌付出了无数心血。

在那个年代,与此类似的作品比较常见,例如:

草医草药真是好,防治疾病不可少,中医西医结合好,卫生战线红旗飘。

---

① 陈光训:《十想毛主席》,《人民日报》,1958年7月1日,第8版。
② 歌词:"赤脚医生向阳花,贫下中农人人夸,一根银针治百病,一颗红心暖万家。"(《战地新歌》(第五集),北京:人民音乐出版社,1976年,第77页)
③ 湖南省歌舞团:《社会主义新事多[常德丝弦]》,《人民日报》,1975年11月30日,第3版。

中草药就是灵,少花钱治大病;自力更生办药厂,备战、备荒、为人民。

草药土生土长,能治病能医伤,是采不尽,用不竭,打不掉,炸不烂的天然制药厂。

办起"百草园",草药知识大宣传,会识会采又会用,自己也能把病看。

中草药,是个宝,少花钱,疗效好,药源丰富自己找。备战、备荒、为人民,自力更生办医疗。

草药是个宝,老早就知道,长得满处是,就是认不到。现场会开得好,识药采药有门道。①

(二) 话剧

1.《枯木逢春》

话剧《枯木逢春》的主要剧情是:1949 年之前,从小失去爹娘的苦妹子做了方妈妈的童养媳,方妈妈对她如同亲生女儿,未婚夫冬哥同她的感情也极融洽。他们一家人为逃避血吸虫灾害,离开了江西老家来到他们并不知道同样是血吸虫病区的浙江双塔乡。后来方老爹惨死异乡,苦妹子在混乱中流落双塔乡,熬受着痛苦的岁月,最终为生活所迫另嫁他人。

新中国成立后,双塔乡翻身农民掀起合作化高潮。苦妹子担任了生产小队长,生活日渐好转。可是,血吸虫病还在威胁着人们的生命,丈夫病死,自己也受到感染。苦妹子到血防站去治病时,意外遇到一直渺无音讯的冬哥。原来冬哥已经成为拖拉机手,刚调来双塔乡工作。故人相见,喜出望外。然而,当苦妹子一想到自己已嫁过人,又患了血吸虫病,不觉又黯然神伤。但是,善良的冬哥却始终没有改变初衷,对她不幸的遭遇流露深切同情。当方妈妈知道苦妹子患了血吸虫病时,感到万分沮丧。苦妹子的病已经到了晚期难治的阶段,但是她的幸福生活才刚刚开始,因此她决心要活下去,恳求医生设法治好她的病。与此同时,冬哥的助手也感染了血吸虫病,方妈妈担心冬哥也会受感染,硬要冬哥离开,冬哥不肯。方妈妈知道冬哥是为了苦妹子,便找苦妹子帮助。苦妹子答应了方妈妈的请求,就在冬哥来看她的时候拒绝了他的爱情,但冬哥明白这并不是苦妹子真心情愿的。

---

① 《贫下中农赞中草药》,《人民日报》,1969 年 12 月 4 日,第 2 版。

不久,一个振奋人心的消息传来,毛泽东视察血吸虫灾区,组织全国各方面力量帮助血吸虫灾区解除疾病折磨。血防站采取标本兼治的防治措施,抢救血吸虫病患者的生命。在中西医结合的治疗下,苦妹子脱离了险境,病情日见起色,很快完全恢复了健康。获得新生命的苦妹子和冬哥结了婚,过上幸福甜蜜的生活。

作家王昆仑于1960年1月8日在《人民日报》发表了《苦妹子——看话剧〈枯木逢春〉》①一文,歌颂党和国家的中医政策,表达了广大人民群众对中医药的珍爱。"枯木逢春"的标题也暗喻古老的中医药在新的历史时期焕发全新的生机。后来,该话剧还被改编成电影。上映于1961年的电影《枯木逢春》,讲述的就是新中国如何通过推广中西医结合疗法,在江南农村消灭血吸虫病的故事。电影里,擅长"土方子"的"罗站长"和省城派下来的专家"刘医生"之间的"土洋之争",在当时也具有一定的代表性。

2.《丹心谱》

1978年,以革命知识分子为主人翁的话剧《丹心谱》受到热烈欢迎。该剧描写的是我国医务工作者在党和国家领导的关怀下,排除干扰破坏,不畏艰难,一片丹心为人民,坚持中西医结合道路,坚持科学研究,制成防治冠心病新药的感人故事。

剧中通过典型形象的塑造,热情歌颂了共产党员、老中医方凌轩等不畏艰险搞科研、一片丹心为人民的高尚品质。同时,揭露了一些人在政治上投机、在科学上撒谎的丑恶灵魂。从该剧的内容及当时的新闻报道来看,洋溢着浓郁的时代精神,散发浓厚的生活气息,人物形象鲜明,语言生动,具有典型的民族风格与地方特色,给人焕然一新的感受。

作家曹禺在《人民日报》撰文说:

> 我曾和许多人一起看过这个戏。有逻辑思维的科学家(当然,他们也用形象思维而且有丰富的感情的),有饱经风霜的老干部,还有我年轻的孩子们。我和他们一起落下了感动的泪水。我想,这就是因为剧中的人物,从各个不同的角度,触动着、振动着、激动着我们的心,从而教育了我们。之所以能达到这样的境地,首先,这些人物是在我们的生活之中。也就是说,真实。我相信,有许多老科学家会在老医生方凌轩的身上看到自己的影子。方凌

---

① 王昆仑:《苦妹子——看话剧〈枯木逢春〉》,《人民日报》,1960年1月8日,第8版。

轩的独白，正是他们的所思，方凌轩的经历，正是他们曾走过的路。而方凌轩又是更加强烈地、鲜明地、集中地表现了他们，这些为社会主义祖国的科学事业献出终生的人。

方凌轩，这位老知识分子，他作为剧中的主人公是成功的。他耿直，刚强，纯洁。他心不存私念，敢于直言，认真不苟。性格表现得很突出。这位老医生深深地爱他之所爱，他心中的圣火与光明——敬爱的周总理。他卑视那些丑类，并且，决不以轻蔑了之。……他凭着自己正直的心，奋勇地迎上去，给以痛击！他并不感到自己是英雄，他是在行他的路，而这条路，正是毛主席、周总理为他指出的。①

（三）报告文学

1964年10月25日，《人民日报》刊登了著名诗人、作家管桦的报告文学作品《生命》。该作品讲述了主人翁五岁的儿子由于脑膜炎生命垂危之际，得到老中医妙手回春的治疗，从而挽救了生命。在主人翁与老中医的后续交往中，老中医表达了很多关于中医药的看法，尤其提到应当坚持党中央中西医结合的发展方针。故事情节跌宕起伏，特别是老中医在千钧一发时刻临危不乱的辨证施治过程，非常精彩。精湛的医术、朴实富有情感的语言引人入胜。老中医关于中医命运的思考令人深思，其高尚医德令人钦佩。全文如下②：

一九六三年九月初二晚上，我从乡下回到北京。坐在电车上，想着回到家里，妻子怎样快活地迎接我，尤其是想到五岁的儿子跳跳，将怎样地跳起来，伸出两只光滑的小胖胳臂，搂着我的脖子，整个身子吊在我身上，把那红润的胖胖的小脸蛋儿，贴在我的脸上，用那种使普天下的父母都心醉的声调叫我"爸爸"。我想到这些，像喝醉了酒一般，醉醺醺闭起眼睛微笑着。

给我开门的是徐伯伯。头一句话就问我："接到电报了？"

"什么？"我吃了一惊，"电报？什么电报？"

"到屋里说吧。"徐伯伯眼睛回避着我的目光。

---

① 曹禺：《看话剧〈丹心谱〉》，《人民日报》，1978年4月24日，第3版。
② 管桦：《生命（报告文学）》，《人民日报》，1964年10月25日，第7版。

我一边往院里走,一边审视着他的脸色。一定发生了什么可怕的事。我被一种预感压迫着。我加快脚步,走进屋里。妻子没有像往常那样快活地迎接我。灯光下,只见她坐在藤椅上,脸色阴沉得可怕。我迅速地瞥了一眼床上。

"跳跳呢?"我问。同时注意到徐伯伯正在撩起衣襟擦泪。我只觉得一颗心在胸膛里上下忽悠了两下。我扔下行囊,走到妻子面前,审视着她的脸色。我的心情忽然不能自主了,我的眼睛,由于突然涌进泪水而再也看不清楚了。凭妻子的脸,她那由于极度哀痛而僵硬的脸,我看出有一种可怕的不幸临到我们头上,我们心爱的跳儿的死!

"跳儿不行了!"妻子终于呜咽着说出这个可怕的字眼儿。带着那样绝望的神情望着我,以致我不能忍受她的目光,倒退几步,坐在椅子上。妻子满脸泪水,一边攥鼻子哭着,一边讲述跳跳得了大脑炎,开头只当是感冒,没抓紧治,等送到医院的时候,已经成了急救患者。医院使用了各种抗生素进行抢救,差不多浑身都用了冰袋,还是不退烧,而且病情日趋恶化。我一边听着妻子因为哭泣而不成句的讲述,一边环顾着屋子。我临走前,把着跳跳小手画的一张水墨画,还歪斜地贴在墙上,那是小跳跳自己用小手贴上去的。桌子上还摆着几本跳跳最爱看的连环画册,一把小铁枪……

"你要干什么?"我吃惊地问妻子。她打开箱子翻寻着什么。

"给他找件衣服准备万一啊!"

我听了这话,就像无数把刀子割着我的心。我猛然跳起来说:"我去看看!"

当我从深夜空旷无人的马路上来到病房的时候,见差不多满满一屋子医生和护士,正在紧张地忙碌着。一个医生,用那种将军在战场上发施命令的简短急促的语调叫道:"准备冰袋!退烧针!"

一个护士,脸上带着严肃的表情,瞥了我一眼,迈着匆急的步子,从我身边走过去了。一个四十多岁高个子医生,抬起他低垂在床上的头,收起听诊器,另一个戴近视眼镜、面目清秀、护士们叫她孙大夫的女医生,正在全神贯注地给跳儿打针。我想要冲过人群到床边去。忽然觉得有人拍我的肩膀,扯我的衣裳后襟。我猛回头,啊!我们机关的党支部书记和办公室的一位同志正站在我背后的墙角落里。

"啊,您,"我惊讶地望着他们,"深更半夜,您二位……"

但支部书记严肃地摇着巴掌，示意我不要妨碍医生们的工作。

这时候，戴近视眼镜的孙大夫打完了针。趁床边有了空隙，我冲过去，只见跳儿仰卧在床上，脸色焦黄，闭着眼睛，痛苦地扭动着身子，呻吟着。我俯下身，在孩子的耳边叫着："跳跳，爸爸来了！"没有回应。伸手摸摸手脚，冰一般凉得怕人。站在我身边的林大夫忧虑地说：

"这是最可怕的高烧！"

我跑到院子里，坐在亭子底下的一条长椅上，两手抱着头，大颗的泪珠滚了下来。

这时，那戴眼镜姓孙的女医生走过来，脸上带着严肃的表情，用那种异常沉稳的语调说：

"大脑炎这种病，现在世界上还没有治疗的特效药。我们在使用所有的方法控制它。刚才同胡大夫、林大夫研究，准备马上请一位有经验的中医配合治疗一下。"

后半夜两点半钟的时候，孙大夫陪着一位中医和他的两个徒弟来了。这是一位六十多岁的老医生，鬓发半白，脸色黧黑，一身古铜色的制服。使人想起高原上头顶覆盖着白雪的青铜老松。医院医生都尊敬地叫他"祁老"。

老医生挺直着腰身，端端正正坐在办公室里，默默地，半闭着沉思的眼睛，倾听着孙大夫向他介绍病人情况。我坐在角落里，想要立即听到这位老医生的"宣判"。但是他什么也没有说，便站起来，迅速地穿上白色工作服，由本院医生陪着，同两个徒弟一起去到病房。

老医生最初审视了一下病人的脸色，然后摸了摸手脚、肚子，看了看舌头。扒开眼皮，用白布的一角划着白睛上吊无神的眼睛。划一下，没有反应，再划一下，仍然没有反应。开始诊脉。

我两眼直盯着老医生的脸，我觉得他每一个细微的表情，都会给我希望或是绝望。但是老医生脸上毫无表情，只见他探过身去，低声地向两个徒弟说了几句什么，便闪开身子让两个徒弟诊断。

脱去白色罩衫，重新坐在办公室的时候，老医生脸色显得异常严峻。在我的眼睛里，把他当作了无望的表情。整个屋子，静得可以听见窗外的花草在深夜的微风中发出细索的响声。所有人的目光，都集中在老医生的脸上。他半仰着鬓发半白的头，两眼向上凝视着，仿佛要在空中寻出问题的解答来。

"这孩子如果没有您们的抢救，肯定说没有希望了。"老医生向戴近视眼镜姓孙的女医生探过身去说。然后,仍旧半仰着头,两眼向上凝视着。"中西医的道理是一样的,只是说法不一样。"他沉思地说。"病有主症客症。成于中必形于外。我们'由表及里'地观察,"他引用《实践论》里的话说,"这孩子发烧前恶寒打颤,说明有邪正交争。肚子鼓胀发硬,说明肠胃滞热,脉数而无力,说明孩子烧了这么多天,津液已经相当亏损了。但目前必须'背城一战':给他清理疏通肠胃,采用'开门逐贼'的办法,清除病魔!"

他改变了一下坐着的姿势,同时把目光移到姓孙的女医生的脸上,安静而低声地继续说道:

"咱们如果再继续维持三天,这孩子就有希望了。"

"您放心,"孙大夫带着自信的笑容回答,"我们会尽全力继续抢救!"

于是,两个徒弟迅速准备好纸笔,等候写处方。老医生又那么习惯地半仰起头,两眼沉思地向上凝视着。屋子里充满了寂静。我觉得这医生过分沉稳,过分迟缓了。但是,我不知道,老医生不但在考虑处方,同时还在考虑他将使用的每一味药的出产地。因为产地不同,药性的力量也就不同。我不知道老医生在考虑这些问题的同时,还在考虑孩子好不好喂药。好喂,剂量就开少些,不好喂,剂量就开多些。他常常向他的两个徒弟说:"毛主席告诉我们一切都要从实际出发。我们不能凭主观愿望,丢掉客观存在。死方是不能治活病的。"这些都是我很久以后才知道的。

"芥穗一钱!"他终于说话了。

但他的女徒弟邵大夫没有往纸上写,却低声问他:是不是少了些?她提醒老师,上月同样一个病人,是三钱芥穗。

"那是不一样的。"老医生用稍微拖长的声调微笑着说:"病是活的,药是死的。"他带着同样的笑容,转脸向姓孙的女医生说:"早晨咳嗽两声,晚上咳嗽十声,就不能用原方子了。何况又是两个病人?"又向另一个人说:"所谓辨证论治,就是要知病知药,太过则伤人,不及则无功。"然后把脸转向徒弟。他口述着,由徒弟写了一个药方。

临走的时候,孙大夫问他吃中药的时候是否还使用冰袋。

"最好不用冰袋。这付药吃下去,就会出汗了。早九点钟听您的电话!"

我差不多飞跑到药房,叫开门。值夜班的服务员睡眼朦胧地接过药方。"啊!"他惊叫了一声,睡意从他脸上消失了。"病人在发高烧!"他说着便急忙抓药。"这是祁大夫的方子,吃这付药就会好了。"他一边抓药边向我说。

我奇怪,药方上并没有祁老的名字。

"您怎么知道?"我问他。

他带着那样深知一切的笑容说:"从处方用药上看出来的。他有自己的用药方法。"

包好药,我付了药钱:五角六分钱。回到家里,妻子说她煎好送去。叫我睡一觉,天亮吃过早饭去替换她。

我和衣躺在床上,似睡非睡地做着噩梦。醒来后胡乱吃了几口饭,便向医院跑去。

快到病房,我看见一个护士端着什么,匆忙地走了出来。那位女医生正在同一个男医生低声说话。我踮着脚尖走进了病房。我感到恐惧:床上的孩子没有了。

"完了,什么都完了!"我想。感到心已经不在胸膛里,而在向一个无底的深渊里沉下去。

"跳跳呢?"我叫道。

"这儿哪!"妻子的声音:"出了很多汗,怕他受风,搬到里头床上来了。"

我奔到里面墙角落里的床边,弯下腰,见跳儿娇嫩的额头是潮湿的,不但没有死,显然,危机已经过去了。忽听背后一个熟悉的声音:

"喂过药三个钟头以后就开始发汗了。大便也通了,很多。"

我回头,是我们的支部书记,他一边拿手巾擦着手,走过来。他刚才帮着我的妻子和护士给孩子换过尿布。

妻子脸上带着忧虑的神情说:

"汗是出了,大便也通了,可是孩子太弱了,连睁眼的力气都没有了。我怕他虚脱!"

同主治跳跳的孙大夫商定以后,我便到宽街北京市中医医院去见那老医生。

老医生同他的两个徒弟张大夫和邵大夫,正在门诊。我简短说了一下孩子的病情变化。老医生用目光和微笑示意,叫我坐在一边等一等。我坐下,又焦急地站起来,在院里转了一圈儿,又回来坐下。猛听背后一个语气中带点恼怒的声音:"我说大夫,这方子是不是开错啦?"一个穿得整齐的中年妇女,一手抱着个有病的小女孩,一手抖动着手里的药方子,一点儿也不客气地问老医生。

老医生恭敬地站起来,脸上带着疑问的神情和几乎觉察不出的笑容,低声地温和地问那妇女:

"出了什么事?"

"什么事?您说什么事?挂号费还三毛钱呢,我们老远地奔这儿来,还有路上的车费,闹半天给我们开九分钱的药?我孩子这病,花了三百多块钱都没去根儿,您给开九分钱的药,这不是开玩笑吗?"

老医生脸上仍旧带着那样的笑容,同时用手触动一下那母亲的袄袖子,仿佛这就可以消除她心头的怒火。"药不在贵贱,能治病就好。"他用稍微拖长的声调劝说着:"您只管给孩子吃吧!"

那母亲见医生如此固执,便使劲扭转身去,阴沉着脸,鼓嘟着嘴巴往外走去。旁边抱着孩子候诊的母亲们围上去,悄声告诉她:

"您放心,按这药方吃吧,管保好。这老大夫开的方子都便宜……您准是头一次来。"

我向老医生详细地介绍了跳跳的病情变化,便陪着他们师徒三人去医院。

"她见我开的方子药味太少,太便宜了。"等车的时候,我谈起那个妇女,老医生带着那种似乎是羞怯的笑容说:"毛主席的战术是集中优势兵力一鼓作气歼灭敌人。用药如用兵,也应该是分量多而药味少,譬如劲兵专走一路,则足以破垒擒王。分量减而药味多,譬如广设攻围,战线延长,必然力量就没那么大了。而且品类太繁,攻治必杂,宜于此,不宜于彼。"他说得很慢,而且口齿笨拙,同时习惯地用手触动交谈者的胳臂。

第二天我去见老医生的时候,见那位母亲脸上带着兴奋、快活、抱歉的笑容说:"吃了您老的药就见好。真是谁听了都不信,才九分钱一副的药!"

"吃过这两副药,您就不必来了,这孩子就完全好了。"老医生把药方交给那母亲的时候说。

那母亲先是惊讶地竖起眉毛。接着,用那样感激、尊敬夹杂着一点儿迷惑的目光注视着老医生的脸,然后抱着孩子,拿着药方走了。

老医生每天到医院去看跳跳的病。有时冒着大雨,哗啦哗啦趟着院里的水流来会诊。

第二副药就改用了西洋参、五味子等滋补津液的药了。同时,西医也开始注射血浆和葡萄糖。

"不,我们要透过表面现象了解病的本源。"第二次看过跳跳,从医院向外走的时候,老医生反驳徒弟的话。徒弟提出跳跳脸红、肚胀,吃补药是否合适?

"脸红是虚假的现象,"老医生说,"现在肚胀也是虚假现象了。那是气胀。肠胃不干净也不能再往下打了,连发汗的药都不能再用了。"

我送走老医生回来,见那位姓孙的女医生,正在亲自往跳跳的静脉里注射血浆。这是非常艰苦的工作,注射非常慢,而且整个身子和手都不能有丝毫移动。五分钟……十分钟……三十分钟……我见她的额头上渗出了一颗颗豆粒大的汗珠,滴落在孩子的手背上了。同时,鬓角上的汗,也在像小河一般,顺着脸往下淌。我向一个走进病房来的护士做了个手势。护士会意地微笑着拿手巾给医生擦汗。

跳跳睁开眼了,而且用极微弱的声音要水喝了。

一天晚上,我到祁老家里去看这位老医生。

老医生正在灯下写什么。听得来了客,从写字台上抬起他鬓发半白的头,放下笔,一边从鼻梁上摘下眼镜,起身迎接客人。

"您工作一天了,晚上还在学习?"我惊讶地问。瞥了一眼桌子上没有合上的《毛泽东选集》以及刚刚合上的笔记本子。

女主人一边倒茶,用听来似乎又是赞扬又是不满意的口气说:

"刚写完他的研究材料,又趴桌子看书。"

"人必须有一个怕字。"老医生并不理会妻子的话,一边给我点烟,用平常的语调说:"老怕自己不够,老怕跟不上别人,老怕跟不上这个时代。"他说着自己燃着一支香烟,坐在对面的椅子上。

"祁老救了跳跳一条命!"我带着感激的笑容说。

"喷,"老医生由于一时找不出适当的话,咂着嘴,身子往后仰着,把头往一边扭去。"您知道,"他终于有了回答的话,朝我探过身子来,仿佛说一件秘密的新闻似的,悄声说,"任何科学都不是万能的。"

我疑问地望着他,不明白这话的含义。

"喷,嘿,"老医生又那样咂着嘴,低声地耳语似的,"如果没有西医的抢救,也是不行的。所以毛主席提出中西医合作,互相吸收,互相发展。"他起身迈着年青人一般的快步,到写字台边,拿过那本《毛泽东选集》,打开,伸出那老年人有褐色斑点的手,指点着给我念了几段。然后合起书,兴奋地微笑着坐下来,"我们中医有的也有封建迷信思想,迷信古人,不往前发展。不能颂古非今。母亲是傻子,我们就应当是傻子吗?喷,"就好像有人在反驳他的话,他变得愈来愈兴奋了,"不,方子不能停留,要发展,再研究。中医也需要向西医学习。当然不能生吞活剥。"

他又不由自主地打开书,哗啦哗啦迅速地翻动着。

"你看,毛主席说得多好。……像食物一样,必须经过自己的口腔的咀嚼,肠胃的运动,吸收!"

念完,放下书,从烟盘里拿起尚未熄灭的半支香烟吸着。片刻沉默之后,他用安静的沉思的语调添说了一句:"惟有知道他人的长处,才能补足自己的短处!"

我坐了一会儿,告别的时候,紧握老医生的手,深情地直望着他的脸说:

"您应该注意休息。您这样的年纪,晚上不要工作了。"

他微笑了一下。

"您知道,"他说,"我们不在安逸而在奋勉,不在容易而在艰难。还有许多的尖端科学要我们攻破。"

往外送我的时候,他继续刚才的思路,自言自语地,仿佛在回答他自己内心的声音:

"我们一切事业的创造,决不能乘虚而入,必须步步为营,必须攻坚!"

但他没有说他已经做出只用两味药便治好了恶性喉头炎的成功试验;没有说他只用两三副药,最短时间,治好病危的肺炎和恶性的肠炎;没有说他许多大胆的独创性临床治疗的成功经验。

老医生沿着马路的人行道,送了我一段路。分手的时候,我再一次两手握紧他的手:

"有人说生命属于人只有一次。可是,我们的党,我们的时代,却给了我孩子第二次生命!"

老医生站在人行道上,习惯地半仰着头,两眼向上凝视着,用他缓慢沉思的语调,仿佛是向那深远的布满繁星的太空说话:

"党,她给了我们这个时代的许许多多人第二次生命!"

他黧黑的、像青铜雕像一般的面孔,在霓虹灯红色的反光里,显得异常严峻深沉。

* * *

今年五一节晚上,我邀请老医生到家里做客。因为坐在我家院子里便可以看见天安门节日的礼花。吃过晚饭，妻子便带领着早又变得活蹦乱跳、聪明的跳儿和老医生六岁的小儿子到天安门去了。

我同老医生坐在院中的藤椅上，一面等着看花，一面喝茶闲谈。

"听说您在解放前是个不爱说话的人？"闲谈中断沉默的时候，我说。

老医生稍微仰起一点头，眼睛并不看我的脸："不了解过去，也就不能了解现在。确实，我解放后十多年来说的话，比解放前几十年说的话要多几十倍呢。"

他用无限感慨的语调谈到他的过去：

"我是城东八里庄人。祖父和父亲都是瓦工。父亲病死了，祖父也相继去世。家里生活困难。我上过几年私塾。十八岁的时候，母亲托人介绍我到一个药铺当学徒。没有工钱，专门侍候老师和他的家里。老师高兴的时候，叫你背一段汤头歌、药性、脉诀。不高兴的时候，你问他，瞪着眼把你呵斥一顿。一九二三年老师病故。我托人介绍到西单皮库胡同游民习艺所当助理医师。"

他沉默了，似乎不愿意回忆这些使他内心痛苦的事。但他还是说了下去：

"所谓游民，都是些无家可归的小孩、孤儿、小偷。助理医师每月十五块钱薪金，几个月才一次。整个习艺所每月有两千元经费，几百个儿童。所长明着往口袋里装去一千元，底下总务科、稽查，还要分几百元，我们职工一年就发不了几次薪了。每天都有病死饿死的孩子抬出去。我只有一件蓝布衫，洗了穿，穿了染。每天步行十六里去上班。我的第一个妻子是给有钱人洗衣裳，掉井里淹死的。生活实在不能维持了。我学徒的时候，认识对门铁匠铺一个姓金的徒工，以后他在沈阳兵工厂做工。他来信说可以到东北去行医。我去了，但北京的医生证明，不能在东北行医。我便在炮厂找了个记工员的职业。

"上了一个月的班，赶上放一个月的年假。没处吃饭，我便坐煤车回到北京。这种车不花车费，但有时在一个站停四五天。十冬腊月天气，我只穿一件夹袄，外罩一件夹布长衫，险些冻死在车上。到北京崇文门站下车。我把里面的小夹袄脱下来当了，吃了一顿饭。因为已经饿得走不动路了。我无处投奔。母亲给人家当保姆，只有去找母亲。"

他突然停顿了，使劲吸了一口烟。香烟的火花一闪，我见他的脸上，有

严肃的宁静的神情。约有几分钟,他沉于深思之中,然后,声音低低地继续说着:

"以后我在北京挂牌行医。宪兵、警察、流氓,看病不挂号,不给钱。你还得给他们钱。一个名叫饶恕之的流氓,勾结报馆,专吃医生。他进院向着许多候诊的病人大喊大叫:'祁大夫,我们那病人吃你的药就完啦。'你得立刻给他钱。像走进他自己家里一样,从桌子上拿起烟就抽,嬉皮笑脸。骂他,他也不急。说他,他也不上火。你伸手碰他一下,他就倒在地上,搅得你无法看病。

"他们的身份不同,做法也不一样。一个国民党将军,身子细长,走起路来肩往后仰,胸往前突,有一双野猪似的眼睛。有一天,马靴上的马刺叮当响着,来找我说:'祁大夫,我是司令部的少将,有事找你去。'这种人,多拙于自谋,而巧于谋人。他想这样叫我自动地把钱给他送去。我回答说:'对我们医生来说,只有病人来找我们的时候,我们给他去看病。'"

我注意地听他说着:

"北洋军阀时代取缔过中医。国民党取缔过中医。解放不几天,人民政府便请我参加筹备北京市中医医院。祖国的医学,只有在毛泽东的时代才得到这样的保护、发展。在我入党的那天,同志们都为我高兴,我激动得流泪了。"

一阵巨响,打断他的谈话。仿佛整个太空突然敞开了它的大门,无数鲜红艳丽的花朵,从蓝天里闪现出来,五彩的火焰,给老医生青铜般的脸上,添了一阵红潮。在他的唇上,他的短短的胡髭,有如银针一般闪着光。我见他半仰着头,用发亮的目光凝视着美如神话的太空。就像应和着天安门广场礼炮的雷鸣,他用那种骄傲而稍微拖长的声调说:

"我们的时代……"

然后转过脸来,把手放在我的胳臂上,用提高的声音说:

"生命因了人民的需要而得到光辉,因了党的需要而得到真正的价值!"

一天晚上,我去看祁老。女主人在外间屋低声说,祁老病了。经医院检查,是高血压。院长下命令叫他休息,才没有去上班。这两天又受了些外感,刚吃过药,睡了。

说话间来了两个人。一个是东城区一个医院的办公室主任,一个是病人的母亲,带着匆忙焦急的神色说请祁老去会诊一个病危的孩子。

女主人向他们做手势,同时悄声说,祁老病了。

"可是孩子的病情挺危险啊!"那母亲搓着手说。

这时候听屋里有脚步声。老医生穿一件古铜色的毛衣,一边拿手绢擦着额上的汗,走了出来。他的脸有些微红,向他的妻子说:

"把上衣和帽子拿来!"

"您去行吗?"他的妻子低声温和地向他说。

老医生微笑着,露出他的白牙齿,拿手触动着我的胳臂,低声地仿佛透露一件秘密似的:

"我这病不要紧。孩子出了事可就不得了啦!"

临向外走的时候,他又在我的耳边添说了一句:

"我们必须见危受命!"

他向来人说,还要过中医医院接他的两个徒弟。然后便走进停在门口的一辆小汽车里,去了。

一九六四年初夏

这部作品对老中医德艺双馨的品性刻画细腻,彰显了党的中西医政策的正确性。"新中国成立初期,我国人均预期寿命仅 35 岁。2019 年,我国人均预期寿命提高到 77.3 岁,主要健康指标优于中高收入国家平均水平,公共卫生整体实力、医疗服务和保障能力不断提升,全民身体素质、健康素养持续增强。"[①]健康是社会文明进步的基础,更是广大人民群众的共同追求。中国共产党从成立之日起,就坚持以人民为中心,把维护广大人民群众健康同争取民族独立、人民解放、国家富强的伟大目标紧紧联系在一起。在此过程中,中西医结合政策在党带领全国各族人民全面建成健康中国的征程中作出了重要贡献。

(四) 电影

1971 年 11 月 12 日,中医研究院新医班学员孟庆玉和赤脚医生王桂珍共同撰文介绍了彩色影片《靠毛泽东思想打开聋哑"禁区"》的背景和主要内容。影片记录了解放军的一支毛泽东思想医疗宣传队,为捍卫毛泽东的革命医疗卫生路线,到吉林省辽源市聋哑学校做医疗工作。聋哑学校的孩子们有的耳听不见声

---

① 王君平、李红梅、申少铁:《全民健康托起全面小康》,《人民日报》,2021 年 6 月 21 日,第 9 版。

音,有的嘴说不出话。他们激动的心情,只能用手势来表达。在医疗队"一不怕苦,二不怕死"的精神下,经过反复的自身人体针刺试验,最终克服困难帮助该校100多名学生恢复了听力,见证了中医学瑰宝——针灸的神奇效果①。

还有一些介绍我国科学技术新成就,歌颂劳动人民伟大创造力,展现广大人民精神面貌的科教影片也受到欢迎。例如《中草药》《一定要消灭血吸虫病》《针刺麻醉》等中医药题材科教影片上映后,反响热烈。

《中草药》深入反映了全国各地群众认药、采药、种药、制药的情况。影片摄制组从祖国最西南的云南腾冲到大西北的沙漠地带,从西藏高原到海南岛,足迹遍及13个省、市、自治区。"他们的拍摄工作得到了各地工农兵群众和老中医、赤脚医生的大力支持,使影片内容丰富多彩,形象地说明了'中国医药学是一个伟大的宝库'"。

《一定要消灭血吸虫病》歌颂了血防战线上广大医疗卫生工作者和人民群众,"反映创造科学技术的主人——工农兵群众,反映他们怎样朝气蓬勃地沿着毛主席革命路线奋勇前进的精神面貌"②。

《针刺麻醉》介绍了我国在针刺麻醉领域取得的重大成绩,该片还于1974年12月在意大利佛罗伦萨纪录片电影节上放映,受到1 500名观众的热烈欢迎③。

经过几代人的努力,我国在医药卫生领域取得了举世瞩目的成就:从疾病流行到免疫规划,公共卫生体系日益强大;从缺医少药到病有所医,医疗服务质量不断提升;从看病自费到全民医保,医疗保障制度更加完善;从传统方剂到抗疫良药,中医药传承创新迈大步;等等。在可歌可泣的历程中,有很多值得书写的时代精神和代表人物。例如,2021年4月上映的电视剧《功勋》展示了中国中医科学院首席研究员屠呦呦获诺贝尔医学奖的故事。党的十八大以来,党中央高度重视中医药发展,把中医药工作摆在更加突出的位置。2019年10月,《中共中央 国务院关于促进中医药传承创新发展的意见》提出,传承创新发展中医药是新时代中国特色社会主义事业的重要内容,是中华民族伟大复兴的大事。2017年7月1日《中医药法》正式实施。"十四五"规划纲要提出,推动中医药传承创新。在波澜壮阔的新时代,我们需要更多关于中医药题材的优秀文学艺术作品。

---

① 孟庆玉、王桂珍:《千年铁树开了花——赞彩色纪录影片〈靠毛泽东思想打开聋哑"禁区"〉》,《人民日报》,1971年11月12日,第4版。
② 《我国科教影片为工农兵服务取得可喜收获》,《人民日报》,1973年9月10日,第4版。
③ 《我纪录片在意大利电影节受到热烈欢迎》,《人民日报》,1974年12月11日,第5版。

第三章

中医药瑰宝的媒体意义构建及其临床疗效宣扬

习近平总书记多次强调,中医药学是中华文明的瑰宝,也是打开中华文明宝库的钥匙,是中华优秀传统文化的载体,促进东西方贸易和文化交流的重要纽带,为促进人类健康、改善全球卫生治理作出了重大贡献。

作为中华优秀传统文化的重要组成部分,中医药文化是中医药事业的根基和灵魂。从中医药文化的起源发展、历史贡献来看,中医药文化具有鲜明的个性和特征,其中最为显著的是中医药的临床疗效及中医药文化所蕴藏的哲学思想。在面临医学、文化等领域挑战局面的同时,以党媒为核心的媒体高度重视对中医药文化的宣传和社会意义的建构。媒体通过对中医药临床疗效、独特内涵及其理论体系的宣扬,在全方位的宣传和解读中,彰显了中医药的医学价值,赋予其更多的文化价值和社会价值,为中医药事业的发展创造了良好的舆论环境和舆论支持。

一、中医药独具美誉——遗产·宝库·宝藏·珍宝

综合来看,新中国成立后有关中医药事业的话题主要包括:中医药文化;中医科学化、国际化、标准化;中医药临床疗效;中西医结合;中医药高等教育和人才培养;中医药政策法规;中医药产业;等等。参与阐述和讨论的主体包括党和国家领导人、著名中西医专家、政府各级行政管理者、中医药从业者、社会大众等。围绕这些话题呈现的大量新闻报道,语境独特,内容丰富,对中医药事业的持续健康发展产生了不可忽视的影响。中医药作为中华民族的瑰宝和文化遗

产,如今早已成为国人共识。在党媒有关中医药的新闻报道中,经常赋予其遗产、宝库、宝藏、珍宝等赞誉。很多报道直接以此类关键词作为标题,彰显中医药的特色和意义,凸显党和国家的高度重视。

(一)中医药的媒体社会意义构建

特色鲜明、一目了然和富有鲜明感情色彩的标题是衡量报道对象——中医药重要性的关键指标,也是反映媒体报道价值和水平的重要标准之一。如《正确地对待中国医学遗产》《发扬祖国医学遗产》《祖国医药学宝库中的珍宝》《采集民间药方 发掘中医宝藏》《祖国医学是伟大的宝库》等。梳理发现,遗产、宝库、宝藏、珍宝等富有褒扬意义的关键词高频率地出现在《人民日报》报道标题中。

标　题	作　者	时间、版面	关键词
《正确地对待中国医学遗产》	王药雨、董德懋、谢海洲、申芝塘、刘国声、龙伯坚、张作舟、哈玉民、周梦白、朱琏、孟昭威、朱颜	1953年8月26日第3版	遗产
《对批判地接受我国医学遗产的意见》	萧龙友、赵树屏	1953年9月25日第3版	遗产
《发扬祖国医药遗产——记中医研究院成立》	鉴远	1955年12月20日第3版	遗产
《发扬祖国医学遗产》	新华社	1956年4月12日第3版	遗产
《继承祖国医学遗产的重要措施 卫生部将组织西医全面学习中医》	新华社	1956年5月9日第1版	遗产
《发扬祖国医学遗产》	新华社	1956年6月14日第3版	遗产
《发扬祖国医学遗产"虎挣散"方剂治骨结核有效》	新华社	1956年6月18日第3版	遗产
《介绍我国丰富的医学遗产 昆明举行中医中药展览会》	章皆淳	1957年1月4日第7版	遗产

续表

标　题	作　者	时间、版面	关键词
《祖国医药学宝库中的珍宝》	刘佩珩	1958年11月5日第6版	珍宝
《西医学中医　两流合一流　西安医学院师生热情学习祖国医学遗产》	孙传镐、赵万麟	1958年11月5日第6版	遗产
《开始打开祖国医学的伟大宝库　首批"中西合璧"医生诞生》	新华社	1958年11月5日第6版	宝库
《努力发掘中国医药学伟大宝库　中央卫生部党组关于西医学中医离职班情况、成绩和经验给中央的报告》	卫生部党组	1958年11月20日第6版	宝库
《发动群众发掘祖国医学宝库　河北省开展中医工作十大运动成绩卓著》	孙祖年	1958年11月24日第6版	宝库
《伟大的祖国医学宝库——河北省中医中药展览会侧记》	虞锡圭	1958年11月28日第6版	宝库
《大破资产阶级的医药权威　开展中医中药的群众运动　张际春在中医中药会议上号召大力发扬祖国医学遗产》	新华社	1958年11月28日第6版	遗产
《党的中医政策的伟大胜利　中医工作有重大改进　中医宝库引起广泛重视》	新华社	1958年12月6日第6版	宝库
《发扬祖国医学遗产　创造祖国新医学　北京地区部队总医院人人学中医》	新华社	1958年12月13日第6版	遗产
《采集民间药方　发掘中医宝藏》	新华社	1958年12月14日第1版	宝藏
《为了更好地研究和整理祖国医学遗产　北京中医学习现代医学知识　广州许多著名中医积极向西医传授治病经验》	新华社	1959年2月19日第6版	遗产

续表

标题	作者	时间、版面	关键词
《加速整理和提高祖国医药学遗产 医学科学院和中医研究院大协作》	郭少军	1959年3月10日第6版	遗产
《认真研究整理祖国医药遗产》	钱信忠	1959年3月26日第6版	遗产
《在第二届全国人民代表大会第一次会议上的发言 发扬祖国医药学遗产 赵承嘏代表的发言》	新华社	1959年5月5日第10版	遗产
《在第二届全国人民代表大会第一次会议上的发言 祖国医药宝库藏珍无数 刘惠民代表谈山东中医中药工作的成就》		1959年5月8日第11版	宝藏
《用科学方法探索祖国医学宝库 上海医务人员研究中医中药初获成果》	新华社	1959年6月3日第6版	宝库
《跨进祖国医学宝库的大门 记上海第一医学院附属医院沈自尹学习中医的经过》	李晴氛	1959年6月15日第6版	宝库
《研究整理祖国医学遗产 南京中医学院编写中医教材 两部中医中药大辞典初稿完成》	新华社	1959年6月23日第6版	遗产
《中西医合作探"宝库"》	刘佩珩	1959年12月2日第4版	宝库
《祖国医学是伟大的宝库》	陈景云	1965年12月22日第6版	宝库
《打开祖国医学宝库为我国和世界人民服务 西医必须坚持学习中医 北京三百多名西医座谈继承和发扬祖国医药学遗产问题》	新华社	1966年3月7日第1版	宝库
《靠毛泽东思想发掘祖国医药学的伟大宝库——海军南海舰队某部二营卫生所采制中草药防治常见病的调查报告》	《解放军报》通讯员《人民日报》通讯员新华社记者	1969年3月1日第4版	宝库

续 表

标　题	作　者	时间、版面	关键词
《中医药学是一个伟大的宝库》	广东省惠阳专区卫生战线革命委员会	1969年9月25日第4版	宝库
《发掘祖国医药宝库的尖兵——记卫生员张伯安积极用中草药治病和创造止血药的事迹》	新华社通讯员、新华社记者	1969年11月22日第3版	宝库
《积极发掘祖国医药宝库》	湖北省当阳县跑马公社革委会	1971年2月22日第3版	宝库
《湖北中医学院附属医院努力发掘祖国医药学遗产　中西医结合治疗急性传染病取得成绩》	新华社	1973年2月26日第4版	遗产
《为继承和发掘祖国医学遗产发挥作用》	赵炳南	1975年10月17日第3版	遗产
《努力发掘祖国医药学遗产　坚定不移走中西医结合的道路　安徽医学院治疗大面积烧伤取得新成绩》	新华社	1977年10月31日第4版	遗产
《努力发掘祖国医药遗产积极治疗肿瘤》	江苏省吴县洞庭地区人民医院党支部	1978年1月5日第4版	遗产
《认真落实中医政策　努力发掘祖国医药学的伟大宝库　卫生部和本报邀请首都部分著名老中医和西医学中医有成就的同志座谈纪要》		1978年11月25日第4版	宝库
《中国医药学是一个伟大的宝库》	张宏贵	1979年9月5日第4版	宝库

标题中赞誉中医药的关键词大都与祖国、科学、党的中医政策、毛泽东思想、继承发扬、伟大等并列，以新闻媒体的独特功能阐释了中医药的价值和意义。其主要目的和意义在于：强调中医药是祖国几千年遗传下来的宝贵遗产，应当做好传承发扬；提振士气，坚信在党的中医政策指引下，中医药必将大有作为；鼓励挖掘中医药宝库，坚持走中西医结合路线。一语中的的标题能够使读者深切体会中医药的重要意义。关键词同时也以更高的频率出现在正文中，阐释了中医

药为何能够成为遗产、宝库、宝藏和珍宝。新中国成立后,党和国家领导人一直将中医药视为中华传统文化的瑰宝。2010年6月20日,时任中国国家副主席习近平出席澳大利亚墨尔本理工大学中医孔子学院揭幕式时指出,"中医药学是中国古代科学的瑰宝,也是打开中华文明宝库的钥匙"。此后,这一重要论述被多次提及。2015年12月23日,在习近平总书记致中国中医科学院成立60周年贺信中再次特别指出。以《人民日报》为代表的党媒在报道中医药的重要社论中,"瑰宝"更是常用词。

(二) 中医药学何以成为伟大宝库

尽管党中央一直强调中医药学的宝库地位和意义,但其作为伟大宝库的共识的形成过程也并非顺畅无阻,其战略地位和积极作用一直都面临争议。如何让社会大众完全理解和真心接受这一理念并非易事,党和国家也非常关注此事,希望通过舆论引导,讲好中医药故事,将"为什么中医药学是一个伟大的宝库?"这一问题回答好,为普通民众认识了解并最终认可中医药学的伟大宝库作用作出强有力的论证。《人民日报》注重以通俗且富有学理的语言,完整地介绍中医药学的历史起源、理论体系、发展过程和时代价值。例如,1979年9月5日,《中国医药学是一个伟大的宝库》一文从六个方面予以全面解读[①]:

第一,中医药学是劳动人民长期与疾病作斗争的智慧结晶。作者首先指出,我国古老文化中保存得最完整的就是中医药学。"自从有文字记载以来,至今尚存的中医药书籍,据不完全统计,大约有八千多种,十万余册。这样大数量的古代医药文献资料,再加上各地老中医的医疗经验以及散在民间的单验方,就其内容的丰富来说,在世界上是罕见的。"这些最早的文字记载是文化宝库中的精华,有助于纠正将中医药视为只是经验积累等片面认识。

第二,中医药学不但有丰富的临床经验,而且有一套系统完整的理论体系。文章强调,经过两千多年的发展,中医药学并非单纯的经验总结,而是兼具完整系统理论体系和丰富临床经验的医学宝库。实践证明,中医药学独特的理论体系和临床经验为中华民族的生存繁衍作出了重要贡献。"从中国医学发展史来看,由于春秋以前长时期的实践知识的积累,才形成我国第一部医学理论著作《黄帝内经》;又经过两汉四百年的实践,形成了中国医药学初步的辨证论治的原

[①] 张宏贵:《中国医药学是一个伟大的宝库》,《人民日报》,1979年9月5日,第4版。

则;以后又经过两晋到五代的八百年实践,促成了宋金元时代中医理论的发展和深化,出现了'金元四大家';最后又经过明清至今五百多年的实践,对金元时代发展起来的各种医学理论加以综合、分析,融会贯通,使其逐步走向统一,从而使祖国医学在新的基础上形成一个比较系统、比较完整的理论体系。这个理论体系,以朴素的唯物论和自发的辩证法为内容的整体运动论为指导思想,以'脏象论'作为认识人体生理及病理现象的理论基础,以'正邪论'作为认识疾病本质的理论基础。中国医药学在整体论、脏象论、正邪论这三论的基础上,构成了以脏腑经络学说为理论核心,以辨证论治为诊疗特点的完整的、系统的理论体系。因而中医药学的基本特点是:在理论上强调整体和内因,重视人与环境的统一性和机体内部的矛盾;在诊断上强调'望、闻、问、切'四诊合参;在治疗上强调辨证论治,具体情况,具体分析,异中求同,同中求异,因人、因时、因地制宜,强调治病求本。"关于中医药学临床经验和基础理论的介绍,对于以文化虚无主义看待中医药学的观点具有积极引导作用。

第三,中医药学理论体系和临床经验丰富,流派和学派纷呈,学派和流派的学术结构和传承体系成为中医药学的一大特色。中医药学源远流长,在几千年的传承发展过程中,随着理论体系和临床经验的丰富完善,诞生了诸多医术精湛、各有所长的医学流派和学派,这些流派和学派都有大量医学论著传世,为中医药学的传承发展打下了坚实基础。"我国是一个多民族的国家,许多民族亦在长期的实践中,积累了丰富的民族医学知识,更加丰富了中国医药学这个伟大宝库。特别是藏、蒙、维吾尔医,都有着丰富的临床经验。在这套完整的、系统的理论指导下所形成的丰富多彩的治疗方法,诸如药物、针灸、推拿、按摩、气功、火罐、导引、熨法、熏法等等,都有较好的疗效,深受人民群众的信赖和欢迎。""如金元四大家中,以刘完素为代表的寒凉派;以张子和为代表的攻下派;李东垣之主脾胃;朱丹溪之主滋阴。以上各家学说所主张的独特理论以及在学术上的'诸家争鸣',极大程度地丰富和发展了中国医药学的理论体系。"关于中医药学的学派、流派以及治疗方法的介绍,有助于为读者提供更加整体的科学认识。

第四,中医和中药密不可分,共同保障了人民的健康。针对将医、药分别视之的谬误,文章特别强调中医与中药密不可分,中医学的发展离不开中药,医、药历史同样悠久。"中医和中药是密不可分的一个整体。我们祖国地处亚热带,气候湿润,土地辽阔,药源丰富。上古时代的神农尝百草的传说,正是我们的祖先为战胜疾病寻找药物的千百万次尝试的生动记载。东汉时期的我国第一部药学专著《神农本草经》，载药三百六十五种，如麻黄止喘、常山截疟等，都有较高的科学价值。南朝梁代的《神农本草经集注》，载药七百三十种，分成七类，这一按药物的自然属性进行分类的方法，是中医本草学的特点之一。唐代的《新修本草》载药总数已达一千余种，图文并重，开创了世界药学的先例，是世界上公认的最早颁行的药典。明代杰出科学家李时珍的《本草纲目》，载药一千七百九十八种，是一部世界医药学巨著，是药物学、植物学分类的宝贵文献。随着时间的推移，实践不断的检验，药物学知识得到了进一步的发展，人们不但扩大了药源，而且对药物的性味、归经、功能和主治，以及配伍禁忌等知识，更加深化。在药物的加工炮制方面，也不断丰富和完善，并且总结出药物的四气五味、有毒无毒、配伍法度、服药方法、多种制剂等一系列药学基本理论，从而更加扩大了药物的使用范围，提高了药物的治疗效果。"这些介绍对驳斥重医轻药或重药轻医的观点很有意义。

第五，中医药学不但对中华民族的繁衍昌盛起了重大作用，而且对世界医学的发展和世界人民的健康也作出了积极贡献。中医药学的学术交流和传播，影响无远弗届，东南亚和欧美地区吸收了大量的中医药学知识，而且整本翻印刊刻了许多中医药学著述。中医药学的历史地位和学术价值，一直受到海内外有识之士的广泛关注，影响十分深远。"我国医学自秦汉开始，就不断传到国外，首先是朝鲜、日本、越南、阿拉伯、印度，而后又传入欧亚美许多国家。中医的一些古典著作如《黄帝内经》《伤寒论》《针灸甲乙经》《脉经》《备急千金要方》《本草纲目》以及《针灸大成》等书，均已译成英、法、德、朝、日、阿拉伯等语，广传于世界。众所周知，牛痘就是在我国人痘的影响下发明的。早在十一世纪，我国就发明了用天花患者的痘痂接种在健康人身上的'人痘接种法'。到了明朝，种痘法已有很大改进，并得到广泛使用，十七世纪左右，传到欧洲。在'人痘接种法'的启发下，英国医生琴纳才发明了牛痘。中国与世界各国在医学上的交流和学习，对于我国和其他国家医学的发展，都起到有益的作用。"这一观点对于提升国人文化自信具有重要意义。

第六，在现代科学技术的帮助下，新中国成立后的中西医结合取得了出色成绩。作者承认中医药学也存在不可忽视的不足之处，但事物发展过程中的不足之处并不能成为忽视、轻视其作用的理由，中医药可以在现代科技帮助下，秉承特色、彰显优势、弥补不足，其最好的路径就是走中西医结合路线。"由于历史条件的限制，中国医药学的发展还没有借助于现代科学技术，所以对疾病的认识还停留在宏观的基础上。建国以来,我国医务人员从实际情况出发,坚持走中西医结合的道路,'古为今用,洋为中用'。他们刻苦钻研,努力实践,取中西医之长,相互结合,融会贯通,创造出一批中西医结合的成果。除小夹板治疗骨折和中西医结合治疗急腹症之外,胆石症、心血管病、白内障、慢性气管炎、针刺麻醉、小儿肺炎、痔瘘以及其他各科常见病等,在临床中西医结合的防治研究中,都取得了较好的效果。"这些观点为当时党领导的中西医结合事业提供了理论支持。

二、中医临床经验与独特疗效宣传

党的十八大以来,中医药事业发展迎来更加难得的历史机遇,它的卫生、经济、文化、科技、生态资源价值和优势日益突显,在满足人民群众健康需要方面发挥着越来越显著的作用。中医理论体系,一方面富有鲜明的传统文化特征,另一方面也存在客观局限性。从确凿实在的临床治疗及其疗效出发,是了解领悟中医药文化和理论的最直接有效的途径。在传承发展中医药事业过程中,如何对中医临床经验和疗效进行广泛而科学的宣扬是重要工作之一。新中国成立后,中医临床经验和独特疗效得到越来越多的认可。1956年5月,卫生部发布了关于改进中医工作的措施,要求西医系统全面学习中医[①]。1958年9月,卫生部党组向中共中央递交关于西医学中医离职班情况、成绩和经验的报告[②],同年11月,党中央将请示批示给各地党委,主要意见:"这种组织西医离职学习中国医药学的办法很好,各省、市、自治区党委,凡是有条件的,都应该办这种学习班。"[③]由于党对西学中工作的高度重视,从20世纪50年代开始,呈现了一系列以客观事实和数据为依据的报道,主题鲜明、说理充分、可读性强,为推动中医药的传承创新以及中西医结合工作创造了有力的舆论支持。主要内容包括:中医药治疗各种罕见病、专病、危重病的疗效;中医药对于各种急慢性病的治愈率;中医临床创新取得的新成就;中西医结合治愈疾病的典型效果;等等。

[①]《继承祖国医学遗产 重要措施 卫生部门将组织西医全面学习中医》,《人民日报》,1956年5月9日,第1版。
[②] 卫生部党组:《努力发掘中国医药学伟大宝库 中央卫生部党组关于西医学中医离职班情况、成绩和经验给中央的报告》,《人民日报》,1958年11月20日,第6版。
[③]《中共中央把卫生部党组报告批示各省市区党委 组织西医学习中医是件大事 凡是有条件的,都应该办西医离职学习中医的学习班》,《人民日报》,1958年11月20日,第1版。

（一）各有所长的临床疗法介绍

1. 中医典型临床疗法

（1）中医治疗痔瘘

1954年9月，由卫生部从重庆调来北京的痔瘘医疗小组，在北京开展了半年多的传播中医治疗痔瘘的经验，该小组由中医蒋厚甫、周济民和西医李开泰、陈之寒四人组成。"一九五二年十月，中华医学会重庆分会外科学会和重庆中医学会，共同研究讨论痔瘘的治疗方法，当时中医师蒋厚甫、周济民、张荣辉提供了过去中医从未外传的一种用枯痔散治疗痔疮、用挂线法治疗瘘管的有效方法。以后，他们同重庆市第七人民医院的外科医师李开泰、陈之寒共同用中医的这种治疗方法治疗痔瘘病症，取得了显著成效。一九五四年九月这个医疗小组调来北京后，便在卫生部中央直属机关第六医院成立了痔瘘科，用中医的枯痔疗法和挂线法分别治疗内痔和肛直肠瘘管的病人，到目前止，已治愈了八百多个人。如患内痔十几年的张砚农，患肛直肠瘘管二十多年的张巍庭、周居正，最近都经这个医疗小组治疗好了。"①此后，北京各医院先后选派了一批外科大夫参加这个医疗小组进行临床学习。许多外科医师学会这一中医治疗痔瘘的方法，并开始在自己所在医院进行临床治疗。

到1955年9月，鉴于中医治疗痔瘘的独特疗效，卫生部决定在全国予以推广。"卫生部门最近协助在北京的重庆痔瘘医疗小组总结出他们用中医方法治疗内痔和肛直肠瘘管的经验，并决定广泛推行。""这个医疗小组目前还收到了近七百封全国各地和苏联等国家的来信，其中很多信表示希望学习他们治疗痔瘘的经验。"②报道较详细地介绍了这一治疗方式的研究过程和临床治愈率。

（2）中药"内痔插药疗法"

浙江杭州西医陆琦结合自己几十年的临床经验，研究整理出一种简便有效的治疗内痔的方法——内痔插药疗法。由于疗效明显，得到广泛组织推广。"这种疗法经过浙江医学院附属第二医院十五个月的临床实验证明，除了初期内痔病人因痔核小、位深不便插药；直肠、肛门内有肿瘤或息肉或患有炎症的病人，肾脏病人以及孕妇要禁忌外，其他各种类型的中期、晚期内痔病都可以采用，是目

---

① 《重庆痔瘘医疗组在京传播治疗经验有成绩》，《人民日报》，1955年6月21日，第3版。
② 《卫生部门决定推广中医治疗痔瘘经验》，《人民日报》，1955年9月12日，第3版。

前几种治疗内痔方法中比较好的一种疗法。该疗法不仅便于针对病情掌握用药剂量,免除病人在治疗过程中的痛苦,而且疗程短、疗效高。据浙江医学院附属第二医院 115 个病例统计,有 109 人已经痊愈,其余六人也有进步,治愈率达 94.8%。其中插药一次即痊愈的占病例数的 47%,最多的插药五次,占总病例数的 0.9%;治疗时间一般在十一天到十五天,最多的经过三十五天也就痊愈了。愈后没有发生原位复发的现象和产生不良后遗症。病人在治疗期间仍可以照常工作。"浙江组织了以陆琦为主的三人插药研究小组,继续研究如何使病人局部反应和全身反应降到最低限度,中药成分的有效比例和配制方法等问题。此外,"浙江省卫生厅在 1955 年 11 月还曾举办了一期'内痔插药法'训练班。目前这一疗法,已经在杭州、金华、宁波等地医院普遍推广"①。

(3) 中医治疗乙型脑炎

流行性乙型脑炎是一种烈性传染病,卫生部于 1952 年将此病规定为法定传染病,该病对健康危害很大。1955 年 10 月,卫生部部长助理郭子化专门撰文介绍了石家庄中医治疗流行性乙型脑炎的经验。

西医对于乙型脑炎的治疗,主要是对症施用一般的治疗和护理。"近年来,虽有血浆疗法和免疫血清治疗,使病人死亡率稍有降低,但治疗效果仍然是不高的,广大人民并未解除这种可怕疾病的威胁。"石家庄中医对于乙型脑炎的治疗经验和方法可谓另辟蹊径,成效明显。"中医虽不知道滤过性病毒,但从论证上已隐约指出有一种外毒(暑邪——戾气)侵入人体,而致病人发热。中医在治疗上首先是清热。所采用的药物,主要汤剂丸散为清瘟败毒饮白虎汤、犀角地黄汤、安宫牛黄散、局方至宝丹、紫雪丹、苏合香丸、止痉散等。其中药物辛凉清解类有生石膏、南银花、连翘、竹叶、青蒿等;芳香化浊类如佩兰、藿香、郁金等;通灵开窍类有犀角、羚羊角、麝香、牛黄等;镇肝、熄风类有全蝎、蜈蚣、钩藤、地龙、忍冬藤、僵蚕等;养阴类有生地、元参、麦冬、知母、天花粉、生白芍等。这些药物以辛凉为主,清温解毒,导邪外出。在病的后期,注重养阴,就是增加人的身体的抵抗力,使病人早日恢复健康。中医在治疗中不是单纯从病毒上着眼,而是从整体出发,在治疗中既考虑到患者身体虚实、病情发展等内在条件,也考虑到季节气候、生活环境等外在条件,紧密地结合病情变化,确定治疗措施。药物种类、剂量也随病情变化有所增减。"

---

① 屠正峰:《中药"内痔插药疗法"》,《人民日报》,1956 年 5 月 3 日,第 3 版。

中医治疗乙型脑炎的方法在石家庄中医院治疗实践中,成效显著,治愈率非常高。"从石家庄市中医在一九五四年和今年治疗病人的实际效果来看,疗效是很高的。石家庄市传染病医院今年七月四日到八月二十二日,中医治疗了二十个乙型脑炎病人,其中有九名极重型的病人、八名重型和轻型病人都已经治好……石家庄中医治疗乙型脑炎的治愈率已达到百分之九十。一九五四年石家庄市中医治了三十一个乙型脑炎患者,其中极重型的病人占半数以上,无一死亡,治愈率达百分之百。这样高的疗效,目前在外国的医学文献中是找不到的。"①为进一步总结经验、加强研究,河北还于1956年6月专门召开了中医治疗流行性乙型脑炎经验交流座谈会②。

诸如此类中医临床经验的宣传很多,例如唐山市气功疗法小组、浙江治疗血吸虫病"腹水草"药物的贡献者③、中医治疗痢疾、淋巴腺结核、耳鼻喉病症、小儿麻痹症、风湿性关节炎等④。从报道具体内容来看,尤其强调:中医治疗并非盲人摸象,而是经过了长期比较严谨的临床试验;治疗过程蕴藏着中医哲学思想和养生智慧;治疗效果方面以客观治愈率为依据,无夸大虚假现象;地方乃至中央卫生行政主管部门高度重视趋于成熟的具体经验和方法,并加以大力推广,惠及更多民众。

2. 西学中实践临床疗效

(1) 治疗慢性肾脏炎

西学中工作是党的中西医结合战略中的关键内容,为此有很多以实践为基础的临床案例,关于它们的报道从不同层面揭示了西学中工作的必要性和中西医结合事业的重要性。例如,北京医学院第二附属医院系统内科教研组结合临床疗效,对经过西医观察治疗效果不明显、后改用中药治疗病情好转的21个慢性肾脏炎患者进行了经验总结,并在北京医学院广泛开展有关中药项目的研究。"经西医观察治疗效果不明显的二十一个慢性肾脏炎患者,都用中药治愈或病情好转了。""这些病例经过中医治疗,就产生十分明显的利尿和消肿作用,部分病例尿中蛋白减少甚至消失,有三个病人完全治愈,某些病人肾功能和血液化学变化也恢复正常。有两个身体十分瘦弱的病人,经服中药后,不但病情好转,健康状况也

---

① 郭子化:《中医治疗流行性乙型脑炎的成就》,《人民日报》,1955年10月20日,第3版。
② 《发扬祖国医学遗产》,《人民日报》,1956年6月14日,第3版。
③ 《加强中医研究工作的重要步骤》,《人民日报》,1955年12月20日,第1版。
④ 《北京市推广中医治疗经验》,《人民日报》,1956年3月23日,第3版。

有显著增进。门诊的三四十个病例也有同样的效果。西医观察了中医的治疗方法和下药的情况。系统内科教研组主任王叔咸教授说：中药显著的利尿作用，和中医用利尿治病，同用滋补病人的综合治疗方法，在医学上是有贡献的。现在系统内科教研组的教师正在进一步研究各种中药的疗效，学习中医用药治病的方法。北京医学院各科、各教研室正在研究有关中医中药的题目共有三十多项。"①

（2）治疗神经性皮炎

中央皮肤病研究所西医在学习中医的基础上，用中医熏药疗法治疗皮肤病，效果明显。"治疗四十例神经性皮炎，初步结果证明，治愈率达82.5%，止痒迅速，疗程不长，方法简便，很少严重反应。研究所的医师们认为中医熏药疗法在皮肤科的领域内可能有广阔的应用范围，值得进一步研究。"②

（3）治疗阑尾炎

吉林桦甸夹皮沟金矿职工医院医师张旭原为外科正骨医生，从未接触阑尾炎的治疗。该院地处偏僻，技术设备简陋，对于阑尾炎患者"除了用专车送到一百九十多里路以外桦甸县立医院动手术以外，没有其他办法，患者受到极大的痛苦，有时甚至发生生命危险"。张旭通过自己在西学中班的钻研，积累了丰富的理论基础，在治疗实践中也取得了良好的效果。"我们用中药共治疗阑尾炎四百六十六例，其中有十八例复发外，其余均收到了显著的疗效。"③大连医学院医生在学习中医之后，运用中药复方大黄牡丹皮汤和针灸治疗法治疗了100多例急性阑尾炎病人，而且都治好了④。"北京医学院的西医用中医不开刀服汤药的方法治愈了许多例急性阑尾炎。"⑤

关于西学中治疗各种单纯中医疗法难以克服的新闻报道也很常见，尤其是《中央卫生部党组关于西医学中医离职班情况、成绩和经验给中央的报告》出来后，对各地西学中临床疗效的报道更为频繁。报道侧重于肯定党中央号召西学中政策的科学性和先进性，鼓励广大西医坚持为人民服务的宗旨，克服困难，认真学习中医理论，并加强实践探索和科学研究，最终实现战胜疾病的目标。

---

① 《西医研究中医治疗慢性肾脏炎的经验》，《人民日报》，1956年6月6日，第3版。
② 《医学新闻集锦》，《人民日报》，1956年7月28日，第7版。
③ 张旭：《中医治疗阑尾炎》，《人民日报》，1958年11月21日，第8版。
④ 杨春明：《中西医结合 创造新医学 大连医学院医院学习中医中药收效丰硕》，《人民日报》，1959年1月6日，第6版。
⑤ 《党的中医政策的伟大胜利 中医工作有重大改进 中医宝库引起广泛重视》，《人民日报》，1958年12月6日，第6版。

3. 中西医结合临床疗效

(1) 防治肿瘤

关于中西医结合临床疗效的报道极其丰富。其内容和逻辑大致为：成立中西医攻关小组，梳理中医药文献，深入人民群众，结合民间单方、验方，充分吸取西医技术，反复实践研究，不断提高，最终研制出疗效好的药物或治疗方式，并取得出人意料的临床疗效，解决患者痛苦，进而也为党的中西医结合政策提供了理论和实践支撑。例如，肿瘤对生命的威胁极大，防治肿瘤始终是医学界坚持攻克的难题。随着医学技术和研究的不断进步，中西医都在防治肿瘤方面取得可喜成绩。由于人们关注程度非常高，对肿瘤发病原因、防治进展等方面的介绍必然会引起普遍关注。《人民日报》早在20世纪50年代就有关于中医、中西医结合防治肿瘤的新闻报道出现，但更多主要集中于改革开放以后。如"现在用中医方法治疗肿瘤的效果已经是无容置辩的了。河南省中医用药方治疗食道癌的病例，已在一千人以上；旅大市用'神农丸'治疗各种瘤肿共一百八十八例，好转病例在60%左右。此外，成都市中医治疗骨的恶性巨细胞瘤、河北省中医治疗'何杰舍氏'病（另一种恶性瘤子）都获得了相当好的效果"。对于肿瘤的治疗，中西医各有优势。报道认为"中医对一些症状不显著的早期癌瘤，常常不容易发现，因而就可能误过治疗机会。西医却有早期发现癌前期病变的方法，如做阴道癌细胞抹片检查诊断宫颈癌等。如果中医能配合西医的早期例行检查，及时发现病变，那么，治疗效果也许会更好些。西医对癌肿也不是毫无办法的，外科手术、放射治疗、芥子氮、抗生素等，也有相当的疗效，然而毕竟还不是十全十美的。当然，中医治疗也不是百分之百的有效。正因为这样，所以更需要中西医合流，加强合作，一切从病人健康出发"[①]。

又如，江苏省吴县洞庭地区人民医院1970年建立了肿瘤防治小组，开展了以中草药为主、中西医结合治疗肿瘤的工作。经过几年的探索，于1978年在恶性淋巴瘤、乳房肿瘤等的治疗方面取得了一定的成绩，并对消化道肿瘤和其他肿瘤的中西医结合治疗进行了探讨。"我们坚持向群众学习，向老药农、老中医、赤脚医生和病员学习，注意收集民间单方、验方，反复实践，不断提高。一九七〇年我们听一位病员讲天门冬可以治乳房肿块，我们就组织医务人员去访问这个病员，仔细了解用此药治疗乳房肿块和乳腺癌的情况，并查阅了《本草纲目》，发现

---

① 木风：《中西医合作 让肿瘤低头》，《人民日报》，1958年12月29日，第8版。

祖国医药学早有用鲜天门冬浸酒治疗乳房臃肿、疔毒等疾病的记载。后来,我们听说有位老同志用白花蛇舌草代茶饮使消化道癌块缩小的事例,也及时组织人员前往调查,并请有关科研单位协助进行验证。现在这两种中草药已由我院药厂制成糖浆、肌肉针剂和静脉注射液,成为我院常用的抗癌中草药剂。在努力发掘民间单方、验方的同时,我们坚持把中医中药的知识和西医西药的知识结合起来,以提高治疗效果。例如恶性淋巴瘤的治疗,单用化疗或中草药治疗,往往效果不满意,采用天门冬、白花蛇舌草加化疗,疗效有明显的提高。"①可见,同时发挥中西医优势是战胜癌症的有力保障,现代医学临床经验也证实了这一点。

(2) 治疗咽白喉

咽白喉是急性传染病白喉中最常见的一种病型。据报道,1965年10月前,我国基本采取注射白喉抗毒血清的方法来治疗,虽有一定疗效,但经常发生过敏反应和血清病。天津市传染病医院从1959年开始进行中西医结合治疗白喉的研究工作。"医院组织了治疗咽白喉的专题小组,参考了有关的中医文献和临床治疗白喉的经验,对西医确诊为局限型的咽白喉病人,用中医中药治疗。""经过反复实践,不断总结,不断改进,终于由繁到简地研究出了一种固定的有效方药。之后,他们同中医研究院中药研究所协作,把方药制成这种浓缩的中药合剂。"就是治疗咽白喉的中药——"抗白喉合剂"。中西医专家对"抗白喉合剂"进行了鉴定,一致认为,"它为治疗咽白喉开创了一条新的途径,是中西医结合进行科学研究的一项重要成果。这种中药对占白喉发病数百分之八十以上的局限型咽白喉病人,有肯定的疗效。使用时安全方便,价格低廉,特别适合在农村推广应用"②。

(3) 治疗眼科疾病

四川中医学院附属医院中医眼科医生陈达夫在钻研中医内科、中医眼科和运用西医理论逐步熟悉眼底结构的基础上,反复研究思考,"第一次把西医眼底结构和中医内科的有关人体经络分布有机地结合起来,进一步丰富和发展了他提出的许多眼病其基本原因是内科病,治疗眼病必须从内科入手的观点"。陈达夫认为,"治疗眼部疾病,应该掌握全身与眼这一局部的关系,对眼疾不能孤立看待,治疗时必须从中医内科入手。他运用这一基本观点指导眼病治疗,使许多患

---

① 江苏省吴县洞庭地区人民医院党支部:《努力发掘祖国医药遗产积极治疗肿瘤》,《人民日报》,1978年1月5日,第4版。

② 《中西医结合治疗咽白喉获重要成果 天津研究成功中药"抗白喉合剂"》,《人民日报》,1965年10月22日,第2版。

有被认为难以治愈的中心性视网膜脉络炎、视网膜剥离、视神经萎缩等眼疾的人，不同程度地恢复了视力"。为了认真贯彻中西医结合这一方针，陈达夫还积极学习推广中西医结合针拨套出术治疗白内障的新经验。"四川第一例针拨术就是他和一位西医眼科医生合作完成的。由于这种针拨套出术吸取了中、西医的优点，手术简单，疗程短，病人痛苦少，适应性强，受到病人的欢迎。十多年来，他所在的眼科，已为六百多名白内障患者成功地做了这种手术。"①

还有关于中西医结合治疗麻疹合并肺炎、白喉心肌炎②、骨结核、关节结核③、胆道蛔虫症、胆结石等的报道④，大多集中于急难重症的治疗。为了进一步发挥中西医结合临床疗效，各地在中西医结合研究和临床疗效上不断涌现创新之举。

为进一步加强对中西医结合临床疗效的宣传，《人民日报》从1960年开始开设专栏，对"中西医结合综合快速疗法的创造"这一主题进行跟踪报道。"中西医结合综合快速疗法"被喻为新医药学派的一项创举，得到高度评价。"这个新医药学派的主要标志是：为六亿人民服务，一切从人民健康出发，从人的整体出发，具有高度的辩证唯物主义观点和更高的科学水平，既吸收了中医精华，又吸收了现代科学的先进成就，是更加先进的医学科学。"⑤专栏中，对"中西医结合综合快速疗法"在各地不断应用和发展的事迹进行了广泛关注。例如，上海市高血压研究所和哈尔滨医科大学附属第一医院在治疗高血压病上的创新。上海市高血压研究所"以中西药物降压，以复方中药、气功纠正机体不平衡，以气功、太极拳等巩固疗效"，不但近期疗效显著，远期疗效也很高。"去年曾总结了一百例顽固病例的疗效，总的有效率为93%，其中有七十五例是曾用各种单纯疗法无效的，有的曾发生过偏瘫。研究所贯彻多快好省、便利病人的精神，对综合疗法的应用不断有新的发展。"哈尔滨医科大学附属第一医院自1960年5月开展中西医结合综合快速治疗高血压活动，成效明显。医院"给九十一名高血压患者，分四批进行了治疗。第一批二十名患者，经过两周治疗后，这些患者的血压恢复正常……在治疗第一批患者的基础上，又对第二批、第三批、第四批七十一名高

---

① 《热心中西医结合的老中医陈达夫》，《人民日报》，1978年2月15日，第2版。
② 《取长补短 共同提高 广州中西医密切合作疗效良好》，《人民日报》，1959年1月19日，第6版。
③ 《发扬祖国医学遗产 "虎挣散"方剂治骨结核有效》，《人民日报》，1956年6月18日，第3版。
④ 杨春明：《中西医结合 创造新医学 大连医学院医院学习中医中药收效丰硕》，《人民日报》，1959年1月6日，第6版。
⑤ 张之强：《中西医结合综合快速疗法的创造是毛泽东思想在医学上的胜利》，《人民日报》，1960年8月12日，第7版。

血压患者进行了治疗。疗程由十四天缩短到八天。七十一名患者,血压全部降为正常,病症基本消失。与此同时,这个医院神经科,对神经衰弱症,也采用了'快速综合治疗',到目前已治疗了十批,共五百一十九名患者,绝大多数患者都解除了痛苦,获得了一定的疗效"①。

(二) 典型临床疗法的媒体意义赋予——以针灸为代表

中医针灸是针法和灸法的合称,它是在中国历代特定的自然与社会环境中生长起来的科学文化知识,蕴含着中华民族特有的精神、思维和文化精华,涵纳着大量的实践观察、知识体系和技术技艺,凝聚着中华民族强大的生命力与创造力,其主要功效为疏通经络、调和阴阳、扶正祛邪。2010年11月,针灸申请世界非物质文化遗产成功,成为全人类文明的瑰宝。在各种临床疗效宣传报道中,最为常见也最具代表性的是关于针灸疗法的介绍。

1. 叙述针灸疗效,呈现独特亲和力

早在新中国成立前夕的《人民日报》上,就有关于针灸疗效的介绍。为了缓解解放区医疗卫生压力,同时发挥中医作用,《人民日报》以针灸疗法为代表,刊登了关于中医临床疗效的报道。该报道以时任华北政府卫生部副部长及哈里逊医院院长朱琏②推行针灸的切身经历为例,并结合三个成功临床案例(针灸治疗失心疯、风湿病、羊痫风),证实针灸功效。该文的初衷是让群众明白,在缺医少药之时推行针灸治疗,虽似无奈之举,但最重要的还是针灸确有疗效,还能节约费用③。

《我与针灸术》一文是科学系统介绍针灸的新闻报道。由于作者朱琏特殊的身份以及自身在针灸治疗上的成就,该文毫无疑问能够在当时华北人民政府开

---

① 《中西医合作积极医治慢性病 上海高血压研究所初步找到控制高血压途径 哈尔滨医科大学开展综合治疗活动获得成效》,《人民日报》,1960年8月13日,第4版。
② 朱琏(1909—1978),江苏溧阳人。现代著名女针灸学家,18岁学习西医,抗日战争时期在延安拜任作田老先生为师学习针灸后一生为之奋斗。在为广大军民解除疾病过程中,深深体会到针灸的作用与价值,并决心进一步探索、研究、推广。抗战期间,任石家庄正太铁路医院医生。1935年加入中国共产党,成为石家庄市的第一位女共产党员。1937年任延安中国医科大学副校长,华北人民政府卫生部第一副部长等。新中国成立后,历任卫生部妇幼卫生司副司长、中医研究院副院长兼针灸研究所所长。代表著作《新针灸学》由朱德题词,董必武作序,享誉国内外,翻译成不同文字出版,影响深远。(中共石家庄市委党史研究室编:《中国共产党石家庄历史大辞典1921—1949》,北京:国家行政学院出版社,2007年,第804页)
③ 《针灸可治沉疴痼疾 哈里逊医院试用效果良好》,《人民日报》,1949年1月13日,第4版。

展的群众性卫生运动中起到宣扬中医针灸的作用。朱琏回顾了幼时针灸"挽救过祖母的死亡,针好了哥哥的霍乱",以及战争期间战士和自己生病无法得到西医治疗而采取针灸治疗的过程。还从日本的针灸状况出发,介绍了关于针灸的国内外研究心得,特别强调针灸擅长的病情及其原理。"针灸疗法所以能治胃肠神经痛、急慢性胃肠炎、习惯性便秘、习惯性腹泻以及其他慢性病和神经衰弱等症,是因它确能调节交感神经与副交感神经的拮抗作用,能调整脑脊神经与知觉神经、运动神经的传导作用,它能增殖体内的赤血球、白血球与淋巴球,加强抵抗力,在治病中我用物理化学的配合实验证明了这点。"同时,朱琏也指出针灸并非万能。"其他如针灸在帮助诊断上也有很大的作用,但有些针灸术者以针灸治病为万能,这是不对的。据我的经验,有些病能针到病除,有些病可减轻病症,但也有针灸无效的。"①

1951年2月17日,《人民日报》刊登了朱琏代表性著作《新针灸学》的绪言和治疗原理两部分内容。文中对针灸的疗效进行了详述,特别介绍了针灸在哪些病种方面具有非常明显的疗效。同时再次告诫,并非所有疾病都能依靠针灸治愈。要客观看待病情病种,辨证施治。对某些疾病只能起到配合治疗的作用,还有些病种只能依靠西医手术治疗,具体要视病情病因病种而定。"针灸在临床治疗上的伟大效力,在某些方面胜过药物;对肌肉与关节风湿症、慢性胃肠病、神经衰弱等疾病,它可以起主治作用。尤以对神经性疼痛,其见效之速,是令人惊奇的。其他慢性病,如神经机能的变化,没有到难以恢复的程度,针灸也能收效。但对一些急性传染病(如伤寒、霍乱、肺炎),只能作为配合治疗。有些病则非施行手术不能解决(如横产、肿瘤、急性阑尾炎)。我们认为,或针或灸或用药或施行手术,或相互配合,应该按病情决定。例如神经性疼痛与小儿急痫,针刺有效,就应该用针刺;小儿慢性病,针刺会使小儿惊惧,就应在睡后用艾灸;脑膜炎、肺炎用磺胺、潘尼西林(青霉素)效力迅速,那就应该采用这些药物;急性胃炎发生神经性呕吐,完全不能饮食时,针灸可立刻停痛止吐,服药又可帮助胃内迅速排除,则不妨先用针灸后服药配合医治;难产可立刻用手术取出胎儿,在可能的条件下,就应立刻请产科医生或将产妇送入医院。总之,哪一种治疗法最有效,病人的痛苦可以减轻,那么就应该用哪一种。"②

---

① 朱琏:《我与针灸术》,《人民日报》,1949年3月14日,第4版。
② 朱琏:《针灸疗法的重要性及其原理》,《人民日报》,1951年2月17日,第3版。

《人民日报》较为罕见地专门刊登有关中医书籍的内容,显示了党和国家的高度重视。文章见报以后,受到广泛好评和关注。1951年3月,卫生部专门组织召集了北京市中西医生召开关于针灸疗法的座谈会。会上,中西医都发表了许多宝贵意见,一致认为应认真做好针灸的研究工作,加强中西医的团结,使针灸疗法在科学的实验与分析中得到提高,以充分发挥中医药的作用。时任卫生部副部长贺诚提出,希望用科学方法来研究分析,做到中西医合作,互相学习,互相帮助,进一步使针灸提高到科学的水平,有科学的根据,得到最好的发展与真正的推广和应用①。

随着针灸疗法引起的轰动效应,新华社专门于1954年1月发表社论《针灸疗法已在全国各地广泛地推广和采用》,介绍针灸疗法在全国各地的推广和使用情况,用一个个真实的临床案例,进一步向世人展现针灸的神奇之处,起到了非常好的宣传效果。

第一,文章回顾了卫生部为研究和推广针灸疗法所做的准备工作。具体包括:成立针灸研究、疗法相关组织,举办训练培训班,在西医院校开设针灸课程,储备针灸疗法卫生工作人员等。"一九五一年在北京成立了针灸疗法实验所。该所已培养了一百多名针灸疗法技术人员,其中有大学教授、助教、医院院长、医师、医士、护士、助产士和公共卫生人员等。""北京市中医学会为了推广针灸疗法,特成立了针灸研究委员会,该会先后举办了四期针灸疗法业余学习班,有三百多名旧针灸医生得到改造和提高。该会在中央人民政府卫生部号召下,从一九五二年到一九五三年先后组织了八个针灸小组,分赴新乡、山东、安徽、绥远、河北、山西、陕西、甘肃等地的慢性病疗养院为病人用针灸疗法治病。全国有许多省市开办了针灸疗法训练班,不少高等医学院校和中级医药学校都设立了针灸机构和增添了针灸课程。本溪、鞍山、大同、淮南、太原等地的职工医院也都推行了针灸疗法。"

第二,介绍了全国各地推行针灸疗法所取得的疗效,着重介绍临床疗效,从而加深读者的感受。"全国各地推行针灸疗法的事实证明,针灸疗法的医疗效果相当好。据中央人民政府卫生部针灸疗法实验所的统计,在该所成立的最初一年,共给二千六百零五人施行了针灸疗法。这些病人中,绝大部分是久治不愈的慢性病,包括一百五十八种疾病。采用针灸疗法的有效率达百分之九十左右。

---

① 柏生:《记中央卫生部"针灸疗法"座谈会》,《人民日报》,1951年3月10日,第3版。

广东省中医实验医院从一九五三年六月到十一月的统计，诊病人数共三百零六人，已治好和好转的有二百零七人。"

第三，为了进一步给读者以切身的体验和印象，文章还特意挑选了一些患者长期治疗无效后采用针灸治疗后的康复情况。生动的报道拉近了与读者的距离，得到病情相似患者的高度共鸣。"武汉市硚口区中南工程仓库干部王荫生患全身痉挛症，一天一夜抽风五六十次，曾昏迷三天不醒，经武汉市针灸疗法门诊部的治疗，在短短几天内就恢复了知觉，抽风现象已完全消失。福建省一个叫黄达元的病人，起初两鼻流涕、流脓，时常头痛。以后头痛加剧，四肢痉挛，全身出冷汗，意识模糊不清，两腿麻木颤抖，不能走路，曾大量注射乙种维他命等药都无效。施行针灸疗法二十四次以后，他的两腿已完全恢复了健康。广州市居民容丽霞，患了十多年风湿性关节炎，全身消瘦骨痛，走路很吃力，施行针灸二十七次后，便恢复了健康。广西省南宁市居民陆友善患半身不遂症（脑溢血后遗症），卧床数月，用各种方法医治无效，经用针灸疗法十多次后，脚肿全消，不用手杖也可以行动自如了。西康省康定安觉寺一位喇嘛多喜彭错，患了四十年的胃肠病，先后经过六十多个医生医治无效，施行针灸疗法后，病已全部好了。"①

2. 介绍学术和临床研究进展，增强科学说服力

1958年11月《中共中央对卫生部党组关于组织西医离职学习中医班总结报告的批示》之后，各地医院、医学研究机构学习研究中医药的势头更热。关于针灸的研究和临床应用更受青睐，媒体报道更为丰富。以上海为例，针灸是上海医务界在临床上运用最广的中医疗法。各医疗单位在运用中不断地有所发展，同时展开了针灸的生理、病理机制作用的研究，成效显著。

"上海第一人民医院着重研究了针灸中较简易而且收效较快的耳针，这是我国民间从古代流传下来的止痛疗法。到目前为止，从一千多受到耳针治疗的病例中，发现除产生止痛效果外，对乳腺炎、扁桃腺炎等有消炎作用，对神经衰弱而脑压较高者，还有降压作用。同时，他们发现病人受到耳针治疗后胃蠕动增加、胃液增多。上海第一人民医院根据临床经验，已将治疗全身各脏器病症的针灸有效区域初步肯定下来。各医疗单位从临床观察、动物试验、仪器观察等方面，积极寻找针灸治病的道理。中医学院从针刺治疗高血压、聋哑等八十多病例中，利用心电图观察出针刺不同的穴位可以使心跳变慢或加快。第一医学院在九十例正常

---

① 《针灸疗法已在全国各地广泛地推广和采用》，《人民日报》，1954年1月27日，第3版。

人体试验中,观察发现针刺某些穴位后,血液中嗜伊红细胞和血红蛋白增加。对经络学说的探讨,深深地吸引了上海的医务界人士。市卫生局和一些医院都分别召集讨论会,不少人都肯定经络是客观存在的,同时认为经络学说是祖国医学理论中的一个主要部分,是一切中医疗法和药理都要遵循的原理。"①"上海中医学院及上海市针灸研究所对针刺治疗小儿麻痹症的机制研究,及其他医疗单位对针刺治疗炎症的镇痛、消炎作用的机制研究,都已初步摸索出了一些规律。"②

1959年7月,卫生部组织召开了全国中医经络、针灸学术座谈会。会议全面总结了全国中西医在针灸学术和临床研究中取得的最新成果,反映了党和国家对中医针灸的高度重视。会上,"对近年来针灸治疗阑尾炎、小儿麻痹、聋哑、高血压、神经痛、风湿性关节炎、神经衰弱、遗尿症等疾病的疗效或机制进行了初步的整理和研究;对针灸治疗细菌性痢疾、疟疾、视网膜色素变性、视神经萎缩、角膜溃疡、月经病、子宫脱垂、湿疹、牛皮癣、无脉症等疾病的疗效,也进行了初步探讨"。中西医领域的权威研究专家对针灸疗效进行了深入探讨:上海市针灸治疗阑尾炎研究协作小组所作的"针灸治疗阑尾炎疗效及作用机制的报告",上海第二医学院附属新华、仁济医院所作的"针灸治疗阑尾炎少数失效病例及其作用机制的初步报告",中国医学科学院实验医学研究所和中医研究院针灸研究所所作的"针刺不同经络的穴位对于心脏活动的影响",上海中医学院院长程门雪所作的"阴阳五行、经络学说在临床上的运用",北京市儿童医院主治医师任守中所作的"经络学说与辨症施治原则在针灸治疗小儿麻痹症时的运用"以及上海广慈医院内科主任邝安坤教授所作的"气功治疗高血压机制的研究"学术报告,引起高度关注③。此后,对针灸临床疗效的宣传更加丰富,有关针灸学术和临床研究等极富专业性、科学性的内容介绍,极大程度地增强了读者对针灸原理的信赖和认同。

3. 注重世界声誉和影响,强化中医话语体系

针刺麻醉的应用是针灸临床疗效的标志性事件。从20世纪70年代开始,随着临床和科研的进展,针刺麻醉广受世界关注。"针刺麻醉这一新的医疗技

---

① 《用科学方法探索祖国医学宝库 上海医务人员研究中医中药初获成果》,《人民日报》,1959年6月3日,第6版。
② 《党的中医政策的伟大胜利 程门雪代表谈上海市中医工作的成就》,《人民日报》,1960年4月8日,第14版。
③ 《卫生部召开全国中医经络、针灸学术座谈会 中西医促膝相谈交流经验》,《人民日报》,1959年8月15日,第6版。

术,是中西医结合的产物,已经取得了具有世界水平的成果。一个使用和研究针麻的群众运动正在蓬勃发展。针麻的成功和不断发展有力地证明:祖国医药学是一个伟大的宝库,只要坚定不移地走中西医结合的道路,就能逐步攀登医药科学的高峰,使医药科学更好地为大多数人服务。"①

从1959年4月25日第一篇②到1979年底,《人民日报》共有160余篇关于针刺麻醉的报道。报道着重从政治、科技、医学、文化等视角构建其独特的意义:将针灸喻为我国中医药事业,尤其是中西医结合飞速发展的缩影;总结中国对世界针灸人才培养所作的贡献,赞誉针灸为中国与世界架起的医学友谊桥梁;介绍具有鲜明中国文化特色、基于中国医学和科学传统的针灸遗产,如何克服困难成功走向世界;宣传针刺麻醉走过的科研攻关之路,将其树立为坚定不移地贯彻执行党的中医政策的独创和典型。

1979年6月,全国针灸针麻学术讨论会召开。大会规格之高、与会人员之多可谓空前。时任卫生部部长、中华医学会会长钱信忠致开幕词。时任国务院副总理方毅,中华全国中医学会会长崔月犁,全国针灸针麻学术讨论会学术委员会主任委员、著名神经生理学家张香桐,世界卫生组织总干事马勒和副总干事兰波的代表、世界卫生组织传统医学规划处主任巴纳迈,第六届世界针灸大会主席、法国沙茨博士等出席开幕式并讲话。来自全国各地的300多名从事针灸针麻临床或理论研究的专家、教授、医生出席会议。应邀出席这一学术会议的,还有奥地利、澳大利亚、比利时、缅甸、加拿大、丹麦、朝鲜、芬兰、法国、联邦德国、加纳、希腊、印度、印度尼西亚、日本、马来西亚、墨西哥、尼日利亚、巴基斯坦、菲律宾、罗马尼亚、斯里兰卡、瑞典、瑞士、叙利亚、泰国、土耳其、英国、美国、南斯拉夫、新加坡等30多个国家和地区的150多位国外医学专家和热心针灸针麻学术的友好人士。钱信忠强调,"这次学术讨论会的主要任务是总结和交流建国以来我国针灸针麻科学研究工作的经验,检阅科研成果,加强这一研究领域的国际交流,增进我国医学界和世界各国医学界之间的友谊和合作,使针灸针麻这一古老而又是新兴的医学科学更快地发展,为世界人民和中国人民造福和为我国的四个现代化服务"③。

---

① 金卫:《继续搞好农村的卫生革命》,《人民日报》,1973年12月19日,第2版。
② 《在中国人民政治协商会议第三届全国委员会第一次会议上的发言 江西卫生教育工作中的新事物 胡献尚委员的发言》,《人民日报》,1959年4月25日,第12版。
③ 《总结交流科研工作经验 增进同各国医学界的友谊和合作 全国针灸针麻学术讨论会开幕 三十多个国家和地区的一百五十多名医学专家和友好人士应邀出席》,《人民日报》,1979年6月2日,第1版。

全国针灸针麻学术讨论会结束之际,《人民日报》发表社论《"科学是没有国界的"——全国针灸针麻学术讨论会侧记》,进一步介绍了针灸在全球引起的轰动,重点强调起源于中国的医学科学——针灸,已经成为全世界人民的共同财富,并在全球形成学习研究针灸的热潮。共同的追求使科学家们跨越国界,有了更多共同的语言和密切的合作,以及深厚的友谊。"针灸起源于中国,但这种医术现在已经越出国界,成为世界人民的共同财富。有多少中外医学专家,用自己辛勤的劳动和智慧,为传播和发展中国的这一传统医术做出了贡献。""正是由于许多像巴苏医生这样的学者的努力,现在中国的针灸已传播到世界上五十多个国家。许多国家有专门的针灸研究机构和培养针灸临床、科研人员的学校。目前,世界上已成立了若干个国际性的针灸团体,还有三十个左右的国家成立了本国的针灸学会。"[1]

除了对针灸这一典型中医疗法予以高度关注之外,《人民日报》也对其他历史悠久、成效明显、技术成熟的传统中医疗法予以报道。例如,对传统中医骨伤疗法的关注。鉴于天津市人民医院中西医结合治疗骨折的突破,1965年10月,卫生部专门组织召开了中医中药研究成果鉴定会,对骨折理论和方法进行鉴定,对骨伤疗法引起国内外医学界广泛重视的情形进行了详述。"近两年来,除有些外国的医务工作者前来参观访问外,医院还先后应七个国家医务工作者的要求,寄送了六十多份治疗技术材料。北京、武汉、昆明、成都、重庆等地的三十多个医疗单位,也都相继实行了这种疗法,并且取得了满意的效果。"新闻报道过程中,将中医骨折疗法成功塑造为"一项意义重大的中医研究成果"[2]。1965年10月22日,《人民日报》刊发评论文章《取百家之长 走创新之路》,进一步介绍天津市人民医院中西医结合治疗骨折的理论和方法,认为"这是我国骨科史上的一件喜事"[3]。该疗法被广泛宣传之后,引起业内人士关注,他们分别阐述了对中西医结合骨折疗法的深刻认识,以及本单位运用该疗法的临床疗效情况。例如,中国人民解放军某医院骨科陈景云[4],北京医学院附属人民医院冯传汉[5]。媒体

---

[1]《"科学是没有国界的"——全国针灸针麻学术讨论会侧记》,《人民日报》,1979年6月5日,第4版。

[2]《从满足广大劳动人民需要出发 用辩证唯物主义观点指导工作 我国中西医结合治疗骨折成果巨大》,《人民日报》,1965年10月21日,第2版。

[3]《取百家之长 走创新之路》,《人民日报》,1965年10月22日,第5版。

[4] 陈景云:《祖国医学是伟大的宝库》,《人民日报》,1965年12月22日,第6版。

[5] 冯传汉:《中西医结合治疗骨折成就的启示》,《人民日报》,1965年12月22日,第6版。

在宣传该疗法实际效果的同时,更倾向于将其视为中西医结合的另一个典范,博采中医各家之长,吸取西医治疗优点,通过反复实践和不断改进而形成。它不是中医和西医治疗方法的简单相加,也不是对某一操作的局部改进,而是吸收了中西医治疗骨折的精华部分,并在此基础上加以发展提高,形成的一种新的治疗方法。

中医传统特色疗法是中医学的重要组成部分,历史悠久、内容丰富,经过历代医家的不懈努力和探索,取得了巨大成就。对其进行系统回顾,辨析源流,有利于拓展思路,启迪创新,对科学研究和临床应用具有重要意义。新中国成立后,党媒高度关注中医药文化的主要原因在于:

第一,中医药文化的根本属性及其作用,决定了它必然成为党媒关注的重点。从起源发展、历史贡献来看,中医药具有鲜明的个性和特征,最显著的是它的临床疗效,以及临床思维所蕴含的文化、哲学内涵。然而,近代以来,随着东西文化的冲突加剧,中医药面临着前所未有的挑战,甚至遭到被"废除"的绝境。新中国成立后,整个国家的经济、政治、文化、社会结构和社会心理都经历了重构的过程,在国家、社会现代化发展过程中,文化层面的衍变通常是循序渐进甚至是滞后的,但其引发的作用却是至关重要的。中医药文化是中华优秀传统文化的代表,中医药历经挫折,在新中国成立后重放光彩,有力地保障了国家公共卫生事业的发展,这是党媒关注中医药文化的根本原因。

第二,中医药所承载的医疗、保健、养生等功能,使其能够逐渐嵌入新中国成立后新生活的方方面面,而引导社会大众崇尚健康、文化是党媒的重要功能之一。文化的社会意义构建过程是复杂的,检验建构效果的一个关键指标是,人们是否将其内化于心外化于行,党媒从审美视角、表现内容、表现主题和表现方式上,有效地将中医药文化精髓融入大众生活,起到了社会价值建构的作用。此外,文化内涵的阐释及其体系的构建是一个长期的过程,与国家经济发展水平、社会大众文化程度和观念习俗、传媒手段和技术的发达程度等因素密切相关,党媒具有的优势(权威性、导向性、发行量大、覆盖面广等)使其自然成为弘扬中医药文化的主阵地之一。如前文所述,中医药在新中国成立后的很长一段时间内,仍存在很多被误解、曲解的现象,如何引导人们从客观、科学的现代视角认识中医药,是一项战略性的工作。加之新中国成立初期,传媒手段和技术与今天相比有天壤之别,社会整体文化程度也比较落后,党媒的优势得以充分彰显。

回顾历史,展望未来。进入新时代以来,我国已形成中医药事业、产业、文化等融合发展的新态势。在信息化、数据化的大背景下,区块链、元宇宙等热门概念和技术为中医药文化的传播带来新机遇。单纯依靠纸质党媒的时代不复存在。但我们不能因为新技术和新概念的发达而忽视党媒对中医药文化、对中华优秀传统文化的社会意义的建构。同时,在继续发挥党媒对中医药文化社会意义建构功能的过程中需要注意:一是随着医学的发展、时代的进步、社会生活的变迁,党媒关于中医药文化的报道的侧重点也在发生变化。但是,在关注重点上,对其临床疗效以及文化内涵的关注程度,无论何时都不能降低。二是党媒具有独特的权威性、影响力和功能定位,在价值建构过程中,要注重路径和方式的合理性,以朴素的理论给国人一种文化自信;以生动的案例展示中医药文化的精髓和特质;以现代话语和全球视野发挥国际传播功效。三是坚持以"中医药学是中国古代科学的瑰宝,也是打开中华文明宝库的钥匙","推动中医药健康养生文化创造性转化、创新性发展","马克思主义基本原理同中国具体实际相结合、同中华优秀传统文化相结合"等重要论述为指导,把中医药文化的特有属性和价值体系讲得更清晰更透彻。

第四章

中医药科普宣传、科学研究、人才培养与国际化历程

中医药科普宣传、科学研究、人才培养和国际化等工作,都是推动中医药事业不断发展的重要环节,《人民日报》对这些工作的关注也从未间断。关于中医药的科普宣传,着重介绍中草药及具有药效的产物、中医诊断方法及常见治疗用语、常见病发病原因及其治疗方法、中医学理论体系、中医健康养生理念等。关于科学研究的报道,呈现了学术活动频繁、科研项目丰富、科研成果显著等特点。关于人才培养,重点关注中医药高等院校教育,进修班、进修学校、培训班、研究班以及"师带徒"这一传统人才培养方式。关于国际化历程,着重呈现了中医药从单纯医学领域发展到全面文化领域的国际化趋势。解读这些报道,有助于感悟党和国家传承发展中医药事业的初衷,见证中医药有效服务国家发展和保障人民健康的历程。

一、中医药科普宣传

近年来,在党和政府的指导下,在全社会的共同努力下,中医药文化的普及与推广工作可谓百花齐放,在内容、形式、渠道、对象、规律等方面取得了创造性的发展成就。《中医药发展战略规划纲要(2016—2030年)》要求,在2030年前普及中医药文化,将中医药基础知识纳入中小学课程。尤其是2019年全国中医药大会对中医药的战略定位达到前所未有的高度,将促进中医药传承创新发展视为新时代中国特色社会主义事业的重要内容,和中华民族实现伟大复兴的大事。让老百姓走近中医、了解中医,让世界了解中华优秀文化,中医药文化的普及与推广任

重而道远。"传承中医国粹、传播优秀文化、共享健康和谐"是新时代每一个中医药工作者义不容辞的责任和担当。《中共中央 国务院关于促进中医药传承创新发展的意见》要求将中医药文化贯穿国民教育始终,使中医药成为群众促进健康的文化自觉。"十四五"期间的中医药文化科普和宣传教育必将取得更多成果。

中医药科普宣传工作非常重要。新中国成立前夕,百废待兴,当时就有关于新中国卫生事业建设需要大力加强中医药科普宣传的呼吁。"第一,用大部精力著作更多科学的通俗的卫生书籍,如人和病、实用中药大要、百病偏方、卫生常识等书。第二,不论中医西医的看病法与用的药名药量要详加说明等书。第三,怎样认识中西药品的真伪办法等书。第四,要把成药的制造法,如成药名称、所用何原料及各种药名药量、配制法、主治何病、男女大小人的服用法等,详加著作一本成药书籍。第五,对邯郸奸商制造假药品,应该追根归案法办。第六,各报纸所登的有关医药问答、卫生常识,及简单治疗法,应汇集成册,总之有关卫生医药书籍要大量著作推广各地。第七,建议新华书店要将上述著作的书籍,大量印出分发各地书店出售,以至每个农村都能看到此种卫生书籍,使一般粗通文字的人们也能看懂,造成一个群众性的消灭疫病工作。使人人都健康,这对新中国的建设是有利的事。"①

新中国成立后,随着中心工作的逐渐展开,科普工作也开始启动。截至1954 年,"全国已有三十个省和直辖市、九十七个县和省辖市建立了科学技术普及协会和小组。到今年六月份止,全国会员已有三万零五百五十人。四年中他们向人民群众进行了大量的科学技术普及工作。"②为了配合国家的社会主义工业化事业,各地科学技术普及协会在各个行业和地区开展了广泛的科普工作。1956 年 6 月 1 日,卫生部发布了关于加强卫生宣传工作的指示,要求"有条件的省(自治区)和大、中城市今年起都要建立卫生教育所(馆)"。在卫生宣传的重点内容中,要求包括"中医学术"③。从当时的主要内容来看,科普宣传的重点包括以下几方面。

(一) 解读中草药功效

1956 年 8 月 19 日,《人民日报》登载专门介绍名贵中药麝香的文章。作者

---

① 邓永升:《批判与建议 对医药卫生的几点建议》,《人民日报》,1949 年 2 月 23 日,第 2 版。
② 《我国科学普及工作逐渐开展》,《人民日报》,1954 年 10 月 11 日,第 3 版。
③ 《卫生部指示各地加强卫生宣传工作》,《人民日报》,1956 年 6 月 5 日,第 3 版。

是曾受毛泽东、朱德接见的中国影像人类学先驱庄学本。麝香是我国著名特产之一,是一味用途比较广泛的中药。作者介绍了《本草纲目》中有关麝香疗效的详细记载,麝香在我国的使用历史、生物学家对其成分的分析,以及麝的生长环境和麝香的生产制作过程①。诸如此类介绍药材功效的文章很多。例如,关于核桃、蝎子、杜仲、降真香、山楂、柑橘皮、蚂蟥、蜜蜂、马缨花、甘薯、枇杷、银耳、安息香、罗布麻、蟾蜍、山茱肉等的介绍文章②。这类文章通俗易懂,易受关注。

(二) 阐释经典中医诊断方法

1958年2月27日,时任中医研究院中药研究所研究室主任朱颜从中医学诊断的历史以及现代诊断学的角度,在《人民日报》上详细介绍了中医看病的四种主要诊断方法——望、闻、问、切,并对四种诊断方法的整体性以及存在的误区进行解读。通览全文,普通读者便可对中医诊断的科学性知晓梗概。

"望是诊断病情的有效方法之一。因为有病就会有病象现出来……望,果然可以'以表知里''视其外应,以知其内脏'(见《黄帝内经》),但也容易被假象骗过。……有些病人外强中干,里头有病,外又似乎很好。就好像坏橘子似的,金玉其外,败絮其中。""闻就是辨听病人的声音,呻吟、咳嗽、气喘、肠鸣、矢气(即放屁)、呃逆(即打呃)等等,都在其内。大夫知道,声音洪亮为实,声音微弱为虚,暴咳声浊多痰为风寒,久咳无痰声嘶属肺痨,惊呼多痛,谵语多热,等等。问就是探问病人的感觉和发病前后的有关事项,如起病时日、饮食、居处和生活习惯等等。古代医书中早就提出:'临病人,问所便'、'系之病者,数问其情'、'诊病不问其始,忧患饮食之失节,起居之过度,或伤于毒,不先言此,卒持寸口(即忙于切脉),

---

① 庄学本:《麝香和麝》,《人民日报》,1956年8月19日,第3版。
② 陶冶:《核桃》,《人民日报》,1956年8月26日,第3版;贾祖璋:《蝎子》,《人民日报》,1956年11月21日,第8版;林丁:《爱护杜仲树》,《人民日报》,1957年2月20日,第3版;罗桂枝:《药材》,《人民日报》,1957年4月26日,第4版;江幼农:《山楂和红果》,《人民日报》,1957年12月4日,第8版;江幼农:《柑橘皮》,《人民日报》,1957年12月20日,第8版;覃保霖:《马蟥》,《人民日报》,1958年1月17日,第8版;房柱:《蜜蜂——健康之友》,《人民日报》,1958年2月14日,第8版;曲祖贻:《马缨花》,《人民日报》,1958年3月23日,第4版;覃保霖:《也谈甘薯》,《人民日报》,1958年4月19日,第8版;屯生:《夏月枇杷黄似桔》,《人民日报》,1958年7月2日,第8版;《苗岭深山珍宝多》,《人民日报》,1959年2月15日,第5版;《安息香割脂成功》,《人民日报》,1972年11月15日,第2版;魏鉴明:《要重视罗布麻的采集和利用》,《人民日报》,1977年9月4日,第4版;《中药生产 潜力很大》,《人民日报》,1980年1月26日,第2版。

何病能中'(均见《黄帝内经》)。""切就是切脉,主要是辨别脉搏的快慢、强弱、深浅、粗细、匀不匀等状况。几种主要的脉象,如浮脉,主表症;沉脉,主里症;迟脉(跳得慢),主塞症;数脉(跳得快),主寒症;促脉、结脉、代脉,都是间歇的脉,均主危症。古代切脉的部位很多,头上脚上都要切,后来只取手腕部的桡骨动脉处来切。大夫用三个手指头按这处的脉搏,靠从近手掌这端起,依顺序叫作寸脉、关脉、尺脉。……远在汉代张仲景的《伤寒论》里,就已记载了'浮、大、数、动、滑、沉、涩、细、弱、弦、微、迟、促、结、代'等各种脉象。"

作者强调,望、闻、问、切四诊并非是独立的,而是中医学诊断方法的完整体系,四诊合参才能准确地判断病情、指导治疗和推测预后。文章引用《黄帝内经》说:"善诊者察色按脉,先别阴阳,审清浊而知部分,视喘息、听声音而知所苦,观权衡规矩而知病所主,按尺寸、观浮沉滑涩而知病所生。"[①]

(三) 介绍常见病病因病种症状、中医药典籍记载及中医干预方法

很多报道介绍了各种常见病的原因、种类、症状、中医药典籍相关记载以及预防治疗方案等。例如,《肿瘤》一文对肿瘤的性质、生长、分类以及中医药治疗经验进行了介绍[②]。《预防大脑炎》一文介绍了大脑炎的病症、中医文献相关记载以及中西医的治疗方法[③]。《什么是再生不良性贫血?》一文对贫血发病原因以及中西医治疗方法作了详细介绍[④]。

诸如此类的科普性介绍比较常见,例如北京中医研究院医师蔡景峰专门介绍了风湿性关节炎的主要原因、症状以及中医治疗方案[⑤]。傅连暲介绍了风湿性关节炎的知识,包括发病原因、中医药典籍记载、病情分类及特点、治疗对策和预防方案[⑥]。傅连暲还专文介绍了糖尿病的基本知识,包括发病原理、中医学经典著作有关记载、易患群体、中西医结合治疗方式以及患者日常注意事项[⑦]。曲祖贻介绍了"遗尿"的主要原因及其在医学上的文献记载,并给出治疗建议和注意事项[⑧]。

---

① 朱颜:《望闻问切》,《人民日报》,1958年2月27日,第8版。
② 蔡海英:《肿瘤》,《人民日报》,1958年10月18日,第6版。
③ 上工:《预防大脑炎》,《人民日报》,1961年8月27日,第6版。
④ 木风:《什么是再生不良性贫血?》,《人民日报》,1959年3月9日,第8版。
⑤ 木林、齐玉斋、蔡景峰:《关节炎和治疗秘方》,《人民日报》,1959年3月29日,第8版。
⑥ 傅连暲:《谈谈风湿性关节炎》,《人民日报》,1960年10月28日,第8版。
⑦ 傅连暲:《什么是糖尿病》,《人民日报》,1960年8月6日,第8版。
⑧ 曲祖贻:《遗尿是怎么回事》,《人民日报》,1962年4月1日,第5版。

这些文章在介绍中医预防治疗方法的同时,通常也给予西医治疗意见。关于常见病的详细阐述,能够让读者初步了解病情病因和基本治疗预防方法,达到消弭恐惧、未病先防等效果。

(四)诠释中医学理论体系

历史悠久的中医学对民族的生存和繁衍起了巨大的作用。历代医家不仅积累了丰富的临床经验,而且形成了一套独特的理论体系。然而,要想较为全面地理解这套理论体系并非朝夕之功,一些文章专门就此问题进行了诠释。例如,《从脏腑学说来看祖国医学的理论体系》一文以阴阳五行学说为中心,详细介绍了中医学的理论体系,有助于一般读者了解知晓。"阴阳五行学说可以看作是祖国医学理论体系的说理工具,而在这个理论体系中,若以脏腑学说为核心,则可以将这个理论体系中的经络,营卫气血、津液,精、神等一些基本理论,概括地统一起来。"作者提出,脏腑学说以五脏六腑为中心,认为"用这个理论指导临床实践,已经取得了极其辉煌的效果。所以,我们认为,若以脏腑学说作为这个理论体系的核心,将会对整理提高和发扬祖国医学带来好处"①。

(五)宣扬中医健康养生疗法

关于中医健康养生的科普文章也频繁见诸报端。例如,1957年1月2日《人民日报》专文介绍气功这一健康养生疗法,指出"现在所谓的'气功',或叫内功,或叫内丹,或叫静养导引、吐纳法等等不同的名称,而且有多种多样的修养方法"。随后,进一步介绍了古代医家之外的儒、释、道家关于气功研究的论著。此外,对于当下如何进行气功疗法也进行了详细的解读,包括坐姿、调节呼吸等,以及这些环节与人体器官机能、神经系统机制的关系等。最后强调,气功疗法尽管在实践中显示了它的作用,但应当在气功专家和医生指导下进行,不可自行盲目尝试,并呼吁对祖先留下的气功等这类修养身心的方法进行发掘、研究和整理、推广,使人民群众能运用气功疗法锻炼身体、防治疾病,更好地为社会主义建设服务②。

---

① 湖北省中医学院第二届西医离职学习中医班:《从脏腑学说来看祖国医学的理论体系》,《人民日报》,1962年5月29日,第5版。

② 徐玉林:《谈谈气功疗法》,《人民日报》,1957年1月2日,第7版。

二、中医药科学研究

科技创新是中医药发展的关键,回顾中医药发展的历程,中医药现代化科学研究起着引领和推动作用。"中医药工作者紧紧围绕国家战略和社会需求,以提高临床疗效和解决制约中医药发展的关键问题为中心,广泛开展中医药科学研究。在国家重大专项和科技支撑计划等规划支持下,中医药科技支撑能力和创新水平不断提升,在重大疾病防治关键技术等方面取得一批具有影响力的科研成果,在我国医疗改革和健康中国建设中发挥着重要作用,也令世界瞩目。中国中医科学院研究员屠呦呦获得诺贝尔生理学或医学奖,彰显了中医药对人类健康的重大贡献。"[1]

中医药守正创新、传承发展工作必须坚持需求导向,从国家急迫需要和长远需求出发,真正解决实际问题,突破科研发展的关键瓶颈,助力全面建成小康社会。新中国成立后,党和国家稳步推进中医药科学研究工作。最初,全国性的主要医学科学研究单位有中国协和医学院、军事医学科学院、中国医学科学院(原中央卫生研究院)和中医研究院[2]。相对于西医,尽管中医药整体科学研究工作起步稍晚,但却在很快的时间内呈现出学术活动频繁、科学研究活跃、科研项目丰富等特点,并取得佳绩。

(一)蓬勃发展的中医药科研和学术组织

1. 成立中医研究院——加强中医研究工作的重要决定

为了系统学习、全面接受、逐步提高中医药,使中医药在人民医疗保健事业中发挥更大的作用,卫生部整合资源,从1954年11月开始筹备,于1955年12月19日宣告中医研究院正式成立[3]。成立之初,"包括中药研究所、内科研究所、外科研究所和针灸研究所,另有一所二百个床位(暂开一百张)的附属医院,

---

[1] 张伯礼:《推进中医药科学研究 科技支撑中医药振兴发展》,《人民日报》,2021年4月28日,第15版。

[2] 《集中力量研究防治血吸虫病 聂荣臻向医学界提出建议》,《人民日报》,1957年4月18日,第7版。

[3] 《中医研究院成立典礼在京举行 卫生部奖励继承和发扬祖国医学遗产有成绩的医务工作者》,《人民日报》,1955年12月20日,第1版。

还设有中医研究班,专门培养高级中医研究人才及高等医学院校中医师资"①。后来,陆续成立农村疾病研究所②、骨伤科研究所③等。为加强建设和发展,研究院从各地调来名中医,以及许多自愿学习中医和热心中医药事业的西医及行政干部参加工作。1955年12月20日,《人民日报》专门分别以《发扬祖国医药遗产——记中医研究院成立》《加强中医研究工作的重要步骤》为题,发表两篇重要社论,认为此举"是加强中医研究工作的重要步骤",对于指导组织全国的中医研究具有重要意义,"今后我国医学界学习、整理和提高祖国医学遗产的工作,将会在专门机构的统一指导下有组织地进行"④。

2. 科研和学术组织应运而生——推动祖国医学事业现代化进程

1957年,中医研究院在上海成立分院⑤,其他多数省市也相继建立专门的中医药科研机构和学术组织⑥,极大地加强了中医药力量的团结,促进了中医药科学研究水平。截至1963年3月全国医学科学工作会议前夕统计,"全国以中国医学科学院和中医研究院为中心的医学科学专业研究机构,已由一九五六年的二十多所增加到一百多所,医学科学研究专业人员增加了三倍以上。……在祖国医学方面,许多省市先后成立了中医药研究所,吸收了广大中医和一些西医参加了中医研究机构的工作,初步建立了一支整理研究祖国医学遗产的专业队伍。各地医疗研究机构通过总结中医临床经验和整理、注释历代中医名著等方法,广泛开展了祖国医学遗产的整理和研究工作"⑦。

各地在积极组建中医研究组织的同时,开展了广泛的中医研究工作,并取得积极成效。例如,江苏自1959年一年来"已成立了中国医学科学江苏分院、中医药院校、中医药研究所和中西医合作研究机构等已普遍地建立了。全省七个专区,十个市,五十八个县当中,已有七个专区七个市和三十一个县建立了医学科学研究所,不仅建立了专门机构,而且也有了一定的专职人员和中西医学研究工作的内容,在

---

① 《中医研究院即将开幕》,《人民日报》,1955年12月7日,第3版。
② 《中医研究院成立农村疾病研究所 选择稷山农村为基点,深入开展巡回医疗和研究工作》,《人民日报》,1966年3月14日,第2版。
③ 《中西医结合治疗骨关节损伤有新发展 骨伤科专家、大夫在京交流中西医结合治疗骨关节损伤的经验和研究成果》,《人民日报》,1979年4月2日,第4版。骨伤科研究所正式成立于1977年。
④ 《加强中医研究工作的重要步骤》,《人民日报》,1955年12月20日,第1版。
⑤ 《中共上海市委制定上海市知识分子工作纲要》,《人民日报》,1956年3月13日,第3版。
⑥ 李德全:《十年来的卫生工作》,《人民日报》,1959年10月9日,第7版。
⑦ 《全国医学科学工作会议确定主要任务制定长远规划 提高医学科学水平增强人民体质》,《人民日报》,1963年3月17日,第1版。

工作上已经发挥并将继续发挥积极的组织作用。根据现有材料,1959 年全省共完成大小研究项目四千七百二十四个,技术革新和工具改革二千六百九十三件,其中七十三项是属于重要的研究项目"①。随着各地科学工作者学术活动的日益活跃,中医学术组织也开展了丰富的学术活动。例如,成立于 1956 年 10 月的河北保定中医学会筹委会,在成立后的两个多月中"举行了三次学术报告会,发表了八篇学术论文。这些学术活动,在推动科学研究、发扬整理祖国文化遗产以及帮助生产部门解决生产中的技术问题等方面,起了重大作用"②。1959 年 7 月 16—29 日,卫生部在上海召开了全国中医经络、针灸学术座谈会③。1961 年 6 月起,上海中医学院有计划地举办近代中医学术流派报告会,"邀请中医师分别介绍近代上海中医各家各派的学术见解和临床经验,并进行讨论研究",两个月内已举办三次④。1961 年 9 月,上海市针灸研究所连续举行了五次学术研讨会,主要针对"针灸治病的原则,主要是'经络'的本质问题进行了讨论"⑤。1961 年 10 月,中华医学会医史学会和北京医学会医史学会组织了专门学术会议,"北京一百多名中医、西医、医史工作者,18 日下午在雍和宫里集会,探讨藏族和蒙古族医学的经验。这是中华医学会医史学会和北京医学会医史学会,为了继承和丰富祖国的医学遗产而开展的学术活动之一"⑥。1979 年 5 月 24 日,中华全国中医学会正式成立,"具有几千年历史的中医第一次有了自己的学术组织",为全国中医学术组织的进一步发展奠定了坚实基础。同日,中华全国医学会针灸学会正式成立。中华全国中医学会的基本任务是:"贯彻落实党的中医政策,努力发掘和整理提高中医药学,坚持中西医结合的方针,积极开展中医中药中西医结合的科研、学术交流和科学普及工作,为创造中国的新医学、新药学,实现四个现代化做出贡献。"⑦可

---

① 《党的中医政策的胜利 叶橘泉委员谈江苏省的中医工作》,《人民日报》,1960 年 4 月 8 日,第 16 版。
② 希令:《帮助生产部门解决技术问题 河北科联积极开展学术研究》,《人民日报》,1957 年 1 月 16 日,第 7 版。
③ 《卫生部召开全国中医经络、针灸学术座谈会 中西医促膝相谈交流经验》,《人民日报》,1959 年 8 月 15 日,第 6 版。
④ 《上海中医学院举办近代中医学术报告会 各家流派畅谈独特治疗经验 不同见解的阐述对青年医师有很大启发》,《人民日报》,1961 年 7 月 28 日,第 4 版。
⑤ 上海市针灸研究所:《上海市针灸研究工作者讨论经络的本质问题》,《人民日报》,1961 年 9 月 29 日,第 7 版。
⑥ 《北京一百多名中医西医医史工作者集会 探讨藏族蒙古族医学经验》,《人民日报》,1961 年 10 月 21 日,第 1 版。
⑦ 《中华全国中医学会成立》,《人民日报》,1979 年 5 月 31 日,第 3 版。

以说,这也是全国各中医学科研和学术组织的基本任务。

(二)服务国家和人民的中医药科学研究战略

1955年2月,全国卫生科学研究委员会第一届第四次会议召开,时任卫生部副部长贺诚指出,"为使医学科学研究工作体现为国家过渡时期的总任务服务的精神,医学科学研究工作必须以提高人民的健康水平、减少疾病作为它的研究方向"。会议讨论和通过了《中华人民共和国卫生部医学科学研究委员会一九五五年度医学科学研究计划大纲》。大纲包括工业卫生方面的"矽肺防治方法的研究"等8项,还包括中医中药、传染病、寄生虫病和其他方面的研究项目共计19项。为了加强研究工作的领导,决议将"全国卫生科学研究委员会"改为"中华人民共和国卫生部医学科学研究委员会"。委员会第二届委员共计56人,其中有中医孔伯华、施今墨、萧龙友、陆渊雷等①。

1956年底,卫生部根据国务院科学研究规划委员会所制定的科学技术十二年远景规划(草案)拟订了1957年的年度计划纲要。其中的一条重要内容是"总结和发扬中医理论和经验"②。各地相关部门也制定了研究计划。北京市医学科学研究委员会就审核确定了133个医学科学研究题目,其中涉及中医学的研究题目为28个③。

1958年12月22日—1959年1月4日,全国地方科学技术工作会议召开,研究科学技术工作的情况,讨论1959年的科学技术发展计划(草案),并且交流了各部门、各地方科学技术工作的经验。经过讨论,决定1959年科学技术发展计划要点为:"继续加强几门新兴的尖端技术的工作;用大量的工作解决工农业生产建设中的科学技术问题,总结群众创造的经验;加强对医学的研究,包括对中医的理论研究和经验总结;发展基础学科的理论研究。"首次在全国层面的科学技术会议上提出加强对中医理论的研究和经验总结④。

---

① 《卫生科学研究委员会会议 确定医学科学研究工作任务》,《人民日报》,1955年2月28日,第3版。
② 林福明、李凤仑:《卫生部医学科学研究委员会布置今年医学科学研究工作 北京市儿童医院已经订出研究计划》,《人民日报》,1957年1月6日,第7版。
③ 《北京市各医疗单位制定今年医学科学研究题目》,《人民日报》,1957年1月12日,第7版。
④ 《从社会主义建设总任务出发 为经济建设和国防建设服务 统筹全国力量发展科学技术 地方要在保证"全国一盘棋"的原则下建立地区性的科学技术工作 全国地方科学技术工作会议讨论了今年大跃进计划》,《人民日报》,1959年1月16日,第1版。

1963年2月22日—3月10日,全国各地医学科学战线上的200多位著名的中西医药专家和优秀的医药科学工作者,参加了全国医学科学工作会议。会议总结了医学科学工作的成就和经验,提出了医学科学研究工作的主要任务,制定了医学科学技术发展的长远规划。"号召中西医密切合作,认真继承和发扬祖国医学遗产,加速总结和继承老中医的学术经验。"著名老中医程门雪、秦伯未等参加会议①。

1978年3月召开的全国科学大会上,为了推动我国医药卫生事业的现代化建设,制定了医药卫生科学技术八年规划草案。基本目标是:"到本世纪末,使我国整个的医学科学进入当时世界的先进行列。大部分医学科研项目接近和赶上世界先进水平;除原有领先项目外,还要有一批新的重要项目居于世界先进地位;在中西医结合和现代医学的某些方面做出我国独创性的成果,以贡献于全人类。"②

从以上有关规划和决议来看,关于中医药的科研,其宗旨在于通过研究实践促进中西医之间的结合,实现中医学的重大发展,服务国家和人民。此外,值得一提的是,在中医药科学研究整体战略中,"必须高度重视中医文献的整理与研究,促进中医药的发展"成为共识。《人民日报》特别关注全国各地整理、研究中医药学术文献的具体做法和主要成绩,尤其是1954年以后。

1954年7月29日—8月5日召开的全国高等医学教育会议上,要求广大教学人员、医师和广大人民群众在思想上认识中医学的重大价值,以及学习中医学和整理中医学遗产的重要意义。此后,全国各地相继召开中医座谈会、中医代表会议等,制定各项关于发展中医的举措,中医药文献整理与研究成为重要工作之一。例如,山西省中医进修学校设立中医研究所,作为全省研究中医学术的核心③。江苏"要求全省各级干部重视我国文化遗产,加强中医工作,经常注意指导和帮助中医进行学术研究和开展医疗工作"④。天津动员和组织"医务界积极

---

① 《全国医学科学工作会议确定主要任务制定长远规划 提高医学水平增强人民体质》,《人民日报》,1963年3月17日,第1版。
② 《迅速改变我国医学科学落后状况 卫生部副部长钱信忠提出加速医学科学现代化的努力目标》,《人民日报》,1978年4月2日,第3版。
③ 《山西省第一届人民代表大会第一次会议通过决议 贯彻团结中医政策充分发挥中医作用》,《人民日报》,1954年8月16日,第3版。
④ 《江苏省召开中医座谈会 讨论加强中医学术研究和开展医疗业务》,《人民日报》,1954年8月2日,第3版。

参加祖国医学的整理和研究工作,并建议政府成立天津市中国医学科学研究委员会,统一指导中医学术研究工作"①。四川"成立中、西医学术研究委员会,作为全市研究中国医、药学术的领导核心"②。西康成立了西康省中医学会③。安徽"在有条件的地区着手成立中医学会"④。陕西计划成立中医学术研究机构⑤。1955年12月,中医研究院正式成立,专门设立了医史室,担负整理和研究中医文献和历史的任务⑥。1956年7月,在中国科学院中国自然科学史研究委员会召开中国自然科学史第一次科学讨论会上,时任中国科学院副院长竺可桢也强调要加强中医文献研究,他引用陆定一的报告内容:"我国有很多的医学、农学、哲学、历史学、文学、戏剧、绘画、音乐等等的遗产,应该认真学习,批判地加以接受。这方面的工作不是做得太多,而是做得太少,不够认真……"他指出,"批判地学习我国的文化和科学遗产,确是一件庄严的研究工作","中医书籍有一千几百种之多",需要"有系统地加以整理分析"⑦。1956年9月召开的中国共产党第八次全国代表大会上,讨论了发展国民经济的第二个五年计划,计划中也提到了加强中医药整理研究工作的重要性。"在第二个五年计划期间,应该进一步发展保健事业……认真地进行中医、中药的整理研究工作,大力地防治危害人民最严重的疾病。"⑧

加强对中医文献的整理和研究还得到了很多知名老中医的重视和呼吁。例如,赵树屏和秦伯未两位名老中医在全国政协第二届全国委员会第三次全体会议上联合发言,着重强调"祖国医学是有丰富内容的,但必须加以系统地发掘和整理。我们就还要更多地钻研前人文献,也要参考现代医学科学理论,使自己不断地充实和提高,把我国医学在原有基础上发扬光大"⑨。

从实际工作成效来看,整理、研究中医文献的具体经验和所获成绩主要包括以下几方面:

---

① 《天津市举行中医代表会议》,《人民日报》,1954年10月24日,第3版。
② 《四川省举行中西医座谈会》,《人民日报》,1954年10月29日,第3版。
③ 《西康省举行中医代表会议》,《人民日报》,1954年11月3日,第3版。
④ 《安徽省卫生厅召开中医座谈会》,《人民日报》,1954年11月17日,第3版。
⑤ 《陕西省举行第一届中医代表会议》,《人民日报》,1954年11月23日,第3版。
⑥ 鉴远:《发扬祖国医药遗产——记中医研究院成立》,《人民日报》,1955年12月20日,第3版。
⑦ 竺可桢:《百家争鸣和发掘我国古代科学遗产》,《人民日报》,1956年7月15日,第7版。
⑧ 《中国共产党第八次全国代表大会关于发展国民经济的第二个五年计划(1958—1962)的建议》,《人民日报》,1956年9月29日,第3版。
⑨ 《在政协第二届全国委员会第三次全体会议上的发言 充分发挥中医的作用 赵树屏、秦伯未的联合发言》,《人民日报》,1957年3月18日,第3版。

第一,收藏、整理和编辑出版了一批书籍和教材。整理、编辑、出版的书籍内容包括中医药学术古典作品、临症和初学者的必要参考书籍、中医药秘方验方、高等中医教育教材等。中医药书籍的出版发行对于中医药整体研究工作的重要性不言而喻,然而长期以来,"对中医书籍的出版,根本没有重视"①。随着中医工作的不断整改和推进,中医药书籍的出版引起了广泛重视。1955年12月成立的中医研究院,对于指导组织全国的中医研究及其他工作具有重要意义。"今后我国医学界学习、整理和提高祖国医学遗产的工作,将会在专门机构的统一指导下有组织地进行。"②中医研究院成立后,在整理收藏来自全国的中医文献工作上发挥了不可替代的作用。因为其相当高的权威性以及官方性质,全国各地中医文献收藏者能够放心捐赠各类珍贵文献。从1955年12月成立至1956年6月,"已陆续收到各地人民赠送的中国古典医书二千五百多册"。其中包括不少珍本。例如,"浙江寄来的一部中医基础医学书籍——《马注内经》","著名中医萧龙友赠送的《医方类聚》共五十函264本,王易门赠送的《钦定古今图书集成医部全录》是在清初殿版上影印的。还有其他地方赠来的《乾隆翻刻明代针灸铜人明堂图》《本草图谱》等书籍"③。

收藏整理之外,出版工作也非常重要。从1954年10月开始,人民卫生出版社约同商务印书馆,并经过与中医界人士的反复商讨,决定出版一批中医学的基础书籍。为了完成出版计划,人民卫生出版社"除决定在内部增设中医书编辑组机构外,并拟聘请全国著名中西医组成中医书出版编审委员会"。为了缩短出版时间,及早供应社会需要,双方约定,"继续由商务印书馆选印出版该馆以前出版过的中医中药书籍"④。到1962年7月,人民卫生出版社系统整理出版的中国古代医学文献达170余种,计划在1962年新版和重版的有26种,分为两大类。一类为供学术研究使用,例如"校勘整理的晋代皇甫谧撰的《针灸甲乙经》,宋徽宗时编的《圣济总录》,校勘整理的明代杨继洲撰的《针灸大成》,清雍正四年(1726)陈梦雷等编的《古今图书集成·医部全录》第五至十二册,清姚止庵集注的《素问经注节解》,清胡廷光编的《伤科汇纂》等"。另一类为学习中医基本理论、临床治疗原则和药物知识的重要古典医书的白话译注本,包括"《灵枢经白话解》《药性

---

① 贺诚:《检查我在卫生工作中的错误思想》,《人民日报》,1955年11月19日,第3版。
② 《加强中医研究工作的重要步骤》,《人民日报》,1955年12月20日,第1版。
③ 《中医研究院开院以来各地赠送中医古书二千多册》,《人民日报》,1956年6月8日,第3版。
④ 《人民卫生出版社出版各种中医中药书籍》,《人民日报》,1954年10月23日,第3版。

歌诀四百味白话解》等"①。此外,为响应为工农兵服务、为工农业生产服务的号召,人民卫生出版社还陆续出版发行了一批面向农村医务人员的书籍。"发行了普及医药卫生知识的书籍七十四种。正在陆续出版的有关这方面的新书和重版书,还有三十多种,其中多数是面向农村医务人员的,如《"赤脚医生"教材》《眼的卫生》《农村妇女卫生常识问答》《计划生育知识问答》等。"②

第二,编写出版名老中医学术经验、医案医话、秘方和验方。秘方和验方的汇编过程,难以一蹴而就,通常需要耗费长久的时间,依靠政府大量人力和物力的投入保障,以及民间有识之士的积极配合才能完成。例如,关于云南白药秘方的产学研工作。"白药又名百蓁丹,能够止血、止痛、医治创伤,是昆明中医师曲焕章研究出来的。他经营这种白药有六十多年的历史,一直不向外传。国民党政府为了获得白药的处方,曾在1938年把曲焕章抓到重庆,施用酷刑,最后把曲焕章害死。曲焕章死后,他的夫人缪兰英继续进行白药的研究和生产工作。解放后,白药生产受到人民政府的保护。今年年初,曲焕章白药房的主人自愿申请转为地方国营后,缪兰英担任了制白药的技师,她的女儿也参加了制药工作。人民政府为了照顾缪兰英年岁大,每月还发给她补助金。政府对她这种关怀,使她深受感动,她便把曲焕章传授下来的白药秘方向人民公开出来。"③天津于1957年整理了具有祖传200多年,已传至第六代的苏氏正骨医术。"二百多年前,天津中医苏吉位研究出的正骨医术,经过代代相传,到现在已经是第六代了。""祖传的苏氏正骨医术治疗严重的跌打损伤筋骨的病症最拿手……苏氏祖传的正骨医术有:摸、接、端、提等多种手法。苏氏叔伯弟兄都各有专长,后来分成好多宗支。他们的医术经验历来'只传媳妇,不传闺女'。伯叔、兄弟之间也不互相交流。现在,苏氏骨科医生十六人在政府中医政策的鼓舞下,于上月自愿组成了正骨整理学习小组,制定了学习计划,大家决心把自己的正骨医术有步骤地整理交流,公开发表。他们并且准备争取用爱克斯线等科学方法来进行临床检验,把有肯定疗效的技术经验记录下来。"④据报道,"到1957年,全国已有二十三个省市把收集到的药方分门别类加以审选整理,出版了中医验方秘方汇编,为临床治疗

---

① 《古农书和古医书的整理和出版》,《人民日报》,1962年7月3日,第5版。
② 《为工农兵服务 为工业农业生产服务 一批科学技术读物陆续出版》,《人民日报》,1973年4月26日,第3版。
③ 《发扬祖国医学遗产》,《人民日报》,1956年4月12日,第3版。
④ 《天津苏氏正骨医术将整理发表》,《人民日报》,1957年4月10日,第7版。

提供了宝贵的材料"。截至 1958 年 12 月,据不完全统计,"全国各地收集到的各种药方已经有数十万件"①。

医案医话也是非常珍贵的医学文献。医案医话是中医的临床记录,它与验方、单方不同,不仅记录用药,而且通过具体临床诊断,全面记录有关病人的得病原因、症状、诊断、疗法、处方和详细的分析、论断。它是中医人员长期行医经验的汇集,是理论与实践相结合的产物,对学医之人具有很大的帮助和启发作用。各地都非常重视医案医话的整理。例如,1959 年福建大规模地收集各地著名老中医医案医话,对发扬祖国医学遗产,继承中医学术经验,培养下一代中医人员都有很大作用②。从 1962 年 1 月开始,"广东中医药界广泛征集和整理广东历代名中医的史料和著作,准备编写《广东历代名中医医案医话选集》"③。

第三,丰富馆藏中医药书目,清理中医药图书,整编目录。西南图书馆于 1954 年 11 月将馆内收藏的中医药图书全部清理,并整编出目录。"整编出来的一千多种中医中药图书中,有署名战国时人扁鹊的《难经本义》等六种;汉代张机的《伤寒杂病论》等十八种;魏晋时皇甫谧的《针灸甲乙经》等十五种;隋唐时巢元方的《诸病源候总论》等二十一种;宋代苏轼、沈括的《内翰良方》十卷等七十三种;辽、金、元时李杲的《内外伤辨》等七十九种;明代李时珍的《本草纲目》等五十八种;清代陈念祖的'陈修园医书四十种'等一百七十种;此外还有近年出版的中医中药书籍。"④1957 年,开展了全国图书联合目录编制工作,其中包括中医药书籍联合目录,计划在 1958 年内完成,截至 1958 年 12 月,全国编出的联合目录中包括北京五个图书馆的中医书目录等⑤。北京图书馆和中医研究院图书馆联合编辑的"全国中医书联合目录"于 1959 年 7 月基本完成。"收入这部联合目录的中医书,包括全国各地六十个主要图书馆的藏书,有不少是宋、元、明、清珍贵的善本,还有许多罕见的国外佳刻。编辑的体例是根据中医的理论体系和发展源流,以及它的特点,采取分类编年的方法,共分:本草、医经、经脉针灸、仲景方论

---

① 《采百万锦方 为万民造福 各地收集和推广的民间药方有显著疗效》,《人民日报》,1958 年 12 月 14 日,第 1 版。
② 《整理中医学术经验 福建广泛征集医案医话》《什么是医案医话?》,《人民日报》,1959 年 8 月 8 日,第 6 版。
③ 《文教简讯》,《人民日报》,1962 年 8 月 5 日,第 2 版。
④ 《西南图书馆清理出一千多种中医中药图书》,《人民日报》,1954 年 11 月 5 日,第 3 版。
⑤ 《全国图书联合目录正积极编制 建立卡片中心 开展馆际互借》,《人民日报》,1957 年 12 月 18 日,第 7 版。

（伤寒金匮）、诊法与病源、方书、捷径书、临症各科、医案医话与医论、养生与疗养、医史、丛书全书辞典等十二个分册。"①

　　第四，充分发挥名老中医学术思想和临床经验的作用。名老中医的学术思想和临床经验非常宝贵。在党和政府的关心下，许多名老中医积极发挥余热，为中医药事业作贡献。"不久前病逝的中医教师陈伯英，在病榻上整理出了八万多字的医案医话。八十高龄的附属第二医院老中医李和，整理了十几万字的医案。目前该校已有近十名中医教师整理出内科、妇科、儿科等七十多个病种的中医医案。"②河北著名老中医、66岁的孙润斋，带病坚持著书立说，先后整理出40多万字的医学著作③。全国知名中医儿科专家、北京中医研究院研究员赵心波，身患癌症，抱病著书立说，指导徒弟完成了三篇中医著作，共约20万字④。成都中医学院的"院长、著名老中医李斯炽，研究祖国古代医学经典著作《内经》已有四十多年历史，最近他正在编著《内经选释义》，结合他自己几十年来的临床和教学的体会加以阐述，在不少问题上提出了新的见解。著名的老中医、学院副教务长邓绍先，正在整理他三十多年来的研究成果，写作《伤寒论要义总述》。在这次编著工作中，他特别重视研究《伤寒论》中六经的相互关系和作用，帮助人们更加系统地学习这部古典医著。妇儿科教研组主任卓雨农，是一位有三十多年临床经验的妇科老中医。他具体指导教研组收集了历代妇科医家著作，编写了《中医妇科学讲义》《中医妇科临床手册》"⑤。

三、中医药人才培养

　　中医药传承发展事业，人才是关键。中医药人才培养与其他现代学科教育相比，具有鲜明的学科特点和育人特色。如何能培养出适应新时代中医药发展的高层次创新人才，把中医药继承好发展好利用好，是需要迫切解决的问题。2020年9月，习近平总书记在教育文化卫生体育领域专家代表座谈会上强调

---

　　①《安徽积极增产夏令药品 "全国中医书联合目录"开始付排》，《人民日报》，1959年7月24日，第6版。
　　②《河北新医大学鼓励教师多作贡献 组织中医教师编写中医著作》，《人民日报》，1978年11月14日，第3版。
　　③《老中医孙润斋整理出四十余万字医学著作》，《人民日报》，1979年3月23日，第2版。
　　④《老中医赵心波抱病著书立说》，《人民日报》，1979年8月9日，第3版。
　　⑤《文教简讯》，《人民日报》，1962年8月6日，第2版。

"要促进中医药传承创新发展,坚持中西医并重和优势互补,建立符合中医药特点的服务体系、服务模式、人才培养模式,发挥中医药的独特优势"。"中医药院校教育近年取得了显著成绩,但中医药人才培养还存在培养结构需进一步优化、培养质量亟待提高、创新能力有待提升等问题"[1]。

2021年2月9日发布的《关于加快中医药特色发展的若干政策措施》强调,为进一步夯实中医药人才基础,需要从提高中医药教育整体水平、坚持发展中医药师承教育、加强中医药人才评价和激励等方面予以努力。2022年4月8日,国家中医药管理局、教育部、人力资源和社会保障部、国家卫生健康委联合印发《关于加强新时代中医药人才工作的意见》。7月28日,全国中医药人才工作会议召开,这是新中国成立后国家中医药管理局首次召开的人才工作会议。会议深入贯彻落实习近平总书记关于人才工作、中医药工作的重要指示批示精神和中央人才工作会议精神,部署新时代中医药人才工作,推进中医药人才队伍建设,为中医药振兴发展提供强有力人才支撑和智力保障。《"十四五"中医药发展规划》提出,要建立完善符合中医药特点的人才评价体系,强化中医思维与临床能力考核,将会看病、看好病作为中医医师的主要评价内容。"十四五"以来,新增遴选培养50名岐黄学者、100名青年岐黄学者,组建10个中医药多学科交叉创新团队、10个中医药传承创新团队,遴选培养500名第五批全国中医临床优秀人才、100名第二批全国西医学习中医优秀人才、2 605名第七批全国老中医药专家学术经验继承工作继承人以及1 040名中医护理、中药骨干人才,中医药领军人才、中青年拔尖人才、骨干人才相互衔接的高层次中医药人才梯队不断发展壮大。在为高层次人才成长铺路架桥的同时,也注重为基层中医药人才成长厚植沃土。通过实施基层人才培养计划,累计招收培养中医专业农村订单定向免费医学生1.6万名,培训基层中医馆骨干人员1.6万余人。建设539个全国基层名老中医药专家传承工作室,着力打造老百姓身边的"名中医"[2]。

新中国成立后,对于如何培养中医药人才,党和国家经过了一系列探索,结合实际情况,逐渐形成以高等中医药医学教育为主,以各类进修班、进修学校、研究班、学习班为重要支撑,同时坚持发挥传统经典师带徒培养模式的作用,为中医药事业的持续发展提供了坚实保障。1950年1月24日,《人民日报》刊登了

---

[1] 谷晓红:《为中医药事业高质量发展提供坚强人才支撑》,《中国中医药报》,2021年5月21日,第3版。
[2] 张霄:《厚植沃土,打造中医人才集聚新高地》,《中国中医药报》,2023年8月14日,第1版。

中国当代细菌学家和著名科普作家高士其撰写的《努力推广医药卫生事业》一文。文中指出,"有计划有步骤地发展合乎实际需要的医学教育和医学研究(包括研究中药,提高中医)。这个医学教育的计划,必须配合新民主主义政治的学习,使医学能够达到真正为人民服务的目的"①。该文成为《人民日报》上第一篇有关中医药高等教育的报道。

(一) 步履维艰的中医学高等教育

1956 年是我国中医药高等教育史上具有划时代意义的一年,经国务院批准,建立了我国最早的四所中医药高等院校:北京中医学院、上海中医学院、广州中医学院和成都中医学院。《人民日报》在第一版予以重点报道②。

四所中医学院成立后,在党和政府的关心下,不断克服建立初期师资、校舍、设备、学生实习单位等多方困难。例如,上海中医学院的师资力量不足,存在基础课没有人教的局面③。在上海市委协调下,得到了上海第一、第二医学院和第二军医大学的共同支援④。第一医学院还建议将运动场、药圃和药学室与上海中医学院共用⑤。北京中医学院的校舍、师资问题也比较严重,影响学校的发展。1957 年 8 月,"由卫生部、高教部批准建筑八千平方公尺的房屋。师资方面已从南京调来二十多名中医教学人员,其他教学方针任务、设备经费等问题也在解决中"⑥。经过近两年的发展,中医院校的教学工作逐渐稳步前进⑦。

截至 1958 年底,全国有中医学院 13 所⑧,到 1959 年底,增加到 24 所⑨。中

---

① 高士其:《努力推广卫生医药事业》,《人民日报》,1950 年 1 月 24 日,第 5 版。
② 《今年创办四所中医学院》,《人民日报》,1956 年 5 月 19 日,第 1 版。
③ 《学校、科学研究单位、业务部门如何密切合作 中共上海市委着手研究解决办法》,《人民日报》,1957 年 11 月 29 日,第 8 版。
④ 余辉音:《为工农生产服务 加速科学事业发展 上海科学界全面大协作 一支强大的科学技术大军已经组成》,《人民日报》,1958 年 3 月 27 日,第 7 版。
⑤ 《反对一切铺张浪费 勤俭办好文教事业 发动群众重新审查今年经费开支计划 上海十二所高等学校决定削减经费五百万元》,《人民日报》,1958 年 1 月 31 日,第 7 版。
⑥ 《改进教学和科学研究工作 提高学生伙食质量 北京各高等学校积极解决当前一些重大问题》,《人民日报》,1957 年 8 月 19 日,第 3 版。
⑦ 朱继功:《成长中的北京中医学院》,《人民日报》,1958 年 7 月 9 日,第 7 版。
⑧ 《党的中医政策的伟大胜利 中医工作有重大改进 中医宝库引起广泛重视》,《人民日报》,1958 年 12 月 6 日,第 6 版。
⑨ 《祖国医学在社会主义制度下大放异彩 蒲辅周委员谈有关中医药的研究情况》,《人民日报》,1960 年 4 月 6 日,第 16 版。

医学院在校学生也逐渐稍具规模,1958年在校学生超过3 000人①。1959年底达到5 000余人②。1976年后,教育部逐渐恢复高等学校办学。1978年2月,国务院转发教育部关于恢复和办好全国重点高等学校的报告,决定恢复和办好一批全国重点高等学校。"目前,第一批全国重点高等学校已经确定,共八十八所。其中恢复原有的六十所,新增加的二十八所。"88所全国重点高等学校中,包括专门的医学院校5所,其中西医院校4所(北京医学院、上海第一医学院、中山医学院、四川医学院),中医院校1所(北京中医学院)③。1978年4月,在国务院批准恢复和增设的55所普通高等学校中,包括3所中医院校,分别为长春中医学院、天津中医学院、甘肃省中医学院④。1979年1月,国务院批准恢复和增设169所高等院校,属于恢复的有16所,新增设的153所,包括南京中医学院、福建中医学院、河北中医学院⑤。此后,在党和国家的大力推动下,中医药高等教育逐渐发展到今天百花齐放的繁盛状态。

(二) 支撑高等教育的进修班、进修学校、研究班、学习班

开办中医药高等院校教育的同时,各种形式的进修班、进修学校、研究班、学习班等也发挥了重要的支撑作用。

1. 中医进修班和进修学校

1951年10月,时任卫生部部长李德全提及,全国各地创办了中医进修学校及进修班57所⑥。同年12月,时任卫生部技术室主任金宝善提及,"全国建立了十个中医进修学校和三十四个进修班"⑦。为统一全国各地中医进修学校和进修班标准,卫生部于1951年12月29日发布了《关于组织中医进修学

---

① 李德全:《十年来的卫生工作》,《人民日报》,1959年10月9日,第7版。
② 《以移风易俗改造世界的气概开展爱国卫生运动 卫生部部长李德全的发言》,《人民日报》,1960年4月5日,第3版。
③ 《国务院转发教育部报告 决定恢复和办好全国重点高等学校》,《人民日报》,1978年3月2日,第3版。
④ 《国务院批准教育部的报告 决定恢复和增设一批普通高校》,《人民日报》,1978年4月27日,第2版。
⑤ 《国务院批准教育部报告 恢复和增设一百六十九所高等院校》,《人民日报》,1979年1月11日,第1版。
⑥ 《中央人民政府卫生部部长李德全发言 为进一步提高人民健康水平而奋斗》,《人民日报》,1951年10月31日,第3版。
⑦ 金宝善:《我的思想变迁》,《人民日报》,1951年12月25日,第3版。

校及进修班的规定》,以"统一过去一年来各地中医进修学校和进修班的组织及课程标准"①。接下来的几年中,全国各地中医进修教育迅速发展。

上海市中医学会"团结广大西医和医学院的教授,普遍创办了中医进修班。现在已经开课的七个中医进修班内即有千余名中医入学进修"②。1949—1954年间,上海2600多名中医中,"百分之七十的中医师经过了进修班的学习"③。福建省人民政府卫生厅于1953年在晋江、龙岩、建阳等专区开办了5个中医进修班,在福州举办了1所中医进修学校④。青海在新中国成立后至1953年底四年间,举办了两期中医进修班⑤。截至1954年8月,山西30%的中医经过进修⑥。甘肃在1951—1954年间,不少县市举办了中医进修班,已进修的中医有1240多人。1953年在兰州举办了中医进修学校,截至1954年10月,第一期毕业学员108人,第二期正在进修的有68人⑦。截至1955年3月,河南举办了11个中医进修班,有1400多名中医参加了进修学习⑧。截至1958年11月,河北开办了中医进修学校35所,有学员1944人⑨。截至1958年10月,陕西成立了中医进修学校1所,中医进修班3个,进修培养的中医有1700多人⑩。截至1959年5月,安徽建立了中医进修学校5所和中医学校2所,经过进修学习的中医有3400多人⑪;山东建立了进修学校10余所,培养中医师资349名,进修中医人员6600余人,约占全省中医总人数四分之一⑫。

---

① 《中央卫生部发出指示 组织中医学会等 推进中医科学化》,《人民日报》,1952年1月20日,第3版。

② 《文化简讯》,《人民日报》,1952年5月27日,第3版。

③ 张潮:《上海市注意改进中医工作》,《人民日报》,1954年10月24日,第3版。

④ 《文化简讯》,《人民日报》,1953年10月29日,第3版。

⑤ 《文化简讯》,《人民日报》,1953年11月19日,第3版。

⑥ 《山西省第一届人民代表大会第一次会议通过决议 贯彻团结中医政策充分发挥中医作用》,《人民日报》,1954年8月16日,第3版。

⑦ 《甘肃各地卫生行政部门注意发挥中医力量》,《人民日报》,1954年10月26日,第3版。

⑧ 《河南举行首届中医代表会议》,《人民日报》,1955年3月11日,第3版。

⑨ 孙祖年:《发动群众发掘祖国医学宝库 河北省开展中医工作十大运动成绩卓著》,《人民日报》,1958年11月24日,第6版。

⑩ 《在中国人民政治协商会议第三届全国委员会第一次会议上的发言 谈谈中医工作 秦伯未委员的发言》,《人民日报》,1959年4月28日,第16版。

⑪ 《在第二届全国人民代表大会第一次会议上的发言 发扬祖国医药学遗产 赵承嘏代表的发言》,《人民日报》,1959年5月5日,第10版。

⑫ 《在第二届全国人民代表大会第一次会议上的发言 祖国医药宝藏藏珍无数 刘惠民代表谈山东中医中药工作的成就》,《人民日报》,1959年5月8日,第11版。

随着中医政策的延续以及卫生工作的需求,各地结合当地的实际情况,还实施开展了业余教育、函授班、半农半读学校、农村进修班等其他形式和性质的进修教育。这些虽然是一定时期的特殊举措,但在一定程度上却为广大农村培养医护人员和赤脚医生奠定了基础。在办学方针上进修教育坚持中西医结合的道路,有很多成功的尝试和探索,一定程度上改变了广大农村缺医少药的现状,促进了农村合作医疗事业的发展,并在创造祖国新医药学,多快好省地培养医务人员方面作出了诸多贡献。

2. 西学中研究班和学习班

1956 年 5 月开始,在总结前几年各地西学中的基础上,卫生部要求各地卫生部门开办新一轮西学中班,"认真组织高级西医师系统地、全面地学习中医的理论和经验"[1]。1957 年 10 月,《人民日报》登载了北京、上海、广州、天津、武汉、成都六地的成绩和经验,认为"中医研究班是目前西医学习中医最好的组织形式。在学习课程方面,从中医经典著作学起,是西医脱产学习中医的根本道路。此外,应当重视教学见习和生产实习,这是理论联系实际最重要的环节,也是教学成败的关键"[2]。

1958 年后,除了以上六个城市开展全面系统西学中以外,全国各地几乎都展开了规模浩大的学习中医活动。1958 年 11 月全国中医药工作会议[3]和《中共中央对卫生部党组关于组织西医离职学习中医班总结报告的批示》[4]之后,各地西学中班步伐进一步加快。北京第一批西医离职学习中医班于 1961 年 11 月 17 日结业,共有 78 名学员,其中 25 人获卫生部奖状[5]。上海第一届中医研究班于 1959 年 3 月 25 日结业,共有 57 名学员,其中 19 人获卫生部奖品[6]。江西中

---

[1]《继承祖国医学遗产的重要措施 卫生部门将组织西医全面学习中医》,《人民日报》,1956 年 5 月 9 日,第 1 版。

[2]《三百名西医开始掌握中医理论 北京等六城市组织西医学习中医有成绩》,《人民日报》,1957 年 10 月 10 日,第 8 版。

[3]《进一步贯彻党的中医政策 全国中医中药工作会议开幕》,《人民日报》,1958 年 11 月 18 日,第 6 版。

[4]《中共中央把卫生部党组报告批示各省市区党委 组织西医学习中医是件大事 凡是有条件的,都应该办西医离职学习中医的学习班》,《人民日报》,1958 年 11 月 20 日,第 1 版。

[5]《北京第一批离职学习中医的西医师 七十八名毕业 二十五名得奖 青海卫生医疗单位培养少数民族医生》,《人民日报》,1961 年 11 月 18 日,第 4 版。

[6]《做一个有两套本领的医生 上海第一届西医学习中医研究班结业》,《人民日报》,1959 年 3 月 28 日,第 6 版。

医学院第一期西医离职学习中医班于1961年7月结业,共有53名学员,18人获卫生部奖励①。安徽第一期西医离职学习中医班于1961年12月结业,共有56名学员,"是由省内二十一个县市的医疗卫生单位选调来的,绝大多数是具有较高的现代医学水平和三年以上临床经验的医师和卫生工作干部"②。

1958年9月,卫生部在看到各地中医研究班取得成绩的同时,也对存在的问题做了详细总结,并专门以北京中医研究院举办的中医研究班为例,向中共中央提交了关于西医学中医离职班情况、成绩和经验的报告。报告梳理了当时的主要经验以及存在的困难和问题,虽然是针对北京中医研究班而言的,但其中的问题和成绩在整个西学中的年代具有一定代表性③。卫生部党组的这一请示报告,于1958年11月18日得到中共中央的回复。西医离职学习中医的学习班得到了党中央的认可,党中央将报告批示各省区市党委,并要求全国各地举办。"认为这种组织西医离职学习中国医药学的办法很好,各省、市、自治区党委,凡是有条件的,都应该办这种学习班。"④在党的中医政策影响下,西医离职学习中医的学习班一直延续存在,为培养适合国情、保障人民健康、促进中西医结合、传承发展中医药事业的人才作出了贡献。

(三) 继承中医药学遗产的重要举措——师带徒

1956年5月8日,卫生部发表关于改进中医工作的措施,掀起了新一轮西学中的高潮。"卫生部负责人今天对新华社记者发表了关于改进中医工作的措施。……必须认真组织高级西医师系统地、全面地学习中医的理论和经验。"其中一项重要举措就是在全国开展中医师带徒工作。"今后应该鼓励中医带徒弟,计划在七年内通过这种方式培养出数十万新生的中医力量。这是继承祖国医学遗产的一个重要措施。各地卫生行政部门要把这项工作列为中心任务之一。"⑤

---

① 《中医辛勤教导 西医刻苦钻研 北京江西西医学习中医班结业》,《人民日报》,1961年7月28日,第4版。
② 《中医认真指导 学员苦学苦钻 安徽和武汉西医离职学习中医班结业》,《人民日报》,1961年12月26日,第4版。
③ 卫生部党组:《努力发掘中国医药学伟大宝库 中央卫生部党组关于西医学中医离职班情况、成绩和经验给中央的报告》,《人民日报》,1958年11月20日,第6版。
④ 《中共中央把卫生部党组报告批示各省市区党委 组织西医学习中医是件大事 凡是有条件的,都应该办西医离职学习中医的学习班》,《人民日报》,1958年11月20日,第1版。
⑤ 《继承祖国医学遗产的重要措施 卫生部门将组织西医全面学习中医》,《人民日报》,1956年5月9日,第1版。

当时,提出这个任务和指标以后,并未及时拟订相应的具体实施办法①。为了使大家更为清晰地了解知晓师带徒的精神和方法,1957 年 5 月 27 日《人民日报》发表了两篇文章——《学习历代中医带徒弟的精神和方法》和《积极培养中医,壮大卫生工作队伍》,提供了详细的指导。

《学习历代中医带徒弟的精神和方法》一文为著名中医专家、卫生部中医顾问秦伯未所写,对中国历代中医带徒弟的精神和方法作了相对全面的介绍,从继承发扬中医药学遗产的高度,指出师带徒的必要性和意义,强烈建议在当时的大好形势下大力开展中医师带徒工作②。《积极培养中医,壮大卫生工作队伍》一文强调,为了满足人民群众在医疗保健方面的需求,继承和发扬中医药学遗产,除了其他培养方式以外,还要用中医带徒弟的方式大量培养中医,这一工作应成为卫生部当前的重要工作③。

截至 1958 年 12 月,"全国约有七万名中医徒弟正在跟师学习"④。经过学习,各地学徒结业走向工作岗位。以湖南为例,到 1959 年 7 月,"中医带徒弟的总数达一万一千名以上,其中有一千多名经鉴定结业,已走上工作岗位"⑤。到 1960 年 4 月,通过师带徒的方式,全国培养了八万多名徒弟⑥。各地工作热情高涨。上海"全市十二个区十一个县,都成立了带徒班"⑦。山东中医带徒弟 6 400 余人⑧。1959 年,浙江"中医学徒由 1958 年一千二百八十六人,增加到一千七百二十二人"⑨。随着工作的推进,取得了不少成绩,也涌现了很多典型师带徒案例。但也存在不可忽视的问题,主要在于思想上没有足够重视,没有做好相应规划,在数量和质量的问题上忽视了对数量的要求。时任浙江省卫生厅副厅长叶

---

① 《在第一届全国人民代表大会第四次会议上的发言 改进中医中药工作 叶熙春的发言》,1957 年 7 月 8 日,第 6 版。
② 秦伯未:《学习历代中医带徒弟的精神和方法》,《人民日报》,1956 年 5 月 27 日,第 3 版。
③ 《积极培养中医,壮大卫生工作队伍》,《人民日报》,1956 年 5 月 27 日,第 1 版。
④ 《党的中医政策的伟大胜利 中医工作有重大改进 中医宝库引起广泛重视》,《人民日报》,1958 年 12 月 6 日,第 6 版。
⑤ 《发扬传统经验》,《人民日报》,1959 年 7 月 24 日,第 6 版。
⑥ 《祖国医学在社会主义制度下大放异彩 蒲辅周委员谈有关中医药的研究情况》,《人民日报》,1960 年 4 月 6 日,第 16 版。
⑦ 《党的中医政策的伟大胜利 程门雪代表谈上海市中医工作的成就》,《人民日报》,1960 年 4 月 8 日,第 14 版。
⑧ 《山东中医药工作的丰收 刘惠民代表的发言》,《人民日报》,1960 年 4 月 14 日,第 17 版。
⑨ 《中医西医由合作到合流 叶熙春代表谈浙江省中医工作的成就》,《人民日报》,1960 年 4 月 14 日,第 17 版。

熙春在第一届全国人民代表大会第四次会议上曾专门就此进行了阐述①。

为了充分发挥老中医的作用,整理继承老中医的经验,各地卫生部门遵照党中央的指示,还广泛开展了与师带徒工作初衷一致的名老中医学员配备工作,以整理、继承老中医的学术、临床经验。例如,北京"为全市二百多名老中医配备了学员,并组织人力协助一些有专长的老中医整理多年来的医案和临床经验,推动了祖国医学的发掘、提高工作"②。1978 年 9 月,卫生部党组《关于认真贯彻党的中医政策,解决中医队伍后继乏人问题的报告》得到了党中央的肯定和重要批示③。随后,卫生部和《人民日报》编辑部邀请部分在京的著名老中医和西医学中医有成就的同志,举行座谈会④。1979 年 1 月,时任卫生部副部长钱信忠就怎样把卫生工作的着重点转移到现代化建设上来的问题,接受了新华社记者的采访⑤。这几次重要事件都涉及中医人才匮乏问题,强调做好师带徒和老中医的经验技术传承工作。

总体而言,尽管师带徒工作过程中存在有一定急躁情绪,缺乏深入调研,片面追求速度和数量等不足,但成绩是主要的。各地在开展师带徒的工作中,想尽办法克服困难,结合单位的实际情况,消除顾虑和隔阂。通过师带徒的工作方式,将老中医的宝贵经验传承下来,极大地促进了中医药事业的发展。有些地区卫生部门还把已经退职退休的老中医请回医院带徒弟,使他们多年积累的临床经验和医疗技术能够传下来。"局领导认为,退职退休的老中医有许多宝贵的临床经验和医疗技术,把他们请回医院带徒弟,是当前解决中医队伍后继乏人的措施之一。经过研究,决定把能够坚持工作、本人又要求复职的七名老中医请回医院,在专门开设的以中医为主的综合门诊部边诊治,边对二十多名西学中的医师、医士进行培训。市卫生局和医院党组织还针对老中医年老体弱的情况,注意解决他们衣、食、住、行等生活上的实际困难,工资按退职退休前金额发给,上下

---

① 《在第一届全国人民代表大会第四次会议上的发言 改进中医中药工作 叶熙春的发言》,《人民日报》,1957 年 7 月 8 日,第 6 版。

② 《充分发挥老中医的作用 整理继承老中医的经验 北京市为二百多名老中医配备学员》,《人民日报》,1975 年 6 月 29 日,第 3 版。

③ 《中共中央批转卫生部关于解决中医后继乏人问题的报告 要求各级党委高度重视中医中药工作》,《人民日报》,1978 年 11 月 2 日,第 1 版。

④ 《认真落实中医政策 努力发掘祖国医药学的伟大宝库 卫生部和本报邀请首都部分著名老中医和西医学中医有成就的同志座谈纪要》,《人民日报》,1978 年 11 月 25 日,第 4 版。

⑤ 《钱信忠副部长向记者发表谈话 卫生工作的重点转上现代化建设》,《人民日报》,1979 年 1 月 13 日,第 4 版。

班有专车接送,工作时间一般为半天。这些措施进一步调动了老中医的积极性。在培训中,老中医不但通过处置开方、会诊和讨论分析典型病例,从实践经验入手传授医疗技术,而且按照各科专业分工,系统地讲解中医基础理论。"①

四、中医药国际化

《"十四五"中医药发展规划》提出,中医药开放发展取得积极成效,已传播到196个国家和地区。目前,已建成30个较高质量的中医药海外中心和75个中医药国际合作基地;中医药内容纳入16个自由贸易协定,建设31个国家中医药服务出口基地。113个会员国可使用针灸,设立与传统医学相关法律法规的会员国有29个,其中有20个国家已将针灸纳入医疗保险体系。政府间签署中医药合作协议50个。中医药已成为中国与"一带一路"国家以及东盟、欧盟等国家、地区和国际合作组织进行卫生经贸合作的重要项目,在促进东西方文明交流、中外人文交流、建设人类命运共同体中发挥着重要作用②。

在中医药国际化道路上,世界卫生组织(WHO)发挥了至关重要的作用③。2019年5月,世界卫生大会审议通过的《国际疾病分类》(第11次修订本),首次

---

① 《把退职退休老中医请回医院带徒弟》,《人民日报》,1979年2月19日,第4版。
② 王青云:《中医药昂首阔步迈向世界》,《中国中医药报》,2022年9月15日,第1版。中国新闻网:《多国卫生官员谈中医药发展:加强国际合作交流 促进产业发展》,腾讯网,https://new.qq.com/rain/a/20231130A07EUN00。
③ 1975年成立国际针灸培训中心。1976年将传统医学事业列为世界卫生组织主要工作之一。1977年世界卫生组织第三十届大会通过"促进和发展各国传统医学的训练和研究工作"的决议并设置传统医学专家委员会。1977年11月在日内瓦召开的"促进和发展传统医学"会议上肯定了"传统医学"。1978年成立传统医学规划署。1979年世界卫生组织刊物《世界卫生》发表针灸专刊,宣传介绍中医针灸,并建议针灸可用来治疗43种疾病。1981年成立国际传统医学合作中心。1986年《世界卫生组织纪事》以社论的形式介绍"针灸在现代保健中的应用",积极推动针灸在各国的发展。世界卫生组织西太平洋区特别制定国际所接受的标准针灸穴名方案。1996年在意大利米兰提出63种针灸治疗适应病症。2001年世界卫生组织西太平洋地区办事处制定了一个地区性的传统医药发展战略。2003年世界卫生组织制定传统医学战略。2008年世界卫生组织在中国北京举办的首届传统医学大会上发布《北京宣言》,主张发展传统医学。2009年和2004年世界卫生组织敦促成员国实施《世界卫生组织传统医学战略(2014—2023年)》,并在其主办的第62届和第67届世界卫生大会两次通过《传统医学决议》。2019年5月25日第72届世界卫生大会正式审议通过了《国际疾病分类》(第11次修订本),首次将以中医药为代表的传统医学纳入其中,具有非常重要的里程碑意义。(毛嘉陵主编:《中医文化蓝皮书》之《中国中医药发展报告(2019)》,北京:社会科学文献出版社,2019年,第58页)

将以中医药为代表的传统医学纳入其中,这具有里程碑意义,为以中医药为代表的传统医学创造了全球化发展新机遇①。2021年,中医药国家标准迎来提质加速年,19项国家标准密集发布。截至2021年底,我国先后发布了中医药国家标准71项,标准化对中医药事业发展的引领作用正日益凸显②。截至2023年6月,ISO/TC 249已正式发布95项中医药国际标准,正在制定的国际标准有31项。这些工作为中医药国际化奠定了坚实的基础。中医药历史悠久,积淀深厚,为国人几千年的生命健康作出了巨大贡献,同时也为世界医学作出了贡献,成为中国与世界其他国家和地区之间开展学术、文化交流,加深友谊的桥梁。在有关国际新闻报道中,中医药成为重要的外事往来内容之一,并被赋予了国家形象和使命,以及中华民族热爱和平、互助友善的优秀品质。同时,在党媒的叙事中,中医药经历了从单纯医学领域发展到全面文化领域的衍变。

(一)外国政要与卫生主管部门的认可

新中国成立后,许多国家元首、政府要员以及卫生部门领导相继到中国学习了解中医,针灸是他们学习考察的重点。在他们的影响下,中医走向世界的步伐更快。

1. 英国

1954年8月,英国工党代表团成员萨末斯基尔博士参观了中医进修学校。京城名中医施今墨与其进行了交流,详细介绍了中医的历史及新中国成立后中医教育发展状况。"行医四十八年的名中医施今墨,访晤了埃迪思·萨末斯基尔博士,他们谈论了中医的各个方面。"③这是《人民日报》刊登的第一篇有关中医在国际化交流中的缩影。1975年9月,由英国针灸协会主席西德尼·罗斯-尼尔率领的英国针灸代表团赴我国学习考察针灸④。

2. 印度

1955年10月,印度卫生部部长拉·阿·考尔在我国访问期间,"希望能参观中国的医疗设施……了解中国'如何在利用中医'……建议中印两国在医疗卫

---

① 参见章林、章原、任宏丽:《中医药文化创造性转化创新性发展典型范例研究》,上海:上海大学出版社,2021年,第97—99页。
② 黄蓓:《中医药标准化工作提质加速》,《中国中医药报》,2022年1月14日,第2版。
③ 《英工党代表团在京继续参观》,《人民日报》,1954年8月25日,第1版。
④ 《鲁之俊宴请英国针灸代表团》,《人民日报》,1975年9月10日,第3版。

生方面进行合作"①。其回国后发表了访问中国的观感,"中国的卫生当局计划采用现代科学医疗制度,并且吸收中医的最有价值的贡献"。同时,号召挖掘"印度传统医学的宝藏"②。1978年6月,印度阿布杜尔·贾利尔医生在北京和上海参观考察针灸临床效果③。

3. 巴基斯坦

1956年10月,巴基斯坦总理苏拉瓦底在时任我国卫生部部长李德全陪同下参观了积水潭医院中医诊疗室④。

4. 越南

越南国家卫生行政主管部门医济部于1957年初发出通知,强调医务人员要加强研究东医学。"据东医处的负责人说,东医是中医和越南医的结合体,治病的方法与中医基本相同。中医是在两千年以前传入越南的,目前70%以上的越南人有了病是由东医医治。仅河内市就有二百二十多家出售药材或膏丹丸散的中药铺和东药铺。"⑤1962年9月,根据中越科学技术合作协议,由越南东医协会会长邓文甲率领的考察团来我国重点考察学习中医药⑥。1971年7月,邓文甲再度带领考察团先后在北京、广州、长沙、韶山、衡阳、上海、南京、无锡、天津、沈阳、鞍山、大连、长春、吉林等地,考察了中医药和中西医结合工作⑦。1975年4月,越南卫生部副部长阮文信等赴我国交流访问,其间参观了中医研究院⑧。

5. 朝鲜

1958年11月26日,朝鲜金日成首相一行参观和访问了湖北省应城县红旗人民公社。其间,考察了公社卫生院的中医工作情况,并与"一个行医五十年的老中医作了亲切交谈"⑨。1961年6月,朝鲜卫生考察团赴长春、吉林进行考察。其间,对长春中医学院等单位进行了考察⑩。

---

① 《印度卫生部长考尔夫人向记者发表谈话》,《人民日报》,1955年10月3日,第4版。
② 《外国朋友谈访问我国的观感》,《人民日报》,1955年11月9日,第4版。
③ 《外事往来》,《人民日报》,1978年6月29日,第4版。
④ 《苏拉瓦底总理参观医院和学校》,《人民日报》,1956年10月23日,第2版。
⑤ 《越南加强研究东医学》,《人民日报》,1957年2月25日,第5版。
⑥ 《越南中医中药考察团到京》,《人民日报》,1962年9月28日,第3版。
⑦ 《越南东医考察团离京回国》,《人民日报》,1971年8月2日,第3版。
⑧ 《越南卫生部副部长阮文信离京回国》,《人民日报》,1975年5月1日,第4版。
⑨ 方堤、孙玉昌:《金日成首相访问人民公社》,《人民日报》,1958年11月27日,第4版。
⑩ 《朝鲜咸镜北道卫生考察团 结束在长春等地考察后回国》,《人民日报》,1961年6月29日,第4版。

6. 波兰

1959年5月初,波兰统一工人党代表团在湖南、湖北考察期间访问了湖北省中医学院①。

7. 锡兰(斯里兰卡)

1961年8月,以锡兰卫生部部长贾亚苏里为首的医师代表团访问我国。贾亚苏里提到参观中国医院以及对中西医的感受,"我们在中国访问期间,看到贵国在各方面所取得的伟大成就,从这些成就中,我们学习到许多东西。我们还参观了医院,看到你们如何把中医和西医结合在一起,以及中医和西医的治疗方法"②。

8. 日本

1966年4月,日本中医代表团访问我国③。1978年10月,以市冈正道为团长的日本针麻原理研究者代表团访问中医研究院,同我国医务工作者交流了针灸、针麻原理研究等学术经验④。

9. 扎伊尔(刚果民主共和国)

1973年1月28日,扎伊尔总统蒙博托·塞塞·塞科结束对中国的访问回到国内,发表了关于访问中国感受的讲话,"在赞扬中国医学的成就时,指出中医重视草药和传统实践的有效性"⑤。1975年6月15日,以蓬姑·波瓦梯为团长的扎伊尔传统医学考察团来我国考察学习中医,"先后在北京、天津、南京、上海、杭州、广州等地参观了中医研究机构、中药厂和药用植物苗圃"⑥。

10. 美国

1973年6月,美国医学代表团访问我国,21日,我国卫生部负责人会见了"美国医学代表团团长、美国全国科学院医学研究所主席霍格内斯教授和夫人,副团长、康奈尔大学医学院公共卫生系主任麦克德马特教授和夫人以及代表团的全体团员"。中华医学会负责人,以及时任中国医学科学院院长黄家驷、中医

---

① 《波兰党代表团去长沙访问》,《人民日报》,1959年5月5日,第6版。
② 《李德全设宴为锡兰医师代表团饯行 锡兰医师代表团为访华举行宴会》,《人民日报》,1961年8月20日,第3版。
③ 《廖承志会长宴请日本客人》,《人民日报》,1966年4月7日,第5版。
④ 《日本针麻原理研究者代表团离京》,《人民日报》,1978年11月6日,第4版。
⑤ 《金沙萨盛会欢迎蒙博托总统出访归来 蒙博托总统发表讲话赞扬中国人民取得的成就》,《人民日报》,1973年2月2日,第6版。
⑥ 《欧阳竞宴请扎伊尔传统医学考察团》,《人民日报》,1975年7月1日,第4版。《张之强会见并宴请扎伊尔传统医学考察团》,《人民日报》,1975年7月31日,第3版。

研究院院长鲁之俊等参与会见①。

11. 土耳其

1973年6月23日,土耳其针灸、理疗协会主席居·扎伊马兹夫妇和协会成员尼雅兹·丁奇索依医生访问我国②。

12. 阿根廷

1973年9月19日,阿根廷针灸协会主席陶宾、副主席苏斯特尔率领的阿根廷针灸医生代表团访问我国③。

13. 塞浦路斯

1974年3月29日,以马兰科斯为团长的塞浦路斯医学代表团应我国中医研究院邀请来访,对北京、上海、广州等地进行了参观访问。"代表团在北京期间,参观了医院、针灸研究所、针麻手术等"④。

14. 墨西哥

1974年5月18日,以华金·德尔·巴叶·桑切斯为团长的墨西哥医生代表团应我国中医研究院邀请来访⑤。

15. 罗马尼亚

1974年7月25日,奥助·拉都医生率领的罗马尼亚针灸考察团到达我国进行访问交流⑥。

16. 科威特

1977年11月,由科威特卫生大臣阿卜杜勒-拉赫曼·阿卜杜拉·阿瓦迪率领的科威特卫生代表团访问我国,参观了中医研究院针灸研究所⑦。

17. 塞舌尔

1977年11月,塞舌尔共和国劳动、卫生、福利部部长塞尔维纳和首席医官巴比埃医生"访问了中医研究院针灸研究所、北京医学院第三附属医院,观看了针灸治疗和针刺麻醉"⑧。

---

① 《谢华会见美国医学代表团》,《人民日报》,1973年6月22日,第4版。
② 《阎钧会见并宴请土耳其客人》,《人民日报》,1973年6月25日,第3版。
③ 《黄树则设宴招待阿根廷朋友》,《人民日报》,1973年9月21日,第4版。
④ 《外事往来》,《人民日报》,1974年4月7日,第4版。
⑤ 《外事往来》,《人民日报》,1974年5月28日,第2版。
⑥ 《黄树则会见并宴请罗马尼亚针灸考察团》,《人民日报》,1974年7月27日,第4版。
⑦ 《为科威特卫生代表团访华 阿布哈桑大使举行宴会》,《人民日报》,1977年11月20日,第3版。
⑧ 《塞尔维纳部长离京》,《人民日报》,1977年12月2日,第3版。

(二) 见证国际友情的中国医疗队

中国医疗队是中国卫生部国际合作组织。第一支中国医疗队（援助阿尔及利亚医疗队）成立于1963年。中国医疗队有着精湛的医术和高尚的医德，赢得了各受援国政府和人民的高度赞扬。自成立后，以援非医疗队活动最为频繁。援非医疗队中，既有综合队，又有专业组，既有西医，也有中医。多年来，援非医疗队和当地医生密切配合，一直坚持为缺医少药的非洲人民提供力所能及的支持和援助，不仅诊治了大量常见病、多发病，而且治愈了不少疑难病症，挽救了许多垂危病人的生命，受到当地政府和人民的一致好评，中国医疗队员也被非洲人民赞誉为中国的民间大使。以医疗队为纽带，中国与非洲多国结下了深厚友谊。

1. 阿尔及利亚

1963年10月，应独立半年后的阿尔及利亚政府邀请，一支由23人组成的中国医疗队来到被称为"撒哈拉之门"的赛义达。"赛义达位于著名的撒哈拉大沙漠的北面，是阿尔及利亚西部的一个省……全省十八万多人口，只有六名医生，一个设备简陋的省立综合医院。在这所综合医院里，只能看一般门诊，病人如果患了重病，要到一百七十公里以外的奥兰医院才能治疗。"

医疗队带去的针灸医疗受到了当地民众的热烈欢迎。"开始的时候，有些阿尔及利亚人对针灸不了解，不大相信它的疗效。但当人们看到一个腰痛病人，弯着腰进医院，经针灸后，很快就能直起腰走出来的时候，无不感到惊讶。""有一个军人，在解放战争时期受伤锯去了左手，留下了手术后遗症'神经灼痛'，他开刀的地方疼痛得厉害，每天要吃几次止痛药。省卫生局把他介绍到赛义达医院，请中国医生替他再开一次刀。中国医生用针灸给他治疗，二十多天后，没有开刀就治好了。针灸还治疗好了许多患风湿痛的病人。现在，相信针灸的阿尔及利亚人越来越多了，有的人到医院看病，也不知道自己的病是否需要针灸，都请求中国医生给他们针灸。一年来，据不完全统计，经过针灸治疗的已达六千多人次。中医张大夫也被阿尔及利亚人称为'毕居'（即阿语"针灸"的意思）了。"

阿尔及利亚人民对中国医生的信任，使医疗队的同志们受到很大鼓舞。"阿尔及利亚人还把中国医疗队的同志看作自己的兄弟姐妹一样，热情地接待他们，到处充满着深情厚意。""赛义达医院住院部和门诊部每天都挤满了人。他们之中，有不少人是慕名远道前来就医的，有的来自四百七十公里以外的首都——阿尔及尔;有的来自东部遥远的阿突(突尼斯)边境城市——阿拿巴;有的来自西部阿摩(摩洛哥)边境的特莱姆森;奥兰、君士坦丁等城市也有人来就医"①。

1965年12月18日,《人民日报》刊登的中国医疗队针灸医生陈海峰撰写的《"中国医生——最可信任的人"——中国医疗队在阿尔及利亚工作散记》,记述了他们在阿尔及利亚赛义达大草原与当地民众结下的深厚国际友情。

> 两年半来,我们风雨无阻,有时虽然积雪很深,也照常去牧区应诊,从而基本上满足了农牧区劳动人民的医药需要。我们看病全部是免费的,使许多重病人能够及时入院治疗。我们还提出"深入农牧区,面向农牧民"的行动口号,常常深入到牧民的帐篷中去,送医药上门。在门诊时,我们什么病都看,中医既用中药也用西药,西医既用西药也使用针灸,内科医生也看妇产科病人并接生,外科医生也看内科病人。总之,遇到什么病人就治什么病,一切从病人出发。

在这篇工作散记中,陈海峰撰写了"神医'利白拉'""一只鹅的故事""献血救姐妹""最可信任的人"等感人至深的故事,充分反映了医疗队的高超医术和高尚医德。以"神医'利白拉'"为例,记录了医疗队从最初不被了解、信任到最后受到高度重视和无比崇敬的过程。

> 不论是省的卫生行政领导人、医院负责人,或是广大的病人,对中国传统医学如针灸等的疗效,开始都是不了解和不太相信的。转业军人布衣斯底格,曾患肘关节截肢后"幻肢痛"病,经各种方法医治无效,但我们用针灸把他治好了,这样针灸的疗效就迅速在赛义达传开了。在远离赛义达四十二公里的乡村彼得乐门诊部,我们诊治了一个劳动时摔伤,腰不能直起达半月的农民。病人来时是由人抬来的,经我队中医张大夫用针灸治疗后,病人直起腰自己走出了门诊部。这使当时在场的许多病人和护士都感到十分地惊奇,口口声声赞扬着中国针灸的疗效。自此以后,在广大的农牧区也迅速传开了针灸的神效。以后不但是赛义达本省病人来医院或各门诊点要求"利白拉"(阿拉伯语打针)、"毕居"(法语打针)的大大增多;而且附近的莫斯

---

① 温述仙:《中国医生在阿尔及利亚》,《人民日报》,1964年10月8日,第3版。

塔干楠、马斯卡拉、地阿雷脱、德累姆森省和全国第二大市奥兰等地,远的如千公里以外的阿纳巴、塞蒂夫省,以及第三大市君士坦丁市和首都阿尔及尔的高级政府官员同一般居民,也不顾重山途遥,来赛义达求治各种各样的疑难病症。两年半来,仅一个针灸医生就诊治了一万五千多人次,由此也就可以知道我国传统医学在阿尔及利亚的影响之大了。

当确定第二个中国医疗队前来时,有的人特别关心地问我们:"第二队有没有针灸医生?"我们告诉他:"一定会有的,这是中国医疗队不可缺少的医生。针灸是我国光辉的医学遗产之一……"

中国医疗队应阿尔及利亚卫生部之邀,到赛义达省工作,按照协议是两年,因阿方一再挽留,医疗队又逾期半年。当陈海峰他们回国之际,得到当地民众深情挽留,不舍之情溢于言表。

当我在赛义达市府大厦礼堂举行国庆节招待会及告别会时,"中国医生快要走了"的消息迅速地在全市传播开来。不论是当地的负责官员或是广大的劳动人民,见到中国医生就关切地问:"你们要走了吗?""这里需要您们,您们不能走!"听说有的人还打电报给卫生部,有的写信给当地政府,请求留下中国医生。市长告诉我们说,有些市民到市政府向市长提意见:"为什么不留住中国医生?"一位军官问道:"您们走后还会有中国医生来吗?"当我们告诉他第二个医疗队即将来阿时,他高兴极了,他说:"第二队的中国医生是否和您们一样呢?"我们告诉他说:"所有的中国医生都是毛主席教导出来的人民医生,都是一样的。"……好多医院职工热泪盈眶地紧拉着中国医生的手,祝贺我们一路平安……有的则颤抖着双手,久久说不出话来……当赛义达省医院病人知道我们要走时,一位包囊虫病手术后的外科病人、女牧民法德娜双手紧握着中国外科医生的手,流着眼泪用阿拉伯语说:"我的命是您们救的,您们不能走!"我们走时,许多病人离开了病床,拥到窗口,冲到楼梯上,一面招手致意目送,一面流着惜别之泪。①

---

① 陈海峰:《"中国医生——最可信任的人"——中国医疗队在阿尔及利亚工作散记》,《人民日报》,1965 年 12 月 18 日,第 6 版。

2. 坦桑尼亚

1964年8月，应坦桑尼亚桑给巴尔政府要求，中国医疗队到达桑给巴尔。1965年5月26日，在桑给巴尔工作的中国医疗队针灸医生张宗震病逝。《人民日报》刊发长篇报道《青山处处埋忠骨——记在桑给巴尔病逝的中国医生张宗震》，记述了张宗震在医疗队期间全心全意为当地民众服务的事迹，反映了桑给巴尔民众对张宗震的深切缅怀，对中国医疗队的崇高敬意，以及坦桑尼亚国家领导人的深情慰问。

> 在桑给巴尔工作的中国医疗队的张宗震医生由于患脑溢血症，今年五月二十六日病逝在远离祖国的非洲土地上。桑给巴尔人民怀着无限悲痛和惋惜的心情哀悼他的逝世，对他生前那种满腔热忱为非洲人民服务的国际主义精神给予极高的评价。张宗震医生虽然死了，但是他在桑给巴尔人民心中留下了不朽的崇高形象，人们从他身上看到了中国人民对非洲人民真诚的友谊。

张宗震逝世后，众多当地民众前往吊唁。

> 桑给巴尔电台立即广播了这一不幸的消息。这时天正下大雨，许多和他共过事的医生、护士、工友，被他针灸过的病人，以及不少同他并不相识的桑给巴尔革命委员会委员、政府高级官员，教师、学生和警察等闻讯后都纷纷冒雨赶去吊唁。一个正由张宗震医生在生前进行治疗的老太太，步履艰难，但她一定要她家人搀扶着前往吊唁。在灵堂前，她热泪纵横，泣不成声。桑给巴尔广播电台的米拉杰·阿里在留言簿上写道："尽管你与我们永别了，但桑给巴尔人民将永远记住你的帮助。你的伟大的工作已为发展中国桑给巴尔人民友谊和反对帝国主义、反对殖民主义斗争作出了巨大贡献。"

当地政府高级官员和主流媒体也沉痛悼念张宗震。

> 卡鲁姆第一副总统、桑给巴尔—非洲设拉子党总书记孔布、桑给巴尔革命委员会委员们和五百多名各界代表参加了张宗震医生的葬礼。《黎明报》刊登了他的遗像和小传。卡鲁姆第一副总统和政府许多部长以及桑给巴尔

市市长等都写信给中国驻桑给巴尔领事馆表示哀悼。卡鲁姆第一副总统在他代表他个人和桑给巴尔全体人民写给中国政府和死者家属的慰问信中说,"张宗震先生远离自己的家乡和亲属来帮助我们,并在为我们服务中不幸去世。他已经以自己的辛勤劳动和广大人民同欢乐而建立了友谊。我们为失去这位广大人民的朋友而感到悲痛"。

一位曾由中国医疗队看过病的当地妇女,还给张宗震的家属写了一封慰问信,反映了两国人民之间的深厚友谊。

> 你们日夜辛勤地工作,对病人那么好。我读过毛主席写的《纪念白求恩》,你们就是毛主席教导出来的白求恩式的中国医生。我们非洲人民永远不会忘记在桑给巴尔工作病逝的中国张医生,不会忘记他的崇高的国际主义精神和对非洲人民的支持和同情。①

3. 毛里塔尼亚伊斯兰共和国

1970年2月10日,《人民日报》报道了中国医疗队在毛里塔尼亚伊斯兰共和国的事迹。"中国医疗队的队员们,遵照伟大领袖毛主席'救死扶伤,实行革命的人道主义'的伟大教导,发扬'一不怕苦,二不怕死'的革命精神,全心全意为毛里塔尼亚人民服务。"全文通过"雨夜出诊抢救病人""毛主席给了我第二次生命""第一个毛里塔尼亚针灸大夫"三个故事,赞扬了医疗队全心全意为该国人民服务的精神。

"第一个毛里塔尼亚针灸大夫"的故事,讲述该国一位名叫库纳的年轻护士,被针灸神奇的疗效所吸引,通过向中国针灸医生认真学习、反复训练,最终掌握了较为熟练的医疗技术,成为毛里塔尼亚第一个针灸医生的经历。

> 在毛里塔尼亚东部的内玛诊疗所,有一位名叫库纳的毛里塔尼亚医务人员,他原来是这个诊疗所的一位年青的护士,现在已成为一个能够独立工作的针灸大夫了。这是他从在毛里塔尼亚工作的中国医务人员那里学会

---

① 屠培林:《青山处处埋忠骨——记在桑给巴尔病逝的中国医生张宗震》,《人民日报》,1965年8月21日,第4版。

的。他已掌握了中医针灸的六十多个穴位,可以治疗头痛、牙痛、四肢痛、腰痛、背痛、胃痛、腹痛,以至于小儿麻痹、坐骨神经痛等疾病。

库纳开始向中国大夫学习针灸时,看到一根根小小的银针能治病,感到不可思议,他甚至问中国大夫:"针上是不是涂有药?"中国医务人员除向他介绍针灸疗法的一般原理外,主要通过实践使库纳了解针灸疗法的效能。当他看到中国大夫用小小的银针给一个个病人治好了病以后,他说:"中医针灸对我们这样缺医少药的国家特别有用!"

在向库纳传授针灸技术的过程中,中国医务人员除用小棉枕、模型、挂图帮助库纳练习针刺外,对要害穴位还用自己的身体让库纳做试验,以便切实体会库纳下针的准确程度。中国医务人员对工作认真负责和自我牺牲的精神,使库纳深受感动,因而他学习针灸的积极性越来越高,迅速地掌握了一些扎针穴位和操作技术。一次库纳给一位患牙痛的女病人扎针,他选准了穴位,只扎了一针,病人立刻就好了。从此,库纳更增强了学针灸的信心。

库纳成了毛里塔尼亚的第一个针灸大夫后,已为千百个病人治好了各种疾病,因而经常受到广大人民的赞颂。每当有人祝贺他的成功时,库纳总是说:"我能够掌握针灸疗法,完全是中国大夫对我热情而耐心的帮助,我一定进一步虚心向中国大夫学习。"[①]

4. 民主也门

1970年春,中国医疗队首次来到民主也门。截至1976年底,先后三批队员赴民主也门,与该国医务工作者互相学习,并肩战斗,共同为也门人民服务。医疗队的针灸疗法为当地人民解决了很多病痛,受到热烈欢迎。两国的友谊之花也因此开得更加灿烂。

> 中国医疗队和民主也门医务人员共同努力使新针疗法日益推广,并受到民主也门人民的欢迎。亚丁一位老人患头皮带状疱疹,有时疱疹似乎好了,但产生神经剧痛,难以忍受。老人的儿子带着他来找中国针灸医生,经过三次治疗后,老人又来到医院,一进门诊室,就大声叫中国医生,紧紧拉着

[①]《全心全意为毛里塔尼亚人民服务》,《人民日报》,1970年2月10日,第5版。

中国医生的手,高兴地告诉中国医生:"我的病好了。"老人的儿子兴奋地说,现在听到的是我父亲的笑声,再也不是病痛的呻吟了。有一位患了三十多年持续性偏头痛的老教员,也经中国医生针灸治疗痊愈了,他给中国医生写了一封信说:"……直到我正在写信的时候,我仍不敢相信我已经被治好了,但这是事实。我的信难以表达我对你们的诚挚的感谢。"

中国医疗队还开展了定期下乡巡回医疗工作,"队员们坐着满载药品的吉普车,顶烈日,迎风沙,给边远的渔区、牧区送医送药。每逢遇到一个牧民点或小渔村,就停下车,搭起木板棚做诊室,垒起药箱当诊桌,为也门渔民、牧民治病。即使途中遇到一两个人,他们也停下车来,问病问痛。当巡回医疗组要来到一个居民点的时候,许多也门渔民、牧民像迎亲人一样,到几里路以外去欢迎中国医生"。两国医务工作者互相学习,真诚合作。"遇有严重或疑难病症,他们一起仔细会诊,一起精心护理。中国医生毫无保留地教给也门医生用中国传统的针灸疗法为也门人民治病;也门医生则尽心竭力地帮助中国医生识别也门特有的一些常见病和治疗这些病的方法。"①

除了中国医疗队,还有很多中外人士共同见证中医药友谊之花的感人事迹。例如,苏联专家别列也娃夫人经过中医的诊治,克服困难,最终怀孕产子。苏联专家感言,我们给中国人民带来苏联的友谊,可是在中国却给我们带来无比的幸福②。尼泊尔73岁老人苦学中医,把中医治疗方法同尼泊尔传统医术结合起来,效果甚好,在当地被誉为中国医生③。古巴政府特别重视中医药,古巴人民也非常佩服中医疗效。这种心情反映在古巴流传的一个非常通俗的谚语中——"这种病连中医也治不好了"④。为了给印度尼西亚苏加诺总统提供治疗,中国派出了中西医结合的医疗组,于1962年1月到达雅加达,经过药物和针灸的四个月治疗,帮助苏加诺总统恢复了健康⑤。1975年底,多哥洛美市一名59岁、身患卵巢肿瘤的女性患者索娃,在几年来四处求医、找不到病源、病情日益恶化、生命危急时,被多哥和中国医务人员用针麻施行切除囊肿手术成

---

① 《生活在友谊之中——记中国医疗队在民主也门》,《人民日报》,1976年12月7日,第5版。
② 郭瑞:《友谊花开儿子来》,《人民日报》,1958年11月6日,第8版。
③ 高梁:《友情满山谷》,《人民日报》,1960年3月11日,第5版。
④ 菲利克斯·杜科武德拉伊:《中古友谊之花盛开》,《人民日报》,1961年9月24日,第4版。
⑤ 《在中国医疗组四个月的治疗后 苏加诺总统健康状况极为良好 苏加诺设宴欢送中国专家 苏哈托发表声明表示感谢》,《人民日报》,1962年5月7日,第3版。

功救治①。1976年12月,刚果和中国两国医务工作者密切合作,首次施行针刺麻醉,为刚果妇女摘除甲状腺瘤获得成功②。1977年7月,"在几内亚首都科纳克里的伊尼亚斯·德昂医院工作的几内亚和中国两国医务人员用针刺麻醉为一位患甲状腺瘤的病人施行切除手术获得成功","科纳克里电台以《中几合作加强》为题报道了这则消息,赞扬在几内亚首次针麻手术获得成功"③。

类似的报道非常多。中国医生的高尚品质和中医的神奇疗效,得到了国外人士的广泛认同。通过以中医药为桥梁的沟通,极大地巩固和发展了中国与世界各国的友谊。中医药的美誉逐渐传遍世界,向世界展示的不仅是医学上的良好疗效,还有中国医生爱岗敬业、无私奉献的高贵品质,以及以中医药为代表的中华优秀传统文化的博大精深。

(三)国际学习班热潮

20世纪70年代初,随着时任美国总统尼克松访华,"针灸热"席卷美国进而在世界范围引起很大影响。1975年开始,卫生部为了满足各国医务工作者同我国交流针灸学术经验的要求,开始举办外国医生针灸学习班。在中央批准下,卫生部在北京、上海和南京三地开设"外国医生针灸学习班"。外国医务工作者通过2—3个月的理论学习和临床实习,能够初步掌握与针灸有关的中医基础理论、针灸操作技术以及一些常见病的针灸疗法。截至2019年底,全国已举办整整300期,来自世界各国的医务工作者参加了学习班。对此,《人民日报》也有关注和报道。

1975年4月23日,卫生部在联合国开发计划署和世界卫生组织协作下举办的第一期外国医生针灸学习班在中医研究院开学。参加学习班的有来自阿富汗、缅甸、伊朗、老挝、尼泊尔、巴基斯坦、菲律宾、斯里兰卡等的医生④。

1977年4月21日,外国医生针灸学习班在上海中医学院举行开学典礼。参加学习班的有来自联邦德国、比利时、喀麦隆、伊朗、老挝、卢森堡、瑞士、叙利亚等的医务工作者⑤。

---

① 《友谊之花结硕果——记多哥和中国医务人员合作用针麻切除四十公斤大瘤子》,《人民日报》,1976年2月20日,第5版。
② 《刚中医务工作者合作施行针刺麻醉》,《人民日报》,1976年12月12日,第6版。
③ 《几中医生合作施行针麻手术》,《人民日报》,1977年7月11日,第5版。
④ 《在联合国开发计划署和世界卫生组织协作下 卫生部举办的外国医生针灸学习班在京开学》,1975年4月24日,第4版。
⑤ 《外国医生针灸学习班在沪开学》,《人民日报》,1977年4月22日,第4版。

1977年9月1日，外国医生针灸学习班在中医研究院举行开学典礼。参加学习班的有来自澳大利亚、智利、联邦德国、日本、印度、科威特、墨西哥、斯里兰卡、瑞士、南斯拉夫等的21名医生①。

1978年6月底，第十期外国医生针灸学习班在南京中医学院结业。参加学习班的有来自澳大利亚、奥地利、巴西、缅甸、联邦德国、芬兰、希腊、伊拉克、意大利、新西兰、西班牙、英国等的医生②。

1978年11月22日，第十二期外国医生针灸学习班在上海中医学院举行结业典礼。来自比利时、贝宁、刚果、法国、卢森堡、罗马尼亚、卢旺达、瑞士、南斯拉夫等的21名医生参加了结业典礼③。

1978年11月25日，卫生部和联合国开发计划署、世界卫生组织在北京联合举办的国际针灸班，在中医研究院举行结业典礼。参加针灸班的有喀麦隆、利比里亚、索马里、毛里求斯、赞比亚等的6名医生④。

1979年11月21日，第十四期国际针灸班在上海中医学院结业。来自世界卫生组织非洲地区的中非、科摩罗、刚果、加蓬、几内亚、马达加斯加、马里、塞内加尔、扎伊尔的11名医生，以及来自罗马尼亚、比利时、法国、瑞士的6名医生参加了学习⑤。

1979年11月21日，第十五届国际针灸班在南京中医学院结业。来自联邦德国、英国、丹麦、南斯拉夫、泰国、委内瑞拉、苏里南、巴勒斯坦等的医生参加了学习⑥。

1977年12月13日，《人民日报》刊发《让针灸为各国人民服务——记外国医生在北京学习针灸》一文，概括了通过举办国际针灸学习班增进中国与世界各国之间友谊的事迹。文中，小小银针被誉为民族瑰宝，通过共同学习交流这瑰宝，国与国之间的友谊得以加深，世界人民的健康获得更有力的保障。

前不久，我国卫生部举办的又一期外国医生针灸学习班结业了。来自

---

① 《卫生部举办的"外国医生针灸学习班"举行开学典礼》，《人民日报》，1977年9月4日，第4版。《卫生部举办的外国医生针灸学习班结业》，《人民日报》，1977年11月23日，第4版。
② 《外事往来》，《人民日报》，1978年6月29日，第4版。
③ 《外国医生针灸学习班在上海结业》，《人民日报》，1978年11月23日，第4版。
④ 《国际针灸班在京结业》，《人民日报》，1978年11月30日，第4版。
⑤ 《卫生部举办的第十四期国际针灸班结业》，《人民日报》，1979年11月23日，第4版。
⑥ 《第十五届国际针灸班结束》，《人民日报》，1979年11月29日，第4版。

> 澳大利亚、智利、德意志联邦共和国、印度、日本、科威特、墨西哥、斯里兰卡、瑞士、南斯拉夫等国的医务工作者带着中国人民的深情厚谊返回各自的国家。……所有这些都给外国朋友留下了深刻印象,有的朋友说:"我们原以为针灸的主要功用是针麻,想不到这根小小的银针还能治这么多疾病,具有这样大的威力,真是奇迹!"

文章重点记述了中外医生通过共同刻苦钻研,从而加深彼此信任和情感的过程。"菲律宾康斯坦丁诺医生是年过六十的老教授,记穴位、练针法都较费劲。一次,他给病人扎针,病人反映进针时还有些痛,康斯坦丁诺教授感到很不安。这天回到住处后,他就在自己手臂上反复练习进针,直到自己感到进针不痛为止。外国朋友这种刻苦钻研的精神使中国医生深受感动。""印度医生、柯棣华烈士的妹妹柯棣尼斯医生指着中国赠送的纪念品深情地说:'每当看到它,就会记起我们之间一道学习、工作和朝夕相处结成友谊的幸福时刻。'一位缅甸医生说:'在中国的三个月使我们亲身感受到中国人民的伟大友谊。今后我们将努力浇灌这朵友谊之花,使它永远茂盛开放。让针灸也成为把世界各国人民紧紧联系在一起的友谊的纽带。'"

此外,文章还特别回顾了外国医生学成回国之后,继续服务本国人民、浇灌友谊之花的过程。

> 是的,外国朋友们确实是在辛勤浇灌着这朵友谊之花。他们回国后,都积极用银针为各自国家人民服务,不断传来振奋人心的喜讯。
> 斯里兰卡的两位医生回国后,很快地开展了针麻工作,结果,施行针麻肺叶切除手术获得成功。他们激动地把这个喜讯写信告诉中国朋友。他们说:"我们斯里兰卡有句谚语:'送饥者一条鱼,只管一天不饿,教会饥者捕鱼,则使他永不受饥。'中国医生把针灸技术毫无保留地教给我们,我们就可以更好地为我国人民服务了。"
> 斯里兰卡医生还告诉中国朋友,他们和助手每天要给五百名左右的病人做针灸治疗,斯里兰卡人民十分欢迎中国的针灸疗法。[1]

---

[1]《让针灸为各国人民服务——记外国医生在北京学习针灸》,《人民日报》,1977年12月13日,第5版。

除了"国际针灸班",卫生部还为外国医生举办了其他学习班,如首次为外国医生举办的"中西医结合治疗骨关节损伤学习班",参加学习班的有来自阿富汗、缅甸、也门民主人民共和国、伊朗、越南、老挝、菲律宾、斯里兰卡、叙利亚、阿拉伯也门共和国、南斯拉夫等的18名医生①。

(四)国际友人中医治疗

国际友人采用中医疗法的事迹也得到媒体深切关注,尤其是一些西医难以治疗的疑难杂症,最终经中医治疗得到好转康复的典型事迹。1955年8月26日,一位苏联专家因头疼和发烧到北京医院就诊,经过中苏西医专家会诊,确诊为"脑炎",对这位流行性乙型脑炎病患者,院内外内科和神经科中苏专家进行了多次会诊,一切对脑炎有效的治疗办法都用尽,而病情并没有丝毫好转。最后只能依靠不断地供给氧气和注射各种强心剂如樟脑、山梗菜素、可拉明、咖啡因等来延续生命。经过三天的治疗,病情未得到缓解,反而加重,情况危急。

在这束手无策、万分危急的关头,医院领导了解到石家庄等地中医治疗流行性乙型脑炎已经有了显著成效,就立即向卫生部请求派中医治疗。卫生部对此非常重视,立即派中医司的魏龙骧、龚智贤和中医研究院的赵锡武来院诊视,并即电请外地治疗脑炎有经验的中医钱乐天连夜赶来协助。

> 中医大夫会诊后,认为患者目前病症属于祖国医学中的"暑瘟病",并对症拟出以"白虎汤""银翘散"为主的汤药处方,同时加了"局方至宝丹"等药物。病人在二十九日晚上十一时半服了第一次中药,以后每二小时服一次。当夜体温就开始下降,第二天早上降到三十七点六度。但病人还是昏迷、抽风、脉搏不均匀。中医大夫认为病情仍重,又开了第二次处方,仍以"白虎汤"为主,加入对治疗抽风有显著效果的全蝎和蜈蚣,并加了"安宫牛黄散"。下午,病人体温又上升到三十九点三度,喉咙里仍然有很多痰,抽风还没停止。于是又根据病情给了第三次处方,主要方法同前,并加上了化痰治偏瘫的药。此后,病人体温逐渐下降到正常的温度,抽风少了,呼吸也规则了,痰也少了,白血球逐渐下降,淋巴球逐渐升高。这些现象都证明,病人已经开

---

① 《卫生部为外国医生举办的"中西医结合治疗骨关节损伤学习班"在京开学》,《人民日报》,1977年4月19日,第2版。《为外国医生举办的"中西医结合治疗骨关节损伤学习班"在京结业》,《人民日报》,1977年7月17日,第3版。

始好转。

在服中药后的第三天——九月一日上午,已经昏迷了五天的病人逐渐清醒,眼睛睁开了,头也可以转动了,并且能够简单地说话和回答别人对他的询问。此后,病人一天天地好起来。①

这篇报道以中医治疗苏联专家典型病情为主题,加深了苏联对中医药的印象。"苏联保健工作者是非常珍贵历史科学遗产和重视我国医学遗产——中医医学的,很多医学科学家对中医感到极大的兴趣,他们十分颂扬我们祖先在医学科学事业上对人类伟大的贡献,赞叹中医保证我国民族六亿人口繁衍的卓越功绩,并表示愿意从事这方面的研究。苏联卫生部长科夫里金娜同志在我国访问期间,曾参观过我国中医医疗和研究机构,提出了改进的意见,指导了研究方法,并且表示说:'我对中医研究工作是没有任何怀疑的,我知道中医中药对我们保健工作是重要的,我已提出要派专家来学习。'"②诸如此类国际友人采用中医疗法治愈疑难杂症的宣传,进一步为中医药赢得了国际尊重和影响力,中医药也逐渐成为传播国际友情的使者。

(五) 学术与临床研究国际化

中医药已经在国际化的道路上取得了令人瞩目的成就,国际标准化组织(ISO)于 2009 年成立中医药标准化技术委员会(ISO/TC249),秘书处设于国际化大都市上海(上海中医药大学)。回首来之不易的成就,更能体会个中艰辛。由于中西医之间差异较大,只有取长补短、融会贯通、相互结合,才是未来发展的大趋势。世界各国对中医药学术和临床研究的重视,促使中医药在规范化、国际化道路上的行进步伐更加稳健。《人民日报》对其他国家如何重视中医药研究的报道也有关注。

1. 苏联

1958 年 11 月,苏联医学科学院成立了一个专门的中医委员会,来领导对中医所广泛采用的针灸疗法和其他疗法的科学研究工作。"曾在中国研究中医实际经验的苏联科学家们……列举了大量事实,证明中国传统的针灸疗法在医疗

---

① 曾昭著:《转危为安——记北京医院邀请中医治疗脑炎的一个病例》,《人民日报》,1955 年 10 月 11 日,第 3 版。

② 李德全:《学习苏联,建设我国卫生事业》,《人民日报》,1955 年 11 月 7 日,第 3 版。

上有很大的意义。专门从事中国医学理论基础的研究工作的实验室领导人格拉申科夫教授说,用针灸疗法来治疗血压高、偏头痛、神经炎、支气管喘息症效果良好。现在,苏联在莫斯科和列宁格勒各设有一个实验室,专门研究中国传统的医疗方法。有一批经过专门训练的医生在这些实验室工作,他们准备大量出版有关针灸疗法的书籍。"①12月23日,新华社记者专门访问了该委员会创议的提出者之一、苏联医学科学院通讯院士科契尔金教授。科契尔金教授提到了苏联医学专家对中医针灸疗法的重视以及开展的临床治疗情况。"根据许多苏联医学专家去中国研究中医针灸疗法和临床治疗的效果证明,针灸疗法在医学上有很大价值,它对某些疾病的疗效是很高的。例如,莫斯科第一医学院的针灸疗法实验室三年来对四百五十二个高血压、脊神经根炎、三叉神经炎等病例的治疗,绝大部分得到了满意的结果,其中在一百零九个脊神经根炎病例中,有84%的患者得到了良好的效果。"并表示,"苏联医学界正以极大的兴趣研究中医的经验"②。

由于中苏两国在医学事业方面的合作,苏联对中医的兴趣显著提高。

> 为了研究和掌握中医的治疗方法,苏联派过几个专家组到中国去。苏联的许多试验室和医院开始对中医进行深刻的科学研究。在高尔基、里沃夫、喀山和阿尔马维尔等城市的医学研究所,正在对中医进行各方面的研究。莫斯科中央医生进修学院成立了一个试验室,在格拉申科夫教授领导下进行研究工作。
>
> 托卡琴斯卡雅教授领导的列宁格勒别赫杰烈夫心理神经研究所试验室,在使用针灸法方面得到了重要的收获。使用针灸法治疗神经系统的各种疾病、痉挛性脊髓瘫痪、脊髓灰质炎和许多心理病,获得了良好的效果。
>
> 高尔基医学研究所沃格拉利克教授进行的实验证明,用细小的金属针实行针灸疗法,会发生清晰的机械刺激,破坏组织的要素,产生发电现象。他们发现,使用金针、银针和不锈钢针的医疗效果不一样。
>
> 全苏药用植物科学研究所对中医药物进行了一系列的研究。苏联医学家对中国医学家最近获得的新的药用植物评价很高。

---

① 《苏联加强中医研究工作 医学科学院成立中医专门委员会》,《人民日报》,1958年11月25日,第5版。

② 《苏联医学界重视中医经验 针灸疗法在莫斯科推行效果良好》,《人民日报》,1958年12月24日,第4版。

中医委员会将和北京中央中医研究所建立起广泛的联系。

苏联的许多医院和医学研究所将要进一步研究中医疗法。全苏药用植物科学研究所决定成立一个实验室,专门研究中医使用的药用植物。根据苏中两国医学专家合作协定,对于一些重要的问题,两国专家将共同进行研究。苏联医学科学院和中国医学科学院的广泛的科学合作,将会迅速解决医学中最复杂的问题。①

可见,当时的苏联已经对中医开展了较为全面深入的研究。

2. 朝鲜

1963年12月14日,《人民日报》报道了朝鲜民主主义人民共和国以金凤汉教授为首的经络研究所在经络系统的研究工作中取得的巨大成就。"中国医学科学院和中国医科大学打电报给平壤医科大学经络研究所金凤汉教授和研究所的全体工作人员,热烈祝贺他们在经络系统的研究中取得的新成就。"②

3. 日本

1973年4月5日,《人民日报》刊文介绍了日本东京都立丰岛医院妇产科成功开展了针刺麻醉剖腹产手术的事迹。

> 佐久子和她的丈夫都是工人,结婚已经六年了。两年前,佐久子初产时进行了药物麻醉剖腹产手术,不仅婴儿胎死,而且因手术时间长,流血过多,佐久子的身体也虚弱起来了。佐久子这次怀孕,给全家带来了欢乐,然而随着产期的临近,上次剖腹产的阴影不时给全家带来不安。
>
> 这次为佐久子诊断的,是热心推广针刺麻醉的东京都立丰岛医院妇产科的小林晃和飞松源治两位医生。当他们判断佐久子又是一次难产时,为了保护母亲和孩子的安全和健康,就积极建议她接受针刺麻醉剖腹产手术,并且热情地向佐久子夫妇介绍针刺麻醉剖腹产的好处。佐久子夫妇毅然接受了医生们的建议。
>
> ……

---

① 茹科夫斯基:《苏中医学家的合作 中苏人民的友谊万古长青》,《人民日报》,1960年2月14日,第3版。
② 《我卫生部和医学科学院等致电朝鲜有关单位 祝贺朝鲜经络系统研究的巨大成就》,《人民日报》,1963年12月14日,第4版。

宫野夫妇在手术的当天晚上,给飞松医生写了一封感谢信,衷心感谢创始使用针刺麻醉的中国朋友和为佐久子进行针刺麻醉手术的医生和护士。他们还在信里表示,要用他们亲身的体会向人们介绍针刺麻醉手术的成就。①

可见,针刺麻醉手术在当时的日本已达到相当高的水准。

4. 意大利、法国、奥地利

1974年5月31日—6月2日,由意大利针灸和耳针疗法研究协会发起举办的意大利、法国、奥地利关于针灸和耳针疗法报告会,在意大利举行。出席会议的共300多人,除意大利、法国、奥地利三国医生外,还有美国的近80名医生以及加拿大、英国、荷兰、联邦德国、西班牙、波兰、罗马尼亚、阿根廷、墨西哥、印度、缅甸的医生。"这次会议的目的,是向国际医学界介绍中国针灸和耳针疗法,并且试图用西方现代医学理论和观点来解释针灸和针刺麻醉的原理。会议期间,放映了中国影片《针刺麻醉》,受到了热烈欢迎。会议估计,在西方成功地用针刺麻醉做手术的病例已达一千个,其中大部分是在意大利和奥地利做的。"②从20世纪70年代开始,中国针灸疗法已经在国外占据举足轻重的地位,临床效率亦得到广泛认可。

5. 印度

据报道,截至1978年3月,在印度的一些城市和农村,已建立起30多个针灸诊所,主要开设在加尔各答、孟买、新德里、高哈蒂、昌迪加尔和卢迪阿纳等地,有100多名针灸医生。银针成为传播中印两国友情的见证。

加尔各答是在印度建立针灸诊所最早也是诊所最多的地方。现有二十二个诊所,其中三个设在市内,十九个设在郊区。市内的诊所是由巴苏医生和他的两个学生在十多年前开办的。郊区的十九个诊所,是由西孟加拉邦柯棣华大夫纪念委员会从一九七三年开始陆续建立的,到去年十月底止,他们已培养一百五十名针灸医生,其中八十多人在加尔各答郊区针灸诊所工作。

---

① 《针刺麻醉传喜讯》,《人民日报》,1973年4月5日,第5版。
② 《意、法、奥举行关于针灸和耳针疗法报告会》,《人民日报》,1974年6月18日,第6版。

在传递两国友情事业中,有很多值得两国人民尊敬的人士。"在印度谈起针灸,人们都熟知全印柯棣华大夫纪念委员会主席比乔埃·库马尔·巴苏医生的功绩。"巴苏医生曾于1938年随印度援华医疗队前来中国,同柯棣华医生并肩战斗。新中国成立后,1957年巴苏医生应邀访华,对中国传统的针灸疗法产生浓厚兴趣。1958年冬,巴苏医生到北京中医学院学习针灸六个月。1959年5月,返回印度加尔各答,开始用针灸治疗一些常见病,取得较好效果,受到群众欢迎。为了提高针灸医疗水平,1973年初,巴苏医生再次来中国学习。巴苏医生"不仅是印度针灸疗法的倡导者,也是用银针传播印中人民友谊的使者"。中国针灸被视为"印度医学界中的一支新苗,在印度医学界朋友的精心培育下,将会茁壮成长,并在印中友谊史上写下绚丽的一章"①。为了表达对巴苏医生的感谢和敬意,1979年6月于北京召开的全国针灸针麻学术讨论会,特别邀请了巴苏医生与世界卫生组织总干事马勒、国务院副总理陈慕华,以及日本的木下晴都教授和马海德、李肇特、黄羨明、邱茂良、辛育龄等中外医学专家于主席台就座②。

中医药是中华文化大树上开出的一朵奇葩,是中华文化基因在生命科学领域结出的瑰丽成果,推动中医药走向世界必将对保障人类健康福祉和世界文明未来发展产生巨大的影响和作用。毛泽东曾说,"我们中国如果说有东西贡献全世界,我看中医是一项"③。中医药为全人类的健康作出了积极贡献,然而在国际化进程中,中医药也面临一些消极影响,可见让国际社会认同中华文化尚有长远的路要走。

---

① 李兆乾:《银针传友情》,《人民日报》,1978年3月13日,第5版。
② 《总结交流科研工作经验 增进同各国医学界的友谊和合作 全国针灸针麻学术讨论会开幕 三十多个国家和地区的一百五十多名医学专家和友好人士应邀出席》,《人民日报》,1979年6月2日,第1版。
③ 中共中央文献研究室编:《毛泽东年谱(1949—1976)》第二卷,北京:中央文献出版社,2013年,第205页。

第五章

砥砺前行的中西医结合之路

1954年6月,毛泽东为筹建中医研究机构作出了重要指示:"即时成立中医研究机构,罗致好的中医进行研究,派好的西医学习中医,共同参加研究工作。"我国开创中西医结合研究已有60余年的历史,在科研、医疗、教育、学科建设、为人类医学发展、为中国人民及世界人民健康服务等方面,均取得举世瞩目的成就。"其中最为国争光、令国人骄傲者如:'西学中'药学家屠呦呦教授获2015年诺贝尔生理学或医学奖,震惊了世界。循证医学研究证明,中西医结合防治疾病的效果显著优于单纯西医或单纯中医。'中西医结合医学'已被国家标准《学科分类与代码》确立为一门独立学科,成为我国在世界首创新学科之一,等等。中西医结合研究堪称中国共产党领导新中国开创的伟大事业之一。"①

党和国家在致力于建立现代公共医疗体系的过程中,如何考虑中医和西医的关系是一个值得探讨的话题。考察1949年后中西医团结、结合到并重的过程,不可避免要涉及的一个问题是,在医学道路发展上如何科学对待现代医学和传统医学的关系。从《人民日报》相关报道来看,党和国家在开展中西医结合工作过程中,集中力量解决了两个影响深远的问题:一是从思想上清除障碍,坚持初心,在全党以及全体医务人员中牢固树立了中西医结合的宗旨和理念——为人民服务;二是通过不懈努力,促进了中西医之间的团结合作,使两者能够在业务上互学互助取长补短,政治上互相尊重和团结,创造了具有中国特色和优势的医学模式。

---

① 陈士奎:《中国共产党与新中国开创中西医结合事业》,《中国中医药报》,2021年6月2日,第3版。

一、中西医团结合作宗旨——为人民服务

新中国成立初期,百废待兴,人民群众的卫生安全形势严峻。1950年是新中国卫生工作方针与任务经受考验的第一年,也是人民卫生工作队伍接受考验的第一年。如何在卫生条件堪忧的基础上做好全局性的卫生工作,对中国共产党而言是一项至关重要的任务。为此,党中央高瞻远瞩,从根本上着手,首要任务是清除各种思想障碍,明确工作宗旨——为人民服务。在此前提下,逐步落实中医工作方针和任务,加强中西医结合。

(一)全国卫生行政会议:将中国人民保健事业担负起来

1949年11月召开了全国第一次卫生行政会议,"全体一致地将中国人民保健事业的任务担负起来,并通过了今后卫生部门的工作方针与任务"。次年1月10日,《人民日报》发表文章《为人民保健事业而努力》指出"为完成卫生工作的方针与任务","必须团结、改造与提高一切新老卫生医药人员,在统一意志——为人民服务——之下,为新中国卫生建设而努力"。针对旧中国中西医之间的矛盾提出建设性意见:"应当唾弃派系的斗争和歧视,要号召医学界的大团结,只要他愿意和决心为人民服务,有一技之长,不论他来自何方,学自何国何校,中医或西医,都要使他有工作学习和发展余地。""要完成任务就必须团结一切力量,孤单作战,是无法完成任务的。""要将医药界团结成一个人一样,形成一支有力的卫生部队。"[①]可见,党中央首要强调的是,所有卫生工作人员,不管是西医还是中医,在新中国的环境下,首先需要具备"为人民服务"的思想,如此才能求同存异,团结一致。

(二)卫生部首次中医座谈会:团结改造中医 为人民服务

为了团结中医,提高科学技术水平,卫生部于1950年2月27日专门召开中医座谈会。"到会的有中医师赵树屏、于道济、潘兆鹏等二十人,及对中医学术素有研究的医师孟昭威、李涛、力嘉禾等三人,中央人民政府委员彭泽民亦应邀出

---

① 新业:《为人民保健事业而努力》,《人民日报》,1950年1月10日,第5版。

席指导。"时任卫生部部长李德全在讲话中表达了党和国家对中医的重视:"中医遍布在中国的每个地区。他们与中国人民有历史上的密切关系,有相当大的数量,也有一定的群众基础,因此卫生部对于中医问题特别重视。"号召中医"要抛弃成见,接受新的东西,学习科学知识,利用科学方法;并与西医合作,努力充实自己,改造自己,忠实地为人民服务"①。会议还决议成立北京市中医学会。

此次座谈会是卫生部出面召集的专门为团结和改造中医而召开的会议,也是《人民日报》刊登的第一篇以团结改造中医为主题的报道。1950年5月底,北京市中医学会正式成立。时任卫生部副部长贺诚发表了将近两千字的讲话,专门探讨中西医团结问题,内容朴实,道理深刻。"西医以为自己科学,中医不科学,就把自己看得很高,把中医看得很低;这是不对的。中医方面也有的看不起西医,认为过去中国几千年不曾有过西医也过去了,因而不愿和他们接近;这也是不对的。"贺诚认为两者都没有认识到只有团结才有力量,尽管"有些先进的医生虽然注意到了中西医的团结问题,但是因为力量有限也不能起很大的作用"。可见,消除两者之间的鸿沟并非易事。如何才能从根本上实现两者之间的团结,那就必须"把全国医务人员不分派系地在'为人民服务'的口号下,对于我们医务人员来说,也就是在'为人民健康事业服务'的口号下,团结起来!只要愿意为人民服务,我们就要团结,也能团结"②。

(三)第一届全国卫生会议:明确三大原则 首先解决立场问题

1950年8月7—19日,第一届全国卫生会议召开,朱德、李济深、郭沫若、黄炎培等国家领导出席。中央及华北、东北、西北、华东、中南、西南各地区与军队系统和特聘的代表约700人参加会议,其中包括医、药、公共卫生、卫生教育、助产及护士、卫生行政、中医等各部门卫生工作者③。

大会充分分析了旧中国的卫生情况,经深入讨论,最后确定新中国卫生工作三大原则:面向工农兵、预防为主、团结中西医。"团结中西医"正式出现在国家政策文件中。会上决议再次强调团结中西医的必要性。"中医在中国历史长、数

---

① 卫生部通讯组:《团结改造提高中医 卫生部邀中医座谈 京市筹组中医学会》,《人民日报》,1950年3月6日,第3版。
② 贺诚:《中西医团结与中医的进修问题 五月三十日在北京市中医学会成立会讲》,《人民日报》,1950年6月13日,第5版。
③ 《全国卫生会议在京开幕 将制定卫生工作的总方针和任务》,《人民日报》,1950年8月8日,第1版。

量大，分布普遍，对于今天在保障中国人民的健康是不可少的一种力量，必须长时期地加以扶植、保存，使其学习科学的理论，帮助他们整理经验。因此要在省、行政区举办中医进修学校，中央则将成立中医研究所。西医也必须注意中国人民的生活习惯，学习农村中医接近群众的作风。而中西医一起在为人民服务的目标下紧密团结尤为重要。"①

三大原则分别解决了三个重大问题："第一是卫生工作者的立场问题，即是为人民大众服务首先是为工农兵服务的立场；第二是卫生工作的方针问题，即是以预防为主的方针；第三是卫生力量的团结问题，其中特别是新老卫生干部的团结和中西医的团结。"其中，立场问题是最关键的问题。对人民民主专政的新中国而言，为人民服务首先是为工农兵服务，坚持这个关键立场，就能够对一切问题形成正确看法。因此，会议坚决要求在思想上牢固树立为人民服务的卫生工作指导思想。在为人民服务总的思想指导下，贺诚强调，做好中西医团结需要注意两个方面。一方面，对中医而言，取西医之长，走科学化之路，弥补缺陷。"对于中医必须采取团结和改造的方针，使中医学习科学理论使其治疗经验获得科学的分析与整理，尤须灌输以预防医学知识，以补充中医的缺陷。"另一方面，对西医而言，要走中国化、群众化、大众化之路。"西医有科学的理论与方法，这种理论和方法是中国医学发展的基础，但他们的工作作风不够大众化和中国化……西医必须大众化，学习接近群众的作风，并且研究中医的经验和中国的药物，西医本身之间应加强团结，消除门户派别之见。"②

第一届全国卫生会议结束后，各地卫生部门结合当地实际开展相关工作，落实精神，主要包括改造医务工作者思想、加强中医团结教育、重视卫生健康宣传、成立中西医联合诊所、举办中医特色疗法座谈会和培训班等。尽管第一届全国卫生会议在团结中西医方针上给予了指导意见，号召中西医互相学习，但着重点实际偏向于要求中医学习西医。贺诚在后期也指出，"第一届全国卫生会议虽然号召了中西医互相学习，但在实际工作中则只着重要中医学习西医等。也不曾有计划地组织中西医间的学术交流"③。

---

① 《第一届全国卫生会议闭幕 一致同意以"面向工农兵""预防为主""团结中西医"为卫生工作三大原则》，《人民日报》，1950年8月20日，第1版。
② 《中央人民政府卫生部贺诚副部长 在第一届全国卫生会议上的总结报告》，《人民日报》，1950年10月23日，第3版。
③ 贺诚：《检查我在卫生工作中的错误思想》，《人民日报》，1955年11月19日，第3版。

(四)《关于医药界的团结互助学习的决定》：加强团结 从实际需求出发

团结中西医方针确定之后,中央层面未及时出台如何促进两者结合的具体方案,全国各地缺乏参照执行的成文规定。直到1951年5月,在卫生部发布的《关于医药界的团结互助学习的决定》中才有相对具体指导意见。《关于医药界的团结互助学习的决定》首先强调加强中西医团结的必要性,认为不论中西医之间还是中西医各自内部,都应该在为人民服务的目标下团结起来。"中医已有几千年的历史,积累了丰富的经验,其医疗方法(如针灸等)和所用的药品许多是有价值的,但是缺乏对于生理、病理和药理的科学知识。因此中医应努力接受科学的医学知识,改进医疗方法。西医中间一般也存在着脱离群众,不切合实际的缺点,应努力适应中国实际情况,面向工矿和农村的广大劳动人民。总之,中医应当科学化,西医应当大众化。"对如何开展中西医结合进一步作出具体指导,主要包括七个方面：

一、为了提高服务的效能,中医西医均应加强政治与业务学习。西医可由高级、中级医学校或西医学会组织学术讲演或轮训班,进行业余教育。中医应由各大行政区卫生机关,在各城市有计划地逐步设立中医进修学校或中医训练班,或由现有的中医学校与中医学会或市医药界联合会中附办进修学校、训练班、业余夜校等,授以基本的科学医学知识和政治知识,如基础医学、预防医学、社会科学等。中医进修学校之课程标准由中央人民政府卫生部会同中央人民政府教育部订立之。各地中医进修学校或训练班,并得根据当地卫生条件及地方性的特殊疫病等情况,酌增适当科目,使"学"与"用"密切结合,以适应当地群众的需要。

二、中央卫生部应设立中医、中药的研究机构,用科学方法来整理、研究中国医疗方法及中国药物。这个工作,应该联合各地有经验有修养的中医及著名的中药制造者共同来做,向他们收集有价值的医疗方法、药方和医药文献,以及各种秘方和民间有效草方,加以研究、鉴别,使中医中药的科学成分得以发扬,而废弃其中不合科学的部分。

三、各地卫生机构应动员经过进修与训练的中医参加预防工作,各地县以下的卫生机构并得吸收经过进修与训练的中医参加诊疗工作,使中西医在实际工作中互相学习,以收取长补短之效。

四、对于私人开办中医学校(或带徒弟),可不加限制,但这些学校课程中应加基础的医药科学课目。

五、为了加强中西医的团结与合作,全国各地得根据需要和可能成立医药界联合会或医药界座谈会,作为中西医的共同组织。其原有之中医及西医分别组织的公会或学会仍可存在。此外,并应根据工会法组织卫生工会。

六、在省级以上的卫生行政机构中,根据需要可设立处理中医事务的机构,担任关于中医的登记、团结、进修、训练等事宜。

七、本决定经中央卫生部报请政务院批准公布施行。①

《关于医药界的团结互助学习的决定》从人员、机构、组织、机制等多方面出发,为各地加强中西医的团结合作和学习指明了具体方向和路径。为进一步加强中西医的团结和推进中医科学化,卫生部于1951年12月29日发布《关于组织中医学会的指示》,要求各地成立群众性的中医学术团体②。各地中医界在指示指导下积极开展相关工作,成效明显,尤其在中医进修学校和中医学会组织及医院的中西医结合团结方面。例如,1952年5月,上海市中医界在市卫生局领导下筹办上海市中医学会,经过学会全体筹备委员数月的努力,团结了很多西医和医学院的教授,创办了7个中医进修班,1 000多名中医参加中医进修班学习③。据时任卫生部技术室主任金宝善指出:

> 去年中央卫生部为贯彻团结中西医的政策,创办中医进修学校。我以为中西医很难团结,不容易得到预期的效果。但是两年来的事实表现,证明我的思想是错误的,是纯技术观点在作祟。根据一九五一年上半年不完全的统计,已有九百四十个市和县,中西医务人员共同组织了医务工作者协会和中医学会。全国建立了十个中医进修学校和三十四个进修班。参加进修的中医,都努力学习技术。在进修过程中,各医学院和各大医院的西医都真诚地和中医合作,许多专门的教授都不辞劳苦地去上夜课。由于他们共同

---

① 《中央人民政府卫生部关于医药界的团结互助学习的决定》,《人民日报》,1951年5月19日,第1版。
② 《中央卫生部发出指示 组织中医学会等 推进中医科学化》,《人民日报》,1952年1月20日,第3版。
③ 《文化简讯》,《人民日报》,1952年5月27日,第3版。

工作,发挥了集体力量,使各地区完成了许多防疫医疗的任务。我在从事土地改革工作时,曾亲眼见到联合诊所的中西医士团结合作解决农村的医药问题,中西医已开始走上了"中医科学化,西医大众化"的道路。①

(五)第二届全国卫生会议:三大原则发展为四大原则 人民导向更突出

1952 年 12 月召开的第二届全国卫生会议,重要决议是将"面向工农兵、预防为主、团结中西医"三大原则发展为四大原则,增加了"卫生工作与群众运动相结合"一项。会上强调,卫生工作取得成绩的主要原因在于开展了群众运动。与会代表纷纷介绍当地事迹及经验。北京市"发动了群众开展爱国卫生运动,铲除了解放以前遗留下来的大量垃圾,把满蓄臭水的龙须沟修成下水道,把陶然亭与龙潭修筑成美丽的风景区,出现了苍蝇几乎绝迹的奇迹"。"陕西省长安县尚村,由于发动了群众开展爱国卫生运动,使全村一九五二年比一九五一年增加肥料三分之一,增产粮食两万六千四百斤,发病率比一九五一年减少百分之九十八点七"②。会上进一步强调团结中西医这一原则与群众运动的关系,认为群众运动使中西医感觉到互相都是不可缺少的力量,加强了彼此间的团结,并且在西医群众化和中医科学化上起到了很大推动作用③。

各地认真贯彻以人民需求为导向的四大原则。本次会议后,本以为中西医团结的这一问题已大体解决,然而在第二年底召开的第三届全国卫生行政会议上,中医工作方针又遭到批评,矛头直指团结中西医过程中的严重不足④。

(六)第三届全国卫生行政会议:纠正偏差 坚决贯彻党的中医政策坚持为人民服务的宗旨

1953 年 12 月召开的第三届全国卫生行政会议指出,团结中西医工作中存在轻视甚至歧视中医的现象以及各种不足之处,并将原因上升到思想路线层面。

---

① 金宝善:《我的思想变迁》,《人民日报》,1951 年 12 月 25 日,第 3 版。
② 《第二届全国卫生会议闭幕 周总理指示卫生工作要与群众运动相结合 贺诚副部长提出今年继续开展爱国卫生运动的方针与任务》,《人民日报》,1953 年 1 月 4 日,第 1 版。
③ 《卫生工作必须与群众运动相结合》,《人民日报》,1953 年 1 月 4 日,第 1 版。
④ 贺诚:《检查我在卫生工作中的错误思想》,《人民日报》,1955 年 11 月 19 日,第 3 版。

贺诚在《四年来卫生工作的总结和今后的方针任务》报告中专门检讨了几年来卫生工作群众运动中存在的缺点和错误，着重指出工作中的"盲目发展、形式主义、强迫命令"等严重现象。"对中医缺乏全面的认识，过分强调中医的缺点，因而对中医的团结和提高的工作做得不够，使中医的力量不能充分发挥。"①在1954年9月召开第一届全国人民代表大会第一次会议上，卫生工作中轻视、歧视甚至排斥中医的态度也引起了高度重视。"几年以来我们却忽视了这一方面的工作，在卫生部门中某些负责同志甚至认为中医落后，是'封建医'，应该淘汰和消灭，因而在实际工作中对于中医采取了轻视、歧视甚至排斥的态度。这种错误的思想和做法，极大地影响了对我国医药遗产的研究和发扬，影响了中医和西医的团结，影响了整个人民保健事业的发展。这是一个带有方针性的错误。今后，我们必须努力纠正这个错误，端正对中国医药文化的认识，正确地执行团结中西医的政策，号召和组织中西医相互学习，取长补短，共同进步，为人民的保健事业作出更大的贡献。"②

为了切实贯彻第三届全国卫生行政会议精神，各地陆续专门召开中医座谈会，以期扭转对中医的错误看法，总结经验，从人民群众实际需求出发制定具体办法，大力促进中西医的团结协作。"各地卫生部门自从展开对待中医政策的学习以来，许多省、市、县先后召开了中医代表会议，改进中医工作，使中医更加关怀祖国人民卫生事业。"③

1954年7月，上海召开中西医座谈会，征求关于召开全市中医代表会议的意见。时任市卫生局局长王聿先指出："上海市中医医院的成立，是贯彻第三届全国卫生行政会议的一项重要措施，它将进一步发挥中医力量，有助于整理和发扬中医医学。"④8月，上海市第一所市立中医院——第十一人民医院落成。10月，华东地区和上海市举行了中医代表会议，重点批判了过去不重视中医的思想，进一步加强了华东地区和上海市中西医以及卫生行政部门之间的团结，交流了中医工作的经验，为更好地开展中医工作打下了思想基础。会上，时任华东局

---

① 《第三届全国卫生行政会议在北京召开 确定今后卫生工作的方针和任务》，《人民日报》，1953年12月31日，第3版。
② 《在第一届全国人民代表大会第一次会议上 代表们关于政府工作报告的发言（之二）》，《人民日报》，1954年9月24日，第4版。
③ 《各地中医更加关怀人民卫生事业》，《人民日报》，1955年4月7日，第3版。
④ 《天津市立总医院邀请中医参加医疗工作交流中西医学经验 上海市卫生局召开中西医座谈会》，《人民日报》，1954年7月29日，第3版。

书记谭震林作出重要指示:"中医西医互有长短,过去轻视中医是不对的;现在如果注意和重视了中医,反过来又轻视西医也是不对的。"他号召"全体中西医必须亲密地团结起来,以虚心诚恳的态度互学所长,互去所短,交流经验"①。

同年7月,江苏召开全省第一次中医座谈会,邀请了中医界59人和一部分西医界人士,征求关于加强中医工作的意见,以贯彻落实第三届全国卫生行政会议精神。"最后,中共江苏省委宣传部部长、江苏省人民政府文化教育委员会俞铭璜同志作了总结发言。他在发言中反复批判了轻视中医、歧视中医的错误倾向。他要求全省中医界人士进一步努力加强中医学术研究,积极开展中医医疗业务,要求全省中西医加强团结,互相学习;要求全省各级干部重视我国文化遗产,加强中医工作,经常注意指导和帮助中医进行学术研究和开展医疗工作。"②

同年8月,山西举行第一届人民代表大会第一次会议,会上一致通过关于在全省范围内贯彻团结中医政策的决议③。新华社专文在《人民日报》报道了决议的讨论过程和具体内容。

在中医组织人员配备以及中医科室设立方面,提出"省卫生厅和市卫生局,都应建立中医科,各专署、县卫生科亦应设专职干部或指定专人管理中医工作。省、专署、市的综合医院,应逐步建立中医部"。在中医药学术研究上,要成立研究所,加强学术研究。"对我国医药学术的研究工作要有计划有步骤地去进行。山西省中医进修学校应附设中医研究所,作为全省研究中医学术的核心。"对中医进修学校和进修班的教学作出科学规定。"今后应以学习中国医药学术为主要课程,辅之以现代医学基础知识课程,克服'中医西医化'的偏向。"对于全省各中级卫生技术学校,"应逐步增添中医课程,条件不足的,可先讲授针灸疗法课程"。此外,还特地强调相应地发展中药事业,"省人民政府应责成国家贸易部门和合作社系统加强经营中药业务,并应责成农业部门加强中药培植工作,以扩大药源"④。可见,关于进一步团结发展中医药的决议内容已相当全面。当地政府的重视有效地加强了中医药事业,受到人民群众热烈欢迎。"如山西省级机关干

---

① 《华东和上海市举行中医代表会议》,《人民日报》,1954年10月17日,第3版。
② 《江苏省召开中医座谈会 讨论加强中医学术研究和开展医疗业务》,《人民日报》,1954年8月2日,第3版。
③ 《江苏、云南、山西三省和旅大、哈尔滨两市召开人民代表大会会议 分别选出出席全国人民代表大会会议代表》,《人民日报》,1954年8月13日,第1版。
④ 《山西省第一届人民代表大会第一次会议通过决议 贯彻团结中医政策充分发挥中医作用》,《人民日报》,1954年8月16日,第3版。

部公费医疗院,去年三至十二月经过针灸治疗颜面神经麻痹的十二人,治愈率达到百分之九十以上;三叉神经痛针灸三十三人,治愈率也达到百分之八十以上;太原矿山机器厂中医门诊数有时几乎达到全体病人门诊数的百分之四十。"①

同年10月,天津举行中医代表会议,以批评和自我批评的精神讨论了天津相关部门在执行团结中西医政策上轻视、歧视以及排斥中医的偏差和失误,并通过了关于正确贯彻党和人民政府对待中医政策的决议。"必须在各级卫生部门中,对卫生行政干部和医务人员进行教育,使他们认识到加强中医工作,认真整理和发扬祖国医学遗产的重要意义,彻底批判轻视和否定祖国医学遗产的错误思想,以求能够认真贯彻'团结中西医'政策,发扬祖国医学遗产。"在具体措施上,决定"动员和组织天津市医务界积极参加祖国医学的整理和研究工作,并建议政府成立天津市中国医学科学研究委员会,统一指导中医学术研究工作,多方搜集各种良方效方;扩大中医业务,协助中医联合诊所同各医院建立联诊和技术合作关系;在现有的市立中医门诊部的基础上成立市立中医实验医院,作为天津市中医学术临床研究的中心;今后陆续在有条件的医院和医疗站中,分别吸收中医参加工作;改进中医进修学校,适当增加中医学术课程;在其他医学教育机构,创造条件逐步增添关于祖国医学的教学内容;各级卫生行政部门将逐步吸收中医参加工作"②。

同年10月,甘肃召开全省中医代表会议,在总结反思基础上确定了几项中心工作:"加强中医的政治教育,加强中西医之间的团结;克服和防止个人主义、宗派主义;正确地对待中医学术,提高业务水平;各地卫生行政部门要组织各种学术讨论会、座谈会和中西医学的专题报告,开展和加强会诊制度;组织发挥中医力量,在城镇中要认真办好联合诊疗所,逐步地吸收中医参加公立卫生医疗机构;在农村中为了使农民诊病方便,动员中医参加农业互助合作组织,医生较多的城镇,在自愿的基础上,卫生行政部门要适当协助中医转移到农村去开业。"③

同年10月,四川举行中西医座谈会,讨论如何有计划地开展中医工作,进一步加强中西医的团结,共同研究中医学,发扬祖国医学遗产。许多卫生行政部门负责干部和西医在会上批判了过去轻视中医学的思想,提出了今后开展中医工作的具体措施:"准备在全省各级卫生机构和全体卫生工作人员中进行一次有关

---

① 倪合一:《山西省普遍重视发挥中医作用》,《人民日报》,1954年8月26日,第3版。
② 《天津市举行中医代表会议》,《人民日报》,1954年10月24日,第3版。
③ 《甘肃各地卫生行政部门注意发挥中医力量》,《人民日报》,1954年10月26日,第3版。

中医工作政策的学习；并指定四川省人民医院、四川医学院附属医院重点增设中医业务，组织一定的西医师学习中国医学；在全省中等医药学校中增设中医课程，加强中医进修学校函授工作；号召并协助中华医学会重庆、成都两个分会和四川省卫生工作者协会有计划地交流中西医学术，特别是中医学术和经验。成都市卫生局还计划增设中医科，在所属大部分医疗机构增添或充实中医业务；加强对中西医联合诊所的领导；并成立中西医学术研究委员会，作为全市研究中国医药学术的领导核心。"①

同年10月，西康举行中医代表会议，在检讨前期工作不足的基础上，制定了今后的发展方针："继续动员中医参加各项卫生工作；卫生部门要加强对中医的业务辅导，采取会诊、座谈、科学讨论等方式，交流学术经验；指导中医结合农村生产开展巡回医疗工作，并协助他们和农业生产合作社建立定期巡回医疗关系或订立医疗预防合同；各地卫生医疗机构应积极创造条件在门诊部里增设中医科和针灸科。"②

同年11月，安徽召开中医座谈会。"通过这次座谈会，使到会的西医代表和医务行政干部，提高了对祖国医学遗产的认识，自觉地批判了歧视中医的思想。在这次会后，安徽省各县、市还要召开中医座谈会，在有条件的地区着手成立中医学会，并扩大中医进修班。""参加座谈会的中医，对国家重视祖国医学遗产的政策非常感动，热烈地交流了切身的医学经验和学术。凤阳县七十八岁的老中医马柱臣，接到出席座谈会的通知后，用三天三夜的时间，抄录了自己历年来积累的有效单方。有些人特地写信回家把祖传秘方寄来介绍给大会。大会搜集起来的验方共有八百六十三个，其中有治破伤风、毒蛇咬、淋巴结核等症特效单方。"③

同年11月，陕西召开第一届中医代表会议。会上检查了各级卫生行政部门在贯彻中医政策过程中的缺点。"会议认为为使今后全省中医工作提高一步，首先必须切实纠正对待中医中药的错误观点，做好中西医团结工作；同时，中医也必须进一步钻研业务，发扬祖国优良的医学遗产，并学习现代科学知识；今后还应加强中医进修工作，整顿和发展中医联合医疗机构，成立中医学术研究的机构；加强中药的研究和管理工作。"④

---

① 《四川省举行中西医座谈会》，《人民日报》，1954年10月29日，第3版。
② 《西康省举行中医代表会议》，《人民日报》，1954年11月3日，第3版。
③ 《安徽省卫生厅召开中医座谈会》，《人民日报》，1954年11月17日，第3版。
④ 《陕西省举行第一届中医代表会议》，《人民日报》，1954年11月23日，第3版。

1955年2月，河南召开第一届中医代表会议，总结了近几年的中医工作。"目前全省已经建立起一个中医院和六个中医门诊部；有五十二个县的卫生院设立了中医科。全省共组织了二十九个中医联合医院和一千二百多个中医联合诊所。各地并举办了十一个中医进修班，有一千四百多个中医参加了进修学习。成千上万的中医积极地参加了各项医疗、防疫工作和爱国卫生运动，其中被评为各种模范的就有一千八百多人。"讨论过程中，"代表们也对卫生行政部门的个别干部轻视祖国医学遗产、轻视中医工作的思想进行了批判，并对中医与中医之间和中西医之间的不团结现象展开了批评"。会上还制定了贯彻党对中医的政策和改进河南中医工作的各项具体措施①。

尽管各地卫生行政部门都在努力改进，但与中央层面所要求的团结中西医目标仍有差距。就在上述各地改进工作期间，1954年10月20日和21日，《人民日报》连续刊登了两篇重要社论，提出"团结中西医的关键在于西医学习中医"的号召。

《贯彻对待中医的正确政策》一文在高度肯定中医具有丰富内涵、宝贵临床经验且在历代人民对疾病斗争中发挥巨大作用的基础上，对卫生行政部门近年来执行党关于团结中西医政策的效果相当不满。不仅如此，评论还认为"卫生行政领导部门甚至往往违反党和人民政府的政策，对中医采取轻视、歧视和排斥的态度，采取种种限制的办法，这就打击了中医的工作积极性，助长了卫生工作干部和西医轻视中医中药的错误心理，严重地影响了中医业务的发展和提高。其他有关的工作部门和社会舆论方面对中医也重视不够，关心不够"。可见措辞之严厉，批评之彻底。评论进一步指出，之所以如此，主要原因在于卫生行政部门的领导干部中了资产阶级思想的遗毒，广泛存在不懂中医、看不起中医、忽视中医以及反对中医的心态，这些心态在长时期内没有扭转，严重影响了中医工作的开展。点出问题症结的同时，评论最后指出，要想改变这种局面，切实推动中医工作，除了坚决纠正卫生行政领导部门轻视、忽视中医药的思想之外，关键是"积极号召和组织西医学习研究中医学"。一是发扬中医学的任务异常艰巨，需要借助现代科学技术和理论，西医可以通过对中医进行学习和研究，发挥现代医学科学知识对整理和发扬这份遗产的作用。二是发扬中医学遗产和发展现代医学科学是统一的，可以在中西医共同努力下，不断地从中医学遗产中发掘科学真理。

---

① 《河南举行首届中医代表会议》，《人民日报》，1955年3月11日，第3版。

三是强调西医学习中医并没有减轻广大中医对发扬中医学遗产的重大责任。四是推动西医学习中医工作是一件复杂的事情，需要广大中西医工作者在医疗实践中、在研究工作中，充分发挥各自特长，亲密合作①。

与此文呼应的是时任卫生部副部长傅连暲撰写的《关键问题在于西医学习中医》一文。傅连暲认为，尽管卫生部门近几年的中医工作取得了成绩，但没有从根本上解决发挥中医作用的问题。对以中华医学会为代表组织的中西医学术交流委员会所做的工作也不满意。"中西医学术交流委员会仅做到使中西医在座谈会上彼此交流经验，距离中西医在工作上、在学术研究上真正沟通起来还很远。"总体来看，认为新中国成立后，根本没有将西医学习中医当作一件应该做的事来做，中医根本没有得到应有的重视，态度语气之尖锐可见一斑。傅连暲号召以党中央和毛泽东指示为最高准则，进一步强调西学中的必要性。"党中央和毛主席指示我们说，现在的关键问题是西医学习中医。如果单纯强调中医学习西医，其结果是使中医完全变为西医，也就是丢掉中医，只要西医。唯有不仅中医学习西医而且特别强调西医学习中医，才能真正做到中医西医的互相贯通，最后发展为一个医。这一个医就是具有现代自然科学基础、吸收了古今中外一切医学成果的中国的新医学。"此外，他还提到西学中工作潜在的困难。其中，最主要的障碍在于思想上瞧不起中医。而这种思想产生的根源为："第一，认为一切都是外国的好，中国自己旧有的东西都要不得。""第二，认为只有现代的新的东西才是值得学习的，一切旧有的东西都不值得学习；认为中医已经过时了，已经落后了，因此可以完全不必学。"②存在的具体问题包括：学习目的性不明确；学习过程中存在典型的急躁情绪；忽视中医理论学习；学习方法上，存在将中西医硬套硬比的做法，要求把中医的东西套在西医上；缺少谦虚谨慎、排除偏见的学习态度③。

在被点名批评之后，中华医学会及时表态，发出了关于必须加强中医工作的指示，具体包括："首先应教育会员从思想上转变和纠正对中医中药的错误观点，正确认识和重视祖国的医学遗产。其次应迅速成立或加强领导这一工作的机构，检查总结前一段的工作，充实这一工作的内容。第三是加强中西医团结和学术交流工作，如组织中医中药问题的座谈会，组织中医讲座等，并邀请中医参加各科学术报告会。第四要发动会员学习中医，向有经验的中医学习，跟着做临床

---

① 《贯彻对待中医的正确政策》，《人民日报》，1954年10月20日，第1版。
② 傅连暲：《关键问题在于西医学习中医》，《人民日报》，1954年10月21日，第3版。
③ 傅连暲：《积极领导和组织西医学习中医》，《人民日报》，1955年11月30日，第3版。

门诊和治疗,选读中医书籍如本草、内经、伤寒论、金匮要略等,有系统地学习研究中医中药学术等。"①此外,还要求各地分会吸收中医做会员。"中华医学会总会和卫生部、中华全国自然科学专门学会联合会、中医学会等单位具体研究商讨了关于吸收中医入会的问题。"第一批吸收入会的有"中医萧龙友、施今墨、孔伯华、赵树屏等十人"②。

(七) 以中医问题为中心的批判:坚持党中央初衷和人民利益

1955 年 5 月,全国各条战线掀起反对资产阶级思潮。5 月 19 日—6 月 10 日,全国文化教育工作会议召开,明确了文教工作的基本方针和政策,修订了发展国民经济第一个五年计划草案中的文化教育部分,"并以中医问题为中心,重点深入地开展了对卫生部某些领导人的思想批判"。强调"应特别注意贯彻党中央关于团结中西医的政策,认真加强研究和发扬祖国医学的工作,彻底纠正对待中医的错误思想和做法。基层卫生机构,应切实加以整顿"。与之前全国各地反思、批判中医工作指出中医工作未得到重视与各地卫生行政机关未加重视所不同的是,本次会议将矛头直指卫生部的某些领导。"会议还批判了卫生部某些领导人歧视和消灭中医的资产阶级思想,指出几年来卫生部对中医问题采取了错误的政策,是卫生部门工作中一项极为严重的方针性的错误。"③

同年 7 月,第一届全国人民代表大会第二次会上,时任国务院第二办公室主任林枫指出,"卫生部某些负责同志歧视和消灭中医的思想,就是资产阶级错误思想的表现"④。时任卫生部部长李德全代表卫生部门做了检讨,将中医问题视为卫生部门工作中的典型问题。"过去中央卫生部在许多工作上存在严重的缺点和错误,中医问题是一个显著的例子。中国目前还有约几十万的中医,是卫生队伍中一支巨大的力量,是关系着六亿人口保健事业的极为重要的问题。中医对许多疾病,确有良好的疗效,几千年来我们积累了许多治病的经验,可是在卫生部门中却有些负责人认为中医'不科学',对中医实行排挤和歧视的政策,违反了中国共产党对中医的政策。"⑤《人民日报》还陆续登载了一些以个人名义批判

---

① 《中华医学会总会发出加强中医工作的指示》,《人民日报》,1954 年 10 月 22 日,第 3 版。
② 《第一批中医加入中华医学会》,《人民日报》,1955 年 1 月 10 日,第 3 版。
③ 《全国文化教育工作会议闭幕》,《人民日报》,1955 年 6 月 12 日,第 1 版。
④ 《在第一届全国人民代表大会第二次会议上的发言(之一)》,《人民日报》,1955 年 7 月 25 日,第 2 版。
⑤ 《在第一届全国人民代表大会第二次会议上的发言(之二)》,《人民日报》,1955 年 7 月 30 日,第 3 版。

贺诚对待中医不正确思想的文章①。批判的初衷是,正确对待中西医,加强中西医团结。主要观点是:受官僚主义、主观主义、形式主义等思想影响,行政管理部门没有很好地贯彻执行党中央的中医政策,从而导致轻视甚至歧视中医的现象,阻碍了中西医团结合作。造成这种局面的关键原因是脱离了群众路线,偏离了为人民群众服务的宗旨。

二、中西医结合关键——西学中

为促进中西医之间互相团结,互相了解,互相沟通,并为促进中西医合作和整理研究中医药学,毛泽东于1954年发出了西医学习中医的号召②。1954年6月,毛泽东为筹建中医研究机构作出重要指示:"即时成立中医研究机构,罗致好的中医进行研究,派好的西医学习中医,共同参加研究工作。"明确指示派好的西医学习中医③。1956年6月,卫生部下发《关于大力开展西医学习中医的运动》的指示,强调西医学习中医是继承发扬中医药学遗产的关键④。作为卫生工作的方针之一的"团结中西医"转为"中西医结合",开始掀起新中国成立后第一轮西学中高潮。

(一) 有组织地开展西医全面系统学习中医

1. 中医院、中西医结合医院和中医高等院校快速起步

西学中高潮中,中医院、中西医结合医院、中医诊所等医疗机构和中医高等院校得到较快发展。1952年5月,浙江杭州成立中医广兴医院,成为华东地区第一个中医院⑤。1954年8月,上海第一所市立中医院——第十一人民医院成立⑥。

---

① 傅连暲:《积极领导和组织西医学习中医》,《人民日报》,1955年11月30日,第3版;陈之寒:《彻底纠正对中医的不正确态度》,《人民日报》,1955年12月4日,第3版;任小风:《批判贺诚同志在对待中医的政策上的错误》,《人民日报》,1955年12月20日,第3版。
② 黄树则、林士笑主编:《当代中国的卫生事业》(上),北京:中国社会科学出版社,1986年,第16页。
③ 陈士奎:《中国共产党与新中国开创中西医结合事业》,《中国中医药报》,2021年6月2日,第3版。
④ 北京卫生志编纂委员会:《北京卫生志》,北京:北京科学技术出版社,2001年,第403页。
⑤ 《在第一届全国人民代表大会第三次会议上的发言 更好地发挥中医中药的作用》,《人民日报》,1956年6月29日,第4版。
⑥ 《上海市第一所市立中医院开幕》,《人民日报》,1954年9月1日,第3版。

1956年4月,贵阳第一所中医院成立①。同年7月,北京市中医医院正式成立,院内有中医相关科室,并有著名中医担任顾问、医师②。同年,北京着手建立第九综合医院和第十综合医院。这两所医院都是全科医院,内分外科、内科、产科、五官科、小儿科、理疗科(水疗和电疗为主)、中医科等③。河南省中西医联合诊所"较1955年增长了9.6%。在缺医少药的灵宝县四合乡等山区,也建立了七个联合诊所"④。截至1958年10月,陕西"设立了七个中医医院,医院、卫生院大多增设了中医科、中医病室和中药室"⑤。截至1959年4月,江苏建立中医院24所⑥。浙江除了建立中医院以外,所有县以上的医院也在1959年上半年做到了普遍设立中医科⑦。截至1959年5月,山东建立中医院8所,有病床300多张。各级综合医院普遍地建立了中医科或中医部,特别是全省人民公社医院和保健站,大部分力量依靠中医人员⑧。就全国而言,截至1956年6月,建立中医院67所,有门诊部1 200多个⑨。1957年7月,全国中医院数量规模有了进一步扩大,达到140余所⑩。大致同一时期,中医门诊部达到450多个,联合中医医院80余座,联合诊所5万余个⑪。到1958年12月,"全国设立了三百多所中医医院和大批中医门诊机构"⑫。

随着团结中西医、西学中工作的发展,中西医结合医院也不断成立。例如,

---

① 《贵阳第一个中医院开始接待病人》,《人民日报》,1956年4月16日,第3版。
② 《在首都第一所中医医院里》,《人民日报》,1956年5月18日,第3版。
③ 邢克:《修建两所近代化设备医院》,《人民日报》,1956年7月24日,第4版。
④ 《广东、河南卫生事业发展很快 广大农村缺医少药的情况有了改变》,《人民日报》,1957年2月9日,第7版。
⑤ 《在中国人民政治协商会议第三届全国委员会第一次会议上的发言 谈谈中医工作 秦伯未委员的发言》,《人民日报》,1959年4月28日,第16版。
⑥ 《在中国人民政治协商会议第三届全国委员会第一次会议上的发言 中西医合作开发祖国医学宝藏 叶橘泉委员的发言》,《人民日报》,1959年4月30日,第15版。
⑦ 《在第二届全国人民代表大会第一次会议上的发言 浙江医药卫生事业大有进展 叶熙春代表的发言》,《人民日报》,1959年5月6日,第9版。
⑧ 《在第二届全国人民代表大会第一次会议上的发言 祖国医药宝库藏珍无数 刘惠民代表谈山东中医中药工作的成就》,《人民日报》,1959年5月8日,第11版。
⑨ 《在第一届全国人民代表大会第三次会议上的发言 卫生部长李德全的发言》,《人民日报》,1956年6月19日,第3版。
⑩ 《在第一届全国人民代表大会第四次会议上的发言 卫生工作离不开党的领导 李德全的发言》,《人民日报》,1957年7月12日,第4版。
⑪ 《我国中医事业空前发展》,《人民日报》,1957年9月12日,第3版。
⑫ 《党的中医政策的伟大胜利 中医工作有重大改进 中医宝库引起广泛重视》,《人民日报》,1958年12月6日,第6版。

1958年11月,西安市第七医院和西安市中医医院合并,成立一所新型的中西医合璧医院。"全院有四十三个中医师和二十七个西医师。已有将近一半的护理人员基本上掌握了中医的护理知识。现在,这所医院的各个科室,不论门诊、病房,都配备有中西医师和中西医病床。病人可以自由选中医或西医看病。这所中西合璧医院的好处是:不仅中西医可以随时合作,共同诊断和研究各种疾病,有利于对病人的治疗,更重要的是大大有利于促进西医学习中医。它是促进中西合流的一个良好的组织形式。医院合并以后,医护人员学习祖国医学的热情更加高涨。原第七医院内科医师,已开始用中药和针灸治疗肺结核、痢疾、肾脏炎、高血压等十多种疾病,外科医护人员已开始了学针灸、学用中药治病的活动。"①

除了大城市中医院的发展,在全国县级医院中,设立中医科的医院数量也大幅增加。"各地的县人民医院绝大部分是解放以后新建或扩建起来的。一九五八年以来,设备规模和技术水平更有了迅速的发展。到一九六二年底,全国县医院的正规病床比一九五七年增加了一倍多,医疗技术人员增加了百分之八十左右,高级技术人员增加了两倍。""目前,全国二千多个县里面,除了个别县以外,都设立了一个到两个县医院。其中规模大的有二三百张病床,小的也有几十张病床。很多县医院都设立了内、外、妇、儿、中医和放射、检验、药剂等主要科室。"例如,江苏"解放前只有部分县设有医院,而且病床很少,设备简陋。现在,全省六十多个县和县级市都有了医院。一九五八年以前,一般的县医院只有内、外两个临床科;现在,大部分县医院增设了妇产科、小儿科、中医科和五官科"②。可见,中医逐渐成为全国性医疗卫生保健网的重要支撑力量。"在全国医疗保健单位中,中医占了相当的比重。不少省、市(自治区)设立了中医医院,几乎所有的综合医院都设立了中医门诊,有的综合医院还设有中医病床。为继承和发扬祖国传统医药遗产,许多中西医在医疗工作中,互相学习,取长补短,共同为病人服务,对提高医疗效率起了很好的作用。"③

医疗机构快速发展的同时,还迎来了我国中医药高等教育史上具有划时代意义的一年。1956年,在党和国家的亲切关怀下,经国务院批准,建立了我国最

---

① 《促进西医学习中医和中西医合作 西安成立中西医合璧医院》,《人民日报》,1958年12月1日,第6版。
② 《旧中国落后的农村医疗卫生事业今日面貌大变 数千县医院为农民健康服务》,《人民日报》,1963年3月27日,第2版。
③ 《为广大劳动人民的健康服务 城乡医疗卫生保健网初步形成》,《人民日报》,1964年9月29日,第5版。

早的四所中医学院：北京中医学院、上海中医学院、广州中医学院和成都中医学院。在1956年"十六日到十七日卫生部召开的新建中医学院的筹备座谈会上，参加筹建工作的广东、四川、北京、上海等省、市卫生厅、局的代表，同意四所中医学院今年暑期各招生一百二十名"，"培养学生成为掌握中医学术知识和医疗技术的高级中医人才。学生毕业后由国家分配担任教学工作、研究工作或医疗工作。中医学院除招收高中毕业生外，并招收一部分具有高中语文程度的青年中医、在职卫生干部和中等医药学校的优秀毕业生。考试科目按照高等医药院校规定的科目进行考试。参加工作三年以上的在职卫生干部享受调干助学金待遇，其余学生按照高等师范学校学生待遇，普遍发给人民助学金"①。此外，各省市还举办了其他五年制、四年制的中医学校。例如，江苏在1959年之前成立了五年制的中医专科学校10所，四年制的中医学校5所，卫生学校附设中医班的有11所②。全国医学院校从1956年秋季入学开始，还增设中医科，加强在校医学生对中医的学习。"卫生部根据增设中医课的要求，正在修订医学院校各专业的教学计划和教学大纲。增设中医课所需教师，由当地卫生部门负责解决。中级卫生学校和护士学校也将同时增设中医课，并增设气功、推拿、针灸以及中医护理课。"③

2. 在职西医全面系统学习中医

在党的政策号召下，各地不断组织在职西医系统学习中医。以北京和上海为例，1955年12月，北京部分在职西医开始系统地向中医学习。"由卫生部、中国人民解放军总后勤部卫生部和北京市公共卫生局等单位组织的第一批医务工作者一百多人已经在十二月初开始上课。""参加第一批学习的学员是在北京医院、中国协和医学院和它的附属医院、北京医学院第一和第二附属医院、中央人民医院、北京市儿童医院以及北京市同仁医院等十三个单位工作的。"④1956年4月，"上海七百多个高级医务人员八日开始系统地学习中医药学术"，"参加这次学习的高级医务人员中包括上海第一医学院、上海第二医学院和全市公立医院的教授、副教授、讲师和主治医师"⑤。上海市卫生局还有计划地安排中医的

---

① 《今年创办四所中医学院》，《人民日报》，1956年5月19日，第1版。
② 《在中国人民政治协商会议第三届全国委员会第一次会议上的发言 中西医合作开发祖国医学宝藏 叶橘泉委员的发言》，《人民日报》，1959年4月30日，第15版。
③ 《各医学院将增设中医课》，《人民日报》，1956年4月29日，第3版。
④ 《北京部分在职西医开始系统地向中医学习》，《人民日报》，1955年12月9日，第3版。
⑤ 《上海七百多高级医务人员系统学习中医药学术》，《人民日报》，1956年4月10日，第3版。

工作,对熟悉中医理论和有丰富临床经验的中医的工作做了全面安排。"在今年第一季度里,已经有七个著名的内、外科中医和针灸、推拿专家到上海市立第十一人民医院(中医院)和华东医院担任了医疗工作。上海市今年有三十多个医院和诊所准备设置中医的内、外、针灸、推拿各科;中医病床也将从一百四十多张增加到一千张。同时还要建立三所可以供给老年中医进行研究和教学工作的中医学院、中医进修学校和中医文献研究馆。上海市卫生局计划在十二年内,请这些中医师带领徒弟三千人。"①

此外,这一时期还成立了由卫生部领导的中医研究院,以系统学习、全面接受、逐步提高中医药,使中医药在人民医疗保健事业中发挥更大的作用②。中医研究院下属的中医研究班也随之启动,承担继承和发扬中医药学遗产的具体任务③。1956 年 5 月 8 日,卫生部发布关于改进中医工作的措施,决定在北京、天津、上海、广州、武汉、成都六地,组织西医用三年时间在职或离职学习中医,同时也对各地卫生行政部门提出具体要求,掀起新一轮西学中高潮。对行政部门的具体要求包括:一是"各地卫生行政部门要把这项工作列为中心任务之一,在教学上要给予具体领导和帮助";二是"要广泛地吸收中医参加卫生医疗和卫生防疫机构工作";三是"在大中城市的医院、门诊部、厂矿医疗单位和各种防治研究机构中,应该根据具体情况,分别建立中医科、室或组,可以考虑遴选有威望和学术经验的中医担任领导工作或参加研究、教学工作,并且派人向有才学的老中医学习";四是"各地基层卫生组织(县卫生院和区卫生所等)应该广泛地依靠中医充实起来,同时,要加强对中医和中西医联合诊所的领导"④。

1957 年 10 月,《人民日报》登载了六地学习班的成绩和经验,认为学习班"不仅有力地证明党的中医政策的正确,中医确实有着无限丰富、宝贵的内容,西医学习中医不是人力、物力和时间的浪费,而且为继续开展西医学习中医的工作打下了良好的基础,创造了经验"。报道指出,参加在北京、成都、上海、天津、广州、武汉六个"中医研究班"脱离生产学习的近 300 名高级西医和医学院校毕业生,经过了一年的学习,取得很大成绩。初步经验证明:"中医研究班是目前西医

---

① 《发扬祖国医学遗产》,《人民日报》,1956 年 4 月 12 日,第 3 版。
② 《中医研究院即将开幕》,《人民日报》,1955 年 12 月 7 日,第 3 版。
③ 陆树棠:《中医研究班即将在京成立》,《人民日报》,1955 年 12 月 14 日,第 3 版。
④ 《继承祖国医学遗产的重要措施 卫生部门将组织西医全面学习中医》,《人民日报》,1956 年 5 月 9 日,第 1 版。

学习中医最好的组织形式。在学习课程方面,从中医经典著作学起,是西医脱产学习中医的根本道路。此外,应当重视教学见习和生产实习,这是理论联系实际最重要的环节,也是教学成败的关键。"①

除了卫生部规定的六个城市以外,各地结合实际开展了形式多样的中医进修班、函授班、西学中班或中西医共同参与的学习。以四川和江苏为例,1955年,成都中医进修学校函授班计划在1956年招生1 000名,但由于1956年卫生部的号召和要求,实际招生人数远不止这些,足见学员参加学习的积极性和政府培养力度的加大。"四川省今年参加成都中医进修学校函授班学习的中西医师有一万一千多人,相当于去年的二十倍。函授班原订计划招生一千名,但各地报名人数突破了计划。现在参加学习的一万一千多人中,90%以上是中医,他们分布在1 538个联合诊所里工作。他们将在一年的时间内学完中医妇科、儿科、内科、中医方剂学以及一部分现代的基础医学和预防医学知识。"②江苏在南京、苏州、南通、无锡、常州、徐州、镇江等地开设西医学习中医班,近300名西医从1956年9月起正式系统地学习中医。"学习的内容有《内经知要》《伤寒论》《金匮要略》《神农本草》等四部中医经典著作和中医医史、中医各科业务知识。学习期限三年。各地学习班的学员,都是大学或专科以上学校毕业有相当临床经验的高级西医师。"其中,"南京市学习班九十一名学员中,有三十人是主治医师以上的西医。全省各学习班学员人数原定二百七十名,因报名要求参加学习的人数多,学员名额增至二百九十五名"③。

3. 大力开展中医师带徒工作

1956年5月,卫生部决定在全国开展中医师带徒工作,将此视为继承中医药学遗产、推动西学中工作的重要措施。"今后应该鼓励中医带徒弟,计划在七年内通过这种方式培养出数十万新生的中医力量。这是继承祖国医学遗产的一个重要措施。"④

1957年5月27日,著名中医专家、卫生部中医顾问秦伯未在《人民日报》发

---

① 《三百名西医开始掌握中医理论 北京等六城市组织西医学习中医有成绩》,《人民日报》,1957年10月10日,第8版。
② 《四川一万多中西医师参加函授学习中医》,《人民日报》,1956年6月11日,第3版。
③ 甄:《江苏开办西医学习中医班 近三百名西医师参加学习》,《人民日报》,1956年10月5日,第7版。
④ 《继承祖国医学遗产的重要措施 卫生部门将组织西医全面学习中医》,《人民日报》,1956年5月9日,第1版。

表关于中医带徒弟的长文,对中国古代中医带徒弟的精神和方法作了相对全面的介绍,从继承发扬中医药学遗产的高度,指出师带徒的必要性和意义,建议大力开展中医师带徒工作①。同时,《人民日报》在第一版刊登《积极培养中医,壮大卫生工作队伍》一文,同样鼓励开展师带徒,大量培养中医,满足人民群众需求②。随着中央的部署,各地结合实际情况积极推动相关工作,取得了快速进展。截至1957年7月,中医带徒弟达到44 000余人③。媒体报道了各地好的做法以及典型的师带徒案例。

中国科学院院士沈自尹早年在上海第一医学院附属医院跟随著名老中医姜春华学习中医,通过自身刻苦钻研和老师的指点,最终成为中西医结合领域的名医。"1955年春天,在上海第一医学院附属第一医院的花园里,每天清晨,那个瘦长的内科青年医生沈自尹,总是捧着一本《古文观止》喃喃地背诵。一个医生,为什么这样认真地背诵这些与医学不相干的古文?原来他是为了多记熟些古语词汇,使自己学习中医《伤寒论》更方便一些。""当医院领导决定让沈自尹离职跟姜春华医生学习中医时,沈自尹却顾虑起来。他怕的是自己医学知识很少,不要说中医基础知识一点不懂,就是西医的知识,由于自己从上海第一医学院毕业刚两年,也很浅薄,万一学不好,弄得中不中西不西,落在同辈西医后面,多不合算。但是,党组织鼓励他说:'这是党给你的光荣任务。你是青年团员,应该带头担当起学习继承发扬祖国医学的责任。'同时,姜医生治疗那两个病人的事例,在他脑子里盘旋着:'为了发扬祖国医学,为了更好地解除病人的痛苦,只要有决心,没有克服不了的困难。'他鼓起了勇气,接受了领导上的指示。""半年以后,沈自尹学完了《伤寒论》,基本上掌握了辨证论治的理论。""另外几本中医基本理论书籍,《金匮要略》《内经知要》《濒湖脉诀》《本草》等等,只用了半年的时间就学完了。""懂得了一些理论知识,是否能运用,这是对学习成绩的重要考验。沈自尹在实习中以及后来在医院里实际治疗时,都勇敢而又兢兢业业地承受了实际的考验。""现在,沈自尹既是西医内科主治医生,又是中医科主治医生,在他对每一个病人的治疗中,中医、西医的原理和方法,常常交流起来。沈自尹由于刻苦学习,姜医生由于教学认真和疗效显著,在今年2月,同时获得中央卫生部的金质

---

① 秦伯未:《学习历代中医带徒弟的精神和方法》,《人民日报》,1956年5月27日,第3版。
② 《积极培养中医,壮大卫生工作队伍》,《人民日报》,1956年5月27日,第1版。
③ 《在第一届全国人民代表大会第四次会议上的发言 卫生工作离不开党的领导 李德全的发言》,《人民日报》,1957年7月12日,第4版。

奖章。沈自尹感到自己只是刚跨进祖国医学宝库的大门,因此他决心更深入更刻苦地学习下去。"①

还有参加 1960 年全国文教先进工作者代表大会的江苏省苏北人民医院 68 岁的中医任继然。任继然回忆:"从十六岁起就跟父亲学医,二十岁单独开诊。在我行医的四十八年中,有三十八年是在旧社会度过的。在旧中国……我个人也是历尽沧桑,饱尝辛酸。在社会上没有政治地位,被歧视,受排斥。自己带出来的徒弟,纷纷被迫改行。中医这一行,被人看作是'末代状元'。""解放了,大地回春,我们中医也在党的领导下,起死回生了。""1955 年 5 月,我进入苏北人民医院工作,开始了新的生活。1956 年 12 月,我光荣地参加了中国共产党……党的团结中西医的政策,给我们的工作指出了明确的方向,使我们能够更好地为人民解除疾苦,为生产服务。我和西医同志相处,都是以诚待人,互相尊敬。我们相互会诊,亲密合作,取长补短,勇于负责。许多疑难病症,例如消渴(西医诊断的糖尿病)、肝阳上越(西医诊断的高血压)、痞块膨胀(西医诊断为肝硬化腹水)、正水(西医诊断的肾炎)等五十多种疾病都获得了显著的疗效。""我前后带了十八个徒弟。已有十六个结业,他们都在工作岗位上为人民服务。现在还有两个徒弟在我身边学习。我认识到,他们是我们这一辈的接班人,因此我把教好徒弟的工作看作是一项政治任务,我要把全部知识和经验毫无保留地传授给他们。我教他们多读书、多想、多问,边学习,边临床,重点讲解疑难病症,把学习理论和临床实践结合起来,使他们更能融会贯通地掌握祖国医学奥妙。由于教学方法比过去有了改进,加之学生的学习自觉性大大提高,因而徒弟学习期间缩短了,质量提高了。过去要学六年时间,现在只要学三四年就具有相当理论知识和临床经验,能够独立工作了。我不但教他们学技术,还以我自己的亲身经历,教育他们热爱毛主席,热爱党,热爱社会主义,全心全意为病人服务。现在有两个已结业的徒弟和我在一起工作,他们都能够胜任临床和教学工作,而且他们都已经成为光荣的共产党员。"②通过任继然的努力奉献,他所在的中医科五个同志在 1959 年都被评为社会主义建设积极分子。

受党和政府的感召,很多老中医都将自己几十年积累的经验和秘方传授给青年徒弟,这些名师出高徒的事迹受到广泛关注和宣传。

---

① 李晴氖:《跨进祖国医学宝库的大门 记上海第一医学院附属医院沈自尹学习中医的经过》,《人民日报》,1959 年 6 月 15 日,第 6 版。

② 任继然:《做工人阶级的红色医师》,《人民日报》,1960 年 6 月 9 日,第 10 版。

4. 问题分析和经验总结

1956年后,尽管中央和地方投入了很大精力开展中医工作,但仍然存在一些缺点,包括思想认识、教学过程、学习心态等。时任卫生部部长李德全在1956年6月指出:"但我们的中医工作还有很多缺点的。一些限制中医、歧视中医的清规戒律,在某些医疗部门并未完全绝迹;大喊大叫地反对中医的声浪是没有了,但是思想上的抵触情绪在部分人员中也还继续存在着。此外关于中医的安排和教育以及中医中药的研究工作还存在着很多问题,还有待于下更大的力量来解决。"为了解决这些问题,"对中医政策还必须进一步地贯彻,对中医工作要继续以大力改进,对广大中医和中西医组织起来的联合诊所急需加强领导和实行各项基本措施"①。9月,在中共八大会议上,时任卫生部副部长徐运北谈到了卫生工作中的经验和教训。成功的经验是,"依靠群众,开展爱国卫生运动",严重的教训是,"在中医问题上犯了方针政策上的错误,使人民卫生事业受到重大的损失"。在中西医团结工作方面,做得还很不够,主要体现在三个方面:"一部分卫生工作干部轻视中医的思想还没有彻底扭转";"对中医的工作一般地还停留在号召阶段,缺乏具体领导和具体措施";"缺乏调查研究,还不善于及时总结经验,推动工作"②。

在中西医结合的关键——西学中工作中,很多中西医领域的专家、行政领导也分析了具体教学环节(教学内容、教学方法等)以及学员心态方面存在的问题,并给予意见建议。时任浙江省卫生厅副厅长叶熙春指出,"浙江省杭州市举办在职西医学习中医班已近年余,学员愈来愈少,学习情绪愈来愈低,由开始八九十人的学习,目前已减少至一二十人。宁波、绍兴、嘉兴等处开班未久,均已中途停止"。其主要原因在于:"(1)领导部门没有认真贯彻自愿参加学习的原则,也没有经常地对学员进行思想工作,启发鼓舞他们的积极性。(2)由于在职学习是在不影响原有工作和政治理论等学习下进行的,所以在时间上都有矛盾,既无充分时间温课,而且每周仅抽出四小时的学习,等于'一日曝之,十日寒之'。因此要坚持学习,困难重重。(3)教学方面,中央规定先从经典学起,又要宗于原文,致讲者不能参加新的意见,因而讲得不深不透,听者感到枯燥乏味,畏难却步,影

---

① 《在第一届全国人民代表大会第三次会议上的发言 卫生部长李德全的发言》,《人民日报》,1956年6月19日,第3版。

② 《卫生工作中的一条经验和一个教训 卫生部副部长徐运北同志的发言》,《人民日报》,1956年9月27日,第5版。

响学习情绪低落。"①著名药学专家冉雪峰指出,西学中过程中,除了中医的基本知识,更需要从学术文化的角度了解中医②。著名中医石筱山提倡中西医应当相互尊重借鉴对方的优势,坦诚相待,共同克服困难,推动医学发展③。

结合中央指导精神和专家意见,各地针对西学中过程中暴露出来的问题进行总结并予以改进。例如,江苏省卫生厅于1957年3月"召开西医学习中医工作会议,总结了各地西医学习中医班的教学经验,研究修订了今后的教学计划。在总结工作基础上,根据中央所规定的'系统学习,全面掌握,加以整理提高'的方针,认为今后教学的目的和要求应该是:'通过系统学习,基本上理解中医学术的精神实质及治疗原则和方法,为进一步学习和研究祖国医学打下基础。'关于教学时间和程序,除《内经知要》仍按原订计划进行外,《伤寒论》暂定七十五小时、《金匮要略》五十七小时、"温病"十八小时、《本草经》十二小时。《本草经》讲解的先后以及其他课程学时的运用,视情况而定,不作硬性规定。这样,整个教学时间将缩短三分之一,择精而讲,对提高教学质量有很大好处"④。

(二) 追求中医药工作又快又好发展

1. 全国范围西学中运动成效显著

在形式多样、内容丰富、规模浩大的西学中运动中,绝大多数人在行动上能够克服困难积极学习中医药理论学术,在思想上从最初对中医不理解、没兴趣逐渐转为充满热情和自信,最后为中医药的传承和发展作出自己的贡献。

就西医的思想认识层面而言,通过西学中运动,他们最重要的体验和收获是:首先,通过见识中医在治疗某些疾病过程中的特殊疗效,以及中医在广大人民群众中的威信,改变了他们原先认为中医只是经验积累的观念,进而能够认同中医具有独特的理论体系。其次,在接受中医独特理论的基础上,明确认识到学习中医不是简单的西医疗法加中医疗法,而必须了解中医在治疗过程中的辨证施治

---

① 《在第一届全国人民代表大会第四次会议上的发言 改进中医中药工作 叶熙春的发言》,1957年7月8日,第6版。

② 《在政协第二届全国委员会第三次全体会议上的发言 我国医学勃兴的佳兆 冉雪峰谈西医学习中医的问题》,《人民日报》,1957年3月14日,第4版。

③ 《在政协第二届全国委员会第三次全体会议上的发言 消除成见更好地为人民健康服务 石筱山的发言》,《人民日报》,1957年3月22日,第2版。

④ 《改进西医学习中医的教学工作 江苏省召开会议修订了今后计划》,《人民日报》,1957年3月30日,第7版。

观念、整体观念等,并在临床过程中予以坚持。此外,能够在学习中进行医学反思,摒弃过分盲目或偏激,客观看待分析中西医各自的优劣势。最后,在党的政策指导和密切关心下,进一步了解了有关中医的政策,真正从传承中医药学遗产,为人民群众服务的高度,理解并接受中西医结合①。

  由于党和政府的高度肯定,以及西学中活动宏大背景中的民众支持和参与,中医药事业得到了快速恢复和发展,中西医结合工作朝着又快又好的方向发展,在中医院校创办、中医研究单位设立、中医学术整理、中医学科发展、中医诊疗水平、中医教育水平等方面都取得了积极成效,为中医药事业的传承发展奠定了坚实基础。以江苏和上海为例,两地中医历史悠久,历代名医辈出,有着丰富的医学遗产。在1949年之前,和其他地区一样,由于国民党对中医的摧残,中医药事业逐年冷落。新中国成立后,尤其是从1956年开展普遍学习中医工作开始,为了进一步继承、发扬祖国医学遗产,先后掀起了轰轰烈烈的西医学习中医的热潮,大大地恢复和发展了中医药事业。具体表现在:

  第一,中医院、研究所和中医人数规模增长。江苏"全省共有中医二万二千多名,中医院二十一所,有一百一十四个综合性医院内设立了中医科,新建中医院、校十五所和中医研究所一个"。

  第二,覆盖面广、学习组织和形式丰富多样。"各地在开展这个工作中采取了五种不同的学习形式:第一,大规模地在各地举办了在职西医学习中医的学习班,南京、徐州、镇江、常州、无锡、苏州、南通、扬州等八个市都建立了这样的学习班,有九十七个单位的近三百名西医两年来系统地学习了中医学。第二,开办了离职西医学习中医研究班,专门抽调了高级西医在二年半的时间内学习研究中医理论和中医临床经验。第三,组织中医巡回教学,如江苏省中医学院抽调了有经验的中医到全省各县进行针灸巡回教学,前后共举办了七十二期,使五千四百多个中西医学会了针灸。第四,在设有中医科的综合性医院内通过中西医会诊临床合作,互相学习,交流经验。第五,各地都定期举办了西医学习中医讲座。这些学习形式在帮助西医学习中医上都取得了很大的成绩。"

  第三,学习热情高涨,树立永攀医学高峰的自信。"江苏省用开展运动的办法,在全省又掀起了一个新的群众性的西医学习中医的热潮。南京市的西医已

---

① 朱冰菊:《西医学中医 并非等闲事 江苏上海采取办法多获得成就大》,《人民日报》,1958年11月20日,第6版。

百分之百地参加了中医学习,其他各市、县都纷纷提出保证要进一步广泛开展西医学习中医,各医学院、校内也普遍增加了中医课程,制订出了一套向中西合流发展的教学计划。全省要求在三五年的时间内使所有的西医同时具有中医技术,为祖国创造新医学、跃居世界高峰创造条件。""上海医务界最近普遍掀起西医学习中医的热潮,要求每个西医都学会中医的一般理论,掌握中西医两套技术。目前,全市各医院、诊所的医护人员都在学习针灸技术。""上海第一医学院已为教师们开设了学习中医中药的夜大学。上海第二医学院的祖国医学课程已从原来五十四学时增加到一百学时,由中医师系统地讲授中医的理论知识,在中医研究班学习的五十九个西医,经过两年半的脱产学习,已写了一百八十篇学习中医理论和经验的论文,他们现在已在实习中开始运用中医的从整体出发、扶正违邪等原则治病。"

第四,坚持中西并重,加强中医学术和临床经验的整理、研究。"为了加速中西医合作,创造我国自己的医学派,上海中医学院、第一医学院、中国科学院生理研究所等部门的中西医都在合作整理中医临床经验,广泛搜集民间单方,进行系统研究。他们运用自制的经络测定器等仪器已找到了十二经络的许多穴位,初步掌握了一些经络的变化规律。许多研究,不仅证明经络学说不是虚构的空论,而且已提供了不少新的科学根据。"[1]

声势浩大的群众运动蕴藏着无穷的力量,类似以上政府主导下的群众性西学中运动成为不可逆转的趋势,有的省份在总结经验时直接指出,中医工作之所以有如此成就,最为根本的是在党和政府的重视下,依靠群众、发动群众,掀起了规模壮阔的中医工作运动[2]。

2. 全国中医药工作会议精神和中共中央批示确保西学中工作更快跃进

1958年11月17日,召开了对中医界意义重大的一次会议——全国中医药工作会议。会议要求进一步批判错误思想,坚持党的中医政策,使中医药工作更快地全面发展。"要用以虚带实的精神,总结在批判轻视、排斥中医的错误思想以后几年来的中医工作;并将以整风的精神,解放思想,采取大鸣大放大辩论的形式,彻底消除中医工作方面的资产阶级思想,达到思想认识上的统一,进一步

---

[1] 朱冰菊:《西医学中医 并非等闲事 江苏上海采取办法多获得成就大》,《人民日报》,1958年11月20日,第6版。

[2] 孙祖年:《发动群众发掘祖国医学宝库 河北省开展中医工作十大运动成绩卓著》,《人民日报》,1958年11月24日,第6版。

贯彻党的中医政策,使中医中药工作更快地全面跃进。"①

时任中共中央宣传部副部长张际春在会上阐述了几年来中医工作在党的领导下取得巨大成绩的原因。同时,强调了工作中存在的遗留问题,要求"今后必须是继续普遍深入地贯彻党的中医政策,批判资产阶级思想,破资产阶级的医药权威"。此外,还谈到"中西医合流、医学教育、中药材生产"等问题②。

关于中医工作的群众路线仍是本次会议的重要内容之一。决定今后要继续"大搞群众运动,用群众运动来全面贯彻党的中医政策","首先要开展西医学习中医的群众运动"。必须贯彻"系统学习,全面掌握,整理提高"的方针和开展群众性学习运动,做到"人人学,大家学,普遍掌握、重点提高"。要求"各省市自治区举办离职西医学习中医班,要求在二三年内培养出两千名左右的中西结合的高级医生,作为整理研究祖国医学的骨干,所有的医护人员在二三年内也应通过各种形式的学习,普遍了解和掌握一定的中医知识,并且能在自己的专业方面具备中西医两套防治疾病的本领"③。

与此同时,1958年11月18日,中共中央将《中央卫生部党组关于西医学中医离职班情况、成绩和经验给中央的报告》批示各省市自治区党委④。这一报告是卫生部党组于1958年9月25日向中共中央发出的,主要是向党中央汇报了重点组织的六个学习班⑤中的第一个学习班(中医研究院中医研究班)的基本情况,包括学习经过、内容,学习中存在的困难和问题,总体而言是成绩为主。在请示报告的最后,卫生部党组建议:

> 为了进一步办好离职学习班,使更多的西医得到这种学习,我们建议今后由各省、市、自治区自行规划举办。以便在省、市、自治区党委直接领导下更多、更快、更好、更省地培养出既懂西医又懂中医,掌握两套学术,具有共

---

① 《进一步贯彻党的中医政策 全国中医中药工作会议开幕》,《人民日报》,1958年11月18日,第6版。
② 《大破资产阶级的医药权威 开展中医中药的群众运动 张际春在中医中药会议上号召大力发扬祖国医学遗产》,《人民日报》,1958年11月28日,第6版。
③ 《西医学习中医 采集百万锦方 研究中医中药 为创立祖国的新医学而奋斗 全国中医中药工作会议决定用群众运动全面贯彻中医政策》,1958年12月6日,第6版。
④ 《中共中央把卫生部党组报告批示各省市区党委 组织西医学习中医是件大事 凡是有条件的,都应该办西医离职学习中医的学习班》,《人民日报》,1958年11月20日,第1版。
⑤ 《继承祖国医学遗产的重要措施 卫生部门将组织西医全面学习中医》,《人民日报》,1956年5月9日,第1版。

产主义觉悟的新型医生,为促使早日实现我国社会主义的民族的新医学创造条件。①

党中央关于这一请示报告的批示全文如下②:

中共中央对卫生部党组关于组织西医离职
学习中医班总结报告的批示

上海局、各省、市、自治区党委:

  中央卫生部党组关于西医离职学习中医的经验的意见很好。现在转发给你们。请你们研究执行。

  中国医药学是我国人民几千年来同疾病作斗争的经验总结。它包含着中国人民同疾病作斗争的丰富经验和理论知识,它是一个伟大的宝库,必须继续努力发掘,并加以提高。我们必须组织力量认真地学习、研究,加以整理。根据中央的方针,卫生部曾经举办了少数西医离职学习中国医药学的学习班,经验证明这种办法很好。各省、市、自治区党委,凡是有条件的,都应该办一个七十人到八十人的西医离职学习中医的学习班,以两年为期。学生的条件,应该有大学毕业水平和二三年的临床经验,最好能有看中医书籍的中文水平。这样,在1960年冬或1961年春,全国大约就可以有二千名中西结合的高级医生,其中可能出几个高明的理论家。这是一件大事,不可等闲视之。请你们积极办理。

中央
1958年11月18日

西医离职学习中医的学习班得到党中央赞同,卫生部党组意见也被采纳。这是《人民日报》刊登的第一篇由党中央批示的有关中医工作的文件。本次会议以及党中央的批示后不久,《人民日报》在头版刊登社论《大力开展西医学中医运动》。文章在回顾近几年西学中工作的基础上进一步总结经验,分析了学习运动

---

① 卫生部党组:《努力发掘中国医药学伟大宝库 中央卫生部党组关于西医学中医离职班情况、成绩和经验给中央的报告》,《人民日报》,1958年11月20日,第6版。

② 《中共中央把卫生部党组报告批示各省市区党委 组织西医学习中医是件大事 凡是有条件的,都应该办西医离职学习中医的学习班》,《人民日报》,1958年11月20日,第1版。

具备的基础,并对各地举办西学中班提出要求。主要内容包括:组织西医学习中医响应党的号召是坚持党的领导战胜资产阶级思想的有力举措;向全国各地发出指示,创造一切条件将西学中推向高潮;分析全国范围内西学中的有利条件;将西学中当作严重的政治任务,明确指出是否团结中西医,尤其是是否重视中医,是道路之争、路线之争①。

为贯彻《中共中央对卫生部党组关于组织西医离职学习中医班总结报告的批示》精神,各地卫生部门陆续选拔优秀的西医离职学习中医。截至1959年10月,"全国离职学习中医的西医班共有三十个,参加学习的西医达二千一百余人,其中大多数是高级或较高级的西医专家"②。截至1960年4月,"各地组织的西医离职学习中医班,已达三十七个,学员二千三百余人,很多著名的西医专家都在主动积极地学习祖国医学"③。

3. 中西医亲密合作,营造学习氛围,丰富临床技能,提高医疗水平

各医疗卫生单位的中西医工作者在教学、科研、临床等方面开展了亲密的合作,消除了彼此间的隔阂,增强了彼此间的信任,相互尊重、谦虚相待,临床技能得以进一步丰富,医疗水平得以进一步提高。

例如,安徽安庆专署医院中西医初步学会两套医疗技能,"西医学习中医学的四大经典著作,由中医师负责讲解","中医也学会西医诊断与治疗的不少长处。如用血块表量血压,使用听诊器听心肺,能初步听出心脏杂音的分期、分级和位置的关系,掌握血、尿、粪、痰检验常规、肝肾功能试验等知识,有的中医还学会使用显微镜分辨红白血球,找到疟原虫","在日常工作中,西医可开中药,中医可开化验单及医嘱,医疗知识和医疗方法比过去增多,因而提高了医疗水平"④。浙江嘉兴第一医院"认真贯彻了党的中医政策,组织了西医学习中医,全院医护人员普及了针灸技术,大部分西医已初步掌握了中医理论及诊疗技术。在边学边提高的基础上,已运用到临床,约80%的住院病人同时使用中医治疗。由于中西医的合作,大搞科学研究工作,对晚期血吸虫病、白喉、破伤风、流行性脑膜炎、传染性肝炎等病的研究,已取得了显著的效果"⑤。山西运城人民医院通过

---

① 《大力开展西医学中医运动》,《人民日报》,1958年11月28日,第1版。
② 李德全:《十年来的卫生工作》,《人民日报》,1959年10月9日,第7版。
③ 《以移风易俗改造世界的气概开展爱国卫生运动 卫生部部长李德全的发言》,《人民日报》,1960年4月5日,第3版。
④ 《安庆医院中西医亲密合作 各尽所长提高医疗水平》,《人民日报》,1959年1月30日,第6版。
⑤ 尹长孝:《争取医院工作的持续大跃进》,《人民日报》,1960年6月10日,第10版。

西医学习中医促进中西医团结合作的事迹，多次在《人民日报》宣传报道。以1960年3月17日《中医好，西医也好，结合起来更好——记运城人民医院中西医合作治病的成就》一文为例，让读者深刻感受到西医学习中医政策给人民群众带来的福祉。成都市立第一人民医院贯彻执行党的中医政策后，"促进了全院的技术革新和技术革命运动，使医院管理制度也进行了进一步改革，全院面貌一新。中西医务人员的政治觉悟提高了，服务态度大大改善了，共产主义大协作的精神大大得到了发扬，改变了过去科室间互不相干、互不联系的状况"①。天津市人民医院西医认真向中医学习，用现代医学科学知识综合分析提高院内、外骨科中医的医疗特长，为创造骨科新疗法奠定了良好基础②。该院在中西医结合治疗骨折方面的理论和方法在1965年卫生部召开的中医中药研究成果鉴定会上，"被肯定是一项意义重大的中医研究成果，值得有计划地逐步在全国推广应用"③。武汉医学院第二附属医院老中医有重点地帮助一批西医系统掌握中医学术，推动了全院西医学习中医的活动④。

除了以本单位内部学习为主的形式之外，还有单位开展跨界互助互学。例如，沈阳医学院和辽宁省中医学院为促进中西医合流，在教学和医疗上开始密切合作，建立了互学互助协作关系，为两个学院的教师、学生和医务人员全面掌握中西医理论和医疗技能创造了条件⑤。广东省中医实验医院和中山医学院也建立了密切协作关系。"院长梁乃津和医务部主任杨志仁每周定期到中山医学院的附属医院会诊，中山医学院也派教授到中医实验医院会诊，共同讨论病情，拟定治疗方案，系统观察疗效，并且协作开展了对高血压病、肝硬化、肝炎、消化性溃疡等慢性病的专题研究。"⑥中国医学科学院和中医研究院也实行了科学研究

---

① 吴克坚：《中西医合作的一个范例——记成都市立第一人民医院的跃进》，《人民日报》，1960年8月25日，第4版。

② 虞锡圭：《中西医密切结合提高医疗水平 天津人民医院骨科试用新疗法》，《人民日报》，1960年11月9日，第3版。

③ 《从满足广大劳动人民需要出发 用辩证唯物主义观点指导工作 我国中西医结合治疗骨折成果巨大》，《人民日报》，1965年10月21日，第2版。

④ 《武汉医学院第二附属医院 老中医帮助西医系统掌握中医学术》，《人民日报》，1961年12月14日，第4版。

⑤ 徐文、朱冰菊：《中医西医 团结协作 大战瘟神 苏北人民医院、沈阳医学院中西医互学互助医疗效果大大提高》，《人民日报》，1959年1月25日，第2版。

⑥ 《为了更好地研究和整理祖国医学遗产 北京中医学习现代医学知识 广州许多著名中医积极向西医传授治病经验》，《人民日报》，1959年2月19日，第6版。

大协作,加速整理和提高中医药学。"中医研究院的三十多位研究人员最近分别到医学科学院所属阜城门外医院和北京协和医院,开始和西医研究人员合作,确定了重点研究项目。由中医专家赵锡武领导的十多位中医和针灸大夫,与阜城门外医院心脏科和医学科学院实验医学研究所的生理系,共同进行中药和针灸治疗高血压的疗效观察和机制的探讨。由阜城门外医院心脏科负责西医方面的诊断与临床观察,中医研究院医师负责中医方面的诊断和治疗。除每星期一、二、五进行门诊治疗外,有数位中医师住在这个医院进行医疗工作。治疗机制方面的研究,由实验医学研究所生理系负责,他们计划在高级神经活动、植物神经系统机能和液体的变化等方面,进行高血压发病机制及中药、针灸治疗机制的研究。"①山西省中医研究所和山西医学院第一附属医院紧密联系,成立了治疗宫外孕的中西医临床研究小组。"过去西医对患有手术禁忌症的子宫外孕病人没有办法治疗,这个研究小组采用中西医综合治疗的方法,取得了很好的疗效。一些没有生育过和希望继续生育的子宫外孕病人,对这种非手术的新疗法非常满意。"②

4. 西学中亲历者感悟

西医学习中医的过程中,西医的感悟具有代表性。他们的思想转变逻辑基本上都是从最初亲睹中医治疗疾病的特殊疗效开始,然后不断克服学习中医理论和技术的困难,逐渐了解中医深邃的理论,并结合自身积累的西医基础,在医疗实践中较好地结合运用中西医,最终达到较为满意的效果。1958年11月全国中医药工作会议和《中共中央对卫生部党组组织西医离职学习中医班总结报告的批示》之后,各地进一步加强系统学习工作,媒体对组织选拔学员、学习方式、学习过程、学习成效等予以广泛关注。为了鼓励动员各地踊跃开展西学中,《人民日报》还特别报道了一些未曾学习中医的高级西医知识分子主动向党组织申请学习中医的事迹,以及已经学习中医的西医在学习过程中的收获和体验。

北京人民医院骨科孟继懋、上海市胸科医院心脏外科兰锡纯、天津人民医院骨科方先之、解放军总医院骨科陈景云,都是比较著名的西医外科医生。他们通过实实在在的临床疗效,见证了中医的优势,转变了思想,并结合自身的专长,提

---

① 郭少军:《加速整理和提高祖国医药学遗产 医学科学院和中医研究院大协作》,《人民日报》,1959年3月10日,第6版。
② 《山西中医研究所和医学院第一附属医院中西医师密切合作研究成功治疗子宫外孕新方法》,《人民日报》,1965年1月30日,第2版。

出如何加强相互学习的经验。"解放后几年来由于我们没有很好地学习,我们对发扬祖国医学遗产的精神体会得非常不够,当然更没有用实际行动来贯彻党的中医政策。直到去年九月间,通过全国医药卫生技术革命经验交流大会的学习和参观之后,我们对祖国医学的认识才开始有所转变。在这认识的初期,我们仅承认中药是好的,因此认为在内科范围内发展中医医学的可能性大,而在外科方面则认为中医比起西医就差得多了。等到亲眼看到好多急性阑尾炎的患者,经过用中药或针灸治好了这个事实后,我们的脑子里又起了疑问:阑尾炎毕竟是一个软组织炎症,中医治软组织的疾病可能成,对治疗骨头的创伤,中医就不一定成。但是,事实再一次证明了我们的想法是错误的,中医对骨折的治疗确有独到之处。"①

中国医学科学院阜成门外医院院长、胸科外科名专家、苏联外科学会会员吴英恺,中国医学科学院肺结核名专家、结核科主任朱贵卿,主动向医院党委提出报告,要求离职学习中医。"吴英恺在报告中说,过去他认为'外科还是西医好',但是,最近许多事实说明,许多西医不能解决或是要付出很大代价才能解决的问题,中医中药都有多快好省的办法,这些事实使他认识了党的中医政策的正确性和西医学习中医的绝对必要性。朱贵卿在报告中也谈到,他过去对祖国医学是无知的,有偏见的。他愿意在他的后半生中,为发扬祖国医学而努力。"②

工作于中国医学科学院实验医学研究所的佘铭鹏、陆钟琦,药物研究所雷海鹏,儿科研究所张梓荆,阜外医院刘丽生,协和医院内科史济招、张之南,外科朱预,妇产科葛秦生、谭蕴涛,脑系科杨蜀莲,口腔科钱雪君等西医通过在中医研究院四个月的学习,"进一步地体会到党所提出的'系统学习,全面掌握,整理提高'的中医政策,是非常正确的"。通过学习,他们改变了对待中医经验积累的想法,认识到中医具备理论体系;改变了单纯了解中医治疗某一疾病的初衷,形成全面学习中医思想体系的观念;改变了必须用西医解释中医的视角,强调用科学发展的眼光看待中医③。

北京市儿童医院传染科副主任史秀珠,从事西医工作十多年,在职坚持学中医十年。她开始学习中医时,怕学了中医忘了西医,成为"三不像"。但实践结果

---

① 《在中国人民政治协商会议第三届全国委员会第一次会议上的发言 我们学习中医外科的体会 孟继懋、兰锡纯、方先之、陈景云委员的联合发言》,《人民日报》,1959年4月28日,第16版。
② 《为发扬祖国医学而努力 两位名西医要求学中医》,《人民日报》,1958年11月28日,第6版。
③ 佘铭鹏、陆钟琦、雷海鹏等:《必须全面系统地学习中医》,《人民日报》,1958年12月1日,第6版。

证明,她的业务水平不仅没有降低,而且学到了更多的本领。"史秀珠已经在她的老师——著名中医专家蒲辅周的指导下,总结出一套中医治疗病毒性肺炎的经验。"中苏友谊医院外科副主任李维藩是北京市西医离职学中医第二期训练班的学员,在学习的过程中经历了对党的中医政策从半信半疑到坚决拥护两个阶段。"他说,过去对祖国医学是否真有'宝'存在过怀疑,经过了一个时期的学习,才深深感到祖国医学确实是一个伟大的宝库。他在会上列举了很多事实,如中西医结合治疗骨折、中药治疗咽白喉、针灸治疗急腹症等方面的成就,证实了这个看法。他说,白癜风是一种常见的皮肤病,目前西医还没有找到很好的治疗办法,可是北京中医医院针灸科已治疗了二十多例病人,都有显著疗效。"①

西学中过程中,除了广大一线西医业务人员的积极学习,全国各地卫生系统的党员干部以及医院行政负责人也投身其中。这在很大程度上进一步推动了当地的西学中工作。以广州市为例:

广州市卫生系统的部分党员负责干部和医院行政负责人,带头推动全市医务界学习和研究中医药。"广州市卫生局的党员副局长陈云章、姚细坤和党委书记张允升,都参加了广州市的针灸学习班学习,并且自修中医学概论。中山医学院、广州市第二人民医院、儿童医院、传染病院的院长副院长,也都带头学习中医。中山医学院院长、党委第一书记柯麟、副院长梁伯强、王季甫等,除了自修中医学概论和学习针灸外,还和学生们一起听中医讲课。广州市儿童医院院长张梦石,还拜中医师何爱谦为师,学习针灸和看脉,取得了成绩。"

这些负责干部带头学习中医的行动,使得一些过去轻视中医的医务人员逐步改变了他们对中医的错误看法,更多人开始学习中医。"广州市传染病院,过去曾经使用过中药养阴清肺汤等中药治好过八十三名白喉病人,无一死亡。但有一些西医由于轻视中医,说这是碰巧的。这个医院的院长李巨泉,就和一些西医用养阴清肺汤在动物身上做试验,证明这些中药确能杀治白喉菌。他用这件事教育医院人员,并且带头学习、整理和研究从《黄帝内经》到清朝中医有关白喉治疗的方法和经验。在他的带动下,医院的西医都比较虚心地向中医学习,有的已经学会了诊脉、开方。中山医学院外科教研组有一些教授,过去对中医中药的

---

① 《打开祖国医学宝库为我国和世界人民服务 西医必须坚持学习中医 北京三百多名西医座谈继承和发扬祖国医药学遗产问题》,《人民日报》,1966年3月7日,第1版。

理论和实践经验不重视,但是在院长等带动下开始学习了中医。在学习中,他们逐步感到中医内容丰富,开始改变对中医错误的看法。现在,这个医学院的师生、医护人员、技术人员和行政人员,都参加了中医的学习,并且成立了十六个中医中药研究小组,从实际疗效出发,总结中医中药的丰富经验。"①广州市卫生系统党员领导干部和医院行政负责人带头学习中医的举措,必定能够推动当地整体西医学习中医的工作。

5. 总结与反思

1960年3月17日,《人民日报》刊发新华社撰文总结1958年11月18日党中央对卫生部党组关于组织西医离职学习中医的总结报告进行批示后,西医离职学习中医工作的情况。主要内容如下:

第一,全国西医离职学习中医规模逐渐扩大。"目前,各省、市、自治区举办的为期两年左右的西医离职学习中医班已有三十七个,参加学习的有西医教授、讲师和医生等二千三百多人,各地在职西医结合业务学习中医的,据不完全统计约有三万六千多名。各地学习针灸治疗的西医更为普遍。甘肃、河南、安徽、江西等很多省已有80%以上的西医通过短期训练班等方式掌握了针灸疗法,能用针灸治疗一般疾病。"

第二,各地西医学习中医的方式方法灵活多样。"一般是采取'四边''五结合'的方法,'四边'即边学,边用,边研究,边推广;'五结合'是离职学习和在职学习相结合,理论学习和临床实习相结合,突击学习和经常学习相结合,系统理论学习和重点深入学习相结合,集体上课和拜师自修相结合。在职业余学习方面,北京、天津、成都等西医比较集中的地方举办业余学习班,每周集中上课四至八小时,学制半年至三年不等,河南省目前类似这样的学习班有五十四个,参加学习的西医有一千八百一十七名。西医比较分散的地区,多采取师傅带徒弟,或在中医指导下从一病一方的临床学习开始,结合定期上课和自学,逐步达到系统的学习。"

第三,西医学习中医成效显著,通过西医学习中医,中西医的团结合作有了进一步的增强,普遍形成了一种彼此尊重、互相学习、取长补短的新气象。"通过中西医的团结合作,不仅对一般的疾病提高了疗效,缩短了疗程,降低了费用,而

---

① 何继宁、杨淑卿:《广州卫生系统党员负责干部认真学习中国医药学》,《人民日报》,1959年1月20日,第6版。

且在不少疑难病症,如高血压、晚期血吸虫病、肝炎等的治疗方面,收到了满意的效果,总结出很多有价值的临床经验和防治某些疾病的初步规律;北京、上海和武汉等地中西医运用现代科学研究中医、中药和针灸气功,已得到初步成绩,有的还写出了有价值的学术论文。这些研究工作,对整理提高祖国医学遗产、丰富现代医学科学和创立我国的新医学派都具有重大意义。"

第四,政治挂帅成为西学中的最有力保障。"西医学习中医的工作,受到各地党委和卫生部门的重视,很多省、市、自治区成立了西医学习中医委员会,由党委书记挂帅,给中医学习班作报告和经常参加听课、讨论,了解学员们的学习、生活和思想情况,加强了政治思想领导工作。并积极设法解决师资、教材、学习时间和设备等问题,从而使西医学习中医工作日益深入发展。"①

在大规模的学习过程中,党中央也有一定顾虑并提出警示,认为学习中医绝不是一件很容易的事情,不应当要求全体西医都无条件地研究整理学习中医,而是应当充分考虑学习者的自身条件、学习态度等因素。

"研究整理我国的医药学遗产,把它提高到现代科学的水平,这是我国医药学家应做的工作,应尽的责任。""党所以号召西医学习中医,正是因为西医具有一定的现代科学知识,他们应该义不容辞地把研究整理我国医药学遗产这个光荣的任务承担起来。""当然,为了做好我国医药学遗产的研究整理工作,不能单靠西医的力量,还必须通过中西医的密切合作。"然而,"研究整理祖国的医药学遗产,决不是一件轻而易举的事情,而是一件长时间的艰苦的工作。因此,从事这一工作的西医,除去像中央在1958年11月18日的批示中所指出的,要有较高的医学理论水平和一定的临床经验之外,还应该有诚心诚意、坚决献身于这一工作的志愿,把这一工作当作自己的终身事业。因此,必须选拔一部分具备这种条件的人员,使他们有可能集中必要的时间和精力,来从事我国医药学遗产的研究整理工作,像集中另一些人专门从事医药科学中间其他问题的研究那样。只有这样,才能希望在若干年内,在中国医药学遗产的研究方面得到重大的科学成果。在这里,消极态度是不行的,急躁也是不行的。当然,除去集中一部分西医离职学习中医中药,以便专门从事对祖国医药学遗产的研究整理工作之外,还应当号召在职西医根据自愿和可能,在结合业务的原则下学习中医。但是不应当

---

① 《西医学习中医日益普遍 增强了中西医团结 提高了医疗效果》,《人民日报》,1960年3月17日,第4版。

要求全体西医都无条件地研究中医中药,以免对于他们目前已经十分繁重的工作任务有所妨碍。"①

(三)"六·二六"指示后的新高潮

"六·二六"指示之后,卫生工作的重点开始转移到农村②。1966 年 2 月底,北京医药卫生界学习毛泽东著作座谈会召开,"把中西医引导到共同为革命医学事业服务的道路上"成为主要内容之一③。在探讨如何继承和发扬中医药学遗产问题时,"三百多名主治医师以上的西医和医院院长参加了座谈会",并以自己的实践经验为例,发表了关于学习中医的感受。"西医必须坚持学习中医"成为《人民日报》报道标题中的核心和关键④。"六·二六"指示标志着西学中工作开始进入另一个高潮,宣传报道主要集中在以下两方面:

1. 毛泽东思想照亮了中西医结合发展的道路

1970 年 3 月 4 日,《人民日报》转载了《红旗》1970 年第 3 期上的一篇文章《毛泽东思想照亮了我国医学发展的道路》⑤。重点阐述了新中国成立后中西医结合发展的正确道路,核心思想是毛泽东关于中西医结合的思想在路线斗争过程中取得了决定性的胜利;中西医团结合作,出现诸多新面貌,取得卓越成绩;继续坚持毛泽东关于中西医结合、运用现代科学知识和方法整理提高中医药学的指示,指明中西医结合的关键仍是西学中;高度肯定中医药在"备战、备荒、为人民"战略和中西医结合过程中发挥的重要作用;以高度自信和博大胸怀肯定中西医结合路线为人类作出的贡献。

2. 创造我国特有的新医学

关于中西医结合的宣传,着重强调"古为今用,洋为中用""推陈出新"的原则,促进中西医之间的有机结合,创造了符合国家和人民需求的新医学。中西医两者之间并非简单的结合,而是全面有机的结合,在继承基础上有所创新的结

---

① 《认真贯彻党的中医政策》,《人民日报》,1959 年 1 月 25 日,第 1 版。
② 《全国高等医学教育会议确定面向农村办学 培养为农民服务的白求恩式医务人员》,《人民日报》,1965 年 9 月 8 日,第 1 版。
③ 《只有解决了"为谁服务"方向问题,才能解决好"怎样服务"方法问题 知识分子学毛主席著作先要斗倒"我"字 首都医药卫生人员热烈讨论怎样学好毛主席著作的问题》,《人民日报》,1966 年 2 月 26 日,第 1 版。
④ 《打开祖国医学宝库为我国和世界人民服务 西医必须坚持学习中医 北京三百多名西医座谈继承和发扬祖国医药学遗产问题》,《人民日报》,1966 年 3 月 7 日,第 1 版。
⑤ 侯勤文:《毛泽东思想照亮了我国医学发展的道路》,《人民日报》,1970 年 3 月 4 日,第 2 版。

合。结合的效果也是创造性的,创造的结果就是诞生了新的医学。这种新医学体现在具体的治疗技术、水平和理论、方法等方面,体现在全心全意为人民服务的阶级路线中。以《为创造我国新医学而努力不懈的一面红旗——记人民解放军广州部队一五七医院坚持中西医结合十二年》①这篇报道为例,文章详细介绍了该院积极响应毛泽东关于中西医结合号召、坚持开展中西医结合工作所取得的丰硕成果。在此基础上,特别强调"对中医和西医取其精华,去其糟粕,做到相互为用,有机结合,创造我国特有的新医学"。在探索创造这种新医学的过程中,具体的做法反映在坚持实践第一,边学边用边结合,采取批判继承、批判吸收的态度,互相取长补短,在继承的基础上勇于创新等方面。实际上,该阶段中西医结合所产生的"新医学",已经超越了医学本身发展所带来的意义。这种创造是中国人民将祖国传统的遗产、成就同现代科学知识完美结合的产物,在当时的主流报道中具有无限光明的发展前途。

在党中央中西医结合路线指导下,几乎所有担负医疗职责的单位都在组织西医学习中医,开展中西医结合的实践或研究,其广度和深度空前。无论是西医院还是中医院,大城市还是偏远山区,学校、医院等规模大的单位还是农村基层小的卫生所。中西医结合的路线被建构理解为医疗战线的毛泽东思想。采用中西医结合以中医为主的方法,战无不胜,可以治疗各种疑难杂症和常见病、多发病,为保障人民群众的健康作出了不可估量的贡献。以"针刺麻醉"②"中药麻醉"③"头针疗法"④等为代表的发明创造,被视为中西医结合所创造的新医学的重要成果。这些新医学的发明创造在批判抵制一些轻视中医药的民族虚无主义,贯彻"古为今用,洋为中用""推陈出新"的方针,加强中医药研究、增强民族自信等方面,发挥了至关重要的作用。

通过《人民日报》这一时期的报道来看,之所以能够取得如此斐然的成绩,主要原因在于:一是始终能够坚持中西医结合这一医学发展的正确途径,并肃清歧视、忽视中医药的思想,沿着党中央提出的中西医结合道路继续前进。二是改造了广大医务工作人员的世界观,帮助、引导他们树立了正确的中医药

---

① 《为创造我国新医学而努力不懈的一面红旗——记人民解放军广州部队一五七医院坚持中西医结合十二年》,《人民日报》,1971年7月6日,第2版。
② 《坚定不移地贯彻执行党的中医政策》,《人民日报》,1980年3月27日,第1版。
③ 《我国应用中药进行全身麻醉获得成功》,《人民日报》,1974年10月8日,第3版。
④ 《稷山县人民医院医务人员为创造祖国新医学作出贡献 头针疗法在全国推广受到欢迎》,《人民日报》,1974年10月12日,第3版。

发展路线,使大家认识到,走中西医结合的道路才能更好地为人民服务,更好地执行毛泽东提出的卫生工作路线。三是发动了广泛的群众运动,开展群众性"西医学习中医",培养了一支中西医结合的医疗队伍。四是有效弥补了原有不足之处,取得了很多有效的临床经验,在治疗原理、方式、方法等方面屡有创新,并探索出一些治疗疑难疾病的有效办法,保障了广大人民群众的健康。五是加强了中西医之间的经验交流,有助于对祖国传统医学进行整理、研究,继承和发展中医药学。

肯定成绩的同时,也不能忽视这一阶段中医药发展遇到的挫折。正如《人民日报》评论指出,1966—1976年间,中医药事业元气大伤。"经过10年内乱,全国中医院已由'文革'前的330所变为129所,中医队伍锐减了1/3,元气大伤。"[①]"这些年来,中医药事业衰落,中医药队伍后继乏人。"[②]党的十一届三中全会以后,党中央重申中医政策,"邓小平、李先念、陈云、彭真等老一辈无产阶级革命家分别对中医工作做了重要指示。1982年,把发展我国传统医药列入宪法。1983和1986年,党和政府先后两次发出关于加强中药工作的重要文件。1985年,中央书记处做出了'要把中医和西医摆在同等重要的地位'的指示,并确定'坚持中西医结合'的方针"[③]。

(四) 中西医结合迈向科学化现代化

1976年后,中医药事业和祖国社会主义现代化建设事业一起,再次迈向欣欣向荣的春天。

1.《全国中西医结合工作十年发展规划》

1977年8月,卫生部召开了全国各省、市、自治区卫生局局长会议和中西医结合规划工作座谈会。会议认真讨论了加快中西医结合步伐的问题,制定了《全国中西医结合工作十年发展规划》。要求"各地卫生部门都要在各级党委的领导下,认真贯彻党的中医政策,在'努力发掘'上狠下功夫,继承祖国医药学遗产,做好中医古典文献的整理研究和出版工作;要加强中西医团结,积极提倡西医学习中医,发展壮大中医队伍和中西医结合的队伍,积极建设中西医结合基地;要大力加强对中医药学理论和现代医学科学基础理论的研究,力争在本世纪末实现

---

① 艾笑:《中医药事业在飞速发展》,《人民日报》,1990年10月29日,第3版。
② 《大力加快发展中医中药事业(社论)》,《人民日报》,1978年11月2日,第2版。
③ 艾笑:《中医药事业在飞速发展》,《人民日报》,1990年10月29日,第3版。

毛主席关于创造我国统一的新医学新药学的伟大理想"①。

2. 彻底解决卫生工作为什么人服务和如何服务的问题

1977年10月31日,《人民日报》刊发社论《沿着毛主席的革命卫生路线奋勇前进》,继续强调要沿着既有的卫生工作路线前进。"毛主席革命卫生路线的基本精神,就是在党的领导下,实行无产阶级政治挂帅,坚持面向工农兵,坚持以农村为重点,贯彻预防为主,实行中西医结合,团结新老中西各部分医药卫生工作人员,紧密结合阶级斗争、生产斗争和科学实验,大搞群众运动,除害灭病,提高人民健康水平,移风易俗,改造国家,为社会主义革命和社会主义建设服务。"之所以如此,实际上仍然是要解决关键问题,"归结起来,就是解决卫生工作为什么人服务和如何服务的问题"②。

3. 医药卫生科学技术八年规划

1978年3月召开的全国科学大会,制定了医药卫生科学技术八年规划草案。基本目标是:"到本世纪末,使我国整个的医学科学进入当时世界的先进行列。大部分医学科研项目接近和赶上世界先进水平;除原有领先项目外,还要有一批新的重要项目居于世界先进地位;在中西医结合和现代医学的某些方面作出我国独创性的成果,以贡献于全人类。"③草案涉及基础医学、预防医学、临床医学、祖国医学、药物药理学、生物医学工程学等各个领域。对于祖国医学,强调攻克针刺麻醉等重大问题的中医理论研究难题,并要求对中西医结合的成果做好临床和基础研究。

4. 全国医药卫生科学大会

1978年3月第一次全国科学大会后,全国兴起爱科学、尊重科学、崇尚科学的科学风气。6月初,全国医药卫生科学大会召开。《人民日报》刊发社论《保障八亿人民健康兴旺的大事》,为发展新时期的卫生工作和医学科学研究事业指明了方向,再次强调和确定医学科学技术现代化的总目标:"要在本世纪内初步形成我国统一的新医学新药学,使我国整个医学科学技术进入当时的世界先进水平,并有一批重要项目居于领先地位。"为了实现这个总目标,需要做好几项工

---

① 《全国卫生局长会议和中西医结合规划工作座谈会表达决心 准确地完整地贯彻执行毛主席革命卫生路线》,《人民日报》,1977年8月20日,第1版。
② 卫生部党组:《沿着毛主席的革命卫生路线奋勇前进》,《人民日报》,1977年10月31日,第2版。
③ 《迅速改变我国医学科学落后状况 卫生部副部长钱信忠提出加速医学科学现代化的努力目标》,《人民日报》,1978年4月2日,第3版。

作:一是加快医学科研步伐,加强医学科研和医学教育。二是坚持中西医结合的方针,加快中西医结合的步伐。三是为了实现医学科学技术现代化,必须坚持专业队伍与群众队伍相结合的两条腿走路的方针,大搞群众运动。四是为了实现医学科学技术现代化,要学习外国的先进医学科学技术,引进现代化的设备和实验手段,充实和装备医学科研机构。五是实现医学科学技术现代化,关键在于加强党的领导。社论指出,在实现医学科学技术现代化总目标进程中,很重要的一个环节就是坚持中西医结合。"实行中西医结合,现代医学和祖国医学都要发展,在发展中不断结合。""只要在不断的科学实践中,博取中西医之长,加以融会贯通,有所发明,有所创造,不断扩大中西医结合领域,最后就可以创造出我们独特的、具有民族特点的新医学新药学。"[1]

5.《关于认真贯彻党的中医政策,解决中医队伍后继乏人问题的报告》

1978年9月,对于中医药事业而言,发生了另一件具有里程碑意义的大事。卫生部党组《关于认真贯彻党的中医政策,解决中医队伍后继乏人问题的报告》得到了党中央的肯定和重要批示。批示重申了中医药学是一个伟大的宝库,必须坚持走中西医结合的道路,创造我国的新医学新药学。强调指出:"在发展西医队伍的同时,必须大力加快发展中医中药事业,特别是要为中医创造良好的发展与提高的物质条件,抓紧解决中医队伍后继乏人的问题。"[2]《人民日报》发表社论指出,"这是一件关系到我国医学科学走什么道路,关系到我国各族人民健康兴旺的大事"[3]。要求各级党委和各级卫生行政部门,都要引起高度重视,积极地把这件大事办好。

卫生部的报告和建议内容主要有八条:

第一,"认真贯彻落实党的中医政策,切实纠正对待中医中药人员的错误态度"。

第二,"认真办好中医院校,积极培养中医中药的新生力量"。

第三,"整顿和办好中医医院"。

第四,"加强中医药研究机构的建设"。

第五,"继续组织西医学习中医"。

---

[1]《保障八亿人民健康兴旺的大事(社论)》,《人民日报》,1978年6月16日,第3版。
[2]《中共中央批转卫生部关于解决中医后继无人问题的报告 要求各级党委高度重视中医中药工作》,《人民日报》,1978年11月2日,第1版。
[3]《大力加快发展中医中药事业(社论)》,《人民日报》,1978年11月2日,第2版。

第六,"鉴于目前多数中医都在集体所有制医疗单位工作,为了解决中医院校、中医药科研机构和中医医院缺乏师资和技术骨干的问题,拟从集体所有制医疗机构和分散在城乡的民间医生中,通过考核,选拔一批具有真才实学的中医,充实加强全民所有制的中医药教学、科研和医疗机构"。

第七,"鉴于目前中医机构数量甚少,条件很差,急需加强整顿和建设,建议各省、市、自治区在安排基建计划时要优先考虑发展中医机构,在分配经费时要重点照顾中医机构"。

第八,"建议各省、市、自治区党委都要把中医和中西医结合工作列入议事日程,经常督促各有关方面贯彻执行党的中医政策,搞好中西医结合。各级卫生行政部门的一、二把手要亲自抓中医和中西医结合工作,并要设置机构或专人分管这方面的工作"①。

可见,建议报告事关中医药事业发展全局,对重新扬帆起航起到了关键性的作用。

针对报告和批示,《人民日报》刊发社论《大力加快发展中医中药事业》,就中医药事业衰落、中医政策受阻、中西医结合发展过程中的一系列重大问题作出评论,力图重新澄清思想认识障碍,扭转中医发展政策。社论从五个方面进行阐述:中医药事业在1966—1976年间遭受的重创;拨乱反正时期仍然存在的轻视中医现象成为阻碍中医药事业发展的严重障碍;要想医学科学现代化,就必须加快发展中医药事业,加快中西医结合的步伐;中医药队伍后继乏人,抓紧发展中医药队伍非常迫切;抓紧落实党的中医政策,调动中医药人员积极性解决中医药队伍后继乏人的问题;要为中医药创造良好的发展与提高的物质条件②。

中共中央批转的卫生部党组《关于认真贯彻党的中医政策,解决中医队伍后继乏人问题的报告》发表以后,卫生部和《人民日报》编辑部邀请部分在京的著名老中医和西医学中医有成就的同志,举行了一次高级别的座谈会。参加座谈会的有赵锡武、赵炳南、魏龙骧、任应秋、关幼波、祝谌予、陈可冀、王雪苔、姜超等。84岁高龄的老中医王文鼎和79岁高龄的老中医岳美中因病未能出席,但写了书面发言,对如何传承发展中医提出了诸多真知灼见。

王文鼎、岳美中、赵炳南强调,"要抓紧研究整理中医理论和老中医的经验"。

---

① 《中共中央批转卫生部关于解决中医后继乏人问题的报告 要求各级党委高度重视中医中药工作》,《人民日报》,1978年11月2日,第1版。
② 《大力加快发展中医中药事业(社论)》,《人民日报》,1978年11月2日,第2版。

赵锡武、魏龙骧指出，"纠正歧视中医错误，排除落实中医政策阻力"。任应秋、王雪苔呼吁，"冤案、错案必须彻底平反，不应'留尾巴'"。关幼波、姜超建议，"为培养中医接班人创造良好的物质条件"。祝谌予、陈可冀认为，"搞中西医结合不能抛弃中医理论"①。

十一届三中全会后，各个行业开始将工作重点转移到现代化建设上，卫生工作同样如此。1979年1月，时任卫生部副部长钱信忠指出，卫生部门必须把工作的着重点转移到预防和治疗疾病的业务工作上来，加速医学科学现代化建设，保障人民身体健康，保护劳动力。工作总体目标是："力争在今后两年内扭转某些疾病上升的趋势，把发病率降下来，基本消灭或控制一些危害人民健康较大的疾病；要加强医院建设；要进一步深入持久地开展以除害灭病为中心的爱国卫生运动。在短期内显著改变我国城乡的卫生面貌。"对于如何将卫生工作的着重点转移到现代化建设上，认为要从三个方面努力：一是"要解放思想，发扬民主"；二是"要按客观经济规律办事，对于医药卫生机构逐步试行用管理企业的办法来管理"；三是"要加快实现医药卫生事业的现代化，提高医药卫生事业的科学技术水平"②。

1979年4月，卫生部召全国卫生局局长会议。会议根据党的十一届三中全会精神，从实际情况出发讨论了医药卫生现代化建设的问题。"我们要搞的医药卫生现代化，是中国式的现代化，是贯彻卫生工作四大方针，重点放到农村，实行中西医结合的现代化。我们应当根据我国目前底子尚薄，人口多，而医学遗产又很丰富等的特点，进行医药卫生的现代化建设。"③中医药事业现代化的步伐迈得越来越快、越来越稳。

6. 全国中医学术会议

1979年5月，再次迎来新中国成立后中医药发展史上的一件大事。5月18—24日，卫生部主持召开全国中医学术会议。《人民日报》在第一版以《全国中医学术会议在京交流学术经验 党中央非常关心中医事业》为题进行全面报道。并将会议视为"中医发展史上一次空前的盛会，是对近几年来中医和中西医

---

① 《认真落实中医政策 努力发掘祖国医药学的伟大宝库 卫生部和本报邀请首都部分著名老中医和西医学中医有成就的同志座谈纪要》，《人民日报》，1978年11月25日，第4版。

② 《钱信忠副部长向记者发表谈话 卫生工作的重点转上现代化建设》，《人民日报》，1979年1月13日，第4版。

③ 《从我国情况出发进行医药卫生现代化建设》，《人民日报》，1979年4月15日，第3版。

结合学术成果的一次检阅"。会议得到了党和国家的高度重视。会议重点"研究加快中西医结合的步伐,创造我国统一的新医药学等问题",收到各省、市、自治区送来的学术论文1 300多篇。来自全国各地的380多名代表在会上交流了学术经验,就我国中西医结合所取得的卓越代表性成果进行了探讨①。

  1980年3月5—14日,卫生部召开全国中医和中西医结合工作会议。会议全面总结了新中国成立30年来中医和中西医结合工作的经验教训,研究了党的中医政策,分析了当前存在的问题,讨论了今后应该采取的措施,确定了中医、西医和中西医结合三支力量都要大力发展、长期并存的原则②。这对统一全国医药卫生战线的思想认识,进一步推动我国中医药事业和中西医结合工作的发展,创造具有我国特点的新医药学,促进我国医药科学的现代化产生深远影响。

  回顾新中国成立至改革开放30年期间的中医政策、成绩、经验,我国的中医药事业虽然几经波折,但总体而言是前进的、发展的。早在新中国成立初期,党中央就制定了团结中西医,继承和发扬中医药遗产,为保障人民健康服务的方针,并采取了一系列措施促进中医药的发展。但是,受多种因素影响,一度产生轻视和排斥中医的倾向,关于中医的地位和作用认识不够,党的中医政策没有得到认真贯彻。后在党中央的高度重视和亲切关怀下,在全体中西医界有识之士积极努力下,开展了大量恢复、重建和整顿工作,轻视和排斥中医的倾向逐步得到纠正,号召并组织西医学习研究中医,开展了广泛的中西医结合工作,培养了一大批中医药人才和中西医结合领域专家,取得了不少重要的科研成果,中医药事业及中西医结合工作获得了全新的生命力。回顾历史,可以看出,发展我国中医药事业及中西医结合工作的根本保证是:秉承全心全意为人民服务的宗旨,加强党的领导,坚定不移地贯彻执行党的中医政策。

  以习近平总书记为核心的党中央,坚持人民至上,立足全球战略,既高度重视中医药的传承创新发展,又高度重视中西医结合研究与发展,继续推动中西医结合事业向更高水平发展。2013年8月20日,习近平总书记会见世界卫生组织总干事陈冯富珍时表示,"愿继续加强双方合作,促进中西医结合及中医药在海外发展"。2017年1月18日,习近平总书记在日内瓦出席中国向世界卫生组织赠送针灸铜人雕塑仪式时,在致辞中指出,"我们要继承好、发展好、利用好传

---

①《全国中医学术会议在京交流学术经验 党中央非常关心中医事业》,《人民日报》,1979年6月2日,第1版。
②《坚定不移地贯彻执行党的中医政策》,《人民日报》,1980年3月27日,第1版。

统医学,用开放包容的心态促进传统医学和现代医学更好融合"。2020年1月25日,习近平总书记主持召开中共中央政治局常务委员会议听取新冠肺炎疫情防控工作汇报,会议强调,"要不断完善诊疗方案,坚持中西医结合,尽快明确诊疗程序、有效治疗药物、重症病人的抢救措施"。2020年2月23日,在统筹推进新冠肺炎疫情防控和经济社会发展工作部署会议上习近平总书记强调:"要加大重症患者救治力度,加快推广行之有效的诊疗方案,加强中西医结合,疗效明显的药物、先进管用的仪器设备都要优先用于救治重症患者。"2020年3月2日,习近平总书记在北京考察新冠肺炎防控科研攻关工作时指出:"要加快药物研发进程,坚持中西医结合、中西药并用,加快推广应用已经研发和筛选的有效药物,同时根据一线救治需要再筛选一批有效治疗药物,探索新的治疗手段,尽最大可能阻止轻症患者向重症转化。"2020年4月10日,习近平总书记在中央财经委员会第七次会议上指出:"在这次疫情防控中,中医发挥了重要作用,要及时总结经验,加强科学论证,大力发展中医药事业,加强中西医结合,不断提高能力和水平。"2020年6月2日,习近平总书记主持召开专家学者座谈会并指出:"中西医结合、中西药并用,是这次疫情防控的一大特点,也是中医药传承精华、守正创新的生动实践。"2020年9月8日,习近平总书记在全国抗击新冠肺炎疫情表彰大会上的讲话中指出:"我们全力以赴救治患者,不遗漏一个感染者,不放弃每一位病患者,坚持中西医结合,费用全部由国家承担,最大程度提高了治愈率、降低了病亡率。""在没有特效药的情况下,实行中西医结合,先后推出八版全国新冠肺炎诊疗方案,筛出'三药三方'等临床有效的中药西药和治疗办法,被多个国家借鉴和使用。"2021年9月29日,中共中央政治局就加强我国生物安全建设进行第三十三次集体学习,习近平总书记在主持学习时强调,"要把优秀传统理念同现代生物技术结合起来,中西医结合、中西药并用,集成推广生物防治、绿色防控技术和模式,协同规范抗菌药物使用,促进人与自然和谐共生"[1]。

---

[1] 习近平系列重要讲话数据库,人民网,http://jhsjk.people.cn。

结　语

对党媒《人民日报》(1949—1979)关于中医药报道的匆匆回顾,至此告一段落。掩卷覃思,感慨万千,博大精深的中医学历千年而不衰,为中华民族的繁衍昌盛及人类健康事业作出了不可磨灭的贡献。但随着19世纪后期的西学东渐,中医药生存生态遭到破坏。西学东渐给中国传统文化带来巨大冲击,也给中医学的发展带来重重阻碍。"闲云潭影日悠悠,物换星移几度秋。"伴随新中国的成立,古老的中医重新焕发出生机活力,进入快速发展阶段。

《人民日报》是党的喉舌,更是一部鲜活的历史,记录着国家和民族站起来、富起来、强起来的历史进程,通过对《人民日报》关于中医药报道的整理,我们深深感到,中医学作为一门学科,能受到党媒如此重视和历经几十年的持续关注和报道是极其罕见的。《人民日报》(1949—1979)关于中医药主题的新闻报道数量庞大,题材丰富,涉及政治、经济、文化、社会、科技、教育、外交、安全、卫生等诸多方面,报道内容具有典型的社会时代背景色彩。报道采用多种体裁,全方位、多领域、宽视角地反映了新中国成立后中医药30年的发展历程,《人民日报》以其他媒体所无法比拟的传播力、引导力与影响力,对中医学的政策制定、学术发展、宣传推广等方面都起到了重要推动作用。

历史是最好的教科书,时间是忠诚的见证者。古语云"以铜为镜,可以正衣冠;以史为镜,可以知兴替;以人为镜,可以明得失"。本书聚焦《人民日报》,但并不局限于此,而是以期更为集中展示新中国成立后党领导发展中医药事业的历程。中国共产党始终重视中医药事业的发展,党和国家历代领导人均十分重视中医药事业。从新中国成立后的历史发展过程中我们可以看到,党的中医药政策是中医药事业发展的根本保证。作为人口大国的中国在未来健康事业的发展中,只有在中国共产党领导下,中医药才能够更好地为人民服务。历史和实践证明,中医药文化汲取了中国传统文化的精髓,浓缩了中国传统文化的精华,体现了中国传统文化的价值理念,反映了中国传统文化的思维方式。我们不禁要思索:中医药的发展与辉煌、传承与创新与整个国家实力强大、文化复兴有着怎样的内在联系?

"千淘万漉虽辛苦,吹尽狂沙始到金。"随着中医药文化的创造性转化创新性发展,其对国家安全、经济、文化、卫生、科技、教育、外交等领域的作用日益凸显,习近平总书记提出"坚持把马克思主义基本原理同中国具体实际相结合、同中华优秀传统文化相结合"、"中医药学凝聚着深邃的哲学智慧和中华民族几千年的健康养生理念及其实践经验,是中国古代科学的瑰宝,也是打开中华文明宝库的钥匙"等重要论述,对中医药理论工作者的科学研究和价值追求给予了最为自信、最具说服力的答案。正是由于中国共产党对中医药的深厚情感,在中医药政策决策、发展研判、传承创新过程中的孜孜以求,才能使中医药走出一条令世人咏叹的中国特色路径,为全球提供可借鉴的传统医学现代化发展模式,为人类的健康事业提供独具特色的中国方案。

"雄关漫道真如铁,而今迈步从头越。"进入新时代,党中央把中医药工作提升到国家战略层面的重要位置,党的十八大以来,党和国家高度重视和大力支持中医药事业的发展,将中医药定位为"独特的卫生资源、潜力巨大的经济资源、具有原创优势的科技资源、优秀的文化资源和重要的生态资源",这是对中医药独特价值和独到优势最全面、最科学的概括。习近平总书记强调"要遵循中医药发展规律,传承精华,守正创新"。党的二十大报告提出"促进中医药传承创新发展",为中医药事业发展引领航向。在深入研究中医药事业传承、创新和发展的动因、特点、规律、意义、经验教训和未来战略过程中,还需要清醒认识中医药发展所处的客观环境与现实状况,中医药生存发展仍然面临医疗市场萎缩、理论研究停滞、中医人才断层、中医特色优势没充分发挥等严峻挑战。有人称当代中医"四化"现象严重,即教育西化、思维弱化、技能退化、特色淡化。面对健康中国战略的发展需求,大力培植与提升中医药自信,推动中医药振兴发展,遵循其自身发展规律、保持其自身发展特色,是亟待解决的时代课题。

"长风破浪会有时,直挂云帆济沧海。"中医药融合发展新格局的形成,必将对健康中国、脱贫攻坚、乡村振兴、科技创新、文化复兴、共同富裕、"一带一路"等国家重大战略和倡议的实施,发挥不可替代的作用,对中国式现代化作出重要的独特贡献。

中医药学深刻体现了中华民族的世界观、价值观和认识论,塑造了"中国式现代化是坚持从中国国情出发的现代化"的文化基因。中国人口突破14亿人，占世界比重18%，公共卫生健康事业的艰巨性和复杂性前所未有。中医药学融合发展的趋势和模式，有力保障了国民的健康，保障了"中国式现代化是人口规模巨大的现代化"的发展道路。

中医药的独特作用和价值，与脱贫致富价值追求同向并行，与乡村振兴目标耦合协调，与高质量发展、城乡统筹协调、收入分配改革、和谐美丽家园建设、共同富裕目标不谋而合，体现了"中国式现代化是全体人民共同富裕的现代化"的价值追求。

中医药的新产业、新业态贯通一、二、三产业，从以中药材种植为重点的农业、以中药产业为重点的工业到以医疗养生保健为重点的服务业，任何一个环节都可以产生新业态，激活经济、吸纳就业，助力建设良好的生态环境。中医药融合发展新模式，释放新供给，创造新增长，为构建新发展格局提供支撑，为人民群众提供优秀传统文化滋养，反映了"中国式现代化是物质文明和精神文明相协调的现代化"的发展理念。

中医药文化融入城乡公共文化建设，倡导中医养生理念、传播中医健康知识、营造良好健康养生环境的融合发展状态，契合了"中国式现代化是人与自然和谐共生的现代化"的文化基因。

历史和现实证明，世界历史上文化冲突从未绝迹，但中国文化的包容性异常强大，中医药文化同样如此，中医药作为文化与科技、哲学与艺术的统一，是整个人类历史发展的伟大成果。中医是古老的，也是现代的。回顾过去，让历史照进现实，将有利于我们总结经验、提振信心、开拓未来。我们有理由相信，中医的明天一定更加灿烂。